朱子學文獻大系　歷代朱子學著述叢刊

嚴佐之　戴揚本　劉永翔　主編

近思録專輯

第三册　近思録傳　近思録集解

華東師範大學出版社

圖書在版編目（CIP）數據

近思録傳　近思録集解／［清］張習孔　［清］李文炤著；方笑一　戴揚本校點. —上海：華東師範大學出版社，2014
朱子學文獻大系·歷代朱子學著述叢刊·近思録專輯／嚴佐之　戴揚本　劉永翔　主編

ISBN 978-7-5675-2011-0

Ⅰ.①近…　②近…　Ⅱ.①張…　②李…　③方…　④戴…　Ⅲ.①理學-中國-南宋　②《近思録》-注釋　Ⅳ.①B244.72

中國版本圖書館CIP數據核字(2014)第079189號

近思録傳　近思録集解

（朱子學文獻大系·歷代朱子學著述叢刊·近思録專輯　第三册）

著　　者　張習孔　李文炤
校　點　者　方笑一　戴揚本
項目編輯　呂振宇
審讀編輯　陳　才
裝幀設計　高　山

出版發行　華東師範大學出版社
社　　址　上海市中山北路3663號　郵編　200062
電　　話　021-60821666　行政傳真　021-62572105　客服電話　021-62865537
網　　址　www.ecnupress.com.cn
門市地址　上海市中山北路3663號華東師範大學校内先鋒路口　郵編　200062
門市（郵購）電話　021-62869887
網　　店　http://hdsdcbs.tmall.com/

印　刷　者　上海中華商務聯合印刷有限公司
開　　本　890×1240　32開
印　　張　18
字　　數　336千字
版　　次　2015年1月第1版
印　　次　2016年5月第2次
書　　號　ISBN 978-7-5675-2011-0/B·849
定　　價　55.00元

出 版 人　王　焰

本書爲
二〇一一年度國家社科基金重大項目
二〇一三年度國家古籍整理出版資助項目

朱子學文獻大系編輯委員會

朱子學文獻大系總序

從一九九三年起，至二〇〇七年止，我們先後策畫，相繼完成了朱子全書、朱子全書外編的編纂和出版，把朱子本人的撰述、編著與注釋之作，及其指導或授意門人弟子的撰著、纂述，作了一次元元本本的文獻清理和集成。而除此之外，這整整十五年來的收穫，還有我們對朱子學説及其歷史意義認識的不斷更新和逐步深刻。

朱子是繼孔子之後，儒家思想文化史上成就最卓越的學者和思想家。近半個世紀前，錢穆先生在朱子學提綱中提出：「在中國歷史上，前古有孔子，近古有朱子，此兩人，皆在中國學術思想史及中國文化史上發出莫大聲光，留下莫大影響。曠觀全史，恐無第三人堪與倫比。」朱子建構的理學思想體系，博大精深，不僅在儒學發展史上具有劃時代意義，而且對其身後長達七百餘年的中國，乃至日本、朝鮮等東亞諸國的思想、學術、社會、政治，都産生了深刻、巨大、恒久的影響。而此影響在思想學術史上留下的顯著印跡，就是後世學者鮮能繞開朱子説事，要麽尊朱、宗朱，要麽反朱、批朱，「與時俱進」的朱子思想研究，成爲貫穿數百年學術史無時不在的主題和主軸。於是，有學者甚至認爲，「在朱熹以後，理學就成了『朱子學』」，朱子就是「理學傳統中的孔子」。這樣的評價，雖然未必「真是」，卻亦庶幾「真事」。推而論之，則所謂「朱子學」，固然是指朱子本人的思想學術，卻又不止是其本人的思想學術。按照陳來先生的説法，朱子留下的豐厚著述與精緻學説，以及七百餘年來，他的同道學友、門人弟子與後世尊朱、宗朱學者，對朱子著述、學説的闡發與研究，即「整體地構成了現如今我們所研究的『朱子學』」。作爲整體、通貫的朱子學，其學術範疇不僅涵蓋易、詩、禮、四書等傳統經學領域，更涉及哲學、史學、文學、政治學、教育學、社會學、文獻學等諸多學科，既是一座内容廣闊、内涵精深的傳統思想寶庫，一份極富開掘意義和傳承價值的文化遺産，也是一門具有多學科交叉特色的名副其實的綜合性專學。

自上世紀八十年代以來，海内外學術界對朱子學研究表現出前所未有的興趣和關切，發展迄今三十餘載，已獲長足進步。但綜觀現狀，反思自省，我們的研究及取得的學術成果，與朱子學本身所應該享有的研究規模和研究程度，還很不相稱，若衡之以「整體、通貫」的要求，則該研究領域中的很大一部分，甚至還未曾涉及過。近年來，關於推進整體、通貫的朱子學研究的想法，逐漸成爲學界的一個共識。如以朱子學爲主題的國際學術研討會在大陸、臺灣、韓國等地數度舉辦，如朱子學通論等朱子學研究專著相繼問世。而「中華朱子學會」、「朱子學學會」等全國性學術團體的成立，則意味著一個「學術共同圈」的初步形成，以及作爲一門獨立學科的朱子學研究已進入一個新的歷史階段。學者們指出，新時期朱子學研究的任務，就是要規劃對宋、元、明、清各個朝代的朱子學，以及每位朱子學家的重要的見解進行分析，把他們流傳下來的書籍、文獻進行整理、研究。而後者，即對歷代朱子學文獻的整理與研究，無疑是前者的先行和基奠。

認識漸趨深刻，遂生自覺擔當。在完成朱子本人撰述的文獻集成之後，我們有意再接再厲，把歷代朱子學文獻整理研究工作繼續下去。先是在朱子全書外編書稿殺青之際，我們就曾醞釀用傳統的「學案體」來編纂歷代朱子學者的相關學術文獻。後來朱傑人教授主編影印朱子著述宋刻集成，又提出編纂出版「朱子學文獻大系」的構想。不過那幾年忙於編纂整理顧炎武全集，既分身無術，也分心不得，只能把研究計劃暫擱心頭。故而，當顧炎武全集一旦脱稿，此事也就順理成章地提上了議事日程。二〇一〇年末，我們開始循著「朱子學文獻大系」的思路策劃課題；翌年初春，確定以華東師大古籍研究所爲主體，組建科研團隊，以「朱子學文獻整理與研究」爲課題，擬訂科研規劃。是年初夏，課題被納入當年國家社科基金重大項目第二批招標目録；秋十月，經過競標面試，以嚴佐之教授爲首席專家的「朱子學文獻整理與研究」課題正式獲批立項；冬十二月，課題論證會在華東師大召開，經專家組評議審定，規劃通過論證，項目正式啓動。按照課題規劃，「朱子學文獻整理與研究」課題，凸顯文獻整理與研究並重的特色，旨在從理論和實踐二個方面，構建一個符合整體、通貫的「朱子學」學科内涵和特點的「朱子學文獻」分類體系，並從浩若煙海的歷代典籍文獻中，梳理出屬於「朱子學」學科範疇的基本文獻資料，打造一個集「朱子學文獻」大成的信息大平臺。爲此，課題設計了「歷代朱子學研究著述集萃校點」、「歷代朱子學研究文類輯録校點」、「歷代朱子著述珍本集成影印」、「朱子學專科目録編撰」和「朱子學文獻專題研究撰著」等項子課題。各項研究的最終成果，則將結集爲一部開放性的大型叢書朱子學文獻大系。

朱子學文獻大系下轄歷代朱子學著述叢刊、歷代朱子學研究文類叢編、歷代朱子著述珍本叢刊、朱子學文獻研究學術文庫四部不同類型的叢書，故稱之「大系」。其中歷代朱子學著述叢刊，擬按學科、著述或學術議題分編專輯，如「朱子經學專輯」、「朱子四書學專輯」、「朱子近思録專輯」、「朱陸異同專輯」等，以集中提供經過精選精校的歷代朱子學重要研究著述的閲讀文本。歷代朱子學研究文類叢編，擬按專題分類輯集散見於各種典籍的朱子學研究篇章，如序跋、劄記、語録、書信等，以集中提供經過遴選類編的歷代朱子學研究文獻散篇的閲讀文本。歷代朱子著述珍本叢刊，擬按時代分編朱子著述宋刻集成、元明刻本朱子著述集成等，以集中提供高仿真影印的朱子著述歷代各色珍稀版本。朱子學文獻研究學術文庫，擬收入具有文獻學研究屬性的各種撰述、編著，如朱子學古籍總目、朱子學史籍考、朱子與弟子友朋往來書信編年等。朱子學文獻大系下轄各叢書都已制訂基本收書書目，但不預設收書總數上限，倘日後發現宜收之書，則可隨時補編增入，故謂之「開放性」大型叢書。各叢書均自有編例，我們但在其下屬專輯或所收撰著前撰寫序言，以交代編纂宗旨與體例，如歷代朱子學著述叢刊之近思録專輯序，歷代朱子著述珍本叢刊之朱子著述宋刻集成序言，朱子學文獻研究學術文庫之朱子與弟子友朋往來書信編年序等，各叢書前則不再撰寫總序。至於歷代朱子學著述叢刊各書的校點體例，如底本、校本的遴選標準，專名號、書名號的使用規範，異體字、版別字的處理方法，舛誤衍闕的改字原則，以及校勘記的書寫格式等，皆一併延循朱子全書編纂陳例，在此不再贅述，若遇特殊需作變通，則在各書校點説明中予以交代。

朱子學文獻大系是我們按自己對整體、通貫的朱子學的認識，而爲之「量身定制」的一個朱子學文獻庫，囿於識見，必欠周詳而不能盡如人意。好在大系是「開放」的，可以隨時吸納同道高明之見，不斷補充，漸臻完善。朱子學文獻大系的規模、體量和難度，都超出朱子全書與外編許多，這樣的設計或許有些「自不量力」。編纂朱子全書、外編用了整整十五年，況且那時我們纔年過「不惑」，而今則已年届「耳順」、「從心」之間，十年再磨一劍，能否一如既往，勝任始終，尚難卜知。好在整理與研究朱子學文獻並非心血來潮之念，更非趨時應景之計，而是建設與發展整體、通貫的朱子學的真切需要，是必須要做的學術事業，也好在我們有一個同心同德的學術團隊相依託，還有華東師大出版社的精誠合作。所以，朱子學文獻大系成果的不斷推出和最終成功，是必然可以期待的。

二〇一四年五月　嚴佐之

歷代朱子學著述叢刊・近思録專輯序

一　近思録的「被經典」與近思録後續著述

編纂於公元一一七四年的近思録，在經過七八百年傳播的層層累積之後，最終成爲最能代表中國古代主流學術思想的經典之一。這樣一個結果，應該是主編朱子及其合作者吕祖謙始料未及的。因爲朱子當時邀約吕祖謙在武夷山寒泉精舍「留止旬日」編纂此書的初衷，不過是想替那些僻居窮鄉而不能遍觀周、張、二程諸先生之書的讀書人，提供一部能比較準確、全面、系統概括四子思想，且又切近日用、便宜遵行的理學入門讀本。雖説書稿初成之後，他倆仍不斷書信往返，商榷編例，其取去不可謂之不審，互議不可謂之不勤，但近思録畢竟是「十日談」出來的「速成品」。雖説朱子也自以爲近思録詳於「義理精微」，堪稱「四子之階梯」，但畢竟還算不上他用力最勤最深的撰著，至少不能與其臨終仍念念不忘的四書章句集注相提並論。然而，就是這麼一部原初設定的學術思想普及讀本，卻在朱、吕身後，被後世學者一步步發掘出潛藏的巨大學術價值，一步步提升到顯要的理學經典地位。這樣的結果確實很有意思，而更有意思的還有那個漫漫長長的累積過程。

回溯歷史，早在朱子生前，就已有他的講友劉清之，取程門諸公之説，爲之續録。及其身後，近思録注解、續補之作更是紛至競出，弟子輩中有陳埴雜問、李季札續録、蔡模續録、别録和楊伯嵒衍註，再傳弟子有葉采集解、熊剛大集解、何基發揮、饒魯注、黄績義類，以及三傳弟子程若庸注等。而由建安書塾刊行的無名氏文場資用分門近思録，則表明近思録已進入當時科舉讀物的榜單，讀者受衆勢必益多。是以近思録在南宋後期，就已被學者視爲「我宋之一經，將與四子並列，詔後學而垂無窮者」。繼之元世，又有趙順孫爲之精義，戴亨爲之補注，柳貫爲之廣輯，黄溍爲之廣輯，學者們注解、續補的熱情有增無減，皆並尊「近思録乃近世一經」。明初，永樂詔修性理大全，「其録諸儒之語，皆因近思録而廣之」，是知此書已對國家意識形態産生不小影響。只是明人注近思録者鮮少，明世盛行的讀本，大多是周公恕據葉采集解擅改的分類經進近思録集解。不過這樣的情勢，也多少能反映出王學時代朱子近思録的「社會生態環境」。明季清初，學風蜕變。於是，先有高攀龍朱子節要、江起鵬近思録補、錢士升五子近思録等陸續問世，其性質多屬續補仿編一類。易代之後，則有王夫之著近思録釋、張習孔作近思録傳、丘鍾仁撰近思録微旨等，内容更多反思和發揮。洎此以降，終清一代，近思録愈發大行於世，研讀成果更是層出不窮。據學者調查統計，清代近思録研究著述多達四十餘種。其中屬注解詮釋一類的，有張伯行集解、李文炤集解、茅星來集註、江永集註、陳沆補注、劉之珩增注、車鼎賁注析微、郭嵩燾注、張紹价解義等；屬續補仿編一類的，有朱顯祖朱子近思録、張伯行續録、廣録、汪佑五子近思録、施璜五子近思録發明、劉源淥續録、鄭光羲續録、嚴鴻逵朱子文語纂編、黄叔璥集朱、黄奭集説、管贊程集説、姚璉輯義、吕永輝國朝近思録等；屬隨筆札記一類的，則有汪紱讀近思録、李元綱隨筆、秦士顯案注、徐學熙小箋、陳階劄記、厲時中按語等。與此相應，是清人對近思録評價的一路抬升，稱此書「直亞於論、孟、學、庸」，以爲「救正之道必從朱子求，朱子之學必於近思録始」。如上所述，林林總總，蔚然大觀，爲便宜叙述起見，且以「近思録後續著述」概稱之。

據學者調查，歷代近思録後續著述總數多達百種以上。然竊以爲仍有佚著尚未計入，總量還有提升的可能。不僅如此，近思録還流布域外，在古代東亞的朝鮮、日本也得到廣泛傳播，非但屢屢重刻傳抄，爲之注釋者亦絡繹不絶。一部古代學術典籍，竟然獲得後世如此恒久的關注和衆多密集的研究！這樣的故事，自然只有儒、釋、道學的「核心」經典才會發生。無怪乎梁啓超、錢穆先生，皆奉近思録爲宋代理學經典之首選，以爲「後人治宋代理學，無不首讀近思録」。既爲古代學術思想之經典，近思録固然有其可以古今轉換、歷久彌新的思想意義和學術價值。然而，有意義、有價值的還遠不止於近思録本身，七八百年來廣泛流布於中土、東亞的衆多近思録後續著述，同樣是一大筆值得後世珍視的思想學術史寶貴資源。

二　近思「續録」彌補了近思録無朱子思想資料的缺憾

近思録是朱子的編著而非撰著，它與朱子學術思想的關係，主要在其爲近思録篇章分卷的結構設計，及其對四子語録的遴選審訂，體現了朱子對理學早期思想體系的宏大思考和縝密建構。至於近思録的内容，並不能真正、完全反映朱子本人的思想，因爲書中並無朱子思想資料的記録。陳來先生説「錢穆先生推薦的國學書目，近思録下面就接著王陽明的傳習録，跳過了朱子，這是我不以爲然的」，因爲「近思録所載的是理學奠基和建立時期的四先生思想資料，其中並没有理學集大成人物朱子的思想資料」。其實，錢穆先生並非不知此情，在復興中華文化人人必讀的幾部書一文中，他是這樣説的：「這書把北宋理學家周濂溪、程明道、程伊川、張橫渠四位的話分類編集，到清朝江永，把朱子講的話逐條注在近思録之下，於是近思録就等於是五個人講話的一個選本。這樣一來，宋朝理學大體也就在這裏了」。雖然，但陳先生指出近思録無朱子思想資料的意思没錯，而僅靠江永集註，也未能完全解決近思録無朱子思想資料的問題。

近思録無朱子思想資料的缺憾，其實是朱子後學早就深切關注的問題。清初朱顯祖就曾爲此大發感慨：「因思自孔、孟以後，歷漢、唐來千有餘載，始得有宋周、張、二程諸大儒，直追堯、舜相傳之意，其間精微廣大，賴先生近思一録爲之階梯，俾後學得以入門，而先生在宋儒中更稱集大成者，乃其生平格言實行，反未載於録内，豈非讀近思録者之大憾也乎！」可以説，在朱子近思録構建的理學框架中添置朱子語録，接續朱子思想資源，一直是近思録後續著述的「重頭戲」。我們看清張伯行續近思録序説：「自朱子與吕成公采摭周、程、張四子書十四卷，名近思録，嗣是而考亭門人蔡氏有近思續録，勿軒熊氏有文公要語，瓊山丘氏有朱子學的，梁溪高氏有朱子節要，江都朱氏有朱子近思録，星溪汪氏又有五子近思録，雖分輯合編，條語微各不同，要皆仿朱子纂集四子之意，用以匯訂朱子之書者。」幾乎就是對近思録「集朱續録」的「學術史回顧」了。只是嚴格來説，其中元熊禾文公要語、明丘濬朱子學的，並非「仍近思録篇目，分次其言」者，而名實相符的「集朱續録」，還另有元趙順孫近思録精義、明劉維深續近思録、錢士升五子近思録、清劉源渌近思續録、張伯行續近思録、孫嘉淦五子近思録輯要、黄叔璥近思録集朱等多種。不僅如此，近思録的注解也多以「集朱」爲旨。如宋楊伯喦衍註、葉采集解，清李文炤集解、陳沆補注等，都大量采集朱子文獻爲四子注解，而江永集註更是「取朱子之語以注朱子之書」的典型。

對於後世朱子學者在「集朱續録」這個學術議題上的執著追求，四庫館臣似乎有些不以爲然。他們認爲張伯行續近思録「因近思録門目，采朱子之語分隸之，而各爲之注」，實不足爲重，説「自宋以來，如近思續録、文公要語、朱子學的、朱子節要、朱子近思録之書，指不勝屈，幾於人著一編，核其所載，實無大同異也」。職是之故，像劉源渌近思續録、張伯行續近思録等，只能被打入存目。按説後世纂輯朱子思想資料，無非是從傳世的文集、語類、或問等著述中遴選摘取，各家續録内容有所重複，似亦在所難免，若就此而言，四庫館臣的訾議也不無道理。但若謂之「指不勝屈，幾於人著一編」，則似屬誇大之詞；而謂之「核其所載，實無大同異」，更有以偏概全之嫌。

其實，「集朱續録」在輯録條目總數、選録文獻内容、徵引文獻書目和輯録編纂體例等方面，是很有些差異的。例如最早編纂於南宋寶慶三年的蔡模近思續録，共選輯朱子語録四百三十八條。到清初汪佑編五子近思録，據明高攀龍朱子節要采録朱子語録五百四十八條，較蔡録多一百十條。至清康熙二十三年朱顯祖纂朱子近思録，又增至七百八十五條，多出蔡録三百四十七條，汪録二百三十七條。繼而康熙四十年劉源淥纂輯續近思録，更多至八百五十三條，庶幾最初蔡録之翻倍。可見「集朱續録」的規模體量，直是一路「水漲船高」。再如專論「性理」、「道氣」等形上議題的卷一道體篇，蔡録凡二十三條，汪録五十一條，朱録一百十四條，劉録三十五條，張録七十四條。專談「治具」、「治功」等形下議題的卷九治法篇，蔡録凡五十五條，汪録十六條，朱録一百十條，劉録一百條，張録二十四條。可見「集朱續録」的選項各有側重。張伯行尤喜高談性理學説，對治政實務反倒興趣不大。劉源淥恰好相反，論性理不及汪録之多，談實務卻是汪録六倍。朱顯祖則性理、治政二者並重，均采輯百條之多。究其原因，自當與續録者的治學趨向和學術水平相關。再説徵引文獻範圍之異。蔡録所用朱子文獻，有文集、語録、易本義、書傳、大學或問、論語或問、太極圖、四書章句集注、西銘解、易學啓蒙、經説、手帖、詩傳等。而朱録所取，既有「專刻」之朱子文集、朱子奏議與經濟文衡、年譜、語録諸書，還有「匯刻」之性理大全、儒宗理要、聖學宗傳與世憲編、證心録等書。再如編纂體例之異。如蔡録、汪録、朱録都是單純的「集朱」，而張録則「采朱子之語分隸之而各爲之注」。蔡録、朱録、張録等都是單一的「集朱」，汪録卻是朱子與四子的合一。一隅之證，雖不足窺其全，但已可知四庫館臣「核其所載，實無大同異」的訾議，有失武斷，不足爲訓。

近思録「集朱續録」之所以會不斷「再生産」，或有以下幾個原因可以考慮。首先，固然是朱子思想在理學傳承中不可或缺的重要性，使人不約而同地想到且做到一塊去。其次，是否還應考慮到當時圖書流通、信息傳播的局限問題。如高攀龍、錢士升、朱顯祖、汪佑、劉源渌等，他們在編纂續録時都没有提到蔡模近思續録，説明此書在明末清初並未通行。又如籍貫山東青州府安丘縣的劉源渌，「瀝盡心血二十餘年」編纂續録，卻不知十多年前江都朱顯祖就已編成朱子近思録行世。這都説明那個時代的學術信息不够靈通，以致造成研究課題的撞車。再者就是對既有「集朱續録」不稱意，自以爲需要重起爐灶。如清乾隆間孫嘉淦重纂五子近思録輯要，就是因其不滿汪佑五子近思録有「抑揚近似」之嫌。他説：「汪録雖使『濂洛關閩之微言燦然備矣，然而張子之言間有出入，二程之語多出於門人所記，朱子之學與年俱進，其早年所著，有晚而更之者矣。後之學者，目不睹五子大全，又恐泥其抑揚近似之辭，或有毫釐千里之謬。蓋非前人之書尚有未善，而吾所以憂後學之心至無已也。書有以多爲富，亦有以簡爲明，有語之而欲詳，有擇焉而欲精。因不揣固陋，即舊編而更審擇之。」可見孫氏之所以重整輯要，就是要表達自己對朱子思想的不同理解。

總而言之，「集朱續録」之所以長盛不衰、層出不窮，主要還在於傳世的朱子文獻承載著廣大精微的朱子學説，其數量和範圍，都遠遠超出朱、吕編纂近思録時所面對的北宋四子文獻，而後世「續録」者更無一能如朱子這般「一錘定音」者，於是就給後人騰出了盡己之見而去取編纂的發揮空間。這也恰好證明，歷代朱子學者接連不斷編纂出面目各異的近思録「集朱續録」，正是他們對朱子理學思想的認知差異和詮釋演化的一個絶佳縮影。而這樣的「縮影」效應，還存在於其他非純粹「集朱」的近思録後續著述中。

三　近思「補録」構築起宋元明清程朱理學史基本框架

近思録後續著述的另一類型，是在朱子近思録構建的理學框架中添置歷代程朱學者的思想資料。因其書名多用「别録」、「後録」、「補録」、「廣録」等，爲了與純粹「集朱」的「續録」相區别，且用「補録」概稱之。

最早編纂「補録」的是朱子講友劉清之。據朱子語類記載：「劉子澄編續近思録，取程門諸公之説。某看來其間好處固多，但終不及程子，難於附入。」「程門諸先生親從二程子，何故看他不透。子澄編近思續録，某勸他不必作，蓋接續二程意思不得。」是知劉清之續近思録是一部專「取程門諸公之説」的「補録」。不過劉清之的編纂熱情被朱子澆了一頭冷水，因爲朱子一向認爲程門弟子未能盡得乃師真傳，用「程門諸公之説」解釋近思録，很有可能與程子原意發生偏差，故「勸他不必作」。至於劉清之是否聽從朱子之勸而中輟編纂，確實是個問題，因爲宋史本傳所載劉清之著述，並無名「續近思録」或「近思續録」者，歷代公私藏目、史志補志也一無著録。不過巧合的是，在傳世的近思「補録」中，倒是有一部南宋末佚名編近思後録，專取「吕侍講」、「范内翰」、「吕正字」、「謝上蔡」、「游察院」、「楊龜山」、「尹和靖」、「侯仲良」、「朱給事」、「胡文定」等「程門諸公之説」。這部宋建安刻本近思後録未題編撰者姓名，但從其引録文獻的範圍和内容來看，似乎還是存在著與劉清之續近思録相關聯的想像空間。此外，編纂過近思續録的蔡模還編纂了一部近思別録。與佚名近思後録專「取程門諸公之説」不同，別録只取朱子道友張栻、吕祖謙二先生之語。這或許是因爲蔡模身受朱子親炙，比較領會乃師對程門後學的態度，也或許是因爲他知曉已有專「取程門諸公之説」的劉氏「補録」，故不事重複。但不管怎樣，別録的編纂，切實爲近思録補上了南宋理學思想資料的重要環節。

明萬曆間，江起鵬纂近思録補，首次汲取明四大朱子學者薛瑄、胡居仁、蔡清、羅欽順的言論，使近思「補録」的歷史延伸到了明代。江起鵬字羽健，萬曆二十三年進士，生於朱子闕里婺源，也是一位理學思想的信奉者。他自述「年十齡，先大夫授以近思録、薛文清公讀書録」，「年十三，授以程明道先生語略、王陽明先生則言」，「既而得胡敬齋先生居業録，益用嚮往」，復「亟求羅整庵先生困知記、蔡虚齋先生密箴二書讀之，實有啓發」。而這樣的知識背景，確實也在他的補録裏有所反映。江氏近思録補共涉及二程、朱子、張栻、吕祖謙、黄榦、李方子、真德秀、薛瑄、蔡清、胡居仁、羅欽順十二家之言，較之蔡氏别録、佚名後録，更構築起了自宋及明的近思録閱讀、詮釋史框架。

清人近思「補録」，有施璜五子近思録發明、張伯行近思廣録、吕永輝國朝近思録等數家。施璜是汪佑五子近思録的「合編參較」者，所謂「發明」，就是在汪氏五子録的基础上再添補薛敬軒、胡敬齋、羅整庵、高景軒四位明代最重要朱子學者的思想資源。施璜認爲明四子乃宋五子之「羽翼」，「匯萃其精要者，以附於各卷之末」，就是「以四先生之言，發明五先生之旨」。張伯行廣録精萃張栻、吕祖謙、黄榦、許衡、薛瑄、胡居仁、羅欽順等宋元明七位大儒的語録，他説：「余於近思録所爲，既詮釋之，而又續之，而又廣之，冀有以章明義蕴，引進後人，而且儒書於不墮也。」可知寓朱子「詮釋」於近思「補録」，乃其有意識的「預謀」。此後，又有無錫鄭光義編集續近思録，據四庫提要介紹：「是編前集十四卷，采薛瑄、胡居仁、陳獻章、高攀龍四人之説。後集十四卷，采王守仁、顧憲成、錢一本、吴桂森、華貞元及其父儀曾六人之説。」顯然，那是一部專收明儒語録，並輯録最多的近思「補録」，而其將陳白沙、王陽明這二位心學先進，以及東林諸儒也補録於中，更是「别具一格」，而大可深究。可惜鄭録今已難覓蹤跡。清光緒二十六年，吕祖謙裔孫吕永輝，精選清初陸桴亭、張楊園、陸稼書、張敬庵四位朱子學者的語録，編成國朝近思録一書，彌補了近思「補録」不及清人的缺檔，雖然收録有限，但畢竟在時間跨度上完成了近思録詮釋史清代部分的接續。在自序中，吕永輝説了這麽一番話：「竊思一代則必有一代之聖賢，以綿道統於不墜。上古之世，堯、舜、禹、湯，爲開天明道之聖人。中古之世，孔、顔、曾、孟，爲繼世立極之聖人。宋之世，有周、程、張、朱五子，爲繼往開來之聖人。其後接其傳者，元有趙江漢、劉静修、許魯齋，明有薛敬軒、胡敬齋、羅整庵、先司寇。當末世絶續之交、天地閉塞之時，則有陸桴亭、張楊園，養晦深山，獨延道統于一綫。逮我國朝，則陸清獻公、張清恪公出焉，恪守程朱，以開文明之運。嗚呼，尚矣！是近世之儒近思而有得之者，推二陸、二張四先生爲最純，悉具内聖外王之學，誠正齊治之略，得周、程、張、朱之的派，爲千古道統之正傳。因取四先生之書，讀而校之，擇其尤切近者若干條輯之，庶天下國家身心誠正之隆軌在是焉。學者近思而力行之，則入聖階梯不遠矣。」可見，對於近思録「續録」「補録」的思想學術史意義，清代學者已具有相當深切的認識。

四　近思録注解、札記及其思想學術史文獻價值

近思録後續著述的再一大宗，就是歷代學人對近思録的注解詮釋和閲讀札記。鑒於「續録」「補録」的思想資源多非直接應對近思録而言的文獻，相比之下，歷代注解、札記應該是與近思録關係更爲密切的學術文獻，理應更能體現近思録傳播、閲讀、接受史的意義。

近思録歷代注釋，今存宋楊伯嵒、葉采，清張習孔、李文炤、張伯行、茅星來、江永、陳沆、郭嵩燾、張紹價等十餘家。亡佚未見者，則有元何基發揮，明程時登贅述，程若庸注，清王夫之釋，劉之珩增注，車鼎賁注析微，秦士顯案注，陳大鈞集解等。近思録歷代札記，現有宋陳埴雜問，清汪紱讀近思録，李元湘隨筆，令狐亦岱摘讀，黑葛次佩氏復隅，陳階札記，厲時中按語，張楚鍾理話等。亡佚未見者，則有清丘鍾仁微旨，徐學熙小箋等。不難看出，近思録注釋者和札記撰者的學術地位和影響力，與「續録」「補録」收録的人物，總體上存在較大「級差」。就是説，被「續録」「補録」收入的人物，幾乎全是歷代程朱學派的領袖、主將，或宗朱一派學者的代表人物。從二程先生及其高弟吕希哲、范祖禹、吕大臨、謝良佐、游酢、楊時、尹焞、侯仲良、朱光庭、胡安國，到朱子及其道友張栻、吕祖謙，門人黄榦、

李方子，從元、明朱子學「大佬」許衡、薛瑄、蔡清、胡居仁、羅欽順、高攀龍，到清初名臣陸世儀、張履祥、陸隴其、張伯行等，無一不是在中國儒學史、理學史上數得著的重要人物。就此而言，由歷代「續録」「補録」貫串起來的，或可看做一部展現朱子學者「精英」學術思想的近思録詮釋史。這固然很有意義，但近思録本質上是一部普及性的理學初級讀本，它在一般讀者中如何傳播，又曾激起怎樣的思想反響，諸如此類的問題，其實也很有探究的意義，而這卻不是「續録」「補録」所能提供的。反觀歷代近思録注解、札記的作者，似乎僅有朱子高弟陳埴、清初名儒張伯行、乾嘉學者汪紱，堪稱朱子學名家。當然王夫之、江永、魏源、郭嵩燾等也聲名卓著，但王船山繼承的主要是張横渠一脈，江慎齋擅名經史考據而非義理發揮，魏默深、郭伯琛二人的思想影響力也不在其宗朱一面。至於宋葉采、楊伯嵒，清張習孔、茅星來、李文炤、陳沆、李元湘、陳階、徐學熙等，似乎都算不上伊、洛、閩學源流脈絡中的頂尖學者、代表人物。然而，恰是這些非一流學者的詮釋意見和閱讀心得，使我們能瞭解近思録在一般宗朱學者中的閱讀狀況和思想反饋，從而與「續録」「補録」互爲補充，體現出面向更爲寬闊的近思録思想學術史意義。

爲近思録作注釋、寫札記最多的，無疑是清代朱子學者。鑒於「續録」「補録」中清代思想資源的相對欠缺，存世的諸多清人近思録注釋、札記，無疑是研究清代近思録詮釋史的寶貴文獻。這裏且舉三個比較有意思的例證：汪紱讀近思録、陳沆近思録補注和郭嵩燾近思録注。

汪紱字燦人，號雙池，徽州婺源人，著有理學逢源等。傳稱汪紱治學，「研經則參考衆説，而一衷于朱子」，「述作博及兩漢、六代諸儒疏義，元元本本，而一以宋五子之學爲歸」。在新編中國儒學史中，汪紱與謝濟世、尹會一、陳宏謀、雷鋐、朱珪等，一道被列爲乾嘉時期宗程朱之學的理學代表人物。有意思的是，六人中的四位，尹會一、陳宏謀、朱珪、汪紱，都曾注釋或刊刻過近思録。汪紱讀近思録約撰於乾隆十九年，在此之前，他的同鄉江永已推出新注本近思録集註。汪紱與江永同爲宗朱一派，但兩人「只有書牘往來，而未嘗相見」，關係並不密切。從書信來看，汪紱對江永治學頗多異議，江永則覺得汪紱的意見「與鄙衷殊不相入」。江、汪都對近思録抱有濃厚興趣，只是江永集註多「采朱子之言爲注釋」，而汪紱讀近思録則盡是自己的解讀。倆人在問學路徑上的不同，及其學術觀點的碰撞，在汪紱讀近思録中多有展現。如近思録卷九收入程子論「井田制」二則，江永集註引用朱子之語，明確表示井田今不可行，汪紱讀近思録則針鋒相對，以爲「井田亦可因而行」。衆所周知，「井田」、「封建」、「郡縣」等問題，是清初顧炎武、黄宗羲、陸隴其等十分關心、經常討論的一個涉及當下土地制度乃至政治制度的議題。今從汪紱讀近思録可知，這個議題直至乾嘉時期還在繼續爭議之中。

陳沆字太初，號秋舫，湖北蘄水人，嘉慶朝狀元，「以詩文雄海内」，世稱「一代文宗」。陳沆補注的一個重要看點，就是其中收入了好友魏源的注釋，並在全書編例、材料取捨上，都很大程度地聽取、采納了魏源的意見。如修訂稿卷首原抄録孫承澤一段話：「孫北海曰：學有原委，原云端正則委自分明，如大學之『明德』，中庸之『天命』，論語之『務本』，孟子之『仁義』，皆自原頭説起，使學者有所從入。不然，原本不識，用力雖勤，而誤墮旁蹊者不少矣。故近思録首卷宜細爲體認，朱子『識個頭腦』四字，良非易事。」但這段孫北海語録，被魏源審稿時一筆勾删，並在欄上眉間批字曰：「孫氏姓名有玷此書，且其語亦支離之甚。今學者第從第二、三卷『存養』、『致知之方』作工夫，有誤落旁蹊者耶？且空識名目，亦未必遂能通道不惑也。」孫承澤是明末清初由王學轉向朱學的代表人物，他仿近思録例，輯周、程、張、朱之言爲學約一書，復以明薛瑄、胡居仁、羅欽順、高攀龍四家之語編撰學約續編，還撰寫考正晚年定論，逐條批駁陽明朱子晚年定論，這些都是朱子學史上有代表性的文獻。然其一味尊朱，乃至「字字阿附」，處處回護，幾乎到了「佞朱」的地步。以致後來遭四庫館臣詬病，譏評他「末年講學，惟假借朱子以爲重」。物極必反，「佞朱」實則「誤朱」，這就引起宗朱陣營反思，「痛聖人之道不晦于畔朱之人，而即毁于從朱之人」。所以，孫北海條目的收入和删去，都反映了清代朱子學者在如何傳承朱子學説問題上所持的不同態度。

魏源注近思録在陳沆補注中雖僅十一條，卻是其傳世詩文著述之外的佚文。而讀者也可由此知曉，這位近代「睜眼看世界」的先行者，在接受西方新事物、新思想的同時，依然保持對程朱理學的傳統情懷。

無獨有偶，郭嵩燾這位清廷首任駐英、法使節、近代「洋務運動」幹將，在寫下使西紀程的同時，還留下一部他多年閲讀近思録的學術札記。根據郭嵩燾題識，知道他於近思録曾「瀏覽所及四十餘年」，更在同治七年至光緒十年的十多年裏，「前後四次加注」。就是説，在郭嵩燾罷官歸隱、出使英法、海外召回、二度貶黜的那段跌宕起伏的仕宦歲月裏，其案頭書架，一直都有近思録的存在。這就不免讓人想到一個問題，一般總説理學家守舊，是政治改良、社會革命的思想阻礙。按此推論，思想「與時俱進」、政治理念「開放」的郭嵩燾，如此熱衷近思録這部理學入門讀物，似乎有悖常理，那些唾他唾沫的守舊儒臣，才該是近思録的「粉絲」。其實，讀不讀近思録與一個人的政治理念没有太多關係。清初，無論是「明遺」王夫之、張履祥、吕留良，還是「儒臣」孫承澤、張習孔、張伯行，都曾注釋、仿編或刊刻過近思録，但「明遺」與「儒臣」對滿清新政權的政治態度是截然不同的。郭嵩燾爲什麽要長年閲讀、「四次加注」近思録？據其自述：「深味近思録所以分章之義，盡看得大，所録四子之言，亦多是從大處説，而於一言一動之微，依然條理完密，無稍寬假。是以流行七八百年，奉此書爲入德之門，而體例之博大，記録之精審，尚亦非淺學者所能窺見也。」由此看來，他是把近思録作爲自我修養的經典來反復奉讀的，而郭注正是他多年來研讀近思録的心得手札。郭注重在義理思辨，尤多獨特見解，對周、程、張四子思想，既有發明，亦有持疑；對朱子及張栻、黄榦、葉采、江永等人的詮釋，則頗多異議辨正。且其闡發議論，多聯繫世事，切近日常，時而感慨時政之患，時而抨擊世風之弊，讀來耳目一新。故此，郭注的發現和整理，無論對近思録在清代的傳播研究，還是對清代思想家郭嵩燾的研究，都有相當重要的參考價值。

總之，與近思録這部理學入門讀物「被經典」的歷史進程同步，産生了一大批續補仿編、注釋集解、閲讀札記等近思録後續著述；這批理學文獻的編者撰者，無不遵循朱子爲近思録架構的理學體系，針對近思録提出的理學話語、議題和思想，「與時俱進」地闡發各自的理解和見解，從而映畫出一幅七百年理學思想史的學術長卷。

五　近思録專輯的收書與版本

對近思録後續著述及其思想學術史意義的認識，是在執行「朱子學文獻整理與研究」

課題的過程中不斷深化的。從規劃初選七種近思録後續著述整理校點，到最終擴充爲二十一種，并獨立成歷代朱子學著述叢刊的一個專輯，就是爲了充分傳達我們的這一認識，並使之成爲有益於學者展閲、研讀這幅思想學術史長卷的基本參考文獻。

近思録專輯收入近思録後續著述凡二十一種，依次爲：宋楊伯嵒泳齋近思録衍註、宋葉采近思録集解、宋陳埴近思雜問、宋蔡模近思續録、宋蔡模近思别録、宋佚名近思後録、明江起鵬近思録補、清張習孔近思録傳、清李文炤近思録集解、清張伯行近思録集解、清張伯行續近思録、清張伯行廣近思録、清黄叔璥近思録集朱、清茅星來近思録集註、清施璜五子近思録發明、清江永近思録集註、清汪紱讀近思録、清劉源渌近思續録、清陳沆近思録補注、清郭嵩燾近思録注、清吕永輝國朝近思録。其中宋人著述六種，明人著述一種，清人著述十四種；若按著述類型計，則有註釋集解九種、研讀札記二種、續編補編十種。專輯的收書理念，是兼顧文獻的發展階段性和學術典型性，儘可能把握主脈，真切反映近思録後續著述及其學術演變的歷史面貌。譬如，出自宋元著述遺逸多、流存少的考慮，專輯把僅存的宋人二種注解、三種續補和一種札記「一網打盡」，悉數收輯。明人著述也不多，傳世更少，但專輯只收江起鵬近思録補一種，那是考慮到周公恕分類經進近思録集解，不過是改編葉采集解而成，錢士升五子近思録，不過是合刻高攀龍朱子節要與近思録而已，都缺乏獨自的思想學術價值，故寧缺而毋濫。清代著述最多，遴選最費思量，大致是循清學之變，分前、中、後三個時期，擇優取精。前期跨康、雍二朝，斯時朱子學最盛，共收書八種。其中四家注釋，張習孔是今存最早的近思録注家，李文炤是湖湘學派的領軍人物，張伯行是向康熙力推程朱學説的理學名臣，茅星來集註「於名物訓詁考證尤詳」，各具典型意義。「續録」「補録」四種，收施璜五子近思録發明，而不收汪佑五子近思録，是因爲前者可以兼容後者；收劉源渌續録而不收朱顯祖朱子近思録、嚴鴻逵朱子文語纂編，是因爲朱録、嚴編不如劉録精要而有影響；收張伯行續録、廣録，是因爲能與其集解合觀，完整反映他的近思録詮釋思想。乾嘉之世，理學式微，考據風行，相傳書坊中已難見程朱之書，但今觀其時近思録著述仍不絶如縷。專輯收江永集註、黄叔璥集朱、汪紱讀近思録三種，注釋、續録、札記各占其一，數量雖少，庶幾尚能對清中期之概貌，獲一管窺。至於前述孫嘉淦五子近思録輯要，雖亦不無存留意義，但畢竟囿於汪氏五子録的格局，學術價值稍遜，故而割捨不取。晚清同、光時期的近思録著述之多，出乎意外。作爲後期典型，專輯選取陳沆補注、郭嵩燾注、吕永輝國朝近思録三種，其文獻價值、學術意義已在前文交代，兹不贅述。至於未收的黄奭近思録集説、李元綱五子近思録隨筆、黑葛次佩氏近思録復隅、張楚鍾小學近思理話、管贊程近思録集説等，則因其學術性稍差，或尚欠細究而不敢卒定。

近思録專輯收書在版本遴選上也力求精善，且有重大收穫。所收二十一種書籍，有四庫全書、四庫存目叢書、四庫禁燬書叢刊、續修四庫全書影印本的十一種。而其他十種中，屬海内孤本的就占六種，分别是北京大學圖書館藏日本寬文年間刻本宋蔡模近思别録、臺北「中央圖書館」藏南宋末建安曾氏刻本宋佚名近思後録、無錫市圖書館藏明萬曆三十二年自刻本江起鵬近思録補、上海圖書館藏清康熙十七年飲醇閣刻本清張習孔近思録傳、國家圖書館藏稿本清黄叔璥近思録集朱、遼寧圖書館藏清抄本清郭嵩燾近思録注。需要指出的是，宋刊近思後録曾收入臺灣四庫善本叢書初編影印出版，但此叢書本今已難以尋覓。國圖藏黄叔璥近思録集朱稿本，在校點告竣後獲知又被新編子海（珍本編）收入影印，但那是一部修訂待定稿本，書葉行間塗抹勾畫，粘有許多浮簽，整理本根據原稿提示，對浮簽及其覆蓋的文字，都一一加以校理，是未作技術處理的影印本無法取代的。至於宋刊近思别録、明刊近思録補、清刊近思録傳和清抄本近思録注，都是别無他見的唯一遺存。此外，像清光緒刻本吕永輝國朝近思録，也僅有國家圖書館、新鄉市圖書館二處收藏，但二館藏本各有破損，整理本合而校之，始臻完善。至於有四庫系列叢書收入影印的十一種典籍，雖然較爲通行易見，但專輯整理本通過精校，也多有勝出之處。如四庫存目叢書本清李文炤近思録集解，是根據華東師範大學圖書館藏殘本影印，僅存三卷，整理本别據湖南省圖書館藏殘本校補，遂成全帙。又如續修四庫全書影印本清陳沆近思録補注，係出湖北省圖書館藏清陳氏白石山館稿本，但那也是一部修訂稿，增補删改，塗抹勾畫，閱讀極爲不便，整理本另取清華大學圖書館藏清道光間刻本爲底本，以稿本校之，更稱精善。再如收入四庫禁燬書叢刊的清張伯行近思録集解，是據乾隆元年尹會一揚州安定書院刻本影印，然而經過版本調研，發現該本與今存極少的康熙間正誼堂原刻本，竟有多處重要文字異同，爲後人重刻時故意删改，整理本遂以原刻爲底本，以重刻本對校，既保存原始真意，又可在先後改易之間，探其隱情。再如宋葉采近思録集解、清江永近思録集註，是二種最常用的近思録注本，但無論是四庫全書影印本，還是新版校點本，所用底本都不盡如人意，比如現存最早的元刻明修本葉解、清嘉慶婺源李氏刻本江註，就不及清康熙邵仁泓刻本、清同治江蘇書局刻本後出轉精。凡此，整理時都秉持精益求精的理念，實事求是地作了底本更换。

遵循歷代朱子學著述叢刊規定，近思録專輯各書大體遵照中華書局擬訂的校點體例，從嚴從難執行，個别處如專名號的使用等，則根據近思録後續著述的特點，稍作更趨細化的改動。作爲歷代朱子學著述叢刊這部開放性學術史叢書的第一種子叢書，近思録專輯的編纂整理具有一定的試驗性。雖然明知「盡善盡美」是爲不能，但我與我的同仁，仍願持守「爲所不能爲」的精神，勉力而爲。我們期盼對近思録後續著述的思想學術史意義的認識能得到學界同道的認同，也期待近思録專輯的整理出版能對推進朱子學史研究有切實的助益，更渴求賜讀此專輯的高明之士能糾其不逮，不吝賜教。

二〇一四年三月　嚴佐之

[清]張習孔　撰　方笑一　校點

近思録傳

目録

校勘記

〔一〕辨異端篇　「辨」，原作「辯」，據本書正文改。

校點説明

近思録傳十四卷，清張習孔撰。張習孔（一六〇六—？），字念難，號黄岳，歙縣（今安徽歙縣）人，明萬曆三十四年生於江都。父張正茂，善詩、古文，有元晨集。習孔十一歲喪父，家道中落，無資求學，「然性好書，史、鑒、百家暨詩賦、稗野，間有所覯」（宗雅集叙）。爲諸生十年，於順治六年（一六四九）中進士，官刑部郎中，九年（一六五二），官山東提學僉事，僅數月即丁母憂，「見世途嶮巇，絶意仕進，家食十餘年」（家訓）。晚年僑居揚州，築詒清堂。據本書自序，康熙十七年（一六七八）仍在世。其子張潮，爲清代著名文學家，有虞初新志、幽夢影等。

習孔學術通博，貫於四部，著有大易辨志二十四卷，檀弓問四卷，雲谷卧餘二十卷、續八卷，詒清堂集十三卷、補遺四卷，另有家訓一卷，繫辭字訓一卷，七勸口號一卷，使蜀紀事一卷。其中雲谷卧餘、詒清堂集收入四庫全書存目叢書。

據本書自序的落款可知，本書的最後編定時間爲康熙十七年二月。然序中自述作者少時便受讀近思録，「喜其約而備，微而顯，昕夕玩誦，意有所會，輒不自揆，敬爲傳數行，附綴本文之下，以相發明，序次篇章悉本朱子之舊，日詮月徙，積成篇集」，可見本書的編纂經歷了一個很長的過程。又據序中所云「自甲寅編定以來，又已數易其稿」，則初稿編成於康熙十三年（一六七四），後又經修訂，方成定稿。關於本書的編纂目的，作者在自序和凡説中皆有交代，一是不滿於明人周公恕「取葉氏本參錯離析之，先後倒亂，且有删逸」，「創爲二百餘類，全失朱子之意」，欲恢復近思録一書的原貌，所謂「保其故物，無使紊軼」。二是作者也想將其長期閱讀近思録的體悟記録下來，傳之後世，所謂「微志竊同夫朱子」。故而，作者編纂本書的態度是十分嚴肅的，無論我們對其内容作何評價，本書都是後世研究張習孔學術思想與近思録詮釋史的一部重要文獻。本書對近思録的詮釋，主要著眼於義理的闡發，而非文字的訓釋，作者時常表露自己對於近思録所涉議題的種種看法，如云「善風俗，正人心者，全在上耳」（卷七出處篇），這是對當權者提出要求。又云：「國家之壞，由官邪也。今方能飾治而振起，則尊高潔之志，以勵天下之廉恥，使不至於復壞。」（同上）這則是爲治理腐敗提供藥方了。應當説，這些論述對後世頗有啓迪。

本書的版本，目前所知的僅有上海圖書館藏清詒清堂刻本十四卷，此本白口，單魚尾，正文半頁九行，行二十二字，每卷首署作者名外，亦署「男潮、漸同校」，版心下方有

「詒清堂」三字。末卷「殆亦與此意近」以下頁殘，故爲殘本。今以此本爲底本加以校點整理，正文校以朱子全書所收近思録白文本（簡稱朱子全書本）。校點過程中，華東師範大學古籍研究所嚴佐之教授、王鐵教授審閲過稿件，並匡正謬誤，温州大學人文學院程水龍教授提供了許多幫助，在此一併致謝。

方笑一

二〇一三年九月

近思録傳序

近思録者，吾鄉先正朱晦庵先生所裒集周、張、二程四子之文辭德業，舉其要領，編次成書，以嘉惠後學者也。先生與東萊吕伯恭氏讀四子之書，以爲廣大閎博，若無津涯，恐初學之士不知所從入，故采其關於大體、切於日用者，輯爲此篇，分爲十四卷，總六百十二條。精粗、本末、先後之序，條理精善，其功於往聖，德於來者，甚盛心也。至淳祐間，建安葉氏爲之集解，自序已經進御。後乃有曰鷺洲周公恕者，取葉氏本參錯離析之，先後倒亂，且有删逸，仍冒葉氏名，曰「分類集解」，創爲二百餘類，全失朱子之意。流傳既久，幾亂本真，世亦無知而辨之者，此實後學者之責也。

習孔幸同先生梓里，凡先生一言一字，無論其雲仍世守，保無亡失，而郡邑之士，亦家藏户習，代有表章。至於此録，上自天地陰陽之奥，下及修己治人之方，無弗具備。上智之士，循習不已，可以入聖，即姿質中下，隨其力之所至，亦不失爲善人，誠學者所當服膺而弗失也。習孔自少受讀是書，喜其約而備，微而顯，昕夕玩誦，意有所會，輒不自揆，敬爲傳數行，附綴本文之下，以相發明。序次篇章，悉本朱子之舊，日詮月徙，積成篇集。自甲寅編定以來，又已數易其稿，間有旁通微辨，要亦本乎心之所明，直而弗有。蓋不敢屈抑依附，以蹈不誠之愆，或亦無悖於先賢戒欺之旨歟。

嘗見朱子與孫敬甫書「易説初以未成，故不敢出。近覺衰耄，不能復有所進，頗欲傳之於人」云。習孔雖抱望道未見之志，而衰耄甚於朱子，其不能進於是也，愧慊當無已矣。嗚呼！義理無窮，而資識有量，以孔子之聖，且以不能徙義爲憂，習孔何人，敢謂此編爲不易之書哉？亦以日迫崦嵫，微志竊同夫朱子云爾。況保其故物，無使紊軼，固後學所宜有事也。用是不避僭踰之責，而潰於成，以俟後之君子擇焉。康熙戊午二月甲子，新安張習孔序，時年七十有三。

近思録傳凡説

一、此書自周氏晉亂之後，歷年既遠，學者莫知適從。惟明季新安鮑氏所刻舊本白文最爲完善，與朱宅所藏家本雖有數字傳寫不同，無傷大體，今刻悉依鮑本，識者詳之。

一、此書每條悉載四先生全文，有先言道體後又説入性情，有首言家道後又説及政事者，周氏自欲分門創類，别異朱子，更立名目爲二百餘格，取一文而剪裁分屬，裂爲數段，俵散於各卷，聯合於他章，幸其本心之明，乃於文下註云「此係元文某卷分出」，後人由此尋求，庶幾知非係元本。今悉釐正從舊。

一、傳文原屬鄙臆，有言則言，無言則止。其有意指顯白，詞語明了，無事贅衍者，則不復傳。亦有隻句單行，意無所屬，如「九德最好」之類，典、謨語皆好，不獨「九德」。不知前人立言所嚮，亦不復傳。

一、周氏集解於西銘一篇，僅取篇首四句，餘俱削去。夫西銘之書，固有難解，亦須載其全文，聽是非于來哲，何可任意芟除？且書名「集解」，此銘之解極多，最當集者，一概不取，何不指明其故？此不可曉。

一、愚於東西二銘俱無傳，祇言性理，諸儒其説已詳，愚不敢復贅。實以西銘意深難曉，如禹不言其大德而獨取惡酒，舜不言其孝而言其功，以潁封人爲育英才，子不言敬而言翼之類。且程朱諸子極意推崇，愚之闇昧，何敢問然？君子于其所不知，蓋闕如也。愚實竊附斯義，東銘亦然。

一、録中多引程子易傳，間有未載經文。治易之家固知程子所指，而初學慮有未晰。愚傳并疏明經旨，固稍有溢於本文者。然録之所無，皆經之所有，未嘗外也。知者詳之。

一、録中所載行狀、哀詞、先德薦劄諸篇，于諸子德業文詞已極明備。愚再爲之，增飾讚誦，轉失其人之真，故傳文祇欲後人效法，不更多語。

一、夫子曰「辭達而已矣」，况著書立説，質今待後，一字聱牙，遂啓疑刺。愚于此傳，只如常語，寧質無文，不敢避俚俗之誚。

一、書加圈點，原是一人之好尚。此然彼否，未必合群心之公，反使意嚮混亂，故一切不用。但録文間有古奥難句處，讀者必再四以意逆志，方能得之。兹刻于每句之下，著以小圈，庶便觀覽。

康熙戊午春王正月之望新安張習孔黄岳甫識

近思録舊序

淳熙乙未之夏，東萊呂伯恭來自東陽，過予寒泉精舍。留止旬日，相與讀周子、程子、張子之書，嘆其廣大閎博，若無津涯，而懼夫初學者不知所入也。因共掇取其關於大體而切於日用者，以爲此編。總六百二十二條〔一〕，分十四卷。蓋凡學者所以求端、首卷論道體。用力、二卷總論爲學大要，三卷論致知，四卷論存養。處己、五卷論克己，六卷論家道，七卷論出處義利。治人，八卷論治體，九卷論治法，十卷論政事，十一卷論教學，十二卷論警戒。與夫所以辨異端、十三卷。觀聖賢十四卷。之大略，皆粗見其梗概。以爲窮鄉晚進有志於學，而無明師良友以先後之者，誠得此而玩心焉，亦足以得其門而入矣。如此，然後求諸四君子之全書，沉潛反覆，優柔厭飫，以致其博而反諸約焉。則其宗廟之美，百官之富，庶乎其有以盡得之。若憚煩勞，安簡便，以爲取足於此而可，則非今日所以纂集此書之意也。五月五日，朱熹謹識。

近思録既成，或疑首卷陰陽變化性命之説，大抵非始學者之事。祖謙竊嘗與聞次緝之意，後出晚進於義理之本原，雖未容驟語，苟茫然不識其梗概，則亦何所底止？列之篇端，特使之知其名義，有所嚮望而已。至於餘卷所載講學之方、日用躬行之實，具有科級。循是而進，自卑升高，自近及遠，庶幾不失纂集之指。若乃厭卑近而騖高遠，躐等陵節，流於空虛，迄無所依據，則豈所謂「近思」者耶？覽者宜詳之。淳熙三年四月四日，東萊呂祖謙謹書。

校勘記

〔一〕總六百二十二條　上「二」原作「一」，據朱子全書本改。

近思録群書姓氏

周子太極通書　周子，名惇實，字茂叔，避厚陵藩邸名，改惇頤，世爲道州營道人。營道縣出郭三十里，有村落曰濂溪，周氏家焉。先生晚年卜居廬阜，築室臨流，寓濂溪之名〔一〕。

明道先生文集　先生姓程氏，名顥，字伯淳，太師文潞公題其墓曰「明道先生」。

伊川先生文集　先生名頤，字正叔，明道先生之弟也。家居河南伊水之上。

周易程氏傳

程氏經説

程氏遺書

程氏外書

橫渠先生正蒙　先生姓張氏，名載，字子厚，世大梁人。父迪，知涪州事，卒于官，遂僑寓鳳翔郿縣橫渠鎮之南大振谷口。晚年居于橫渠。

橫渠先生文集

校勘記

〔一〕寓濂溪之名　「濂」，原作「染」，「名」，原作「右」，據上海圖書館藏清康熙邵仁泓刻本近思録集解改。

近思録傳卷一

道體篇

濂溪先生曰：無極而太極。太極動而生陽，動極而静；静而生陰，静極復動。一動一静，互爲其根；分陰分陽，兩儀立焉。陽變陰合，而生水火木金土。五氣順布，四時行焉。五行，一陰陽也；陰陽，一太極也；太極，本無極也。五行之生也，各一其性。無極之真，二五之精，妙合而凝。乾道成男，坤道成女。二氣交感，化生萬物。萬物生生，而變化無窮焉。惟人也，得其秀而最靈。形既生矣，神發知矣；五性感動，而善惡分，萬事出矣。聖人定之以中正仁義，而主静，立人極焉。故聖人與天地合其德，日月合其明，四時合其序，鬼神合其吉凶。君子修之吉，小人悖之凶。故曰：「立天之道，曰陰與陽；立地之道，曰柔與剛；立人之道，曰仁與義。」又曰：「原始反終，故知死生之説。」大哉易也，斯其至矣！

「太極動而生陽，静而生陰」，此是周子立言，不能一齊並説出，故先説個動而生陽，陽極而静，静而生陰。其實一時俱有，不分後先，要看「互爲其根」一語，非是待陽動極了然後生静。蓋太極有動静，便有盈虚消長之理。動而生陽時，非無静也。第以陽當浸長，則陰自浸消，至陽長之極，即陰消之極。物不可終極也，于是陽浸消而陰浸長，其生亦然，所謂「互爲其根」也。後章「動静無端，陰陽無始」即此意。

「水火木金土」，依河圖生成之序言。「五氣順布」，又是從五行相生之序，依四時流行者言，所謂文王八卦也。

「五行之生，各一其性」，五行各有一太極也。合五行觀之，原於一太極，分五行觀之，而太極全體，又無不在也。

「五行之生」，生字即「陽變陰合而生」生字。此指五行從陰陽所生時言，止有其理，未墮在氣質中。至下文「無極」、「二五」、「妙合而凝」，方着在氣質上説。此段嚴時亨與朱子問辨甚繁，皆是將「妙合而凝」意，豫於五行之生處言之，故義理之性、氣質之性，二者倏彼倏此，難於區分也。蓋五行雖云無二，須知有未受氣質之五行，有既受氣質之五行。如天一地二所生水火，與漂流燔燎之水火，自有體用、道器之分。故既受氣質之五行，雖云太極之全體無乎不在，然墮于氣質，與從陰陽太極所生者觀之，則有別矣。

兩儀生四象，只生四行可也，何以生五？且何以止于五而不生六？蓋二生四者，是言生卦之序，生五者，乃是天地陰陽所具。只有此數不可增减，與生卦之序意旨自别。今夫中者，一而已矣。有中則有前，有前則有後，有前後則有左右，是前後左右中者，五也。此固不可减之爲四、增之爲六也。河圖之數，雖出于龍馬所呈，然却是天地自然有此理數部位，所以陳摶、种放輩，緣此想悟而得也。周子曰「五氣順布，四時行焉」，亦是從河圖看出。

或問：「聖人定之者，定其名耶？定其數耶？筆之于書耶？傳之于人耶？」愚曰：「皆非也。聖人立心制行，無不依于中正仁義，若定之于此而不移也，固未筆之于書。然于六經、四子之紀載而觀其會通，則有以見夫聖人之所以爲聖者，不越于是四者焉。雖其道變化不窮，而是四者其根柢也，故曰定也。此周子功深而識到，故能指示親切以傳世。豈有誣與？」「主静者謂何？」曰：「此静字不與動平對。蓋天德性真、心原道妙之總名，而中正仁義之主也。聖人定之以中正仁義，即是主静。精莫精于此，一莫一于此也。惟主静，則人理無以復加，而人之極立矣。若解爲對動之静，理難通矣。夫陰不尊于陽，不先于陽，不善于陽，何陽不可主，而必主于陰耶？説者謂天地不弢歛，無以爲發生；人心不寧息，無以爲運用。不知動静互根之理，無偏勝也。使有弢斂而無發生，有寧息而無運用，乾坤不幾息，而人理不幾絶乎！故動静相資，其重均也。今曰主之而立極，其理專且尊矣。固知周子之所謂静，非上文『動而生陽』、『静而生陰』之動静也。其自注云『無欲故静』，非指『陽動陰静』之静明矣。此静字，立于動静之先，如太極立于陰陽之先，太極陰陽不可以先後分，猶曰統攝會歸云爾。至尊而無偶者也。聖人以此洗心退藏于密，故曰静焉。此静字，母也，中又包動静二字，子也。如此看，斯于理不悖矣。張南軒以本于敬爲主静，亦不與動字平看。」

誠，無爲；幾，善惡。德：愛曰仁，宜曰義，理曰禮，通曰智，守曰信。性焉安焉之謂聖；復焉執焉之謂賢；發微不可見，充周不可窮之謂神。

幾者，動之最先者也，此時即説個善惡。此先生吃緊爲人處，過此則無及矣。陳潛室曰：「『幾者動之微』，蓋欲于其萌動而蚤辨之，使之有善而無惡也。」

此通書中一篇，以「誠無爲」爲綱，由誠而動爲幾，五常著焉。于是有性而安焉之聖，復而執焉之賢，至于聖而不可知之神，則誠之體盡矣。中庸所謂「天下至誠」是也。「發微不可見，充周不可窮」，俱是説誠。由幾而動也。神字即誠，誠者其體，神者其用，非有二也。

伊川先生曰：「喜怒哀樂之未發謂之中」，中也者，言「寂然不動」者也，故曰「天下之大本」。「發而皆中節謂之和」，和也者，言「感而遂通」者也，故曰「天下之達道」。

中和以性情言，寂感以心言，雖若有分，然于未發也，見其感通之體；于已發也，見其寂然之用。寂然者，無時而不感；感通者，無時而不寂；是乃天命之全體也。通字仍在感者身上説，如同「人通天下之志」通字。

心一也，有指體而言者，有指用而言者，惟觀其所見如何耳。

善觀者，體用無間，即上章「寂然不動」、「感而遂通」之理也。

乾，天也。天者，乾之形體；乾者，天之性情。乾，健也，健而無息之謂乾。夫天，專言之則道也，「天且弗違」是也；分而言之，則以形體謂之天，以主宰謂之帝，以功用謂之鬼神，以妙用謂之神，以性情謂之乾。

人無性情，則不成其爲人；天無性情，則不成其爲天。六經、四子稱「天」者，皆兼性情而言。易經「乾」字，天人皆有。先生曰「專言之則道」，舉一「道」字，則大人合德處可統觀也。

四德之元，猶五帝之仁。偏言則一事，專言則包四者。「帝」，當是「常」。

天所賦爲命，物所受爲性。

指示精確，聖經之功臣，後學之恩師。

鬼神者，造化之迹也。

鬼神與造化，同德而異名。迹非粗迹，猶曰造化之可見者。

剥之爲卦，諸陽消剥已盡，獨有上九一爻尚存，如碩大之果，不見食，將有復生之理。上九亦變，則純陰矣。然陽無可盡之理，變於上則生於下，無間可容息也。聖人發明此理，以見陽與君子之道不可亡也。或曰：剥盡則爲純坤，豈復有陽乎？曰：以卦配月，則坤當十月。以氣消息言，則陽剥爲坤，陽來爲復，陽未嘗盡也。剥盡於上，則復生於下矣。故十月謂之陽月，恐疑其無陽也。陰亦然，聖人不言耳。

乘除之理，刻刻推移，一歲之卦皆然，非獨剥、復也。但陰陽代嬗，唯二卦爲最顯，故指出示人耳。碩果非不食，碩果之生意，則未嘗食。逝者如斯，不舍晝夜，與此象同。

一陽復於下，乃天地生物之心也。先儒皆以静爲見天地之心，蓋不知動之端乃天地之心也。非知道者，孰能識之？

復見天地之心，皆以爲天地生物之心于此可見，固是。愚以爲見生物之心，不如言見天地生生之心。蓋言生物，猶是天地去生此物；言生生，則天地與此物皆在其内。故曰剥于上則復生于下，陽無盡滅之理，天地亦自生也。天地與物，總是一理，故生則俱生，正如誠者物之終始，而成己成物，總在自成自道内也。

以静中見動可也，以静爲見心不可也。

仁者，天下之公，善之本也。

「仁者，天下之公」，是以一日克復而天下即歸仁。

有感必有應。凡有動皆爲感，感則必有應，所應復爲感，所感復有應，所以不已也。感通之理，知道者默而觀之可也。

應亦有感，蓋感者，我心動而及彼；應者，彼心動而及我。其動一也，故咸卦「感」字包有「應」字在内。繫辭「屈信相感而利生」，亦如此解，蓋「感」字内亦有「應」字，「應」字内亦有「感」字。今日之信，所以應乎昨日之屈，而又以感乎明日之屈；明日之屈，所以應乎今日之信，而又以感乎後日之信。此所謂相感也。

天下之理，終而復始，所以恒而不窮。恒非一定之謂也，一定則不能恒矣。唯隨時變易，乃常道也。天地常久之道，天下常久之理，非知道者，孰能識之？

人心之恒，亦猶是也。

人性本善，有不可革者，何也？曰：語其性，則皆善也；語其才，則有下愚之不移。所謂下愚，有二焉：自暴、自弃也。人苟以善自治，則無不可移，雖昏愚之至，皆可漸磨而進。唯自暴者，拒之以不信；自棄者，絶之以不爲。雖聖人與居，不能化而入也。仲尼之所謂「下愚」也。然天下自棄自暴者，非必皆昏愚也，往往强戾而才力有過人者，商辛是也。聖人以其自絶於善，謂之「下愚」，然考其歸，則誠愚也。既曰「下愚」，其能革面，何也？曰：心雖絶於善道，其畏威而寡罪，則與人同也。唯其有與人同，所以知其非性之罪也。

自暴自棄者，非其甘心也，總緣嗜慾難遣耳。蓋人生而有口體之需，非利莫濟。而利者，不可以仁義忠信得也，是以聖人與居而不能化也。今欲漸磨而進于善，惟有勉之以忍苦節慾，念念于孟子「不謂性也」之言，斯可耳。

在物爲理，處物爲義。

精語不易。

動静無端，陰陽無始，非知道者，孰能識之？

此義愚于首章「動而生陽」下，間嘗發之。

仁者天下之正理，失正理則無序而不和。

此仁所以貫四端，兼萬善也。

明道先生曰：天地生物，各無不足之理。常思天下君臣、父子、兄弟、夫婦，有多少不盡分處。

「天生烝民，有物有則」，此之謂也。此意于流峙動植之物上看更顯。

「忠信所以進德」，「終日乾乾」，君子當終日「對越在天」也。蓋「上天之載，無聲無臭」，其體則謂之易，其理則謂之道，其用則謂之神，其命于人則謂之性。率性則謂之道，修道則謂之教。孟子於其中又發揮出浩然之氣，可謂盡矣。故説神「如在其上，如在其左右」，大小大事，而只曰「誠之不可揜如此夫」。徹上徹下，不過如此。形而上爲道，形而下爲器，須著如此説，器亦道，道亦器，但得道在，不繫今與後，已與人。

君子終日「對越在天」，是合易、道、神、性而對越之也。夫是以融道器、通今古、合人己，而一以貫之也。此段朱子與林至論甚詳。

醫書言手足痿痹爲不仁，此言最善名狀。仁者以天地萬物爲一體，莫非己也。認得爲己，何所不至?若不有諸己，自與己不相干。如手足不仁，氣已不貫，皆不屬己。故博施濟衆，乃聖之功用。仁至難言，故止曰：「己欲立而立人，己欲達而達人，能近取譬，可謂仁之方也已。」欲令如是觀仁，可以得仁之體。

聖賢語仁者多矣，惟此比況最真切，諸解無以復加。

「生之謂性」，性即氣，氣即性，生之謂也。人生氣禀，理有善惡，然不是性中元有此兩物相對而生也。有自幼而善，有自幼而惡。是氣禀有然也。善固性也，然惡亦不可不謂之性也。蓋「生之謂性」，「人生而静」以上不容説，纔説性時，便已不是性也。凡人説性，只是説「繼之者善也」，孟子言性善是也。夫所謂「繼之者善也」者，猶水流而就下也。皆水也，有流而至海，終無所污，此何煩人力之爲也？有流而未遠，固已漸濁，有出而甚遠，方有所濁。有濁之多者，有濁之少者。清濁雖不同，然不可以濁者不爲水也。如此則人不可以不加澄治之功。故用力敏勇則疾清，用力緩怠則遲清。及其清也，則却只是元初水也，不是將清來换却濁，亦不是取出濁來置在一隅也。水之清，則性善之謂也。故不是善與惡在性中爲兩物相對，各自出來。此理，天命也。順而循之，則道也。循此而修之，各得其分，則教也。自天命以至於教，我無加損焉，此舜「有天下而不與焉」者也。

孟子以無不下喻無不善，非以水喻性也。先生以清喻本來，濁喻緣染，亦非以水喻性也。即以水喻性，自既流以後言也。擬之于性，自氣禀以後言也。故曰善固性，惡亦不可不謂之性，猶曰清固水，濁亦水也。苟以水喻性於繼善之初，此時正如天一地六之生水，中含有潤下之性耳。未著在水流上説，一至流時，便有清濁。天一地六生成時，乃至清之氣，何嘗有濁哉？此先生所謂『「人生而静」以上不容説，纔説性時，便已不是性』，亦此意也。夫水流而不能不濁者，勢也。如人既賦純粹之性，而有耳目口體之需，非極力澄治，何以復其初乎？故先生教人順而循之，而修之各得其分，則至於大舜之地位，亦無加損焉。斯合于「人生而静」以上，自不至有兩物相對也。

觀天地生物氣象。

觀天地生物性情，便自得其氣象。易曰「乾道變化」，此性情也；又曰「不言所利，大矣哉」，此氣象也。

萬物之生意最可觀，此「元者善之長」也，斯所謂仁也。滿腔子是惻隱之心。滿腔子是惻隱之心，便包有羞惡、辭讓、是非之心在。

天地萬物之理，無獨，必有對，皆自然而然，非有安排也。每中夜以思，不知手之舞之，足之蹈之也。

于獨中見兩，則獨可作兩看；于兩中見獨，則兩可作獨看。如一人是獨，一人之性情血氣有陰陽，是兩；陰陽是兩，而性情血氣流通周浹，又是獨。所謂「陰陽一太極」。時是獨，時有晝夜是兩；晝夜是兩，通乎晝夜之道而知，又是獨。

中者，天下之大本，天地之間，停停當當、直上直下之正理。出則不是，惟「敬而無失」最盡。

求之古人，「其舜也與！夫何爲哉？恭己正南面而已矣。」

伊川先生曰：公則一，私則萬殊。人心不同如面，只是私心。

公則無偏倚，無過不及，無人我，故一。天下歸仁，萬物皆備，此一之實境也。

凡物有本末，不可分本末爲兩段事。灑掃應對是其然，必有所以然。

物有本末，不可分。事有終始，則當知先後。學者不可不知本末，教者不可不知先後。

跬步之與千里，總是這條路，本末之謂也。適千里者，始于跬步，先後之謂也。

楊子拔一毛不爲，墨子又摩頂放踵爲之，此皆是不得中。至如「子莫執中」，欲執此二者之中，不知怎麽執得？識得則事事物物上，皆天然有個中在那上，不待人安排也，安排著則不中矣。

子莫執字，未嘗不可，其病却是認不得中字。有是非之心者，方認得中字，既認得，却正要他執。子莫如宋元祐末年諸臣，惟欲調停兩家，竟不知孰是孰非，如此一執，遂成大患。

問：時中如何？曰：「中」字最難識，須是默識心通。且試言：一廳，則中央爲中；一家，則廳非中而堂爲中；一國，則堂非中而國之中爲中。推此類可見矣。如三過其門不入，在禹、稷之世爲中，若居陋巷，則非中也。居陋巷，在顔子之時爲中，若三過其門不入，則非中也。

子華使齊，冉子未請，夫子以無所與爲中，冉子既請，則以與釜爲中，迨請益，則又以與庾爲中。同一事也，同一人也，需之頃刻即變矣，此之謂時中也。故孟子之解「時中」，只在仕止久速惟其可上見得。禹當過門不入時，使呱呱之子候于門，牽衣而拜，亦必慰諭。度禹之時中，或當如是。顔子居陋巷，設時君式廬請教，顔子亦必有忠告，而無峻拒。度顔子之時中，或當如是。

無妄之謂誠，不欺其次矣。

無妄，天也；不欺，人也。

沖漠無朕，萬象森然已具，未應不是先，已應不是後。如百尺之木，自根本至枝葉，皆是一貫，不可道上面一段事無形無兆，却待人旋安排引入來教入塗轍。既是塗轍，却只是一個塗轍。

此即前「物有本末」之説。

近取諸身，百理皆具。屈伸往來之義，只於鼻息之間見之。屈伸往來只是理，不必將既屈之氣復爲方伸之氣。生生之理，自然不息。如復卦言「七日來復」，其間元不斷續。陽已復生，物極必返，其理須如此。有生便有死，有始便有終。

一陰一陽之謂道，互根迭運，循環無端。大自天地之顯晦，細至鼻息之呼吸，莫非此理，深體味之自見。

明道先生曰：天地之間，只有一個感與應而已，更有甚事？

此即「一陰一陽之謂道」之説。故繫詞于此章，上推造化，下引聖功，旁及凡庶，與夫物彙之生成，事變之猥雜，胥可以觀一貫之旨焉。此先生所謂「更有甚事」也。

問仁，伊川先生曰：此在諸公自思之，將聖賢所言仁處類聚觀之，體認出來。孟子曰：「惻隱之心，仁也。」後人遂以愛爲仁。愛自是情，仁自是性，豈可專以愛爲仁？孟子言：「惻隱之心，仁之端也。」既曰仁之端，則不可便謂之仁。退之言「博愛之謂仁」，非也。仁者固博愛，然便以博愛爲仁，則不可。

論仁之本，則大德敦化，天地之仁也。由本而推及於可見可認之處，莫親切於「惻隱之心，仁也」之言。愛字不足盡惻隱，猶夫端字不可盡仁，端者一端耳。其渟凝藴蓄處，惟中庸「肫肫」兩字，可以想見。

問者原鶻突，故先生之答，亦只隨事諭之。

問：仁與心何異？曰：心譬如穀種，生之性，便是仁，陽氣發處，乃情也。

義訓宜，禮訓別，智訓知，仁當何訓？説者謂訓覺、訓人，皆非也。當合孔孟言仁處，大概研窮之，二三歲得之未晚也。

仁字豈可以一言訓？若認得仁，雖無言可也；若認不得，即訓以人字，依舊是囫圇語。何也？未知人，焉知仁也？大抵德性有體有用。五常之性，墮地時即有，以人字訓仁，最有味。但學問之道，問者當徵實而言，應者當叩端而竭。今乃儱侗泛問，故先生亦以「大概研窮」答之也。

性即理也。天下之理，原其所自，未有不善。喜怒哀樂未發，何嘗不善？發而中節，則無往而不善；發不中節，然後爲不善。故凡言善惡，皆先善而後惡；言吉凶，皆先吉而後凶；言是非，皆先是而後非。

先者，天命之本然也。而有先不能無後，此亦陰陽大小必然之勢也。惟聖人能先立乎其大者，故扶抑存遏之教興焉。

問：心有善惡否？曰：在天爲命，在義爲理，在人爲性，主於身爲心，其實一也。心本善，發於思慮，則有善有不善。若既發，則可謂之情，不可謂之心。譬如水，只可謂之水。

至如流而爲派，或行於東，或行於西，却謂之流也。

心者，方寸之物也，賦之以性，然後可發而爲善惡耳。此先生所謂「心本善，發於思慮，則有善、不善」也。夫性成於繼善，安有不善？故不善只可言情，但此是小人之情，若君子，則孟子所謂「可以爲善者」是也。

性出於天，才出於氣。氣清則才清，氣濁則才濁。才則有善有不善，性則無不善。

氣者，稟受於父母，鍾毓於山川也。

性者，自然完具，信只是有此者也。故「四端」不言信。

五行應五常，土旺於四季，信貫乎四德，一理也。

心，生道也。有是心，斯具是形以生。惻隱之心，人之生道也。

由是言之，「資始」、「流形」，「各正」、「保合」，天之生道也。

横渠先生曰：氣坱然太虚，升降飛揚，未嘗止息。此虚實動静之機、陰陽剛柔之始。

浮而上者陽之清，降而下者陰之濁。其感遇聚散，爲風雨，爲霜雪，萬物之流行，山川之融結，糟粕煨燼，無非教也。

此言造化之初。「教」字從禮記來，言以此理示人也。

游氣紛擾，合而成質者，生人物之萬殊；其陰陽兩端，循環不已者，立天地之大義。

游氣者，陰陽循環而游也。非陰陽之外，别有游氣。擾字，作充周布濩看，上言小德川流，下言大德敦化。

天體物不遺，猶仁體事而無不在也。「禮儀三百，威儀三千」，無一物而非仁也。「昊天曰明，及爾出王，昊天曰旦，及爾游衍」，無一物之不體也。

天體物不遺，與中庸言鬼神者同旨。正蒙以「天道」名篇，故變鬼神言天耳。中庸言至誠，經綸天下之大經，而系之曰「肫肫其仁」。先生謂三百、三千「無一物而非仁」，即是此意。後「物」字，疑是「事」字。

鬼神者，二氣之良能也。

卓識不可易，此張子獨見創語，故自足傳。

物之初生，氣日至而滋息；物生既盈，氣日返而游散。至之謂神，以其伸也；反之謂鬼，以其歸也。

神，指人物之精神言。

性者，萬物之一源，非有我之得私也。惟大人爲能盡其道，是故立必俱立，知必周知，愛必兼愛，成不獨成。彼自蔽塞而不知順吾理者，則亦末如之何矣。

中庸所謂性之德者，「合外内之道也」。

一故神。譬之人身四體，皆一物，故觸之而無不覺，不待心使至此而後覺也。此所謂「感而遂通」，「不行而至，不疾而速」也。

「一故神」三字，出於正蒙參兩篇。首節云：「地所以兩，分剛柔、男女而效之法也。天所以參，一太極兩儀而象之性也。」次節云：「一物兩體，氣也；一故神，兩故化，此天之所以參也。」「譬之人身」以下，乃朱子之言。愚合正蒙上下文而論之，是以太極爲一，而行乎兩儀之中。太極兩在而不居，故不測而神。朱子即此而推，凡物惟一而不隔，則能行乎十百千萬之中。如人身之四體百骸，聽命于心，不待驅使而自應也。推之天下歸仁，時行物生，莫非此理。此見朱子之能取善也。

心，統性情者也。

凡物莫不有是性。由通蔽開塞，所以有人物之别；由蔽有厚薄，故有知愚之别。塞者牢不可開；厚者可以開，而開之也難；薄者開之也易。開則達於天道，與聖人一。

惻隱、羞惡、辭讓、是非，物皆無而人固有，人可言塞，物不可言塞也。開之難易有分，既開而達天至聖，則無分，及其成功一也。

近思録傳卷二

爲學篇

濂溪先生曰：聖希天，賢希聖，士希賢。伊尹、顔淵，大賢也。伊尹恥其君不爲堯舜，一夫不得其所，若撻於市。顔淵「不遷怒，不貳過」，「三月不違仁」。志伊尹之所志，學顔子之所學，過則聖，及則賢，不及則亦不失於令名。

希聖希賢者，志學兼勵。有此志，必務此學，有此學，自成此志。

聖人之道，入乎耳，存乎心，藴之爲德行，行之爲事業。彼以文辭而已者，陋矣。

徒以文辭者，原未知聖道。求聖道者，當思藴字是何詣境。

或問：「聖人之門，其徒三千，獨稱顔子爲好學。夫詩書六藝，三千子非不習而通也，然則顔子所獨好者，何學也？」伊川先生曰：「學以至聖人之道也。」「聖人可學而至歟？」曰：「然。」「學之道如何？」曰：「天地儲精，得五行之秀者爲人。其本也真而静，其未發也五性具焉，曰仁、義、禮、智、信。形既生矣，外物觸其形而動其中矣。其中動而七情出焉，曰喜、怒、哀、樂、愛、惡、欲。情既熾而益蕩，其性鑿矣。是故覺者約其情使合於中，正其心，養其性；愚者則不知制之，縱其情而至於邪僻，梏其性而亡之。然學之道，必先明諸心，知所養，然後力行以求至，所謂「自明而誠」也。誠之之道，在乎信道篤。信道篤則行之果，行之果則守之固。仁義忠信不離乎心，造次必於是，顛沛必於是，出處語默必於是。久而弗失，則居之安，「動容周旋中禮」，而邪僻之心無自生矣。故顔子所事，則曰：「非禮勿視，非禮勿聽，非禮勿言，非禮勿動。」仲尼稱之，則曰：「得一善，則拳拳服膺而弗失之矣。」又曰：「不遷怒，不貳過。」「有不善未嘗不知，知之未嘗復行也。」此其好之篤，學之之道也。然聖人則不思而得，不勉而中；顔子則必思而後得，必勉而後中。其與聖人相去一息，所未至者，守之也，非化之也。以其好學之心，假之以年，則不日而化矣。後人不達，以謂聖本生知，非學可至，而爲學之道遂失。不求諸己而求諸外，以博聞强記、巧文麗辭爲工，榮華其言，鮮有至於道者。則今之學與顔子所好異矣〔一〕。

先生此篇教人爲學入聖之方，詳矣盡矣。學者苟能體而行之，斯聖人可學而至矣。其大要則有三焉：一曰情熾而性鑿，當約其情使合於中；一曰信道篤，則行之必果，當效顔之拳拳服膺；一曰聖人從容中道，賢人則必藉於思勉。能由守而達於化，則亦至于聖人矣。其言雖有先後，其理則實一貫。學者可不知所從事乎！

此因論顔子之學而推言之如此。顔子非禮勿視聽言動者，所謂「約其情使合於中，正其心，養其性」，「僻邪之心無自生」也。「得一善，拳拳服膺而弗失」者，所謂「信道篤」而「行之果」、「守之固」也。「不遷怒，不貳過」者，不使情熾而性鑿也。「不善未嘗不知，知之未嘗復行」者，所謂「明諸心，知所養」，「自明而誠」也。思而得，勉而中者，所謂「力行以求至」也。學者苟從事於先生之言，則其學亦同乎顔子之學矣。

橫渠先生問於明道先生曰：定性未能不動，猶累於外物，何如？明道先生曰：所謂定者，動亦定，静亦定，無將迎，無内外。苟以外物爲外，牽己而從之，是以己性爲有内外也。且以性爲隨物於外，則當其在外時，何者爲在内？是有意於絶外誘，而不知性之無内外也。既以内外爲二本，則又烏可遽語定哉？夫天地之常，以其心普萬物而無心；聖人之常，以其情順萬事而無情。故君子之學，莫若擴然而大公，物來而順應。易曰：「貞吉悔亡。憧憧往來，朋從爾思。」苟規規於外誘之除，將見滅於東而生於西也。非惟日之不足，顧其端無窮，不可得而除也。人之情各有所蔽，故不能適道，大率患在於自私而用智。自私則不能以有爲爲應迹，用智則不能以明覺爲自然。今以惡外物之心，而求照無物之地，是反鑒而索照也。易曰：「艮其背，不獲其身；行其庭，不見其人。」孟氏亦曰：「所惡于智者，爲其鑿也。」與其非外而是內，不若內外之兩忘也。兩忘則澄然無事矣，無事則定，定則明，明則尚何應物之爲累哉！聖人之喜，以物之當喜；聖人之怒，以物之當怒。是聖人之喜怒不繫于心而繫于物也。是則聖人豈不應于物哉？烏得以從外者爲非，而更求在內者爲是也？今以自私用智之喜怒，而視聖人喜怒之正爲何如哉？夫人之情，易發而難制者，惟怒爲甚。第能于怒時遽忘其怒，而觀理之是非，亦可見外誘之不足惡，而于道亦思過半矣。

此應是張子初見程子之言。觀西銘所引舜、禹、申生等事，處常處變之道備矣。其曰「富貴福澤，厚吾之生；貧賤憂戚，玉女於成」，存順沒寧，正程子所謂「擴然太公，物來而順應」也。兩忘而澄然無事，張子固優於此矣。

愚按：程子所言，乃是安常處順之事，其所認外誘，亦是紛華利達之屬。至聖人之喜怒不繫於物，亦是居高得爲之時，如舜之罪四凶，文之遏徂莒耳。其或事關弘鉅，勢處危難，若宇文護之報母書，宋高宗之請二帝，利害固可不計，人倫豈可不全？又有剥廬失覆，癰潰命隨，外物之累如此，君子亦何能爲心哉！愚反復思之，務期合於程子之説，惟有知幾先覺，庶爲可耳。禮曰：「父母存，不許友以死。」苟能至誠前知，知勢不可爲，即勿身當事任。若劉季上有父母，便不當送徒驪山，欲不送徒，便不當爲亭長，隱居獨善，力作養親，斯可以其情順萬事而無情，擴然同天地之常矣。豈至烹太公之日，始以分羹爲静鎮哉？臆見如此，不敢質也，記之以就正有道耳。

伊川先生答朱長文書曰：聖賢之言，不得已也。蓋有是言則是理明，無是言則天下之理有闕焉。如彼耒耜陶冶之器，一不制則生人之道有不足矣。聖賢之言雖欲已，得乎？然其包涵盡天下之理，亦甚約也。後之人始執卷，則以文章爲先，平生所爲，動多於聖人，然有之無所補、無之靡所闕，乃無用之贅言也。不止贅而已，既不得其要，則離真失正，反害於道必矣。來書所謂欲使後人見其不忘乎善，此乃世人之私心也。夫子「疾没世而名不稱焉」者，疾没身無善可稱云爾，非謂疾無名也。名者，可以勵中人，君子所存，非所汲汲。

此書深中學者好名之弊。長文欲使後人見其不忘乎善，是其所爲，惟欲後人見之耳，豈得爲善哉！「乾始能以美利利天下，不言所利。」聖人之言，亦猶是耳。

内積忠信，「所以進德也」；擇言篤志，「所以居業也」。「知至至之」，「致知」也，求知所至而後至之。知之在先，故「可與幾」，所謂「始條理者，知之事也」。「知終終之」，「力行」也，既知所終，則力進而終之。守之在後，故「可與存義」，所謂「終條理者，聖之事也」。此學之始終也。

忠信進德，與至之與幾，俱是去的事；修辭立誠，與終之存義，俱是住的事。自其所進而言之，則謂之德，進而實有所得也；自其所居者而言之，則謂之業，以所得者而居之爲富有也。其實德即業也，始終條理，只是一事。

忠信正是誠意事，有此實心，自達天載。修辭如修慝之修，治而去之之謂。易修業爲居，見修之而至於可居，乃真修也。

至之者，詣其極而後已；終之者，止於是而不遷。知所當至而必至之，則理無不窮，故可與幾；知所當終者而必終之，則安之不摇，故可與存義。與幾不是知幾，乃吾心中幾微玄妙、精義入神光景，如論語「可與權」之意。存義，如孟子所謂「集義」，此則舉其所集者而存之也，要像居業的意思。

君子主敬以直其内，守義以方其外。敬立而内直，義形而外方。義形於外，非在外也。敬義既立，其德盛矣，不期大而大矣。「德不孤」也，無所用而不周，無所施而不利，孰爲疑乎？

内與外合，非一偏之德，故曰不孤。孤則偏於一善，而其德狹；不孤則衆善畢集，而其德大矣。

動以天爲无妄，動以人欲則妄矣。无妄之義大矣哉！雖無邪心，苟不合正理，則妄也，乃邪心也。既已无妄，不宜有往，往則妄也。故无妄之彖曰：「其匪正，有眚，不利有攸往。」

无妄與无私不同，私是欲之肆，妄是理之偏。惟聖人之誠而明者，方可語于无妄。

他卦「利貞」二字作戒辭，惟乾與无妄，當作直指之辭。蓋乾爲在天之天，无妄爲在人之天，天以此而命乎人，則人心亦具天德，如至誠之博厚高明，與天地並也。若作戒勉，便有安排，有安排則妄矣。「元亨利貞」，在無妄本體上説，而其所以應事者，亦不外此。廣大通明，全理無倚，元亨利貞之在心也；優洋感徹，經德不回，元亨利貞之在事也。然而内外只是一機。

「其匪正」一段是指不正妄人，與無妄者反對，以見其元亨利貞之必然也。非是無妄者，容或有不正之説。猶云君子者元亨利貞，其小人則有眚不利往耳。「其匪正」中包得有妄字。

人之蘊蓄，由學而大，在多聞前古聖賢之言與行。考跡以觀其用，察言以求其心，識而得之，以蓄成其德。

識字要說入心內，不是口耳工夫，此道問學以尊德性者。

咸之象曰：「君子以虛受人。」傳曰：中無私主，則無感不通。以量而容之，擇合而受之，非聖人有感必通之道也。其九四曰：「貞吉悔亡，憧憧往來，朋從爾思。」傳曰：感者，人之動也，故咸皆就人身取象。四當心位，而不言咸其心，感乃心也。感之道，無所不通，有所私係，則害於感通，所謂悔也。聖人感天下之心，如寒暑雨暘，無不通無不應者，亦貞而已矣。貞者，虛中無我之謂也。若往來憧憧然，用其私心以感物，則思之所及者有能感而動，所不及者不能感也。以有係之私心，既主於一隅一事，豈能廓然無所不通乎？

虛是心體本然，原與人物感通無間者。君子能全其心之本體，故能受人之感。舜之不異野人，孔之無意、必、固、我，虛也。故邇言善行，沛若江河，孺歌鄙問，無不翕悟。要知感通之道，其辨最微。心極真而不可謂之有心，意極摯而不可謂之有意，如大孝之號泣，良臣之賡歌，天性勃發，而絶無安排揣度之私。然謂其一味無心，又不可。舜何日不思得親乎？三仁何日不思得君乎？然與世俗之子、悻悻之臣自不同。此「貞吉」與「憧憧」之辨也。「朋從爾思」，不但不能及遠，蓋其私感凝滯糾繫於其思，而憧憧益加甚矣。

君子之遇艱阻，必自省於身，有失而致之乎？有所未善則改之，無歉於心則加勉，乃自修其德也。

此君子所以有終身之憂也。

非明則動無所之，非動則明無所用。

習，重習也。時復思繹，浹洽於中，則説也。以善及人，而信從者衆，故可樂也。雖樂於及人，不見是而無悶，乃所謂君子也。

聖門之教，只在性情上做工夫。曰悦、曰樂、曰不愠，使學者自證自驗也。

時習而悦，即爲之不厭；朋來而樂，即誨人不倦。不知不愠，即知我其天。此章蓋夫子自叙其心得也，惟自得，故言之親切有味如此。

「古之學者爲己」，欲得之於己也；「今之學者爲人」，欲見知於人也。

古之學者，非不知有人，直以獨善于己者，兼善乎人。今之學者，非不知有己，第不識性命爲己，而徒以聲華利達爲己。

爲己則天地萬物皆屬之己，爲人則形骸耳目皆屬之人。

伊川先生謂方道輔曰：聖人之道，坦如大路，學者病不得其門耳，得其門，無遠之不可到也。求入其門，不由於經乎？今之治經者亦衆矣，然而買櫝還珠之蔽，人人皆是。經所以載道也，誦其言辭，解其訓詁，而不及道，乃無用之糟粕耳。覬足下由經以求道，勉之又勉，異日見卓爾有立於前，然後不知手之舞、足之蹈，不加勉而不能自止矣。

由經以求道，固在知之，尤在行之。知而不行，究非真知。此所謂買櫝而還珠也。

明道先生曰：「修辭立其誠」，不可不仔細理會。言能修省言辭，便是要立誠。若只是修飾言辭爲心，只是爲僞也。若修其言辭，正爲立己之誠意，乃是體當自家「敬以直內、義以方外」之實事。道之浩浩，何處下手？惟立誠纔有可居之處。有可居之處，則可以修業也。「終日乾乾」，大小大事，却只是「忠信所以進德」爲實下手處，「修辭立其誠」爲實修業處。

修者，治而去之之謂，論語所謂「修慝」是也。先生曰「修省言辭，便是要立誠」，其所謂省者，乃減省之省，非省察之省。餘説見前傳。

伊川先生曰：志道懇切，固是誠意。若迫切不中理，則反爲不誠。蓋實理中自有緩急，不容如是之迫。觀天地之化乃可知。

天地之博厚高明而總結之曰悠，龍德之學聚問辨而隨繼之曰寬。論治，則董戒之後，陶以九歌；論教，則輔翼之餘，俟其自得。

孟子才高，學之無可依據。學者當學顏子，入聖人爲近，有用力處。又曰：學者要學得不錯，須是學顏子。

孟子初時，應亦做顏子功夫，其曰「博學而詳説之，將以反説約」，與「深造自得」章，俱有與顏子相近處。

顏子是學者底事，孟子是教者底事。學者未至行道，須先學道，故須學顏子。

明道先生曰：且省外事，但明乎善，惟進誠心，其文章雖不中，不遠矣。所守不約，泛濫無功。

學者識得仁體，實有諸己，只要義理栽培。如求經義，皆栽培之意。

次之則在求良師益友可也。

昔受學於周茂叔，每令尋顏子、仲尼樂處，所樂何事。

孔子曰：「樂亦在其中矣。」其論顏子曰：「回也不改其樂」。要尋孔、顏樂處，當就其字繹之。

孔子之時習朋來，好古敏求，不厭不倦，申夭坦蕩，與點戲偃，無行不與，時行物生，孔之樂處也。不違如愚，無所不悦，欲罷不能，得善服膺，不遠復，無祇悔，顏之樂處也。然此皆其迹也，不由迹求之，則其真不可見，如泥其迹，則孔、顏之樂，豈僅在是乎？

所見所期不可不遠且大，然行之亦須量力有漸。志大心勞，力小任重，恐終敗事。

須是大其心使開闊，譬如爲九層之臺，須大做脚始得。

此二段語似相反，畢竟以「行之亦須量力」之言爲是。

大其心使開闊，中有縝密工夫在。　蓋九層之臺大做脚，亦須尺寸積累也。

朋友講習，更莫如「相觀而善」工夫多。

講習者，以言相觀者，言行俱有，然又當以久暫分也。

明道先生曰：自「舜發於畎畝之中」，至「孫叔敖舉於海」，若要熟，也須從這裏過。

從來無安常處順爲聖賢者。　文王有賢父聖子，尚有羑里之困，其他可推。

參也，竟以魯得之。

此教中材之人，不得以資質自諉也。

參也所得者何？得道統也。　聖門學者，顔子爲優，然顔之事業不如曾。　曾子作大學，繼往開來，獨得其宗，非七十子之所能並也。　故先生深與其得，而尤快其以魯而得，人可以資禀自限乎！

明道先生以記誦博識爲玩物喪志。

記誦博識，而約之以禮，則不喪志也。不記誦，則不能博識；不博識，則無以任天下之事；不能任天下之事，則無以稱聖賢行義達道之志。先生此言，爲徒然記誦博識者發也。有志聖賢者，當記誦時，所見惟在道，初不爲博識而記誦；無其志者，秖欲爲文章之士，是先生之所譏也。

或曰：「羲、農、稷、契，所讀何書？」曰：「此大聖也，言即爲經，後人安可藉口于是而廢學乎？孔子嘗自言好古敏求矣，第聖人之學，爲己也；後人之學，爲人也。不能于頌讀見道，是所謂玩物喪志也。」

禮樂只在進反之間，便得性情之正。

此節當與禮記參看。記曰：「禮主其減，樂主其盈。禮減而進，以進爲文；樂盈而反，以反爲文。」此所謂只在進反之間也。禮主于收束檢飭，非人情所喜，常懈而簡略。人須勉進向前，不可苟安，故曰：「禮主其減，以進爲文。」樂主于舒放發揚，是人情所便，恐流蕩而忘返，人須收斂向内，不可越溢，故曰：「樂主其盈，以反爲文。」又曰：「禮減而不進則銷，樂盈而不反則放，故禮有報而樂有反。禮得其報則樂，樂得其反則安。」此所謂「得性情之正」也。禮惟以進爲文，則威儀雍和；樂惟以反爲文，則歡欣有節。既和矣，是禮中有樂，意以相報；既節矣，是樂中有禮，意以相反。禮樂相資，和節並用，一歸于無過不及之中，而合其事宜之理也。

父子君臣，天下之定理，無所逃於天地之間。安得天分，不有私心，則行一不義、殺一不辜，有所不爲，有分毫私，便不是王者事。

此是爲欲爲王者之事者説。行一不義，殺一不辜，尚且不爲，況可奸君臣父子之定理而爲之乎！

論性不論氣不備，論氣不論性不明，二之則不是。

朱子玉山講義：「天之生此人，無不與之以仁義禮智之理，亦何嘗有不善？但欲生此物，必須有氣，然後此物有以聚而成質。」語極明切。質者，身也，氣之所成也。理之所賦，則所謂性也。

中庸章句注云：「天以陰陽五行化生萬物，氣以成形，而理亦賦焉。」夫氣本于陰陽五行，是天之氣也。何爲有清濁昏明之異？蓋天以氣生物，必合于其父母之所遺，山川之所毓而後成，由是不能無純雜之間，而又有物欲乘之，遂至相去之甚遠耳。如論水者，論源不論流，無以盡水之極致也。故曰「論性不論氣不備」。如曰凡人之生，一聽其禀受于父母風土，而學問矯正之功不能爲力焉，則又誣性而害教。自古至今，賢人君子，豈皆世德克肖乎？存乎人之自致耳。且愚而明、柔而强者，世不絶也，豈非性生之善，人皆有之乎？如昏鏡中，原含明體，苟能磨治，未有不可復其明者。故曰「論氣不論性不明」。

論學便要明理，論治便須識體。

能明理，然後能識體。樊遲請學稼圃，是不識體也，然亦由未明理故。

曾子、漆雕開已見大意，故聖人與之。

朱子曰：「大意便是本初處，若不曾見得大意，如何下手做工夫？若已見得大意，而不下手做工夫，亦不可。斯者非大意而何？若推其極，只是性，蓋帝之降衷便是。」又曰：「人惟不見其大者，故安於小；惟見之不明，故若存若亡。一出一入，而不自知其所至之淺深也。」按：此皆是讚美之詞。乃朱子又曰：「見大意，則于細微，容或有所未盡。」而程氏亦曰：「開于心體上，未到昭晰融釋處，所以未敢出仕。其所見處，已自高于世俗諸儒，但其下手工夫不到頭，故止於見大意耳。」按：此又有不足之意。愚謂讀書者，信傳疑經，是其大病。此言既有所未明，莫若置之，只於論語本文理會，自有入處。其實，子是悦其量而後入，似無他意。

根本須是先培壅〔二〕，然後可立趨向也。趨向既正，所造淺深則由勉與不勉也。立趨向，所謂志於學、志於道也。培壅根本〔三〕，其小學豫教之方乎。

敬義夾持直上，「達天德」自此。詳見此卷第六節「君子主敬」章。

懈意一生，便是自棄自暴。不學便老而衰。人之學不進，只是不勇。「不學便老而衰」，後雖欲學，無及矣。讀之能不汗下？

學者爲氣所勝、習所奪，只可責志。戒懼慎獨工夫，皆志之所爲也。

内重則可以勝外之輕，得深則可以見誘之小。

名言，可作箴銘。

董仲舒謂：「正其義，不謀其利；明其道，不計其功。」

自孟子以後數百年，僅見斯言。

孫思邈曰：「膽欲大而心欲小，智欲圓而行欲方。」可以爲法矣。

大抵學不言而自得者，乃自得也。有安排布置者，皆非自得也。

實有體會之言。

視聽、思慮、動作，皆天也。人但於其中，要識得真與妄爾。

天下之言性也，則故而已矣。故者以利爲本，不識得真而以妄出之，則鑿矣。所惡於智，爲其鑿也。

明道先生曰：「學只要鞭辟近裏，著己而已。故『切問而近思』，則『仁在其中矣』。『言忠信，行篤敬，雖蠻貊之邦行矣。言不忠信，行不篤敬，雖州里行乎哉？立則見其參於前也，在輿則見其倚於衡也，夫然後行。』只是此學〔四〕。」

進學修德具此一篇，學者所當終身服膺也。

先生惟其身有之，故言之真切如此，所謂善言德行也。

質美者明得盡，查滓便渾化，却與天地同體。其次惟莊敬持養，及其至則一也。

此即生安學利之說，然中庸言其概，此則更指示以從入之功。

「忠信所以進德」、「修辭立其誠，所以居業」者，乾道也。「敬以直內，義以方外」者，坤道也。

先生從經旨看出心學，欲學者兼修之也。人能如是，則體備乾坤矣。

凡人才學，便須知著力處，既學，便須知得力處。

知著力處，則不誤用力；知得力處，則不虛用力。

有人治園圃，役知力甚勞。先生曰：蠱之象「君子以振民育德」，君子之事，唯有此二者，餘無他焉。二者，爲己、爲人之道也。說見第十卷「須是就事」一條下。

「博學而篤志，切問而近思」，何以言「仁在其中矣」？學者要思得之，了此便是徹上徹下之道。

學問志思，皆所以攝心，而非心也。然舍所攝之心，心更安在？故曰「仁在其中」。

弘而不毅則難立，毅而不弘則無以居之。

西銘父乾母坤，胞民與物，弘也。于時保之，毅也。餘說見後。

伊川先生曰：古之學者，優游厭飫，有先後次序。今之學者，却只做一場話說，務高而已。常愛杜元凱語：「若江海之浸、膏澤之潤，渙然冰釋，怡然理順，然後爲得也。」今之學者，往往以游夏爲小，不足學。然游夏一言一事，却總是實。後之學者好高，如人游心於千里之外，然自身却只在此。

此即古今學者爲己爲人之別，然子夏之時所謂「今之學者」，又勝于程子時「今之學者」矣。

修養之所以引年，國祚之所以祈天永命，常人之至於聖賢，皆工夫到這裏，則有此應〔五〕。此言理之所必有，欲人信之不疑而著工夫也。孟子曰：「世子疑吾言乎？夫道一而已矣。」亦是此意，故引成覸、顔淵、周公爲證。

忠恕所以公平。造德則自忠恕，其致則公平。忠則無私，故公；恕則無偏，故平。

仁之道，要之只消道一「公」字。公只是仁之理，不可將公便喚做仁。公而以人體之，故爲仁。只爲公則物我兼照，故仁，所以能恕，所以能愛。恕則仁之施，愛則仁之用也。私欲淨盡，萬物皆備，公在内也；立人達人，能愛能惡，公在事也。施者出于己，愛者推於人。

今之爲學者，如登山麓，方其迤邐，莫不闊步，及到峻處便止。須是要剛決果敢以進。

妙喻。

峻處要剛决果敢，亦須平處循序，不必闊步。

人謂要力行，亦只是淺近語。人既能知見，一切事皆所當爲，不必待著意，纔著意便是有個私心。這一點意氣，能得幾時了？知之必好之，好之必求之，求之必得之。古人此個學是終身事。果能顛沛造次必於是，豈有不得道理？

先生此言，蓋在致知後，公私是非了然，自當知好求得，不必著意。孔子曰：「仁者安仁，知者利仁。」于「安」、「利」下，皆著個「仁」字，若徒言安、利，恐有誤處。

古之學者一，今之學者三，異端不與焉。一曰文章之學，二曰訓詁之學，三曰儒者之學。欲趨道，舍儒者之學不可。

儒者之學，志乎聖賢道德之旨，而訓詁以明之，文章以發揮之，雖有三者而歸重則一，故曰「古之學者一」也，否則三矣。

問：作文害道否？曰：害也。凡爲文不專意則不工，若專意則志局於此，又安能與天地同其大也？書曰「玩物喪志」，爲文亦玩物也。吕與叔有詩云：「學如元凱方成癖，文似相如始類俳。獨立孔門無一事，只輸顔氏得心齋。」古之學者，惟務養情性，其他則不學。今爲文者，專務章句，悦人耳目。既務悦人，非俳優而何？曰：古者學爲文否？曰：人見六經，便以謂聖人亦作文，不知聖人亦攄發胸中所藴，自成文耳，所謂「有德者必有言」也。曰：游夏稱文學，何也？曰：游夏亦何嘗秉筆學爲詞章也？且如「觀乎天文以察時變，觀乎人文以化成天下」，此豈詞章之文也？

「有言者不必有德」，則害道；「有德者必有言」，則不害道。六經文章，其大者在易繫辭。孔子之爲此，以明道也，非以爲文也。豈惟孔子？凡大儒之言皆以明道，後世詞章家見之以爲文耳。道德之儒，原不以文觀也。至于文之工否，亦非因專意而得，其讀書之博、見理之明、涵養之盛、閱歷之多，弘謨大訓，隨筆信口，自斐然而成章，非以雕鏤潤飾而成也。後儒之文，莫善于朱子，今其書具在。觀其精深閎博，典雅和粹，且曲折盡致，古今能文之家，何以加之？蓋由本以兼末，則文與道豈有二哉？如無得於道，而徒專意爲文，其言出入支離，未有無疵者也。是其害道也，必矣。

言之害道者，惟四六排偶、連珠、七類、律詩、詞曲之屬。

涵養須用敬，進學則在致知。

主敬者，一念不肆，百念常惺，其養日深；致知者，一理既明，衆理漸徹，其學日廣。

莫説道將第一等讓與别人，且做第二等。才如此説，便是自棄。雖與「不能居仁由義」者差等不同，其自小一也。言學便以道爲志，言人便以聖爲志。

道二，仁與不仁而已矣。聖人之道與教，原無所謂第二等者。七十二賢，與三千之徒，皆是學第一等者，故曰夫道一而已矣。

問：「必有事焉」，當用敬否？曰：敬是涵養一事，「必有事焉」，須用集義。只知用敬，不知集義，却是都無事也。又問：義莫是中理否？曰：中理在事，義在心。問：敬、義何别？曰：敬只是持己之道，義便知有是有非。順理而行，是爲義也。若只守一個敬，不知集義，却是都無事也。且如欲爲孝，不成只守著一個孝字。須是知所以爲孝子之道，所以侍奉當如何，温清當如何，然後能盡孝道也。

有事，是集義之功，與上「行」字相應。集義，須在行處見得。止明其理，而無事，心之慊不慊，未可知也。勿正勿忘，頗有敬字意，故或人以用敬爲問。但勿正勿忘，是念慮之純。若不試之於事爲之衡，則義從何集？故必須有事，觀必字可見。

學者須是務實，不要近名，方是。有意近名，則是僞也。大本已失，更學何事？爲名與爲利，清濁雖不同，然其利心則一也。

爲利者，惟恐人知；爲名者，惟恐人不知。恐人知者，既得利，又欲得名也；恐人不知者，又欲于名中得利也。故曰「其利心則一也」。推勘至此，爲學近名者，寧不媿乎！

「回也，其心三月不違仁」，只是無纖毫私意，有少私意，便是不仁。

「仁者先難後獲」，有爲而作，皆先獲也。古人惟知爲仁而已，今人皆先獲也。

欲仁斯仁至。後獲者，無獲之心也。然即此可謂仁，獲亦不後矣。今人皆先獲，究竟何曾有獲？

有求爲聖人之志，然後可與共學；學而善思，然後可與適道；思而有所得，則可與立；立而化之，則可與權。

古之學者爲己，其終至於成物；今之學者爲人，其終至於喪己。

愚説見前。

君子之學必日新。日新者，日進也；不日新者，必日退。未有不進而不退者，唯聖人之道無所進退，以其所造者極也。

竊疑「聖人之道」上，當有「學至」二字。

明道先生曰：性静者，可以爲學。

静者性之體，其體未失，故可以爲學。

弘而不毅則無規矩，毅而不弘則隘陋。

先生前言「弘而不毅則難立，毅而不弘則無以居之」，今又言「弘而不毅則無規矩」，二句總是一意。規矩，猶言立國之規模。蓋毅者堅守而有常也，如立國者欲其可久，須規模盡善方可。弘而不毅，則規模短促，無堅久之氣象，故難立。「毅而不弘則隘陋」，即前所謂「無以居之」也。

知性善，以忠信爲本。此先立其大者。學莫大於知性，真知性之本善，則知之大者。忠信以爲質，然後禮義有所措。以忠信爲本，則行之大者。

伊川先生曰：人安重則學堅固。「安重」，便與「誠」字相近。

「博學之，審問之，慎思之，明辨之，篤行之」，五者廢其一，非學也。五者固是以次爲序，然有一時并用者，亦有循序漸進者。朱子曰：「五者無先後，有緩急，亦是有序而不必膠執意。廢其一，則於擇善固執之功有闕，故不可也。

張思叔請問，其論或太高，伊川不答。良久，曰：「累高必自下。」累高而能自下者，斂華就實，黜浮近裏，學進則能致此。

明道先生曰：人之爲學，忌先立標準。若循循不已，自有所至矣。

此即先事後得、先難後獲之意。所謂「必有事而勿正」也，要會意看。

尹彥明見伊川後，半年方得大學、西銘看。

此學記所謂「不陵節而施之」也。

有人說無心便不是，只當云無私心。

此儒、釋之分也。

謝顯道見伊川，伊川曰：「近日事如何？」對曰：「天下何思何慮？」伊川曰：「是則是有此理，賢却發得太早在。」伊川直是會鍛鍊得人，說了又道：「恰好著工夫也。」

謝顯道是口頭剿襲語，先生砭之，正中其隱。若顯道果有何思何慮之體，何不舉精義入神，以至窮神知化詣境，親切言之？

謝顯道云：昔伯淳教誨，只管著他言語。伯淳曰：「與賢說話，却似扶醉漢，救得一邊，倒了一邊。」只怕人執著一邊。

謝顯道將教誨作言語看，故救得一邊，倒了一邊。

橫渠先生曰：「精義入神」，事豫吾内，求利吾外也。「利用安身」，素利吾外，致養吾内也。「窮神知化」，乃養盛自至，非思勉之能强。故崇德而外，君子未或致知也。「未或致知」，疑是「未之或知」。

未之或知，是形容其致用崇德後，純熟渾化，存存若忘之妙，所謂「不勉而中，不思而得」也。然内中刻刻有交養互發工夫在，窮字做盡字看，入字著力，窮字不著力。神字，自道之玄通不測者言，即往來屈伸之本也。化即往來屈伸之理，化出于神，神乃所以爲化者耳。窮盡微妙之神，無毫髮之遺；通知變化之理，無幾微之蔽。盛德者如是也。德即上節德字。德至是，無以復加矣，故曰盛。到此地位，只完得何思何慮之本體。本義之解極精。

形而後有氣質之性，善反之則天地之性存焉。故氣質之性，君子有弗性者焉。德不勝氣，性命於氣；德勝其氣，性命於德。窮理盡性，則性天德，命天理。氣之不可變者，獨死生修夭而已。

「形而後有」四字最好。楊雄言善惡混，韓愈言性有三品，皆是性外又有性也。自先生謂「形而後有氣質之性」，其理始明。蓋自天命之初言之，止有至善之性。其悦聲色，趨奸利，備衆惡者，形而後有者也。蓋人有是形，備諸養則適，節諸養則苦，衆人則圖其所適，君子則安其所苦。君子非惡養也，徇所圖，則違所性，故安之也。然則「形而後有」者亦謂之性，此世俗之言，君子則不謂性也。孟子以耳目口體爲性者，亦就世俗言之，如孔子所謂「先進野人也」之意爾。如此看，則天命之性，乃獨尊無二矣。

氣不可變，獨生死修夭者，言人能性天德，命天理，則吉凶禍福富貴貧賤，皆得自主也。何也？大德受命不必言矣。即使蔬水曲肱，樂亦在中。不義富貴，浮雲等視，言寡尤、行寡悔，吾何歉乎哉！以道義配禍福，以修悖爲吉凶，故曰皆得自主也。若然，則修短齊化，生死一視可也。何云不可變？曰：身隱而道存，處困而心亨。君子内重外輕，其進修自若也。若顔子之短命，豈可驕語曰「雖死猶生」乎？故夫子亦以爲不幸，而同於喪予也。

莫非天也，陽明勝則德性用，陰濁勝則物欲行。「領惡而全好」者，其必由學乎？「領惡而全好」，見禮記。領者，管轄之意。領物欲之惡，而不得行，全德性之好，而盡其用者，必由學也。

大其心則能體天下之物，物有未體，則心爲有外。世人之心，止於見聞之狹。聖人盡性，不以見聞梏其心，其視天下無一物非我。孟子謂盡心則知性知天，以此。天大無外，故有外之心，不足以合天心。

先生所謂體字，即孟子之備字。「天大無外」，而性稟其全，故人之本心，其體廓然，初無限量，只因其梏於形氣，滯於見聞，是以有所蔽而不盡。人能即事即物，强恕求仁，至於會通貫徹，而實理在我，則有以盡其本然之體。而吾之所以爲性，與天之所以爲天者，一以貫之，而天下之物，體於此矣。

仲尼絶四，自始學至成德，竭兩端之教也。意，有思也；必，有待也；固，不化也；我，有方也。四者有一焉，則與天地爲不相似矣。

仲尼絶四，看得透時，即與上章盡心知性而知天之旨合。

上達反天理，下達狥人欲者歟！

反者，返也。君子亦不是生成的，其初亦有遠于天理處，故如游子之返家，一步近一步也。

知崇，天也，形而上也。通晝夜而知，其知崇矣。知及之，而不以禮性之，非己有也。故知禮成性而道義出，如天地位而易行。

知禮字有工夫，效法字無工夫。知禮，當知行字看。禮者，履也。本體昭融，不使私欲障蔽，是爲知崇。踐履切實，無一毫虛浮，是爲禮卑。卑不對高，猶云實地上做工夫，所謂「庸德之行」是也。先生曰「不以禮性之，非己有也」，亦是此意。

天地間只此一理，明得此理透徹，便是知崇；行得此理切實，便是禮卑。天地位而易行其中，易即天地之變化者是。成性存而道義出，道義即成性之運用者是。

困之進人也，爲德辨、爲感速。孟子謂「人有德慧術智者，常存乎疢疾」，以此。

爲德辨者，即本義所謂「自驗其力」也。爲感速者，操心慮患，靈動精警，一觸即發也。感，如「無感我悅」之感，抑「爲感速」句或有譌字。

言有教，動有法。晝有爲，宵有得。息有養，瞬有存。

此身心六箴也。

橫渠先生作訂頑曰：乾稱父，坤稱母。予兹藐焉，乃混然中處。故天地之塞，吾其體；天地之帥，吾其性。民吾同胞，物吾與也。大君者，吾父母宗子；其大臣，宗子之家相也。尊高年，所以長其長；慈孤弱，所以幼吾幼。聖其合德，賢其秀也。凡天下疲癃殘疾、惸獨鰥寡，皆吾兄弟之顛連而無告者也。於時保之，子之翼也；樂且不憂，純乎孝者也。違曰悖德，害仁曰賊，濟惡者不才，其踐形惟肖者也。知化則善述其事，窮神則善繼其志。不愧屋漏爲「無忝」，存心養性爲「匪懈」。惡旨酒，崇伯子之顧養；育英才，潁封人之錫類。不弛勞而底豫，舜其功也；無所逃而待烹，申生其恭也。體其受而歸全者，參乎？勇於從而順令者，伯奇也。富貴福澤，將厚吾之生也；貧賤憂戚，庸玉汝於成也。存吾順事，没吾寧也。

諸説性理備矣，愚不敢復贅。「幼吾幼」，性理作「幼其幼」。

明道先生曰：訂頑之言，極醇無雜，秦漢以來學者所未到。又曰：訂頑一篇，意極完備，乃仁之體也。學者其體此意，令有諸己，其地位已高。到此地位，自别有見處，不可窮高極遠，恐於道無補也。

又曰：訂頑立心，便達得天德。又曰：游酢得西銘讀之，即涣然不逆于心，曰「此中庸之理也」，能求於言語之外者也。

楊中立問曰：西銘言體而不及用，恐其流遂至於兼愛，何如？伊川先生曰：横渠立言誠有過者，乃在正蒙。西銘之書，推理以存義，擴前聖所未發，與孟子性善、養氣之論同功，豈墨氏之比哉！西銘明理一而分殊，墨氏則二本而無分。分殊之蔽，私勝而失仁；無分之罪，兼愛而無義。分立而推理一，以正私勝之流，仁之方也；無别而迷，兼愛以至於無父之極，義之賊也。子比而同之，過矣。且彼欲使人推而行之，本爲用也，反謂不及，不亦異乎！

又作砭愚曰：戲言出於思也，戲動作於謀也。發於聲，見乎四支，謂非己心，不明也。欲人無己疑，不能也。過言非心也，過動非誠也。失於聲，繆迷其四體，謂己當然，自誣也。欲他人己從，誣人也。或者謂出於心者，歸咎爲己戲；失於思者，自誣爲己誠。不知戒其出汝者，歸咎其不出汝者。長傲且遂非，不智孰甚焉？

朱子曰：「東銘分别長傲、遂非之失於毫厘之間，所以開警後學，亦不爲不切。然意味有窮，而於下學工夫，蓋猶有未盡者。」

横渠學堂雙牖，右書訂頑，左書砭愚，伊川先生曰：「是起爭端。」改「訂頑」曰「西銘」，「砭愚」曰「東銘」。

將修己，必先厚重以自持。厚重知學，德乃進而不固矣。忠信進德，惟尚友而急賢。欲勝己者親，無如改過之不吝。

此言君子之學，四條總是一事。威重如耕田，忠信如下種，取友如灌溉，改過如去莠。「德乃進而不固」，不字疑譌，性理解作「固滯」，又倍却論語。

横渠先生謂范巽之曰：吾輩不及古人，病源何在？巽之請問。先生曰：此非難悟。設此語者，蓋欲學者存意之不忘，庶游心浸熟，有一日脱然，如大寐之得醒耳。

欲學者存意不忘者，言每事即當思不及古人處，不必一一問也。

横渠曰：未知立心，惡思多之致疑；既知所立，惡講治之不精。講治之思〔六〕，莫非術內，雖勤而何厭？·所以急於可欲者，求立吾心於不疑之地，然後若決江河以利吾往。遜此志，務時敏，厥修乃來。故雖仲尼之才之美，然且敏以求之。今持不逮之資，而欲徐徐以聽其自適，非所聞也。

先生此篇，前半節言知立，又在好古敏求之先。「遜此志」以下，乃是説雖聖人亦好古敏求，而歎學者之不然也。

明善爲本，固執之乃立，擴充之則大，易視之則小，在人能弘之而已。今且只將「尊德性而道問學」爲心，日自求於問學者有所背否，於德性有所懈否。此義亦是博文約禮，下學上達。以此警策一年，安得不長？·每日須求多少爲益。知所亡，改得少不善，此德性上之益；讀書求義理，編書須理會有所歸著，勿徒寫過，又多識前言往行，此問學上益也。勿使有俄頃閒度，逐日似此，三年庶幾有進。

「明善爲本，固執之乃立」，所謂誠之者，擇善而固執之者也。擴充之，即博學五段事。大者，愚必明，柔必强也。聖賢學問原無二道，故此即是博文約禮、下學上達之事，而道問學有歸著處，即是尊德性也。此先生徹上徹下教人處。

爲天地立心，爲生民立道，爲去聖繼絶學，爲萬世開太平。四語唯孔子當之，堯舜之聖，不得謂之「繼絶學」也。

載所以使學者先學禮者，只爲學禮，則便除去了世俗一副當習熟纏繞。譬之延蔓之物，解纏繞即上去。苟能除去了一副當世習，便自然脱灑也。又學禮，則可以守得定。

當世習俗，都不是禮。入其中者，纏繞不已。禮則是截然之天則，不可遷就假借。如孟子之折子敖曰：「我欲行禮，子敖如何纏繞得？」即此可觀其守得定也。

須放心寬快公平以求之，乃可見道，况德性自廣大。易曰「窮神知化，德之盛也」，豈淺心可得？

精義入神，其功夫也。至利用安身以後，淺心自無處著矣。

人多以老成則不肯下問，故終身不知。又爲人以道義先覺處之，不可復謂有所不知，故亦不肯下問。從不肯問，遂生百端，欺妄人我，寧終身不知。

此病最不易除。所以自武王至孔子，中間數百年，止有一衛武公也。

多聞不足以盡天下之故。苟以多聞而待天下之變，則道足以酬其所嘗知，若劫之不測，則遂窮矣。

孔子所以待天下者，無知也。而兩端既竭，盡天下之變，具是矣。多聞豈有加於是哉！

爲學大益，在自求變化氣質。不爾，皆爲人之弊，卒無所發明，不得見聖人之奧。

爲學在「變化氣質」，先賢格言也。先生增「自求」二字，意更深切。不自求，卒難變也。

文要密察，心要洪放。

夫易「彰往而察來」兩節，文之密察也；「聖人有以見天下之賾」三節，心之洪放也。

不知疑者，只是不便實作；既實作，則須有疑。必有不行處，是疑也。

此周公所以「仰而思之」，孔子所以「發憤忘食」也。

心大則百物皆通，心小則百物皆病。

心無私則大，大則物備于我；心有私則小，小則我拒于物。

人雖有功，不及於學，心亦不宜忘。心苟不忘，則雖接人事，即是實行，莫非道也。心若忘之，則終身由之，只是俗事。

心不忘者，念念常在天理也。

合内外，平物我，此見道之大端。

此所謂忠恕，違道不遠。

既學而先有以功業爲意者，於學便相害。既有意，必穿鑿創意，作起事端也。德未成而先以功業爲事，是代大匠斵，希不傷手也。

此孔子所以悦漆雕開也。

竊嘗病孔孟既没，諸儒囂然，不知反約窮源，勇於苟作，持不逮之資，而急知後世。明者一覽，如見肺肝然，多見其不知量也。方且創艾其弊，默養吾誠。顧所患日力不足，而未果他爲也。

荀與楊也，後人指其醇疵，豈能揜乎？孔子曰「夫我則不暇」，學者當思其何事不暇。

學未至而好語變者，必知終有患。蓋變不可輕議，若驟然語變，則知操術已不正。孔子所以未可與權。

凡事蔽蓋不見底，只是不求益。有人不肯言其道義所得所至，不得見底，又非於吾言無所不説。

凡人既不能悦先生之言，又不肯自呈其陋，計惟有蔽蓋而已。然「禮聞來學，不聞往教」，此等人，何須其言道義所得所至，故先生以不屑爲教。

耳目役於外，攬外事者，其實是自墮〔七〕，不肯自治，只言短長，不能反躬者也。此等人甚多，非吾徒也。

學者大不宜志小氣輕。志小則易足，易足則無由進；氣輕則以未知爲已知，未學爲已學。

觀者各宜自省，欲治二病，須從源頭上用功，非警戒創艾所能療也。

校勘記

〔一〕則今之學與顏子所好異矣　「今」，原作「本」，據朱子全書本改。

〔二〕根本須是先培壅　「壅」，原作「擁」，據朱子全書本改。

〔三〕培壅根本　「壅」，原作「擁」，據朱子全書本改。

〔四〕只是此學　朱子全書本作「只此是學」。

〔五〕則有此應　「有」，原作「又」，據朱子全書本改。

〔六〕講治之思　「之」，原作「致」，據朱子全書本改。

〔七〕其實是自墮　「墮」，原作「惰」，據朱子全書本改。

近思録傳卷三

致知篇

伊川先生答朱長文書曰：心通乎道，然後能辨是非，如持權衡以較輕重，孟子所謂「知言」是也。心不通於道，而較古人之是非，猶不持權衡而酌輕重，竭其目力，勞其心智，雖使時中，亦古人所謂「億則屢中」，君子不貴也。

孔子六十以前，則持權衡以較輕重者也；六十以後，輕重至前自呈其數，權衡雖稱，而亦不用矣。

伊川先生答門人曰：孔孟之門，豈皆賢哲，固多衆人。以衆人觀聖賢，弗識者多矣，惟其不敢信己而信其師，是故求而後得。今諸君與頤言，纔不合，則置不復思，所以終異也。不可便放下，更且思之，致知之方也。

信其師者，非特信之而已，將必有所考問而弗明弗措也。惟顔子不違，然則退而足發，豈後學所可幾乎？

伊川答横渠先生曰：所論大概，有苦心極力之象，而無寛裕温厚之氣。非明睿所照，而考索至此，故意屢偏而言多窒，小出入時有之。更願完養思慮，涵泳義理，他日自當條暢。

讀書與窮理，固非兩途；至用之爲文，亦有二致。命意則得于窮理，遣辭則得于讀書。張子之文，意屢偏而言多窒者，意之所至，辭不能達之。是以意本全，而覽者祇覺其偏也。此是讀書未熟之故，然觀其本傳，固嘗博學多才，張子豈未讀書者哉？意其後來，離博而返約，祇從義理考索，而文章之道，棄之久矣。此所以遣詞命意多蹇澀而難通也。

欲知得與不得，於心氣上驗之。思慮有得，中心悦豫，沛然有裕者，實得也；思慮有得，心氣勞耗者，實未得也，强揣度耳。嘗有人言比因學道，思慮心虚。曰：人之血氣固有虚實，疾病之來，聖賢所不免，然未聞自古聖賢因學而致心疾者。

中心悦豫者，理義悦心也。心氣勞耗者，欲速助長也。學道當知行並重，徒欲致知而無行以踐之，是以終日不食、終夜不寢，以思，無益而致疾也。

今日雜信鬼怪異説者，只是不先燭理。若於事上一一理會，則有甚盡期？須只於學上理會。

南宫适、羿、奡、禹、稷之問，便近鬼神果報之説，故夫子不答，以果報之不可盡信也。若君子尚德，則是學者當然。

學原於思。

思者，心也。千古載籍，皆聖人之心思所爲，學者安得不以其心會之？思字只作心字看，乃于原字有合，不是「終夜不寢以思，無益」之思。

所謂「日月至焉」與久而「不息」者，所見規模雖略相似，其意味氣象迥别。須潛心默識，玩索久之，庶幾自得。學者不學聖人則已，欲學之，須熟玩味聖人之氣象，不可只於名上理會〔一〕，如此只是講論文字。

聖門諸賢，一人有一人之氣象，豈但心不違仁，與日月至者乎？但學者既玩其氣象，又須心體而力行之，不然，仍是講論文字也。

問：忠信進德之事，固可勉强，然致知甚難。伊川先生曰：學者固當勉强，然須是知了方行得。若不知，只是覷却堯，學他行事，無堯許多聰明睿智，怎生得如他「動容周旋中禮」？如子所言，是篤信而固守之，非固有之也。未致知，便欲誠意，是躐等也。勉强行者，安能持久？除非燭理明，自然樂循理。性本善，循理而行，是順理事，本亦不難，但爲人不知，旋安排著，便道難也。知有多少般數，煞有深淺，學者須是真知，纔知得是，便泰然行將去也。某年二十時，解釋經義與今無異。然思今日，覺得意味與少時自別。

先生所言，是謂明善然後可以誠身，此聖人不易之理。然下學之士，不能一徹俱徹，須是漸知漸進。當其漸知，即須力行。顔子得一善是知，服膺勿失，即是行。然曰得一善，則非全得可知，蓋日知其所亡也。先生曰「知有多少般數，煞有深淺」，「才知得是，便泰然行將去」，即此意也。先生謂二十時，即解經義，「今日覺得意味與少時自別」，此是真實心得之言。學者讀先生之言，隨知隨行，則致知誠意，日進無疆矣。

先生曰：「覷却堯，學他行事，無堯許多聰明睿智，怎生如得他『動容周旋中禮』？」愚謂致知未至，自然不能有堯之聰明睿智，然須漸漸學去。孟子曰：「服堯之服，言堯之言，行堯之行，是堯而已矣。」想亦是從粗處學起。

凡一物上有一理，須是窮致其理。窮理亦多端，或讀書講明義理，或論古今人物，别其是非，或應接事物而處其當，皆窮理也。或問：格物須物物格之，還只格一物而萬理皆通？曰：怎得便會貫通？若只格一物便通衆理，雖顔子亦不敢如此道。須是今日格一件，明日又格一件，積習既多，然後脱然自有貫通處。又曰：所務於窮理者，非道盡窮了天下萬物之理，又不道是窮得一理便到，只要積累多後，自然見去。思曰睿。思慮久後，睿自然生。若於一事上思未得，且别換一事思之。不可專守著這一事。蓋人之知識，於這裏蔽著，雖强思亦不通也。

先生此篇，教人格物致知之功。其曰「今日格一件，明日又格一件」，「積習既多，自有貫通處」，是言積累而得也。朱子取此意以補格物致知之意，其言益明白真切。而後世如姚江之學者，每有未然之論，多膠泥其字句而訾議之。愚謂兩先生爲教人而設，自當于著實處開示，若虛談靈悟，其弊至於使人廢學。故須如此説，俾學者有切實下手功夫，淺深尺寸，皆有所得，上智下愚，行之無弊，至所以致知之道，亦不外是而得之矣。或者以天下之物不能盡格，則終不能致知。夫兩先生，亦何嘗教人盡格天下之物乎？所謂一旦豁然貫通者，由于用力之久，不由于盡格天下之物也。中庸謂「雖聖人有所不知焉」，有不知何害其爲聖人乎？人但不得藉口此言而諉于不學，如姚江氏之云也。且先生之教人多術矣，或讀書，或論古，或應事，皆窮理，皆格物也。此即下學上達之言。天下之理、學者之事，其有能加此乎？則信乎先生之言爲無弊也。

問：人有志於學，然知識蔽固，力量不至，則如之何？曰：只是致知。若智識明，則力量自進。

或人所問，似是謂資質魯鈍，徒有志而力不及耳。先生教以致知，即上章所謂讀書明義理，論古別是非，應事處其當也。人能于此著實致功，則隨其資質之所及，自成一體段，何必慮其至不至乎？

問：觀物察己，還因見物反求諸身否？曰：不必如此說。物我一理，纔明彼，即曉此，此合内外之道也。又問：致知，先求之四端如何？曰：求之情性，固是切於身。然一草一木皆有理，須是察。又曰：自一身之中以至萬物之理，但理會得多，相次自然豁然有覺處。

因物反求身者，格物之始功也。明彼即曉此者，備物之成功也。求之四端以察識其固有，此事心之功，固格物之事。自一身以會萬物之理，此窮理之事，實合于事心之功。

「思曰睿」，「睿作聖」。致思如掘井，初有渾水，久後稍引動得清者出來。人思慮始皆溷濁，久自明快。問：如何是「近思」？曰：以類而推。

先生掘井之喻最妙。掘井者，初得渾水，久之渾水盡而清水自來。愚謂清水既來之後，自有源源不竭之妙。若又加浚鑿，則渾水又出矣。孔子曰「再，斯可矣」，與此意亦相近。先生解「近思」曰「以類而推」，亦是此意。以類而推者，足此而通彼也。

學者先要會疑。

周公之夜以繼日，孔子之發憤忘食，皆善疑者。故曰「不憤不啓，不悱不發」也。

橫渠先生答范巽之曰：所訪物怪神姦，此非難語，顧語未必信耳。孟子所論知性、知天，學至於知天，則物所從出當源源自見。知所從出，則物之當有當無，莫不心諭，亦不待語而後知。諸公所論，但守之不失，不爲異端所劫，進進不已，則物怪不須辨，異端不必攻，不逾期年，吾道勝矣。若欲委之無窮，付之以不可知，則學爲疑撓，智爲物昏，交來無間，卒無以自存，而溺於怪妄必矣。

吾儒之論，不過如此。故季路問事鬼神與問死，或人問禘之説，夫子亦即如此答之。惜乎，不全載巽之問語！愚謂縱有奇詫詭誕之事，不妨竟以不知答之，亦與吾儒之學無愧，何也？不知爲不知也，是知也。雖聖人有不知焉，況下焉者乎？

子貢謂：「夫子之言性與天道，不可得而聞。」既言「夫子之言」，則是居常語之矣。聖門學者以仁爲己任，不以苟知爲得，必以了悟爲聞，因有是説。

何謂浩然之氣？孟子曰「難言也」，子貢謂「子言性與天道，不可得聞」，亦有如此景象。

觀此語，似子貢已得聞也。

義理之學，亦須深沉方有造，非淺易輕浮之可得也。

淺易輕浮無事可爲，況義理之學乎？

學不能推究事理，只是心麤。至如顔子未至於聖人處，猶是心粗。

孔子三十而立，至四十始能不惑。顔子短命，則其不能推究事理，宜亦有之。

「博學於文」者，只要得「習坎」「心亨」。蓋人經歷險阻艱難，然後其心亨通。義理有疑，則濯去舊見，以來新意。心中有所開，即便劄記，不思則還塞之矣。更須得朋友之助，一日間意思差別。須日日如此講論，久則自覺進也。

學者佳境。

凡致思到說不得處，始復審思明辨，乃爲善學也。若告子則到說不得處遂已，更不復求。

孔子捐寢食以思之，以爲不如學，則繼此而如明辨之功必矣。吾人所以必近良師友，乃得此益。告子亦未必不思，乃是倔强，不下氣問人耳。

伊川先生曰：凡看文字，先須曉其文義，然後可求其意。未有文義不曉而見意者也。不曉文義而求意，不免郢書燕說也，看文字何益！

學者要自得。六經浩渺，乍來難盡曉，且見得路徑後，各自立得一個門庭，歸而求之可矣。

各立一門庭，如漢儒專家之學是也。

凡解文字，但易其心，自見理。理只是人理路分明，如一條平坦底道路。詩曰：「周道如砥，其直如矢。」此之謂也。

易其心者，不可先參入意見，如孔子所謂無知也，方是易其心。

或曰：聖人之言，恐不可以淺近看他。曰：聖人之言，自有近處，自有深遠處。如近處怎生强要鑿教深遠得？

此與上條是一意。聖人之言，言近指遠，隨學者功力之淺深而各得之。聖言之平易者，亦有深遠源頭，功深者，自能見之，不可鑿也。其精微者，亦將推行到明顯處來。得其精微者，自能知其所推行，又不待鑿也。總之功深則心自易。心不易者，是功未至而鑿之，祇見其艱險也。究竟所鑿者，又不是正路，與聖言不相值，故先生戒之。

楊子曰：「聖人之言遠如天，賢人之言近如地。」頤與改之曰：「聖人之言，其遠如天，其近如地。」

先生不言賢人者，賢人在天地中，踐其近以致其遠也。

學者不泥文義者，又全背却遠去；理會文義者，又滯泥不通。如子濯孺子爲將之事，孟子只取其不背師之意，人須就上面理會事君之道如何也。又如萬章問舜完廩浚井事，孟子只答他大意，人須要理會浚井如何出得來，完廩又怎生下得來。若此之學，徒費心力。凡觀書不可以相類泥其義，不爾，則字字相梗。當觀其文勢上下之意。如「充實之謂美」，與詩之美不同。

先生此篇，教人讀書在會其大意，著一泥字不得。聖經中旁意側出者甚多，不止于子濯孺子與完廩浚井事。只體其文勢大義，乃是善讀書人。然古人亦有節取書語，另作一解，所謂斷章取義也。又須放下本旨，會意看，如文言之論四德是也。楊雄之謂志一動氣，如此類，又不必泥本文。

問：瑩中嘗愛文中子：「或問學易，子曰：『終日乾乾』可也。」此語最盡。文王所以聖，亦只是個不已。先生曰：凡說經義，如只管節節推上去，可知是盡。夫「終日乾乾」，未盡得易，據此一句，只做得九三。使若謂乾乾是不已，不已又是道，漸漸推去，自然是盡，只是理不如此。

「此語最盡」者，言包括得道理盡也。「可知是盡」者，言亦可以説得盡也。疑此是河南方言。「自然是盡」者，言據他説自然是盡底。二語皆不許之詞。

「子在川上曰：逝者如斯夫！」言道之體如此，這裏須是自見得。張繹曰：此便是無窮。先生曰：固是道無窮，然怎生一箇「無窮」便道他得了？夫子以道他不了，只説一個「逝者如斯夫，不舍晝夜」，故先生曰：「怎生一箇無窮便道得他了。」善會者，此言却是道得了也。

今人不會讀書。如「誦詩三百，授之以政，不達；使於四方，不能專對。雖多，亦奚以爲？」須是未讀詩時，不達於政，不能專對；既讀詩後，便達於政，能專對四方，始是讀詩。「人而不爲周南、召南，其猶正牆面。」須是未讀詩時如面牆，到讀了後便不面牆，方是有驗。大抵讀書只此便是法。如讀論語，舊時未讀是這個人，及讀了後來，又只是這個人，便是不曾讀也。

讀書以此自考，人焉廋哉？

凡看文字，如七年、一世、百年之事，皆當思其如何作爲，乃有益。

須理會詩、書二經。古人行事，有可參考者，約略可得。

凡解經不同，無害，但緊要處不可不同爾。

苟不悖道，無妨不同。

焞初到，問爲學之方。先生曰：公要知爲學，須是讀書。書不必多看，要知其約。多看而不知其約，書肆耳。頤緣少時讀書貪多，如今多忘了。須是將聖人言語玩味，入心記著，然後力去行之，自有所得。

讀書玩味入心後，即力行，自無暇貪多矣。子路尚且惟恐有聞，遑更貪乎？

初學入德之門，無如大學，其他莫如語、孟。

古者以大學爲教人之法，真是知所先後。

學者先須讀論、孟。窮得語、孟，自有要約處，以此觀他經，甚省力。論、孟如丈尺權衡相似，以此去量度事物，自然見得長短輕重。

先云「無如大學」者，入德之方也。此云「先須語、孟」者，讀書之準也。意各有重，非有異也。

讀論語者，但將諸弟子問處便作已問，將聖人答便作今日耳聞，自然有得。若能於論、孟中深求玩味，將來涵養成，甚生氣質！

先生以自己用功之方教人，易簡直捷，無踰于此。

凡看論、孟，且須熟玩味，將聖人之言語切己，不可只作一場話説。人只看得此二書切己，終身儘多也。

習孔自六十後，始知此言。

論語有讀了後全無事者，有讀了後其中得一兩句喜者，有讀了後知好之者，有讀了後不知手之舞之、足之蹈之者。

學者當以論語、孟子爲本。論語、孟子既治，則六經可不治而明矣。讀書者當觀聖人所以作經之意，與聖人所以用心，與聖人所以至聖人，而吾之所以未至者，所以未得者。句句而求之，晝誦而味之，中夜而思之，平其心，易其氣，闕其疑，則聖人之意見矣。

讀書到此地位，豈是易得？費數十年修證之功，尚未識能到此否也！既平心易氣而讀書，又當躬行以體之，則平易之味乃出。

先生云「讀書者當視聖人所以作經之意，與聖人所以用心」。蓋以詩、書者，孔子之所删也。易則伏羲、文、周之言，孔子之所贊也。禮、樂經，孔子之所定者，今無其傳，而聖人之緒言，間有見於今禮記樂記之中。周禮則周公之制作在焉，而春秋則孔子之特筆也。諸經未可作一意讀，故欲其句句而求、晝誦而夜思之也。

闕疑句更切要，在聖人則可删。後生淺識，則闕之而已矣。

讀論語、孟子而不知道，所謂「雖多亦奚以爲」。

孔孟之言平易近人，讀之易曉，實至道之所存也。一字一句，皆有根柢，故先生欲人於此見道。

論語、孟子只剩讀著，便自意足，學者須是玩味。若以語言解著，意便不足。某始作二書文字，既而思之又似剩。只有些先儒錯會處，却待與整理過。

未詳。

先儒錯會處，原當整理，但須深思不易，方敢措語下筆。不然，恐又貽後人整理也。

問：且將語、孟緊要處看，如何？伊川曰：固是好，然若有得，終不浹洽。蓋吾道非如釋氏，一見了便從空寂去。

攻堅木者，雖有先後，直至相悅以解，然後説得個浹洽也。

「興於詩」者，吟詠情性，涵暢道德之中而歆動之，有「吾與點」之氣象。又云：「興於詩」，是興起人善意，汪洋浩大，皆是此意。

「興於詩」者，是自己已有工夫了，性情躍躍欲動，然後於吟詠之間，感發於不自已。若平常人，雖日誦詩，安得見與點氣象？先生此等語，皆是自發舒其涵養所得。學者不曾到此地位，徒讀先生之言，與己一毫無與也。

謝顯道云：明道先生善言詩。他又渾不曾章解句釋，但優游玩味，吟哦上下，便使人有得處。「瞻彼日月，悠悠我思。道之云遠，曷云能來？」思之切矣。終曰：「百爾君子，不知德行。不忮不求，何用不臧？」歸於正也。又云：伯淳常談詩，並不下一字訓詁，有時只轉却一兩字，點掇地念過〔二〕，便教人省悟。又曰：古人所以貴親炙之也。

「優游玩味，吟哦上下」，其性情當有與古之作者相合，則聲氣抑揚、開闔疾徐之間，聽者移情，如見古人，所以令人有得處也。見與古人近者尚興起如此，而況於親炙之者乎？

明道先生曰：學者不可以不看詩，看詩便使人長一格價。

六經中惟詩別是一種景況，純是性情天機，宣暢動盪於音韻之間，所以最易動人。「長一格價」者，意謂使人變化增長也。價，語助辭。

「不以文害辭」。文，文字之文，舉一字則是文，成句是辭。詩爲解一字不行，却遷就他說，如「有周不顯」，自是作文當如此。

古書中常有義深辭奥不可解説者，只將本文常常諷誦，又不可作一日讀，久之漸覺其語氣通洽，可以意會而知矣。如「有周不顯，帝命不時」，朱子爲初學乍見者説，故釋之曰：「不顯，猶言豈不顯；不時，猶言豈不時。」若學者諷誦之久，以意義通章理會，則如自問自信之詞，宛然在口，何須增「豈」字乎？故先生云：「自是作文當如此。」

看書須要見二帝三王之道。如二典，即求堯所以治民，舜所以事君。

中庸之書，是孔門傳授，成於子思、孟子。其書雖是雜記，更不分精粗，一衮說了。今人語道，多說高便遺却卑，說本便遺却末。

道原無精粗，所以中庸一衮說得，繫詞亦然。今人說高與本，便須檢點顧盻卑末，不然便遺了，所以一衮說不得。

伊川先生易傳序曰：易，變易也，隨時變易以從道也。其爲書也，廣大悉備，將以順性命之理，通幽明之故，盡事物之情，而示開物成務之道也。聖人之憂患後世，可謂至矣。去古雖遠，遺經尚存。然而前儒失意以傳言，後學誦言而忘味，自秦而下，蓋無傳矣。予生千載之後，悼斯文之湮晦，將俾後人沿流而求源，此傳所以作也。「易有聖人之道四焉：以言者尚其辭，以動者尚其變，以制器者尚其象，以卜筮者尚其占。」吉凶消長之理，進退存亡之道備於辭。推辭考卦，可以知變，象與占在其中矣。「君子居則觀其象而玩其辭，動則觀其變而玩其占。」得於辭不達其意者有矣，未有不得於辭而能通其意者也。至微者理也，至著者象也，體用一源，顯微無間。「觀會通以行其典禮」，則辭無所不備。故善學者求言必自近，易於近者，非知言者也。予所傳者辭也，由辭以得意，則在乎人焉。

易所有者三焉：曰理，曰畫，曰文。理者，聖人之所以洗心而退藏者也，是無極而太極也。畫者，剛柔相推而生，聖人之所化裁也。理非畫也，乃所以爲畫也；畫非理也，乃所以象理也。而文者，又所以發揮乎理與畫者也。是三者實一物也，理不可見也，畫可見而畫中之理不易見也，文則可見者也。先生此序，欲人玩可見之辭，而進求其無所不備也，故其言曰：「得於詞，不達其意者有矣，未有不得於辭而能通其意者也。」若是乎詞之不可以已也。又曰：「求言必自近，易於近，非知言者也。」先生之言近矣，然自近云者，謂始基於此耳。其進乎此而所謂意者，先生不傳也。非不傳也，不可傳也，不勝傳也，不用傳也。此先生之志也。

伊川先生答張閎中書曰：易傳未傳，自量精力未衰，尚覬有少進爾。來書云「易之義，本起於數」，則非也。有理而後有象，有象而後有數。易因象以明理，由象以知數。得其義，則象數在其中矣。必欲窮象之隱微，盡數之毫忽，乃尋流逐末，術家之所尚，非儒者之所務也。

謂易中具有數，可也；謂易義本起于數，不可也。今夫天有度，地有里，天地豈無數乎？而天地之義不係是也。善言天地者，中庸至矣，然不於數求之也。則夫言易者，亦若是則已耳。此先生所謂貴得其義也。

知時識勢，學易之大方也。

時者，天之所運；勢者，人之所爲。易中之勢，則時位之所成，而人事之勢類此。繫詞，聖人教之以趨避維挽之道，故通書有勢一篇。

大畜初、二，乾體剛健而不足以進，四、五陰柔而能止。時之盛衰，勢之强弱，學易者所宜深識也。

讀書而不能保身善道，無爲貴讀書矣，故聖人詔趨避，通書明重輕。通書曰：「天下勢而已矣。勢，輕重也。」

諸卦二、五雖不當位，多以中爲美，三、四雖當位，或以不中爲過。中常重於正也，蓋中則不違於正，正不必中也。天下之理莫善於中，於九二、六五可見。

中而不正者，德至而才有不足，行有不得也。「中則不違於正」，似宜云「中則無歉於正」。

問：胡先生解九四作太子，恐不是卦義。先生云：亦不妨，只看如何用。當儲貳則做儲貳使。九四近君，便作儲貳亦不害。但不要執一，若執一事，則三百八十四爻，只作得三百八十四件事便休了。

繫辭曰：「開而當名辨物。」著一「開」字，是教人讀易法，先生所謂「不要執一」也。

看易且要知時。凡六爻人人有用，聖人自有聖人用，賢人自有賢人用，衆人自有衆人用，學者自有學者用，君有君用，臣有臣用，無所不通。因問：坤卦是臣之事，人君有用否？先生曰：是何無用？如「厚德載物」，人君安可不用？

此即前篇所謂做儲貳使亦可也。

衆人不可用聖人之占，如南蒯不可用大吉之占。

易中只是言反復、往來、上下。

此自卦變言之，其理勢卻與陰陽、人事相合。

作易，自天地幽明，至於昆蟲草木微物，無不合。

只爲一理故，所謂體天地之撰，類萬物之情也。

今時人看易，皆不識得易是何物，只就上穿鑿。若念得不熟，與就上添一德亦不覺多，就上減一德亦不覺少。譬如不識此兀子，若減一隻脚亦不知是少，若添一隻亦不知是多。若識則自添減不得也。

不曰添減一字一句，而曰添減一德，此就彖傳説。若爻詞小象，其添減亦無定也。

游定夫問伊川「陰陽不測之謂神」，伊川曰：賢是疑了問，是揀難底問？

定夫更當答一語，如此而止，是問之弗得而措也。

伊川以易傳示門人，曰：只説得七分，後人更須自體究。

伊川先生春秋傳序曰：天之生民，必有出類之才起而君長之。治之而爭奪息，導之而生養遂，教之而倫理明，然後人道立，天道成，地道平。二帝而上，聖賢世出，隨時有作，順乎風氣之宜。不先天以開人，各因時而立政。暨乎三王迭興，三重既備，子丑寅之建正，忠質文之更尚，人道備矣，天運周矣。聖王既不復作，有天下者，雖欲倣古之跡，亦私意妄爲而已。事之繆，秦至以建亥爲正；道之悖，漢專以智力持世，豈復知先王之道也？夫子當周之末，以聖人不復作也，順天應時之治不復有也，於是作春秋爲百王不易之大法。所謂「考諸三王而不繆，建諸天地而不悖，質諸鬼神而無疑，百世以俟聖人而不惑」者也。先儒之傳曰：「遊、夏不能贊一辭。」辭不待贊也，言不能與於斯耳。斯道也，惟顏子嘗聞之矣：「行夏之時，乘殷之輅，服周之冕，樂則韶舞。」此其準的也。後世以史視春秋，謂褒善貶惡而已，至於經世之大法，則不知也。春秋大義數十，其義雖大，炳如日星，乃易見也。惟其微辭隱義，時措從宜者，爲難知也。或抑或縱，或與或奪，或進或退，或微或顯，而得乎義理之安、文質之中，寬猛之宜，是非之公，乃制事之權衡、揆道之模範也。夫觀百物然後識化工之神，聚衆材然後知作室之用，於一事一義而欲窺聖人之用心，非上智不能也。故學春秋者，必優游涵泳，默識心通，然後能造其微也。後王知春秋之義，則雖德非禹湯，尚可以法三代之治。自秦而下，其學不傳。予悼夫聖人之志不明於後世也，故作傳以明之，俾後之人通其文而求其義，得其意而法其用，則三代可復也。是傳也，雖未能及聖人之藴奥，庶幾學者得其門而入矣。

據程子全書，其作春秋傳，止於桓公九年。按：經文自隱元年至桓九年，共一百三十五節。程子引經而傳者，止一百零七節。其桓十年以後至哀八年止，乃是先生間有論著，見於他處，或傳聞於人，輯傳者采而繼續之，三百餘年之間，僅一百零三節，且多有單辭片語，引而未斷者。是程子此書，故未成也。朱子以其序文能得帝王治法之大體，故取而録之。學者就此序而詳玩，即其已傳者而推其所未傳者，亦庶乎有得於春秋之旨也夫。

詩書，載道之文；春秋，聖人之用。詩書如藥方，春秋如用藥治病。聖人之用，全在此書，所謂「不如載之行事深切著明」者也。有重疊言者，如征伐、盟會之類，蓋欲成書，勢須如此。不可事事各求異義。但一字有異，或上下文異，則義須别。

五經之有春秋，猶法律之有斷例也。律令唯言其法，至於斷例，則始見其法之用也。方書與律書，黄帝、堯、舜既昭垂於天下後世矣。而神醫及良士師不世出，是人之難於書也。苟無其人，是書具其體，而世未知其用爾。孔子作春秋，以發六經之旨，其用豈不大哉？夫子賢於堯舜，此其一也。

學春秋亦善，一句是一事，是非便見於此。此亦窮理之要，然他經豈不可以窮理？但他經論其義，春秋因其行事，是非較著，故窮理爲要。嘗語學者且先論語、孟子，更讀一經，然後看春秋。先識得個義理，方可看春秋。春秋以何爲準？無如中庸。欲知中庸，無如權。須是時而爲中，若以手足胼胝、閉户不出二者之間取中，便不是中。若當手足胼胝，則於此爲中；當閉户不出，則於此爲中。權之爲言，秤錘之義也。何物爲權？義也，時也。只是説得到義，義以上更難説，在人自看如何。「義也時也」，「時」字一本作「然」字，連下句讀。

中庸之權何在？時中是也，故春秋以中庸爲準。

此條當與道體篇第二十八條「問時中」者參看。

春秋傳爲按，經爲斷。

經爲斷，傳爲按，此設喻之最精者也。然吾心無以斷聖經之斷，何以知千載以上之是非乎？如「公及邾儀父盟於蔑」，此春秋開卷之第一義也。儀父稱字，左氏曰：「貴之也。」公羊曰：「褒之也。」穀梁曰：「美稱也。」而胡氏直曰：「例也。」蔑之會，以爲惡隱公之私也。」既曰惡之，是不與其貴與褒與美稱也。如一獄而諸家雜治之，讞詞之不一如此。後世何從折其衷，而得聖人之意乎？盟蔑，事之微者也，猶傳疑若是，矧事在桓文、夷夏之大者乎？然則據傳而釋經，未見其可也。夫人有是非之心，千百世同然者也，特患有所係而失其正耳。能致知明善，使吾是非之心，一出於天理之正，以是而仰合於聖人之心，其殆庶幾乎！

凡讀史，不徒要記事迹，須要識其治亂安危、興廢存亡之理。且如讀高帝紀，便須識得漢家四百年終始治亂當如何。是亦學也。

善讀書者類如此，不然，是智出石勒下矣，何必讀書？

先生每讀史到一半，便掩卷思量，料其成敗，然後却看，有不合處，又更精思。其間多有幸而成，不幸而敗。今人只見成者便以爲是，敗者便以爲非，不知成者煞有不是，敗者煞有是底。

作史者，以後世而記前世之事，於成文之先，其筆意遂有所以致成敗之字句。如苻堅之敗，凡於其寵鮮卑、拒忠諫處，皆摹寫其偏愎之況。徽、欽之禍，於納張瑴，背金盟，皆豫載有識者憂危之語，故其成敗，閱半即可料也。

讀史須見聖賢所存治亂之機，賢人君子出處進退，便易格物。

此是格得自古天下之物，則見今天下之物，格之而不外是矣。

元祐中，客有見伊川者，几案間無他書，惟印行唐鑑一部。先生曰：近方見此書。三代以後，無此議論。

横渠先生曰：序卦不可謂非聖人之蘊。今欲安置一物，猶求審處，况聖人之於易？其間雖無極至精義，大概皆有意思。觀聖人之書，須遍布細密如是。大匠豈以一斧可知哉？

序卦義極深微。一部易書，消息存亡之理，進退動止之宜，無不包攝其中，是古來一篇大文字，可易視哉！

天官之職，須襟懷洪大方看得。蓋其規模至大，若不得此心，欲事事上致曲窮究，凑合此心，如是之大，必不能得也。釋氏錙銖天地，可謂至大，然不嘗爲大，則爲事不得。若畀之一錢，則必亂矣。又曰：太宰之職難看，蓋無許大心胸包羅，記得此，復忘彼。其混混天下之事，當如捕龍蛇，搏虎豹，用心力看方可。其他五官便易看，止一職也。

古人能知詩者惟孟子，爲其「以意逆志」也。夫詩人之志至平易，不必爲艱險求之。今以艱險求詩，則已喪其本心，何由見詩人之志？詩人之情性温厚，平易老成，本平地上道著言語，今須以崎嶇求之，先其心已狹隘了，則無由見得。詩人之情本樂易，只爲時事拂著他樂易之性，故以詩道其志。

「人喜斯陶，陶斯咏；愠斯戚，戚斯嘆。」咏嘆者，言之引長而成音者也。其出則由喜愠，可見詩乃夫人哀樂之情自然迸出，如水之激石而成聲也。若以艱險求之，是無其情而强爲造作，豈能得其意哉？

尚書難看，蓋難得胸臆如此之大。只欲解義，則無難也。

先生教人讀書當如是也。學者宜思胸臆何由得許大，此功夫自讀書之前求之。

讀書少，則無由考校得義精。蓋書以維持此心，一時放下，則一時德性有懈。讀書則此心常在，不讀書，則終看義理不見。

讀書少，則所見義理不廣，即前篇所言「難得胸臆如許大」是也。其弊非止「德性有懈」而已。

書須成誦。精思多在夜中，或静坐得之。不記則思不起，但通貫得大原後，書亦易記。所以觀書者釋己之疑，明己之未達，每見每知新益，則學進矣。於不疑處有疑，方是進矣。

先生天資穎絶，其讀書尚如是，後學安可鹵莽？

六經須循環理會，義理儘無窮。待自家長得一格，則又見得別。

所謂「温故知新」也。

如中庸文字輩，直須句句理會過，使其言互相發明。春秋之書，在古無有，乃仲尼所自作，惟孟子能知之。非理明義精，殆未可學。先儒未及此而治之，故其説多鑿。

「先儒未及此」此字，指理明義精。大抵先儒之所謂春秋，皆兼傳而言。孔子遺經，無單行者，故司馬遷曰：「春秋文成數萬。」今聖經僅一萬六千餘字，則今之春秋亦未必一字一句皆出聖人之手筆也。馬貴與之論，最爲得情，附載以備參考。

馬端臨曰：「按，春秋古經，雖漢藝文志有之，然夫子所修之春秋，其本文世所不見。而自漢以來所編古經則自三傳中取出經文，名之曰正經耳。然三傳所載經文，多有異同，則學者何所折衷？如「公及邾儀父盟於蔑」，左氏以爲「蔑」，公、穀以爲「眜」，則不知夫子所書者，曰「蔑」乎？曰「眜」乎？「築郿」，左氏以爲「郿」，公、穀以爲「微」，則不知夫子所書，曰「郿」乎？曰「微」乎？「會與厥憖」，公、穀以爲「屈銀」，則不知夫子所書，曰「厥憖」乎？曰「屈銀」乎？若是者，殆不可以勝數。蓋不特亥豕魯魚之偶誤其一二而已。然此特名字之訛耳，其事未嘗背馳於大義，尚無所關也。至於「君氏卒」，則以爲聲子，魯之大夫也；「尹氏卒」，則以爲師尹，周之卿士也。然則夫子所書隱三年夏四月辛卯之死者，竟爲何人乎？不寧惟是。公羊、穀梁於襄公二十一年皆書「孔子生」。按：春秋惟國君世子生則書之，子同生是也，其餘雖世卿擅國政，如季氏之徒，其生亦未嘗書之於册。夫子萬世帝王之師，然其始生，乃鄹邑大夫之子耳，魯史未必書也。魯史所不書，而謂夫子自紀其生之年於所修之經，決無是理也。而左氏於哀公十四年獲麟之後，又復删經，以至十六年四月，書「仲尼卒」。杜征南亦以爲近誣。然則春秋本文其附見於三傳者，不特乖異未可盡信，而三子以其意增損者有之矣。蓋襄二十一年所書者，公、穀尊其師授而增書之也。哀十六年所書者，左氏痛其師忘而增書之也。俱非春秋之本文也。三子者，以當時口耳所傳授者，各自爲傳，又以其意之所欲增益者攙入之。後世諸儒復據其見於三子之書者，互有所左右而發明之，而以爲得聖人筆削之意於千載之上，吾未之能信也。

校勘記

〔一〕不可只於名上理會　「理」，原作「聖」，據朱子全書本改。

〔二〕點掇地念過　「地」，原作「他」，據朱子全書本改。

近思録傳卷四

存養篇

或問：「聖可學乎？」濂溪先生曰：「可。」「有要乎？」曰：「有。」請問焉，曰：「一爲要。一者，無欲也，無欲則静虚動直。静虚則明，明則通；動直則公，公則溥。明通公溥，庶矣乎！」

「一」字從虞廷授受來。

伊川先生曰：陽始生甚微，安静而後能長。故復之象曰：「先王以至日閉關。」

聖人動與天俱，其參贊於淵密者，固有甚精之理。而其大而可見者，則在於閉關静息之政。

動息節宣，以養生也；飲食衣服，以養形也；威儀行義，以養德也；推己及物，以養人也。推己及物者，愛人以德，亦欲其所養如己也。與尋常言推己不同，方切養義。

「慎言語」以養其德，「節飲食」以養其體。事之至近而所繫至大者，莫過於言語飲食也。「有德者必有言」，言亦所以昭德也，故不曰「訥言」，而止曰「慎言」。鄉黨恂恂，朝廟便便，當宜而已。口腹非尺寸之膚，飲食亦所以養身也，故不曰「絶飲食」，而止曰「節飲食」。酒不及亂，肉不勝食，適可而已。

「震驚百里，不喪匕鬯。」臨大震懼，能安而不自失者，惟誠敬而已。此處震之道也。「不喪匕鬯」與「觀盥而不薦」二句意相似。不但言不失所主，蓋匕鬯乃祭主所執以對神。此時至敬專凝，雖烈風雷雨，有所不聞，所謂「執事敬」也。非平日養之純熟，何以有此？

人之所以不能安其止者，動於欲也。欲牽於前而求其止，不可得也。故艮之道，當「艮其背」，所見者在前，而背乃背之，是所不見也。止於所不見，則無欲以亂其心，而止乃安。「不獲其身」，不見其身也，謂忘我也。無我則止矣。不能忘我，無可止之道。「行其庭，不見其人」，庭除之間，至近也，在背則雖至近不見，謂不交於物也。外物不接，內欲不萌，如是而止，乃得止之道，於止爲無咎也。

「不獲其身」三句，是摹寫艮背之妙，獲者得而有之也。凡人種種嗜欲，爲其有身，既不獲身，則無受欲之處矣。行庭不見人，又根不獲身來，所謂我見既捐，人見亦盡也。

明道先生曰：若不能存養，只是説話。聖賢千言萬語，只是欲人將已放之心，約之使反復入身來，自能尋向上去，「下學而上達」也。

約放心之功有三：未放而存之，此純養之學；將放而防之，此慎獨之學；既放而收之，此善反之學。其上達，一也。

李籲問：每常遇事，即能知操存之意。無事時如何存養得熟？曰：古之人，耳之於樂，目之於禮，左右起居，盤盂几杖，有銘有戒，動息皆有所養。今皆廢此，獨有理義之養心耳。但存此涵養意，久則自熟矣。「敬以直內」，是涵養意。

先生謂無事時，獨有理義養心。蓋讀書之謂也，開卷則哦頌以養之，掩卷則繹思以養之，讀書時正好持敬。

呂與叔嘗言患思慮多，不能驅除。曰：此正如破屋中禦寇，東面一人來未逐得，西面又一人至矣，左右前後，驅逐不暇。蓋其四面空疏，盜固易入，無緣作得主定。又如虚器入水，水自然入。若以一器實之以水，置之水中，水何能入來？蓋中有主則實，實則外患不能入，自然無事。

此患人人有之。先生教之實其内，自是除患要法。然何能中便有主，此工夫正自不易。唯知好而樂者，心專於此，自不及於彼矣。

邢和叔言：吾曹常須愛養精力，精力稍不足則倦，所臨事皆勉强而無誠意〔一〕。接賓客語言尚可見，况臨大事乎？

愛養精力，其粗者也。若孟子之養氣，則至大至剛，可以臨大事矣。「勉强無誠意」句最好，蓋臨事而浮飾支吾者，皆生於精力之倦也。

明道先生曰：學者全體此心。學雖未盡，若事物之來，不可不應。但隨分限應之，雖不中，不遠矣。

「居處恭，執事敬，與人忠」，此是徹上徹下語。聖人原無二語。

此是孔子答問仁，安有二語？他事尚有二語，如答問孝之類，惟仁則一。論語中論仁，雖各不同，其旨皆一也。先生之言信矣。

伊川先生曰：學者須敬守此心，不可急迫，當栽培深厚，涵泳於其間，然後可以自得。但急迫求之，只是私己，終不足以達道。

急迫求之者，有意於求速得。雖學問是佳事，然推勘此念，與求利欲相去有幾，故曰「只是私己」。

明道先生曰：「思無邪」，「毋不敬」，只此二句，循而行之，安得有差？有差者，皆由不敬不正也。

此内外交養之道，詩、禮二經之精蘊也。

今學者敬而不自得，又不安者，只是心生，亦是太以敬來做事得重，此「恭而無禮則勞」也。恭者，私爲恭之恭也。禮者，非體之禮，是自然底道理也。只恭而不爲自然底道理，故不自在也，須是「恭而安」。今容貌必端、言語必正者，非是道獨善其身，要人道如何，只是天理合如此，本無私意，只是個循理而已。

學問之道深，存養之功熟，則不待作爲，自然動容周旋中禮，故曰「本無私意」。私非私欲，只一有心而作，便是私。

今志於義理而心不安樂者，何也？此則正是剩一個「助之長」。雖則心「操之則存，捨之則亡」，然而持之大甚，便是「必有事焉」而正之也。亦須且恁去，如此者，只是德孤。「德不孤，必有鄰」，到德盛後，自無窒礙，左右逢其原也。

「德不孤」，從易「敬義立而德不孤」來。「必有鄰」者，敬義立而交養互益，衆善來會。非論語之「必有鄰」也。

敬而無失，便是「喜怒哀樂未發謂之中」。敬不可謂中，但敬而無失，即所以中也。

司馬子微嘗作坐忘論，是所謂「坐馳」也。

大抵宋諸儒以前，説聖賢心學多不得，非獨一司馬子微也。

伯淳昔在長安倉中閒坐，見長廊柱，以意數之，已尚不疑。再數之不合，不免令人一一聲言數之，乃與初數之無差。則知越著心把捉，越不定。

此亦偶然。

人心作主不定，正如一個翻車，流轉動揺，無須臾停，所感萬端。若不做一個主，怎生奈何？張天祺昔嘗言：自約數年，自上著牀，便不得思量事。不思量事後，須强把他這心來制縛，亦須寄寓在一個形象，皆非自然。君實自謂：吾得術矣，只管念個「中」字。此又爲中所繫縛，且中亦何形象？

人心屬火，必麗物而明，上床後，亦無虚而無麗之理。故聖人亦日乾夕惕，不睹不聞時，自有戒慎恐懼功夫，則以道不可須臾離也。異端則有虚無空寂之説，不知是何境象？

有人胸中常若有兩人焉，欲爲善，如有惡以爲之間；欲爲不善，又若有羞惡之心者。

本無二人，此正交戰之驗也。持其志，使氣不能亂，此大可驗。要之，聖賢必不害心疾。

兩念交戰，究竟善不勝惡。此其弊始於自怠，中於自恕，成於自欺，極於自是，至於自是而痼不可療矣。持其志者，先自不自怠始。

明道先生曰：某寫字時甚敬，非是要字好，只此是學。

推此而凡事皆當然矣。此所謂「正其誼，不謀其利」。

伊川先生曰：聖人不記事，所以常記得；今人忘事，以其記事。不能記事、處事不精，皆出於養之不完固。

此條要會意看。不記事者，謂心中不可繫戀，如曰「君子坦蕩蕩，小人常戚戚」耳。子絶四，無適莫，無知也，可想見其不記事；多聞而從，多見而識，好古敏求，温故知新，可想見其常記得。若泥其言，則月無忘其所能，何嘗不記事？其三人則予忘之，安能常記得？

明道先生在澶州日，修橋少一長梁，曾博求之民間。後因出入，見林木之佳者，必起計度之心。因語以戒學者：心不可有一事。

孔子自言無知，遇問而叩竭。不逆不億，疑詐來而先覺。有孔子之聖，則可以心不有一事。見林木而不計度，唯孔子能之。學者不求至于聖人，而徒欲心不有事，未可也。

伊川先生曰：入道莫如敬，未有能致知而不在敬者。今人主心不定，視心如寇賊而不可制，不是事累心，乃是心累事。當知天下無一物是合少得者，不可惡也。

此當與上章參看，林木亦是不合少者。主得心定，雖治天下，封山濬川，流共咨岳，而不與焉。主心不定，事乃累心，不能養心而但惡事，欲袪其累，不可得也。

人只有一個天理，却不能存得，更做甚人也！

當省。

人多思慮，不能自寧，只是做他心主不定。要作得心主定，惟是止於事，「爲人君止於仁」之類。如舜之誅四凶，四凶已作惡，舜從而誅之，舜何與焉？人不止於事，只是攬他事，不能使物各付物。物各付物，則是役物。爲物所役，則是役於物。有物必有則，須是止於事。

此即前篇之意，當參看。

不能動人，只是誠不至。於事厭倦，皆是無誠處。

靜後見萬物自然皆有春意。

孔子言仁，只説「出門如見大賓，使民如承大祭」。看其氣象，便須「心廣體胖」，「動容周旋中禮」自然。惟慎獨便是守之之法。聖人「修己以敬」，「以安百姓」，「篤恭而天下平」。惟上下一於恭敬，則天地自位，萬物自育，氣無不和，四靈何有不至？此「體信」「達順」之道，聰明睿智皆由是出，以此事天饗帝。

此篇自慎獨敬修，推而至於達天育物，無不全備，乃徹上徹下之功，聖賢造詣之極。二帝三王，有其效矣。孔子備其理，而未著其事，下此未之逮也。

存養熟後，泰然行將去，便有進。

益長裕而不設。

不愧屋漏，則心安而體舒。

心要在腔子裏。只外面有些隙罅，便走了。

腔子裏者，心之本然分量也。莫認作有形方寸。

人心常要活，則周流無窮，而不滯於一隅。

養以天理則活。

明道先生曰：「天地設位，而易行乎其中」，只是敬也。敬則無間斷。

天地設位而變化行，知禮成性而道義出。「率性之謂道」，道有自然之宜爲義，而敬在其中矣。繫辭於天地見出聖德，先生於聖德見出天地，由其本原合也。

「毋不敬」，可以對越上帝。

敬勝百邪。

嚴凝端肅，邪不能干也。

「敬以直内，義以方外」，仁也。若以敬直内，則便不直矣。「必有事焉，而勿正」，則直也。内本自直，患在私意爲之曲撓。敬則本體自是常惺，直者不失其直矣，故曰「敬以直内」。「必有事焉，而勿正」，即是先難後獲之意，故曰「仁也」。

涵養吾一。

「一」者何也，曰仁也。

「一」字從虞廷授受來，若徵實言之，曰心，曰仁，曰誠，曰天理，皆是也。

「子在川上曰：『逝者如斯夫！不舍晝夜。』」自漢以來儒者，皆不識此義。此見聖人之心「純亦不已」也。「純亦不已」，天德也。有天德便可語王道，其要只在慎獨。

「川上」一語，無所不包，見道亦可以徵心，明心亦可以合道。天人俱在其内也。「慎獨」一語，則先生之獨見。

「不有躬，無攸利。」不立己，後雖向好事〔二〕，猶爲化物不得，以天下萬物撓己。己立後，自能了當得天下萬物。

此釋蒙六三爻辭，其意不可解。

伊川先生曰：學者患心慮紛亂，不能寧静，此則天下公病。學者只要立個心，此上頭儘有商量。

閑邪則誠自存，不是外面捉一個誠將來存著。今人外面役役於不善，於不善中尋個善來存著，如此則豈有入善之理？只是閑邪則誠自存。故孟子言性善皆由内出，只爲誠便存。閑邪更著甚工夫？但惟是動容貌、整思慮，則自然生敬。敬只是主一也。主一則既不之東，又不之西，如是則只是中；既不之此，又不之彼，如是則只是内。存此則自然天理明。學者須是將「敬以直内」涵養此意，直内是本。

乾之二曰：「閑邪存其誠。」坤之二曰：「敬以直内。」二有中德，故聖人著此兩語。先生謂「主一，則不之東，不之西，如是則只是中」，正合二爻之義。

閑邪則固一矣，然主一則不消言閑邪。有以一爲難見，不可下工夫，如何？一者無他，只是整齊嚴肅，則心便一。一則自是無非僻之干。此意但涵養久之，則天理自然明。

此與「敬勝百邪」參看。

有言：未感時，知何所寓？曰：「操則存，舍則亡，出入無時，莫知其鄉」，更怎生尋所寓？只是有操而已。操之之道，「敬以直内」也。

「内」字即其寓也。

敬則自虛静，不可把虛静唤做敬。

敬如一水凝然，無塵雜，虛也。無摇撼，静也。

學者先務，固在心志，然有謂欲屏去聞見知思，則是「絶聖棄智」。有欲屏去思慮，患其紛亂，則須坐禪入定。如明鑑在此，萬物畢照，是鑑之常，難爲使之不照。人心不能不交感萬物，難爲使之不思慮。若欲免此，惟是心有主。如何爲主？敬而已矣。有主則虛，虛謂邪不能入；無主則實，實謂物來奪之。大凡人心不可二用，用於一事，則他事更不能入者，事爲之主也。事爲之主，尚無思慮紛擾之患，若主於敬，又焉有此患乎？所謂敬者，主一之謂敬；所謂一者，無適之謂一。且欲涵泳主一之義，不一則二三矣。至於不敢欺，不敢慢，「尚不愧於屋漏」，皆是敬之事也。

主敬之學，盡於此篇。先生吃緊爲人，和盤托出矣。至其切實下手工夫，則總結於不敢欺、不敢慢、不愧屋漏之言也。能是三者，則心俱在天理，豈非有主？雖交感萬物，何能奪之？

嚴威儼恪，非敬之道，但致敬須自此入。

總此四字，力持則非道，純熟則是道。

「舜孳孳爲善」，若未接物，如何爲善？只是主於敬，便是爲善也。以此觀之，聖人之道，不是但嘿然無言。

一「敬」字推之，無所不合。

問：人之燕居，形體怠惰，心不慢，可否？曰：安有箕踞而心不慢者？昔吕與叔六月中來緱氏，閒居中某嘗窺之，必見其儼然危坐，可謂敦篤矣。學者須恭敬，但不可令拘迫，拘迫則難久也。

此視人精神血氣之堅脆。

思慮雖多，果出於正，亦無害否？曰：且如在宗廟則主敬，朝廷主莊，軍旅主嚴，此是也。如發不以時，紛然無度，雖正亦邪。

思出於正，則不得謂之多。禹思日孜孜，周公之思，夜以繼日，一日二日萬幾，可辭多乎？苟不應思而思，是孔子所謂忘寢食而無益者耳，亦非邪也。

蘇季明問：喜怒哀樂未發之前求中，可否？曰：不可。既思即是已發，纔發便謂之和，不可謂之中也。又問：呂學士言當求於喜怒哀樂未發之前，如何？曰：若言存養於喜怒哀樂未發之前則可，若言求中於喜怒哀樂未發之前則不可。又問：學者於喜怒哀樂發時，固當勉强裁抑，於未發之前，當如何用功？曰：於喜怒哀樂未發之前，更怎生求？只平日涵養便是。涵養久，則喜怒哀樂發自中節。曰：當中之時，耳無聞，目無見否？曰：雖耳無聞，目無見，然見聞之理在始得。賢且說靜時如何？曰：謂之無物則不可，朱子曰：

「無物」字恐當作「有物」字。然自有知覺處。曰：既有知覺，却是動也，怎生言靜？人說「復其見天地之心」，皆以謂至靜能見天地之心，非也。復之卦下面一畫便是動也，安得謂之靜？或曰：莫是於動上求靜否？曰：固是，然最難。釋氏多言定，聖人便言止。如「爲人君止於仁，爲人臣止於敬」之類是也。易之艮言止之義曰：「艮其止，止其所也。」人多不能止，蓋人萬物皆備，遇事時，各因其心之所重者更互而出。纔見得這事重，便有這事出。若能物各付物，便自不出來也。或曰：先生於喜怒哀樂未發之前，下動字，下靜字？曰：謂之靜則可，然靜中須有物始得。這裏便是難處。學者莫若且先理會得敬，能敬則知此矣。或曰：敬何以用功？曰：莫若主一。季明曰：昞嘗患思慮不定，或思一事未了，他事如麻又生，如何？曰：不可，此不誠之本也。須是事事能專一時便好。不拘思慮與應事，皆要求一。

喜怒哀樂未發之前，即是中，如何欲求中？如王皇端拱，即是主，如何又求主？蘇季明、呂學士總是多一「求」字，此程子之意也。然蘇、呂是爲學人言，程子是爲聖人言。問者意指未明，故爲程子所否。其實問者之所謂「求」，即答者之所謂「養」也。苟問者曰「於未發前求致中」，則亦未嘗不可。蓋人非上聖，當未發前，豈能便合乎中？必有所養之功夫在。欲善吾養，先須察識，如中庸「謂之」中「謂」字，非察識而何？有察識而合者，即有察識而不合者。孩提之童，不俟察識而合也。牿亡之後，非察識無由知其合不合也。苟謂既思即是已發，纔發便謂之和，不可謂中，是惟以動静爲中和，更不問其合不合也。

静時自有知覺處，然謂之有物則不可，此語最精，是即「無極而太極」也。「聞見之理在」一語，即是「自有知覺處」一語。「思一事未了，他事如麻又生」，當事任者所不能免，周公思兼三王以施四事，當其未得，或有重大機務之來，豈可置之不問？先生蓋重言不主一之不可也。今人蓋有本無關係重大之事，而浮游旁騖，是則先生之所戒也。

人於夢寐間，亦可以卜自家所學之淺深。如夢寐顛倒，即是心志不定，操存不固。夢寐清寧，此境最難到。蓋人可爲，天不可爲也。

問：人心所繫著之事果善，夜夢見之，莫不害否？曰：雖是善事，心亦是動。凡事有朕兆入夢者却無害〔三〕，捨此皆是妄動。人心須要定，使他思時方思，乃是。今人都由心。曰：心誰使之？曰：以心使心則可。人心自由，便放去也。

此當與孔子夢見周公參看。思時方思，平時不思，此唯不逆億而先覺者能之。

「持其志，無暴其氣」，内外交相養也。志與氣皆有内外，非志内而氣外也。

問：「出辭氣」，莫是於言語上用工夫否？曰：須是養乎中，自然言語順理。若是慎言語，不妄發，此却可著力。

此安勉之謂也。雖不於言語上用功，然工夫深淺，則安勉所由分。

先生謂繹曰：吾受氣甚薄，三十而浸盛，四十五十而後完。今生七十二年矣，校其筋骨，於盛年無損也。繹曰：先生豈以受氣之薄，而厚爲保生邪？夫子默然，曰：吾以忘生狥欲爲深耻。

人人當書一通佩之。

大率把捉不定，皆是不仁。

仁，人心也。失其心，故不定。

伊川先生曰：致知在所養，養知莫過於「寡欲」二字。心定者，其言重以舒；不定者，其言輕以疾。

先生以言徵心，以心徵知，以定徵養，以養徵致。學者皆須理會。

明道先生曰：人有四百四病，皆不由自家，則是心須教由自家。

兩「自家」下疑皆有「治」字。

孔子于無所用心者，曰「難矣哉」。孟子於放心不知求者，曰「哀哉」。總是不能代他治，惟有哀歎之而已。

謝顯道從明道先生於扶溝。明道一日謂之曰：爾輩在此相從，只是學顥言語，故其學心口不相應，盍若行之？請問焉，曰：且静坐。伊川每見人静坐，便嘆其善學。

學者須善體先生之意。先生之歎美善學者，必有以觀之於精神氣象之微。苟以迹求之，則失之遠矣。

横渠先生曰：始學之要，當知「三月不違」與「日月至焉」。内外賓主之辨，使心意勉勉循循而不能已，過此幾非在我者。

「幾非在我」，不止於「三月不違」，超顔子而上之矣。窮神知化，未之或知，是其境乎？

心清時少，亂時常多。其清時視明聽聰，四體不待羈束，而自然恭謹。其亂時反是。如此何也？蓋用心未熟，客慮多而常心少也，習俗之心未去，而實心未完也。

先生此言，猶是中人以上。

人又要得剛，太柔則入於不立。亦有人生無喜怒者，則又要得剛，剛則守得定，不回，進道勇敢。載則比他人自是勇處多。

觀先生所謂「剛」，人之有志者是也。三軍可奪帥，匹夫不可奪志，非剛而何？

戲謔不惟害事，志亦爲氣所流。不戲謔亦是持氣之一端。

戲謔則不敬，故志易流。

正心之始，當以己心爲嚴師。凡所動作，則知所懼。如此一二年，守得牢固，則自然心正矣。

此即無自欺之説，誠意正心，功實一貫。

定然後始有光明。若常移易不定，何求光明？易大抵以艮爲止，止乃光明。故大學「定」而至於「能慮」。人心多則無由光明。

見得徹，然後守得定。故以知止爲先，由明而得定，既定而益明，互相發也。

「動静不失其時，其道光明。」學者必時其動静，則其道乃不蔽昧而明白。今人從學之久，不見進長，正以莫識動静。見他人擾擾，非干己事，而所修亦廢。由聖學觀之，冥冥悠悠，以是終身，謂之「光明」可乎？

此節正旨「時」字，即下文「所」字。道是止道。先生斷章言之，理亦通也。

敦篤虛静者，仁之本。不輕妄，則是敦厚也；無所繫閡昏塞，則是虛静也。此難以頓悟，苟知之，須久於道實體之，方知其味。夫仁亦在乎熟之而已。

校勘記

〔一〕所臨事皆勉强而無誠意　「强」，原作「彊」，據朱子全書本改。

〔二〕後雖向好事　「好」，原作「毋」，據朱子全書本改。

〔三〕凡事有朕兆入夢者却無害　「朕兆」，原作「兆朕」，據朱子全書本改。

近思録傳卷五

克己篇

濂溪先生曰：君子乾乾，不息於誠，然必懲忿窒欲、遷善改過而後至。乾之用，其善是，損、益之大莫是過，聖人之旨深哉！吉凶悔吝生乎動。噫，吉一而已，動可不慎乎！朱子曰：「乾之用其善是，『其』字疑是『莫』字。」

此一節，朱子既有所疑，而猶載之克己篇首。此見朱子樂善之誠，取善之大，蓋無一節之或遺也。

濂溪先生曰：孟子曰：「養心莫善于寡欲。」予謂養心不止於寡而存耳。蓋寡焉以至於無，無則誠立明通。誠立，賢也；明通，聖也。

伊川先生曰：顔淵問克己復禮之目，夫子曰：「非禮勿視，非禮勿聽，非禮勿言，非禮勿動。」四者，身之用也，由乎中而應乎外，制於外所以養其中也。顔淵請事斯語，所以進於聖人。後之學聖人者，宜服膺而弗失也。因箴以自警。視箴曰：「心兮本虚，應物無迹。操之有要，視爲之則。蔽交於前，其中則遷。制之於外，以安其内。克己復禮，久而誠矣。」聽箴曰：「人有秉彝，本乎天性。知誘物化，遂亡其正。卓彼先覺，知止有定。閑邪存誠，非禮勿聽。」言箴曰：「人心之動，因言以宣。發禁躁妄，内斯静專。矧是樞機，興戎出好。吉凶榮辱，惟其所召。傷易則誕，傷煩則支。己肆物忤，出悖來違。非法不道，欽哉訓辭。」動箴曰：「哲人知幾，誠之於思。志士勵行，守之於爲。順理則裕，從欲惟危。造次克念，戰兢自持。習與性成，聖賢同歸。」

先生四箴，發明中外資養之理，最爲明切。愚不揣敬賡四章，非敢上媲先賢，亦用自警云爾。視箴曰：「主一者心，順應者迹。觸目雖紛，内有天則。視瞻維虔，豈隨物遷？息明用晦，返觀乎内。常目在是，非幾絶矣。」聽箴曰：「虚受最靈，傳聲達性。弗即于淫，厥心乃正。聞古或卧，中靡有定。鄭聲佞人，慎防瑩聽。」言箴曰：「文以貫道，匪言曷宣。應酬問辨，亦心所專。嗟彼躁人，徒夸美好。舌逝莫捫，圭玷自召。永言顧行，務實去支。無曰苟矣，千里恐違。立誠居業，允修爾辭。」動箴曰：「書云慮善，時勑厥思。吉凶悔吝，惟動之爲。先見乃吉，不與斯危。隱微當慎，矧在行持。視履考祥，其旋是歸。」

復之初九曰：「不遠復，无祇悔，元吉。」傳曰：陽，君子之道，故復爲反善之義。初，復之最先者也，是不遠而復也。失而後有復，不失則何復之有？惟失之不遠而復，則不至於悔，大善而吉也。顔子無形顯之過，夫子謂其庶幾，乃「无祇悔」也。過既未形而改，何悔之有？既未能不勉而中，所欲不踰矩，是有過也。然其明而剛，故一有不善，未嘗不知，既知，未嘗不遽改。故不至於悔，乃「不遠復」也。學問之道無他也，惟其知不善，則速改以從善而已。

先生曰：「失而後有復，不失則何復之有？」此「失」字要看得細，非既失于事爲而未遠也。念頭起處即知，知處即復，故曰不遠。

或問：「起念未嘗不知，知之未嘗復行，此不善是何等念頭？」曰：「不善者，對善而言。少未合于天理，即謂之不善，非如今人之惡念也。」中庸曰：「得一善，則拳拳服膺。」當一善未得時，即不善矣。孔子卒易，始無大過，七十始能從心。謂人起念即善者，雖聖人不能。惟能念起即覺，覺即化，斯可謂之大賢矣。

晉之上九：「晉其角，維用伐邑，厲吉，无咎，貞吝。」傳曰：人之自治，剛極則守道愈固，進極則遷善愈速〔一〕。如上九者，以之自治，則雖傷於厲，而吉且无咎也。嚴厲非安和之道，而於自治則有功也。雖自治有功，然非中和之德，所以貞正之道爲可吝也。

凡人之情，每刻于治人，而寬于治己。晉上九之自治如此，亦誠賢矣。然「子路有聞，未之能行，惟恐有聞」，夫子則以其兼人而退之。顔子于高堅恍忽之際，夫子亦循循而誘之。程傳之釋晉上九，用此義也。

損者，損過而就中，損浮末而就本實也。天下之害，無不由末之勝也。峻宇雕牆，本於宮室；酒池肉林，本於飲食；淫酷殘忍，本於刑罰；窮兵黷武，本於征討。凡人欲之過者，皆本於奉養，其流之遠，則爲害矣。先王制其本者，天理也；後人流於末者，人欲也。損之義，損人欲以復天理而已。

益以損上益下爲卦，損以損下益上爲卦。此卦義之無可改易者也。但六十四卦，無有以非義訓者。若以「元吉无咎」之詞，而勸之于剥民奉君之主，則聖人爲助虐矣。故程子以損過就中、與奢寧儉之意爲傳。此見賢者取善之學，于不美之中節取而見其美焉。如大象之「懲忿窒欲」，繫詞之「損以遠害」，皆所謂斷章取義也。若論聖人名卦之正義，與夫

「損下益上，其道上行」之彖辭，豈能曲爲之解哉！愚謂，即如正意釋之，亦有于理不悖者，卦詞不云乎：「二簋可用享」，享神大事，尚可損至二簋，况于下者可以不急公乎？蓋國家當困絀之時，其道不得不出于損。如天潢之日繁，匪頒之日廣，而災眚侵陵，一時并集，當此之時，安得不損？豈以供一人之縱逸哉！然則所謂損下者，非刻削之謂，樽節愛養，食時用禮，與夫朝廷之賚予，□國之班給，皆從節損也。所謂益上者，非厚以自奉之謂，紓國保宗，安我社稷也。第損非人情所欲，必其至誠之念，彰信于民，使天下曉然，知我之出于不得已，然後雖勞不怨，雖供不惜，大吉而无咎矣。惟減損之事，出于至誠，且可爲後世法也，而所往何不利乎？

夬九五曰：「莧陸夬夬，中行无咎。」象曰：「中行无咎，中未光也。」〔二〕傳曰：「夫人心正意誠，乃能極中正之道，而充實光輝。若心有所比，以義之不可而决之，雖行於外，不失其中正之義，可以无咎，然於中道未得爲光大也。蓋人心一有所欲，則離道矣。夫子於此，示人之意深矣。

古來石顯雖去，而王商亦不能久于位，安石雖免，而鄭俠、馮京、王安國亦不得寬其謫。則以朝廷之小人去，而君心之小人未去也。程子發明爻象之義，至深切矣。

方説而止，節之義也。節之九二，不正之節也。以剛中正爲節，如懲忿窒欲，損過抑有餘是也。不正之節，如嗇節於用、懦節於行是也。

人而無克、伐、怨、欲，惟仁者能之。有之而能制其情不行焉，斯亦難能也，謂之仁則未可也。此原憲之問，夫子答以知其爲難，而不知其爲仁。此聖人開示之深也。

明道先生曰：義理與客氣常相勝，只看消長分數多少，爲君子小人之别。義理所得漸多，則自然知得客氣消散得漸少，消盡者是大賢。客氣者，私意偏見，憤盈流逸，而不自知也。即義理雖明，而無禮行孫出之養，終是客氣未除。

或謂人莫不知和柔寬緩，然臨事則反至於暴厲。曰：只是志不勝氣，氣反動其心也。看得親切。

人不能祛思慮，只是吝，吝故無浩然之氣。

吝字要看得廣，又要看得深，非「吝財」之吝。

治怒爲難，治懼亦難。克己可以治怒，明理可以治懼。能治怒，則有發而中節之怒；能治懼，則有臨事而懼，恐懼不聞之懼。

堯夫解「他山之石，可以攻玉」：玉者，温潤之物，若將兩塊玉來相磨，必磨不成，須是得他個粗礪底物，方磨得出。譬如君子與小人處，爲小人侵凌，則修省畏避，動心忍性，增益預防，如此便道理出來。

小人侵凌君子，欲害君子也。彼若知轉爲君子之益，則其肆害之意，或少艾矣。此言當使小人知之。

目畏尖物，此事不得放過，便與克下。室中率置尖物，須以理勝他，尖必不刺人也，何畏之有？

不刺人之尖物，不足畏也。倘遇必刺人之尖物，又當臨事而懼，思患豫防。

明道先生曰：責上責下，而中自恕己，豈可任職分？

「舍己從人」，最爲難事。己者我之所有，雖痛舍之，猶懼守己者固，而從人者輕也。惟是非之心最明，則可以袪此疾。不然，則當用矯枉過直之功，第患是非不明。未免有失己狥人之事耳。

「九德」最好。

飢食渴飲，冬裘夏葛，若致些私吝心在，便是廢天職。如此看天職最好。不然，天職惟上人所操矣。

「私吝」字要會意看，少有過中，即先生所謂私吝也。

獵，自謂今無此好。周茂叔曰：「何言之易也？但此心潛隱未發，一日萌動，復如前矣。」後十二年因見，果知未也。

此心口久必萌，他人不知，即自己亦不知。而周子何以豫知之？學者正當于此處觀周子。

伊川先生曰：大抵人有身，便有自私之理，宜其與道難一。

誠實不欺。

罪己責躬不可無，然亦不當長留在心胸爲悔。

己有可罪責處，即當改。改之則無，何必常留在心？其有一失不可追者，如悞殺一人，不可復生。則當修德以勝之。德多而罪少，德厚而罪薄，德常而罪暫，則亦可解也。

所欲不必沉溺。只有所向，便是欲。

故君子必慎其獨也。

明道先生曰：子路亦百世之師。

舉子路以見諸賢，故著一「亦」字。

人語言緊急，莫是氣不定否？曰：此亦當習，習到言語自然緩時，便是氣質變也。學至氣質變，方是有功。

氣質變，則可以驗性情，故曰有功。

問：「不遷怒，不貳過」，何也？語録有怒甲不遷乙之説，是否？伊川先生曰：是。曰：若此則甚易，何待顔子而後能？曰：只被説得粗了，諸君便道易，此莫是最難，須是理會得因何不遷怒。如舜之誅四凶，怒在四凶，舜何與焉？蓋因是人有可怒之事而怒之，聖人之心本無怒也。譬如明鏡，好物來時便見是好，惡物來時便見是惡，鏡何嘗有好惡也？世之人固有怒於室而色於市，且如怒一人，對那人説話能無怒色否？有能怒一人而不怒别人者，能忍得如此，已是煞知義理。若聖人因物而未嘗有怒，此莫是甚難。君子役物，小人役於物。今見可喜可怒之事，自家著一分陪奉他，此亦勞矣。聖人之心如止水。

説得粗者，謂不遷于人。如怒甲不遷于乙，故易。説得精者，謂不遷于心。謂甲過則怒亦過，故難。「怒于室而色于市」，其于固遷。怒于人而動于己，其心亦遷也。

人之視最先，非禮而視，則所謂開目便錯了。次聽、次言、次動，有先後之序。人能克己，則心廣體胖，仰不愧，俯不怍，其樂可知。有息則餒矣。

「四勿」以難易爲序。人有目，則物自當前；有耳，則聲自能入，非可瞑而塞也。能不因物交而引之，故難。擬之而後言，議之而後動，猶有可執持處，故次之。聲妓接席，吾心寂然，此非禮勿視聽也。昔有問于有道者云：「隔窗聞釵釧聲，吾心當如何？」答曰：「莫作此安排更好。」非禮勿視聽，到此地位，則與程子之論「不遷怒」者合矣。

聖人責己感也處多，責人應也處少。

聖人修其在我，止盡感應之理，而不能必之于事。

謝子與伊川别一年，往見之。伊川曰：「相别一年，做得甚工夫？」謝曰：「也只去個矜字。」曰：「何故？」曰：「子細檢點得來〔三〕，病痛盡在這裏。若按伏得這個罪過，方有向進處。」伊川點頭，因語在坐同志者曰：「此人爲學，切問近思者也。」

一年去得一字，由此日新不已，其上達豈有窮乎！

思叔詬詈僕夫，伊川曰：「何不『動心忍性』？」思叔慚謝。

拂逆相加，當以動心忍性處之。家之僕夫，須問其有罪與否。罪當責，不可姑息。此條宜與「不遷怒」參看。

「見賢」便「思齊」，有爲者亦若是。「見不賢而内自省」，蓋莫不在己。

横渠先生曰：湛一，氣之本；攻取，氣之欲。口腹於飲食，鼻口於臭味，皆攻取之性也。知德者屬厭而已，不以嗜欲累其心，不以小害大、末喪本焉爾。纖惡必除，善斯成性矣；察惡未盡，雖善必粗矣。

「湛一，氣之本」，謂清湛純一，則足以帥氣，而爲氣之本也。

惡不仁，故不善未嘗不知。徒好仁而不惡不仁，則習不察，行不著。是故徒善未必盡義，徒是未必盡仁。好仁而惡不仁，然後盡仁義之道。

好惡者，天地陰陽之正性。有好而無惡，非天命之本然矣。

責己者，當知無天下國家皆非之理，故學至於「不尤人」，學之至也。

孔子不怨天、不尤人，至於下學而上達，則天猶知之，而人終不知也。故不尤人，視不怨天爲更難。雖不尤人，亦不失己而殉人。責己者，當明是非以爲從違可也。

有潛心於道，忽忽爲他慮引去者，此氣也。舊習纏繞，未能脱洒，畢竟無益，但樂於舊習耳。古人欲得朋友與琴瑟簡編，常使心在於此。惟聖人知朋友之取益爲多，故樂朋友之來。三代盛時，庠序教化，達于天下，故成人爲易。三代衰，教法廢，不得不自求夾輔之益。

矯輕警惰。

四字既得，又當推而之他。使一身之疾盡祛，可以爲難矣。

「仁之難成久矣！人人失其所好。」蓋人人有利欲之心，與學正相背馳，故學者要寡欲。真實體會，方有此言，然又須明理。不然，則巢父、許由矣。

君子不必避他人之言，以爲太柔太弱。至於瞻視，亦有節，視有上下，視高則氣高，視下則心柔。故視國君者，不離紳帶之中。學者先須去其客氣。其爲人剛行，終不肯進。「堂堂乎張也，難與並爲仁矣。」蓋目者人之所常用，且心常託之視之上下。且試之，己之敬傲，必見於視。所以欲下其視者，欲柔其心也。柔其心，則聽言敬且信。

君子以心善其視，不以視善其心。先生欲以視驗其心，故即心以教其視。

人之有朋友，不爲燕安，所以輔佐其仁。今之朋友，擇其善柔以相與，拍肩執袂以爲氣合，一言不合，怒氣相加。朋友之際，欲其相下不倦，故於朋友之間，主其敬者，日相親與，得效最速。

朋友關係之重如此。今人以爲狎媟之資，是五倫廢其一也，欲學之成也，得乎？

仲尼嘗曰：「吾見其居於位也，與先生並行也，非求益者，欲速成者也。」學者先須温柔，温柔則可以進學。詩曰：「温温恭人，惟德之基。」蓋其所益之多。

此小學之書，所以善體仲尼之志也。

世學不講，男女從幼便驕惰壞了，到長益凶狠。只爲未嘗爲子弟之事，則於其親，已有物我，不肯屈下。病根常在，又隨所居而長，至死只依舊。爲子弟，則不能安洒掃應對；在朋友，則不能下朋友；有官長，則不能下官長；爲宰相，不能下天下之賢。甚則至於狗私意，義理都喪，也只爲病根不去，隨所居所接而長。人須一事事消了病，則義理常勝〔四〕。

先生歷言凡人墮落之病。雖至貴爲宰相，而其病不瘳，雖貴何補？至究其受病之原，則一言以蔽之曰「未嘗爲子弟之事」而已。然則人欲已其病，而使世宙不受凶狠之毒，舍孝弟之道何從乎？論語曰：「其爲人也孝弟，而好犯上作亂者，未之有也。」故曰：「孝弟爲仁之本。」推而至于伐一樹、殺一獸，有所不忍也。不匱之仁，遍于六宇矣。吾願人熟記先生之言，從幼即教其男女。此勝殘去殺之一道也。

校勘記

〔一〕進極則遷善愈速　「愈」，原作「逾」，據朱子全書本改。

〔二〕「夬九五」至「未光也」　此二十二字，朱子全書本置於「離道矣」後。「夬」上有「故」字，下有「之」字，「象」上有「而」字。

〔三〕子細檢點得來　「檢點」，原作「點檢」，據朱子全書本改。

〔四〕則義理常勝　「義理」，原作「理義」，據朱子全書本改。

近思録傳卷六

家道篇

伊川先生曰：弟子之職，力有餘則學文，不修其職而學，非爲己之學也。

力有餘者，謂一日之間，事尊長之事已畢，則以其間而學文。内則所謂「日出而退，各從其事」者也。

孟子曰「事親若曾子可也」，未嘗以曾子之孝爲有餘也。蓋子之身所能爲者，皆所當爲也。

曾子事親僅曰「可也」，則他人之不可者多矣。

「幹母之蠱，不可貞。」子之於母，當以柔巽輔導之，使得於義。不順而致敗蠱，則子之罪也。從容將順，豈無道乎？若伸己剛陽之道，遽然矯拂則傷恩，所害大矣，亦安能入乎？在乎屈己下意，巽順將承，使之身正事治而已。剛陽之臣事柔弱之君，義亦相近。

事親有隱而無犯，而况于母乎？母之育子以慈勝者也，子何忍以陽剛賊恩乎？蠱不可不幹也，而又不可貞，其間不知費幾許苦心，天地鬼神，亦必陰佑而濟其所幹矣。

蠱之九三，以陽處剛而不中，剛之過也，故小有悔。然在巽體，不爲無順。順，事親之本也。又居得正，故無大咎。然有小悔，已非善事親也。

君有諍臣，父有諍子，聖人之訓也。九三雖有犯顔之迹，而無違道之辜，故孔子與之，曰「終无咎」也。

正倫理，篤恩義，家人之道也。

「父父、子子、兄兄、弟弟、夫夫、婦婦，而家道正」，正倫理也。「王假有家，交相愛也」，篤恩義也。

人之處家，在骨肉父子之間，大率以情勝禮，以恩奪義。惟剛立之人，則能不以私愛失其正理，故家人卦大要以剛爲善。

「家人有嚴君焉，父母之謂也。」母亦稱嚴，况于父乎？此剛之所爲善也。

家人上九爻辭，謂治家當有威嚴，而夫子又復戒云，當先嚴其身也。威嚴不先行於己，則人怨而不服。

上九爻辭：「有孚威如」，四字一串。威如者，有孚之象也。故曰：「如非孚外又有威。」蓋誠信與人，自生敬畏。象曰「反身之謂」，反身者，反其孚。孚則自威，威則自吉。

歸妹九二，守其幽貞，未失夫婦常正之道。世人以媟狎爲常，故以貞静爲變常，不知乃常久之道也。

司徒之教，不曰「夫婦有情」，而曰「夫婦有别」，正合此義。

世人多慎於擇壻，而忽於擇婦。其實壻易見，婦難知，所繫甚重，豈可忽哉！

易曰：「歸妹，人之終始也。」胤嗣之賢愚，家道之隆替，恒必由之。故禮重大昏，聖人之教深矣。

人無父母，生日當倍悲痛，更安忍置酒張樂以爲樂？若具慶者可矣。

陳安卿問朱子曰：「程子有言：『人無父母，生日倍當悲痛。』如先生舊時，亦嘗有壽母生朝，與賀高倅詞。恐非先生筆，不審又何也？豈在人子自己言，則非其所宜。而爲父母、待親朋，則其情又有不容已處否？然恐爲此，則是人子以禮律身，而以非禮事其親，以非禮待于人也。其義如何？」朱子曰：「此等事是力量不足，放過了處，然亦或有不得已者，其情各不同也。」詳朱子語意，似謂力量不能使吾親以禮自律，又世俗沿習已久，難于猝變。此所謂「不得已」也。安卿此問極好，朱子所對亦老實不欺，如此問答，最可觀。

問：行狀云：「盡性至命，必本於孝弟〔一〕。」不識孝弟何以能盡性至命也？曰：後人便將性命別作一般事說了〔二〕。性命、孝弟，只是一統底事，就孝弟中便可盡性至命。如洒掃應對與盡性至命，亦是一統底事，無有本末，無有精粗，却被後來人言性命者，別作一般高遠說。故舉孝弟，是於人切近者言之。然今時非無孝弟之人，而不能盡性至命者，由之而不知也。

孝悌出于孝經、禮記者，由之而知之也；出于愚夫愚婦者，由之而不知也。然其本則具矣。「雖曰未學，吾必謂之學矣」。便許其盡性至命也可。

問：第五倫視其子之疾與兄子之疾不同，自謂之私，如何？曰：不待安寢與不安寢，只不起與十起，便是私也。父子之愛本是公，才著些心做，便是私也。又問：視己子與兄子有間否？曰：聖人立法，曰「兄弟之子猶子也」，是欲視之猶子也。又問：天性自有輕重，疑若有間然？曰：只爲今人以私心看了。孔子曰：「父子之道，天性也。」此只就孝上説，故言父子天性。若君臣、兄弟、賓主、朋友之類，亦豈不是天性？只爲今人小看却，不推其本所由來，故爾。己之子與兄之子，所爭幾何，是同出於父者也。只爲兄弟異形，故以兄弟爲手足。人多以異形，故親己之子異於兄弟之子，甚不是也。又問：孔子以公治長不及南容，故以兄之子妻南容，以己之子妻公治長，何也？曰：此亦以己之私心看聖人也。凡人避嫌者，皆内不足也。聖人自至公，何更避嫌？凡嫁女，各量其才而求配，或兄之子不甚美，必擇其相稱者爲之配；己之子美，必擇其才美者爲之配。豈更避嫌耶？若孔子事，或是年不相若，或時有先後，皆不可知。以孔子爲避嫌，則大不是。如避嫌事，賢者且不爲，况聖人乎？

聖人制服，親疎有等，豈好爲是分别哉？酌乎天性人情而制其中焉已耳。推吾事親之心，則敬其所尊，愛其所親，乃爲孝也。父有十子，無不欲愛之維均，體父之心者，九子之子，皆當同吾子之愛也，然力有所不能贍矣。且推是心而上之高、曾之所蕃衍，初皆一父之子也，又安得爲緦功之殺乎？蓋天性有所不可假，恩義有所不可移，非但以力不贍、勢不行也。然則愛兄弟之子，其情差减于吾之子，其亦聖人之所許乎？第五倫以「不起」、「十起」矯情避嫌，固非性情之正矣。先生謂聖人至公，不避嫌，誠爲至論。

問：孀婦於理似不可取，如何？曰：然。凡取以配身也。若取失節者以配身，是己失節也。又問：或有孤孀貧窮無托者，可再嫁否？曰：只是後世怕寒餓死，故有是説。然餓死事極小，失節事極大。

推此志也，男子尤當自勵，所惡有甚於死者，故患有所不避也。

病卧於牀，委之庸醫，比之不慈不孝。事親者亦不可不知醫。

名言。

程子葬父，使周恭叔主客。客欲酒，恭叔以告。先生曰：勿陷人於惡。

客不能受喪禮之節制，是非賢也。按，文公家禮：「凡喪立，護喪、主賓、相禮、司書、司貨皆用擇，固不可使不賢者厠其間。」既傷主人之意，而亦自納於惡也。

買乳婢多不得已，或不能自乳，必使人。然食己子而殺人之子，非道。必不得已，用二子乳食三子，足備他虞。或乳母病且死，則不爲害，又不爲己子殺人之子，但有所費。若不幸致誤其子，害孰大焉？

律制有乳母之服。以乳母必不可省，故顯然而爲之制。凡閹人與乳婢，皆非人情，而先生不去者，以事體之必不可去也。購他婦食己子，必厚酬其直。乳婦得直，亦必有善全其子之道。或其子已能食食，或其子又可求乳他人，故未嘗殺人子也。先生委曲而爲之計，是足以徵先生之仁耳。「或乳母」下，疑落一「子」字。

先公太中諱珦，字伯温，前後五得任子，以均諸父子孫。嫁遣孤女，必盡其力；所得俸錢，分贍親戚之貧者。伯母劉氏寡居，公奉養甚至。其女之夫死，公迎從女兄以歸，教養其子，均於子姪。既而女兄之女又寡，公懼女兄之悲思，又取甥女以歸嫁之。時小官禄薄，克己爲義，人以爲難。公慈恕而剛斷，平居與幼賤處，惟恐有傷其意，至於犯義理，則不假也。左右使令之人，無日不察其飢飽寒燠。娶侯氏。侯夫人事舅姑以孝謹稱，與先公相待如賓客。先公賴其内助，禮敬尤至。而夫人謙順自牧，雖小事未嘗專，必禀而後行。仁恕寬厚，撫愛諸庶，不異己出。從叔幼孤，夫人存視，常均己子。治家有法，不嚴而整。不喜笞朴奴婢，視小臧獲如兒女，諸子或加呵責，必戒之曰：「貴賤雖殊，人則一也。汝如是大時，能爲此事否？」先公凡有所怒，必爲之寬解，唯諸兒有過，則不掩也。常曰：「子之所以不肖者，由母蔽其過，而父不知也。」夫人男子六人，所存唯二，其愛慈可謂至矣，然於教之之道，不少假也。纔數歲，行而或踣，家人走前扶抱，恐其驚啼，夫人未嘗不呵責曰〔三〕：「汝若安徐，寧至踣乎？」飲食常置之坐側。嘗食絮羹〔四〕，即叱止之，曰：「幼求稱欲，長當何如？」雖使令輩，不得以惡言罵之。故頤兄弟平生於飲食衣服無所擇，不能惡言罵人，非性然也，教之使然也。與人爭忿，雖直不右，曰：「患其不能屈，不患其不能伸。」及稍長，常使從善師友游，雖居貧，或欲延客，則喜而爲之具。夫人七八歲時，誦古詩曰：「女子不夜出，夜出秉明燭。」自是日暮則不復出房閤。既長，好文而不爲辭章，見世之婦女以文章筆札傳於人者，則深以爲非。

朱子詳載程氏先德，以爲後世儀法，莫非教也。

此篇文字，俱采入宋史。女德不載。先生全德至行，久而彌耀，使異代史臣，推本所生，編之國史，與天地同其不朽矣。人子之孝，孰大于是！附程氏先世考：永新劉文安公定之記程氏義田云：「公之先，家徽郡，忠壯公靈洗蔓延厥系于海內。明道、伊川實祖之。」鄧州李文達賢表程亞中公墓云：「靈洗仕陳，至開府儀同三司。五世孫大辨徙中山博野，六世少師羽再遷河南醴泉。

三世曰元白，宋宜春令，追封冀國公。四世曰琳，曰珦。琳，宋太師中書令，謚文簡。珦，大中大夫，子爲明道、伊川。」按：歐陽文忠撰文簡父冀國公碑銘「中山之程，出自靈洗，實昱裔孫，仕于陳季」云云。程子祖墓尚在今歙之篁墩，去朱子祖墓不數里而近，歷代碑禁樵牧云。

横渠先生嘗曰：事親奉祭，豈可使人爲之？

人子事親奉祭，非曰神嗜飲食，以牲醴而濟其餒也。祭義云：「齊之日，思其居處，思其笑語，思其志意，思其所樂，思其所嗜。祭之日，入室，僾然必有見乎其位；周還出户，肅然必有聞乎其容聲；出户而聽，愾然必有所聞乎其嘆息之聲。」蓋以己之精神接親之精神，如此方不虚其爲祭。祭而使人爲之，是徒襲其文，而忘其義矣。祭何爲哉！

舜之事親，有不悦者，爲父頑母嚚，不近人情。若中人之性，其愛惡略無害理，姑必順之。親之故舊所喜者，當極力招致，以悦其親。凡於父母賓客之奉，必極力營辦，亦不計家之有無。然爲養，又須使不知其勉强勞苦，苟使見其爲而不易，則亦不安矣。

曾晳有大杖責子之時，未必一于慈愛。曾子有捉襟露肘之困，未必時有羸餘。而酒肉之養，必能承志，而未嘗露其窘乏。曾子豈有奇術乎？其豫爲營辦者，亦必竭盡心力矣。故曰：「事親若曾子可也。」不然，古之孝事其親者多矣，何必獨稱曾子？此千古人子所當師也。

斯干詩言：「兄及弟矣，式相好矣，無相猶矣。」言兄弟宜相好，不要相學。猶，似也。人情大抵患在施之不見報則輟，故恩不能終。不要相學，己施而已。

斯干之詩，蓋有所戒而言。觀棠棣之四章「及于鬩牆」，而五章遂曰：「雖有兄弟，不如友生。」則甚矣。然則無相猶者，爲不好之兄弟言耳。若相好之兄弟，則一門之内，自相師友，何患乎猶？

張子又曰：「君臣、父子、朋友之間，亦莫不用此道，亦是對末世人情言。」

「人不爲周南、召南，其猶正牆面而立。」常深思此言，誠是。不從此行，甚隔著事，向前推不去。蓋至親至近，莫甚於此，故須從此始。

「不從此行」與「莫甚于此」，二「此」字，皆是指閨門風化之始。孟子曰：「身不行道，不行於妻子。」使人不以道，不能行於妻子。道者何？修身是也。不能修身盡道，先是妻子隔著，而況國與天下乎？故曰「向前推不去」也。

嘗思「爲周南、召南」是如何爲？若謂修身齊家便是爲周南、召南，則夫子何不直言修齊之道，而顧爲是隱語乎？愚深思之，夫子此教，或者專指宜家之道，而後儒未之疏明也。蓋閨門衽席之地，有許多細微曲折。既不可以嚴厲乖恩，又不可以燕私害義，非尋常禮法格言所能盡、所能及者。惟是性情之用，感人於不言，故以此教之。二南之旨，不淫不傷，肄習既深，優游涵泳，永言以達其情，推行以類其事，則性情之地，宣暢動盪，自不能已。使當之者，氣静心和，泮然俱化。然後語之而即喻，道之而即從，薰蒸灌徹，和氣洽於庭闈，由是施於有政，御於家邦，一理無外矣。非然者，邇且弗格，何能及遠乎？

婢僕始至，本懷勉勉敬心，若到所提掇，更謹，則加謹，慢則棄其本心，便習以成性。故仕者，入治朝則德日進，入亂朝則德日退，只觀在上者有可學無可學耳。

僕婢賤人，原無恒心，故隨人提掇而成性。仕者則君子也，豈無挾持自主者乎？何以德隨亂朝而退也？若此仕者，是與僕婢一類矣，其才豈足齒乎？

校勘記

〔一〕必本於孝弟　「必」，原作「心」，據朱子全書本改。

〔二〕後人便將性命別作一般事說了　「事」字原無，據朱子全書本補。

〔三〕夫人未嘗不呵責曰　「責」，原作「貴」，據朱子全書本改。

〔四〕嘗食絮羹　「嘗」，原作「常」，據朱子全書本改。

近思録傳卷七

出處篇

伊川先生曰：賢者在下，豈可自進以求於君？苟自求之，必無能信用之理。古之人所以必待人君致敬盡禮而後往者，非欲自爲尊大，蓋其尊德樂道之心不如是，不足與有爲也。賢者惟期其君大有爲，故望其尊德樂道。非以自尊，實以尊君也。

君子之需時也，安静自守，志雖有需，而恬然若將終身焉，乃能用常也。雖不進而志動者，不能安其常也。

比：「吉，原筮，元永貞，无咎。」傳曰：人相親比，必有其道，苟非其道，則有悔咎。故必推原占，決其可比者而比之，所比得元永貞，則无咎。元謂有君長之道，永謂可以常久，貞謂得正道。上之比下，必有此三者，下之從上，必求此三者，則无咎也。「原筮」，朱子訓作「再筮」，良是。蒙之筮，問之於人也，不一則不尊。比之筮，問其在我也，不再則不審。

履之初九曰：「素履，往无咎。」傳曰：夫人不能自安於貧賤之素，則其進也，乃貪躁而動，求去乎貧賤耳，非欲有爲也。既得其進，驕溢必矣，故往則有咎。賢者則安履其素，其處也樂，其進也將有爲也，故得其進則有爲而無不善。若欲貴之心與行道之心交戰於中，豈能安履其素乎？

士君子有志於時，抱欲往之志者多矣。惟初九率其素履以往，此所謂「國有道，不變塞焉」者也。先生曰「其處也樂，其進也將有爲也」，深得賢者之心矣。

大人於否之時，守其正節，不雜亂於小人之群類，身雖否而道之亨也。故曰：「大人否亨。」不以道而身亨，乃道否也。

不入於小人之群易，不亂於小人之群難。亂者，迷惑之意。小人顯與吾敵，君子豈肯就之？惟其承順於我，不覺其異，久之漸與相忘矣。

人之所隨，得正則遠邪，從非則失是，無兩從之理。隨之六二，苟係初，則失五矣，故象曰「弗兼與也」，所以戒人從正當專一也。

二與五正應。豈甘爲小子之係哉？第恐其意以爲君子之度，宏廣爲期，大賢之交，巨細不擇，以爲可以兼而與之耳。不知邪正不同途，薰蕕不同器。苟係小子，斷不能兼與丈夫也。二可不戒乎哉！

君子所貴，世俗所羞；世俗所貴，君子所賤。故曰：「賁其趾，舍車而徒。」令德在躬，不願文繡。豈以初之貧賤自守，而遂失所貴哉？棲遲丘濮，徒步當車，貴亦在其中矣。兩象一意，舍車而徒，所以爲趾之賁也。

蠱之上九曰：「不事王侯，高尚其事。」象曰：「不事王侯，志可則也。」傳曰：士之自高尚，亦非一道。有懷抱道德，不偶於時，而高潔自守者；有知止足之道，退而自保者；有量能度分，安於不求知者；有清介自守，不屑天下之事，獨潔其身者。所處雖有得失小大之殊，皆自高尚其事者也。象所謂「志可則」者，進退合道者也。

上九超然于事功之外，一似乎無裨于帝王之治者。不知確然不拔之志，固可以爲當世之師表也。「志」字不是隱居不仕之志，是清高而不染之志。國家之壞，由官邪也。今方能飭治而振起，則尊高潔之志，以勵天下之廉恥，使不至于復壞，故曰「志可則」也。

遯者，陰之始長，君子知微，故當深戒。而聖人之意，未便遽已也，故有「與時行」、「小利貞」之教。聖之於天下，雖知道之將廢，豈肯坐視其亂而不救？必區區致力於未極之間，强此之衰，艱彼之進，圖其暫安。苟得爲之，孔孟之所屑爲也，王允、謝安之於漢、晉是也。

小人浸長者，遯之時也。所以善處此時者，義也。「時義大」，不是贊君子。言當遯之時，其所以處此而宜者，至大而難盡，君子不可不知也。知其時義，必有善其時行者矣。

明夷初九，事未顯而處甚艱，非見幾之明不能也。如是則世俗孰不疑怪？然君子不以世俗之見怪，而遲疑其行也。若俟衆人盡識，則傷已及而不能去矣。

程傳曰：穆生去楚，申公、白公且非之，不知其以避胥靡之禍。袁閎當漢末，名德之士方雀起，而獨潛身土室，人以爲狂生，而卒免黨錮之難。所謂「主人有言」也。

晉之初六，在下而始進，豈遽能深見信於上？苟上未見信，則當安中自守，雍容寬裕，無急於求上之信也。苟欲信之心切，非汲汲以失其守，則悻悻以傷於義矣，故曰：「晉如摧如，貞吉，罔孚，裕，无咎。」然聖人又恐後之人不達寬裕之義，居位者廢職失守以爲裕，故特云「初六裕則无咎」者，始進未受命當職任故也。若有官守，不信於上而失其職，一日不可居也。然事非一概，久速唯時，亦容有爲之兆者。

初當進身之始，故聖人教以義命自安之道。當進而摧，在常人非激而熱，中則矯而決絶，而君子則守正而已。正字要認。正者，君子所持以進之道。吾盡吾道，不以見摧而輟易也。此等精神，所謂「言寡尤，行寡悔」，終必遂其進矣。裕字即貞，非貞之外又有裕也。以事言，則見其貞；以心言，則見其裕。凡人初進而摧，猶事理之常。至于反身行正，理宜得吉，而猶不見信。此時最易動心，故又以裕言之。蓋戒其所守，則猶可勉然。進觀其神明，則逾密矣。無咎只是不失正。

不正而合，未有久而不離者也。合以正道，自無終睽之理。故賢者順理而安行，智者知幾而固守。

君子當困窮之時，既盡其防慮之道而不得免，則命也，當推致其命以遂其志。知命之當然也，則窮塞禍患不以動其心，行吾義而已。苟不知命，則恐懼於險難，隕獲於窮戹，所守亡矣，安能遂其爲善之志？

爲善之志，人皆有之。其不能自遂者，視命太重耳。委置其命，則惟有一志，暢然於天地間矣。

寒士之妻，弱國之臣，各安其正而已。苟擇勢而從，則惡之大者，不容於世矣。

豪家多姬妾，强國備公卿。其夫與君，猶或有非道者。而共姜之見棄，三閭之被讒，且守死不變。若夫寒士之妻、弱國之臣，處勢艱難，相倚爲命，忍見背乎？此先生所以甚惡之也。

井之九三，渫治而不見食，乃人有才智而不見用，以不得行爲憂惻也。蓋剛而不中，故切於施爲，異乎「用之則行，舍之則藏」者矣。

朱子本義：「行惻者，行道之人皆以爲惻。」程傳謂九三自「以不得行爲憂惻」。愚謂九三陽剛賢者，似朱説爲優。

革之六二，中正則無偏蔽，文明則盡事理，應上則得權勢，體順則無違悖。時可矣，位得矣，才足矣，處革之至善者也。必待上下之信，故「巳日乃革之」也。如二之才德，當進行其道，則吉而無咎也；不進則失可爲之時，爲有咎也。

革道固忌疏率，然已詳審至善。而復濡滯不決，則人懷怠安，事失機會，又以不革而生患矣。故聖人直決之曰「革之」，所以勸其斷也。

鼎之「有實」，乃人之有才業也。當慎所趨向，不慎所往，則亦陷於非義。故曰：「鼎有實，慎所之也。」

鼎二剛中自守，蓋賢者也，故自能「慎所之」，所謂「吾愛吾鼎」也。

士之處高位，則有拯而無隨。在下位，則有當拯，有當隨，有拯之不得而後隨。有拯而無隨，是賢者也。有當拯，有當隨，則當擇而處之矣。拯之不得，已違其志，況又從而隨之乎？「守道不如守官」，二曷不聞焉！

「君子思不出其位」，位者，所處之分也。萬事各有其所，得其所則止而安。若當行而止，當速而久，或過或不及，皆出其位也，况踰分非據乎？

君子素其位而行，行無歉乎其位，所謂「不出其位」也。先生以行止久速解「不出其位」，深合「動静不失其時」之旨。

人之止，難於久終，故節或移於晚，守或失於終，事或廢於久，人之所同患也。艮之上九，敦厚於終，止道之至善也。故曰：「敦艮吉。」

大人之「止至善」，聖人之「安汝止」，上九當之。

中孚之初九曰：「虞吉。」象曰：「志未變也。」傳曰：當信之始，志未有所從，而虞度所信，則得其正，是以吉也。志有所從，則是變動，虞之不得其正矣。

賢者惟知義而已，命在其中。中人以下，乃以命處義。如言「求之有道，得之有命」，是求無益於得」。知命之不可求，故自處以不求。若賢者則求之以道，得之以義，不必言命。

賢者求之以道，道謂盡吾所以求之事。如患所以立，求爲可知是也。義即命字，但言命有諉而自棄者，言義則有自修工夫在。

先生謂中人以下，知命不可求，故自處以不求。此不求者，當求者乎，抑不當求者乎？且未嘗求之，何以便知其不可求也？賢者則問其當求不當求耳。苟在當求，則孔子之棲棲皇皇以求合，未嘗不可也。道之不行，已知之矣，豈可以命而自諉乎！

人之于患難，只有一個處置，盡人謀之後，却須泰然處之。有人遇一事，則心心念念不肯舍，畢竟何益？若不會處置了放下，便是無義無命也。

人謀之後，再無可爲，方説得一「盡」字。此時則當泰然放下，若張巡之禦敵，直至西向拜時，方得放下也。

門人有居太學而欲歸應鄉舉者，問其故，曰：蔡人尠習戴記，決科之利也。先生曰：汝之是心，已不可入於堯舜之道矣。夫子貢之高識，曷嘗規規於貨利哉？特於豐約之間，不能無留情耳。且貧富有命，彼乃留情於其間，多見其不信道也。故聖人謂之「不受命」。有志於道者，要當去此心而後可語也。

朱子常言科舉壞人心術，即先生之意也。

人苟有「朝聞道，夕死可矣」之志，則不肯一日安於所不安也。何止一日，須臾不能。如曾子易簀，須要如此乃安。人不能若此者，只爲不見實理。實理者，實見得是，實見得非。凡實理得之於心自别，若耳聞口道者，心實不見，若見得，必不肯安於所不安。人之一身，儘有所不肯爲，及至他事又不然。若士者，雖殺之使爲穿窬，必不爲，其他事未必然。至如執卷者，莫不知説禮義，又如王公大人，皆能言軒冕外物，及其臨利害，則不知就義理，却就富貴。如此者只是説得，不實見。及其蹈水火，則人皆避之，是實見得。須是有「見不善如探湯」之心，則自然别。昔曾經傷於虎者，他人語虎，則雖三尺童子，皆知虎之可畏，終不似曾經傷者神色懾懼，至誠畏之，是實見得也。得之於心，是謂有德，不待勉强。然學者則須勉强。古人有捐軀隕命者，若不實見得，則烏能如此？須是實見得生不重於義、生不安於死也。故有「殺身成仁」，只是成就一個是而已。

先生此言顯明剴切，誠度世津梁也。「不實見得」之言，發聖人之所未發，卻又是聖人所含之意。聖人曰「如惡惡臭，如好好色」，以其實見得也。「君子喻義，小人喻利」，「喻」字即是實見得。王公大人只就富貴，只爲他實見得富貴之妙耳。然何以只實見得富貴，不實見得義理？此却是無學問之功，師友之輔，風教之漸磨也。

孟子辨舜、跖之分，只在義、利之間。言間者，謂相去不甚遠，所爭毫末爾。義與利，只是個公與私也。纔出義，便以利言也。

舜、跖之相去，何止天淵！而其間只爭毫末，危哉！微哉！

只那計較，便是爲有利害，若無利害，何用計較？利害者，天下之常情也。人皆知趨利而避害，聖人則更不論利害，惟看義當爲不當爲，便是命在其中也。

此所謂「正其誼，不謀其利」也。

大凡儒者，未敢望深造於道，且只得所存正，分別善惡，識廉恥。如此等人多，亦須漸好。

此先生救世之言。蓋深痛世風，而望勝殘去殺也。

趙景平問：「子罕言利」，所謂利者何利？曰：不獨財利之利，凡有利心便不可。如作一事，須尋自家穩便處，皆利心也。聖人以義爲利，義安處便爲利。如釋氏之學，皆本於利，故便不是。

問：邢恕久從先生，想都無知識，後來極狼狽。先生曰：謂之全無知則不可，只是義理不能勝利欲之心，便至如此。

豈惟一邢恕而已哉？人人俱當猛省。

謝湜自蜀之京師，過洛而見程子。子曰：「爾將何之？」曰：「將試教官。」子弗答。湜曰：「何如？」子曰：「吾嘗買婢，欲試之，其母怒而弗許，曰：『吾女非可試者也。』今爾求爲人師而試之，必爲此媪笑也。」湜遂不行。

可見師友夾輔之功，爲益實大。

先生在講筵，不曾請俸。諸公遂牒户部，問不支俸錢。户部索前任曆子〔一〕，先生云：「某起自草萊，無前任曆子。」遂令户部自爲出券曆。又不爲妻求封，范純甫問其故。先生曰：「某當時起自草萊，三辭然後受命，豈有今日乃爲妻求封之理？」問：「今人陳乞恩例，義當然否？人皆以爲本分，不爲害。」先生曰：「只爲而今士大夫道得個乞字慣，却動不動又是乞也。」問：「陳乞封父祖如何？」先生曰：「此事體又別。」再三請益，但云：「其説甚長，待別時説。」

陳乞封祖父母，雖有事例，此朝廷法制之不善也。當封便封，豈有待人陳乞之理？所以先生再三問而不答。如今時封典出自上，都不用陳乞，便足養人廉恥之心。

漢策賢良，猶是人舉之。如公孫弘者，猶强起之乃就對。至於後世賢良，乃自求舉爾。若果有曰「我心只望廷對，欲直言天下事」，則亦可尚已。若志在富貴，則得志便驕縱，失志則便放曠與悲愁而已。

此事亦在朝廷法制之善，人舉與自舉，俱出上旨。若使公卿推薦，而無召人自赴之令，人豈有自舉者？可見善風俗、正人心者，全在上耳。

伊川先生曰：人多説某不教人習舉業，某何嘗不教人習舉業也。人若不習舉業而望及第，却是責天理而不修人事。但舉業既可以及第即已，若更去上面盡力求必得之道，是惑也。

先生祗是不教人去上面盡力求必得之道，人便説不教習舉業，然則世人之所謂舉業者，可知已矣。

問：家貧親老，應舉求仕，不免有得失之累，何修可以免此？伊川先生曰：此只是志不勝氣，若志勝，自無此累。家貧親老須用禄仕，然「得之不得爲有命」。曰：在己固可，爲親奈何？曰：爲己爲親，也只是一事。若不得，其如命何？孔子曰：「不知命，無以爲君子。」人苟不知命，見患難必避，遇得喪必動，見利必趨，其何以爲君子？

爲親而求禄仕，固不免得失之慮，然不過願其得而不願其失，如毛義之喜可耳。苟爲不得，豈可因親老而爲鑽營不肖之術乎？古孝子養親，必求仁者之粟；以不義之食而養親，雖五鼎之豐，不如啜菽飲水之爲愈也。以善養，不以禄養，子心何歉乎！親之欲善，豈不如子？先生曰：「爲己爲親，也只是一事。」其言簡而盡矣。

或謂科舉事業奪人之功，是不然。且一月之中，十日爲舉業，餘日足可爲學。然人不志此，必志于彼。故科舉之事，不患妨功，惟患奪志。

先王之教出於一，故應舉之業，即修身之業，其志不分。後世之教出於二，既欲士之修身，又責其應舉，欲其無奪志，必上與下不相求應，斯可耳。故欲求士風習俗之善，惟賢良、經義之制，庶爲得之，降此而詩賦、宏詞，未有不妨功奪志者也。

横渠先生曰：世禄之榮，王者所以録有功，尊有德，愛之厚之，示恩遇之不窮也。爲人臣者，所宜樂職勸功，以服勤事任，長廉遠利，以嗣述世風。而近代公卿子孫，方且下比布衣，工聲病，售有司。不知求仕非義，而反羞循理爲無能；不知蔭襲爲榮，而反以虚名爲善繼。誠何心哉！詩律有四聲八病。

不資其力而利其有，則能忘人之勢。人多言安於貧賤，其實只是計窮力屈才短，不能營畫耳。若稍動得，恐未肯安之。須是誠知義理之樂於利欲也，乃能。

此孟子所謂飽仁義者，方能不願膏粱也。苟非其人，簞食豆羹見於色矣。

天下事大患只是畏人非笑。不養車馬，食粗衣惡，居貧賤，皆恐人非笑。不知當生則生，當死則死，今日萬鍾，明日棄之，今日富貴，明日飢餓亦不恤，惟義所在。

我重物輕，則不畏人非笑。

校勘記

〔一〕户部索前任曆子　「索」，原作「案」，據朱子全書本改。

近思録傳卷八

治體篇

濂溪先生曰：治天下有本，身之謂也；治天下有則，家之謂也。本必端，端本，誠心而已矣；則必善，善則，和親而已矣。家難而天下易，家親而天下疏也。家人離，必起於婦人，故睽次家人，以「二女同居」，而「志不同行」也。堯所以釐降二女于嬀汭，舜可禪乎？吾茲試矣。是治天下觀于家，治家觀身而已矣。身端，心誠之謂也；誠心，復其不善之動而已矣。不善之動，妄也；妄復則无妄矣，无妄則誠焉。故无妄次復，而曰「先王以茂對時，育萬物」，深哉！

親者，一家之人，推之一本九族，主、伯、亞、旅皆親也。和者，戚疎貴賤，施之皆中節也。「復其不善之動」，「復」字具二義。復，反也，反其所動也。又曰：復，覆也，傾覆其所動，不使之存也。又一解曰：妄與誠對，不容並立。誠歸於吾之心，妄歸於妄之所，如驅之而使反。是又一說也。

明道先生言於神宗曰：得天理之正，極人倫之至者，堯舜之道也。用其私心，依仁義之偏者，霸者之事也。王道如砥，本乎人情，出乎禮義，若履大路而行，無復回曲。霸者崎嶇反側於曲徑之中，而卒不可與入堯舜之道。故誠心而王，則王矣；假之而伯，則伯矣。二者其道不同，在審其初而已。易所謂「差若毫厘，繆以千里」者，其初不可不審也。惟陛下稽先聖之言，察人事之理，知堯舜之道備於己，反身而誠之，推之以及四海，則萬世幸甚。

此先生之舉一隅也。神宗苟能以三隅反，則先生必舉人才之得失、政事之善敗，凡與堯舜之道相違合者，指實而言之矣。惜乎！神宗僅聞此數言而止也。

伊川先生曰：當世之務，所尤先者有三：一曰立志，二曰責任，三曰求賢。今雖納嘉謀、陳善算，非君志先立，其能聽而用之乎？君欲用之，非責任宰輔，其孰承而行之乎？君相協心，非賢者任職，其能施於天下乎？此三者本也，制於事者用也。三者之中，復以立志爲本。所謂立志者，至誠一心，以道自任，以聖人之訓爲可必信，先王之治爲可必行，不狃滯於近規，不遷惑於衆口，必期致天下如三代之世也。

君志奚能自立，必資啓迪之功，此又在三者之先。先生此言，正所以啓迪之，誠知所先務也。而在廷無知之者，惜哉！

比之九五曰：「顯比，王用三驅，失前禽。」傳曰：人君比天下之道，當顯明其比道而已。如誠意以待物、恕己以及人，發政施仁，使天下蒙其惠澤，是人君親比天下之道也。如是，天下孰不親比於上？若乃暴其小仁，違道干譽，欲以求下之比，其道亦已狹矣，其能得天下之比乎？王者顯明其比道，天下自然來比。來者撫之，固不煦煦然求比於物。若田之三驅，禽之去者，從而不追，來者則取之也。此王道之大，所以其民皥皥而莫知爲之者也。非唯人君比天下之道如此，大率人之相比莫不然。以臣於君言之，竭其忠誠、致其才力，乃顯其比君之道也。用之與否，在君而已，不可阿諛逢迎，求其比己也。在朋友亦然，修身誠意以待之，親己與否，在人而已，不可巧言令色，曲從苟合，以求人之比己也。於鄉黨親戚，於衆人，莫不皆然，「三驅，失前禽」之義也。

顯比不過一正，君臣朋友之間，俱不可不正。既失禽不計，並三驅不用可也，何以曰「用三驅」？蓋王者道德齊禮，修其在我者，固不可略也。此而自背王化，如苗之逆命，則姑置耳。蓋王者亦不願有前禽之失也，故不曰王者不誠，而曰「邑人不誡」。蓋不誡在邑人，不失淳悶之風；不誡在王者，終礙反身之旨。故聖人立言，自有斟酌。然則「上使中」謂何？曰象言「上使中」耳，未言上使不誡也。上使中在平日，不誡在臨時。惟平日養成淳悶之民，故今日有不誡之事。

古之時，公卿大夫而下，位各稱其德，終身居之，得其分也。位未稱德，則君舉而進之。士修其學，學至而君求之。皆非有預於己也。農工商賈勤其事，而所享有限，故皆有定志，而天下之心可一。後世自庶士至於公卿，日志於尊榮，農工商賈，日志於富侈，億兆之心，交騖於利，天下紛然，如之何其可一也？欲其不亂，難矣！

深識治本之言，其要在「位各稱其德」五字。後世「億兆之心，交騖於利者」，以位可徼倖而得，不必其德之稱也。于是以智巧營之，而果能得之，斯人亦何愛而不爲哉？然則上之人，不能誠身明善，以稱德而官人，而欲絶天下交騖之心，以杜爭凌殺伐之禍，何可得乎？

泰之九二曰：「包荒，用馮河。」傳曰：人情安肆，則政舒緩，而法度廢弛，庶事無節。治之之道，必有包含荒穢之量，則其施爲寬裕詳密，弊革事理，而人安之。若無含弘之度，有忿疾之心，則無深遠之慮，有暴擾之患。深弊未去，而近患已生矣，故在「包荒」也。自古泰治之世，必漸至於衰替，蓋由狃習安逸，因循而然。自非剛斷之君、英烈之輔，不能挺特奮發以革其弊也，故曰「用馮河」。或疑上云「包荒」，則是包含寬容，此云「用馮河」，則是奮發改革，似相反也。不知以含容之量，施剛果之用，乃聖賢之爲也。

「用馮河」三句，皆包荒中事。要籠統看，方合中行意。馮河，斷也。不遐遺，周也。朋亡，公也。剛决好斷者，每忽略而多疏；精察無遺者，或攬權而植黨。今三者並用而相濟，一中道之無偏矣。五固中行之主也，而二亦得以配尚之矣。如此以爲包荒，豈有疏縱之虞乎？

觀：「盥而不薦，有孚顒若。」傳曰：君子居上，爲天下之表儀，必極其莊敬，如始盥之初，勿使誠意少散，如既薦之後，則天下莫不盡其孚誠，顒然瞻仰之矣。

示人者必有所示之事。然事迹者，其末也；精神者，其本也。聖人推本言之，以明其所重，故以「不薦」、「有孚」盡觀之義。本義釋「有孚」與此别，固並行不悖也。

凡天下至於一國、一家，至於萬事，所以不和合者，皆由有間也，無間則合矣。以至天地之生，萬物之成，皆合而後能遂，凡未合者，皆爲間也。若君臣、父子、親戚、朋友之間，有離貳怨隙者，蓋讒邪間於其間也。去其間隔而合之，則無不和且治矣。噬嗑者，治天下之大用也。

聖人之去間，豈别無化誨之術？而「利用獄」何也？蓋物而謂之間，非但蠢然無知，自外王化已也，必其顯爲抗衡，欲以撓敗盛治。此而猶以文法優容，則養亂而爲生民害矣。故虞之四凶，周之三叔，魯之少正卯，聖人到此，亦無他法，不得不用兵刑矣。蓋刑書之設，所以生全天下，故自唐、虞迄今，不能廢也。

大畜之六五曰：「豶豕之牙，吉。」傳曰：物有總攝，事有機會，聖人操得其要，則視億兆之心猶一心。道之斯行，止之則戢，故不勞而治，其用若「豶豕之牙」也。豕，剛躁之物〔一〕，若强制其牙，則用力勞而不能止，若豶去其勢，則牙雖存而剛躁自止。君子法「豶豕」之義，知天下之惡不可以力制也。則察其機，持其要，塞絶其本原，故不假刑法嚴峻，而惡自止也。且如止盜，民有欲心，見利則動，苟不知教，而迫於飢寒，雖刑殺日施，其能勝億兆利欲之心乎？聖人則知所以止之之道，不尚威刑而修政教，使之有農桑之業，知廉恥之道，雖賞之不竊矣。

除惡務本，闡發詳至。

解：「利西南，無所往，其來復，吉，有攸往，夙吉。」傳曰：西南坤方，坤之體，廣大平易。當天下之難方解，人始離艱苦，不可復以煩苛嚴急治之，要濟以寬大簡易，乃其宜也。既解其難而安平無事矣，是「無所往」也。則當修復治道，正紀綱，明法度，進復先代明王之治，是「來復」也，謂反正理也。自古聖王救難定亂，其始未暇遽爲也，既安定，則爲可久可繼之治。自漢以下，亂既除，則不復有爲，姑隨時維持而已，故不能成善治，蓋不知「來復」之義也。「有攸往，夙吉」，謂尚有當解之事，則早爲之，乃吉也。當解而未盡者，不早去，則將復盛；事之復生者，不早爲，則將漸大。故夙則吉也。

難生而蹇「利西南」，難散而解亦「利西南」。以此取之，亦以此守之也。「無所往」以下，正是利西南處。不言不利東北者，蹇在險中，恐其憤激僨倖；蹇難既解，則直利於平易，而他不必言矣。

夫有物必有則，父止於慈，子止於孝，君止於仁，臣止於敬，萬物庶事，莫不各有其所。得其所則安，失其所則悖。聖人所以能使天下順治，非能爲物作則也，惟止之各於其所而已。

艮辭曰：「時止則止，時行則行。」又曰：「艮其止，止其所也。」先生以慈孝仁敬釋「止其所」，是止之中有行在。止之時，所在止；行之時，所在行。時行時止，便是止其所，謂艮背之義蓋如此。

兑説而能貞，是以上順天理，下應人心，説道之至正至善者也。若夫「違道以干百姓之譽」者，苟説之道，違道不順天，干譽非應人，苟取一時之説耳，非君子之正道。君子之道，其説於民，如天地之施，感之於心而説服無斁。

説以先民，民忘其勞；説以犯難，民忘其死。前此必有所以致之者，非以説去先民，以説去犯難也，要分曉。先生以天地之施比君子之説，甚妙。蓋天地之施，從來如此久矣，非臨事而然也。

天下之事，不進則退，無一定之理。濟之終，不進而止矣，無常止也。衰亂至矣，蓋其道已窮極也。聖人至此奈何？曰：唯聖人爲能通其變於未窮，不使至於極，堯舜是也，故有終而無亂。

堯以不得舜爲憂，舜以不得禹、皐爲憂，蓋不使其道至于窮極也。

爲民立君，所以養之也。養民之道，在愛其力。民力足則生養遂，生養遂則教化行而風俗美，故爲政以民力爲重也。春秋凡用民力必書，其所興作不時害義，固爲罪也，雖時且義必書，見勞民爲重事也。然有用民力之大而不書者，爲教之意深矣。僖公修泮宮、復閟宮，非不用民力也，然而不書。二者，復古興廢之大事，爲國之先務，如是而用民力〔二〕，乃所當用也。人君知此義，知爲政之先後輕重矣。

修泮復閟，固爲勞民，然以千乘之國爲之，其役亦微矣。勞民之大者，則在會盟征伐，此春秋所爲無義戰也。

修身齊家以至平天下者，治之道也。建立治綱，分正百職，順天時以制事，至於創立制度，盡天下之事者，治之法也。聖人治天下之道，唯此二端而已。

有治道，無治法，徒善不足以爲政。有治法，無治道，徒法不能以自行。

明道先生曰：先王之世以道治天下，後世只是以法把持天下。

又其後也，并法亦無之矣。

爲政須要有綱紀文章，先有司、鄉射讀法、平價、謹權量，皆不可闕也。人各親其親，然後能不獨親其親。仲弓曰：「焉知賢才而舉之？」子曰：「舉而所知。爾所不知，人其舍諸？」便見仲弓與聖人用心之大小。推此義，則一心可以喪邦，一心可以興邦，只在公私之間爾。

人之欲善，誰不如我？聖人視天下人之心，一如己之心也。仲弓則見不到此，故止就一己顧慮。此識量大小之分，而非私也。但推極其致，凡守己自封，而不能見大，則私意乘之，其弊可至喪邦爾。

治道亦有從本而言，亦有從事而言。從本而言，惟是「格君心之非」，「正心以正朝廷，正朝廷以正百官」。若從事而言，不救則已，若須救之，則須變，大變則大益，小變則小益。

此言先生必有所指，非概爲無弊之朝言之也。

唐有天下，雖號治平，然亦有夷狄之風。三綱不正，無君臣父子夫婦，其原始於太宗也。故其後世子孫皆不可法，使君不君，臣不臣。故藩鎮不賓，權臣跋扈，陵夷有五代之亂。漢之治過於唐。漢大綱正，唐萬目舉，本朝大綱正，萬目亦未盡舉。大綱，君德也；萬目，政事也。漢大綱正，亦是從嚴肅質直處見得，且高、惠之後，濟之以文、景之君也。以去古未遠，制度疏略，故其目有未詳。宋之大綱正者，開國數君，定亂繼治，生民脱五代之膏火，易于見德，且宫闈無唐之穢行也。萬目未舉者，取天下易，原無遠猷，且偪于二敵，不遑及也。

教人者養其善心而惡自消，治民者導之敬讓而爭自息。

此謂知本。

明道先生曰：必有關雎、麟趾之意，然後可以行周官之法度。

此言齊家而後可以治國也。

「君仁莫不仁，君義莫不義」，天下之治亂，繫乎人君仁不仁耳。離是而非，則「生於其心」，必「害於其政〔三〕」，豈待乎作之於外哉？昔者孟子三見齊王而不言事，門人疑之，孟子曰：「我先攻其邪心。」心既正，然後天下之事可從而理也。夫政事之失，用人之非，智者能更之，直者能諫之。然非心存焉，則一事之失，救而正之，後之失者，將不勝救矣。「格其非心」，使無不正，非大人其孰能之？

大人不易得，縱得之，每難安於輔弼之位。孟子之於齊、梁、滕、魯是矣，此盛治之所以不復見也。

橫渠先生曰：道千乘之國，不及禮樂刑政，而云「節用而愛人，使民以時」。言能如是則法行，不能如是則法不徒行。禮樂刑政，亦制數而已耳。

敬事而信中，莫不有禮樂刑政。

法立而能守，則德可久、業可大。鄭聲、佞人，能使爲邦者喪其所守，故放遠之。

橫渠先生答范巽之書曰：朝廷以道學、政術爲二事，此正自古之可憂者。巽之謂孔孟可作，將推其所得而施諸天下邪？將以其所不爲而强施之於天下與？大都君相以父母天下爲王道，不能推父母之心於百姓，謂之王道可乎？所謂父母之心，非徒見於言，必須視四海之民如己之子。設使四海之内皆爲己之子，則講治之術，必不爲秦漢之少恩，必不爲五伯之假名。巽之爲朝廷言，「人不足與適，政不足與間」，能使吾君愛天下之人如赤子，則治德必日新，人之進者必良士，帝王之道不必改途而成，學與政不殊心而得矣。

巽之以薦舉爲御史，承神宗之諭，即請用大學以治天下。大學中云：「如保赤子，心誠求之。」又曰：「此之謂民之父母。」是父母斯民之意，固巽之之所常言也。其以書抵張子，問孔孟之道，豈其以所不爲者而强施之于人？意當時必有齟齬其道，使之姑舍所學而從，故巽之困心横慮，而請質於師友，冀有所開發而廣其意也。張子不答所問，而答所不問，何耶？未幾，巽之即被詔行邊，而條上諸事，極言配夫督辦，民困官病之苦，是即所謂望其君相恤民如子之説也。斯或得于張子答書之益也與。

校勘記

〔一〕豕剛躁之物　「豕」，原作「牙」，據朱子全書本改。

〔二〕如是而用民力　「力」字原無，據朱子全書本補。

〔三〕必害於其政　「於」字原無，據朱子全書本補。

近思録傳卷九

治法篇

濂溪先生曰：古聖王制禮法，修教化，三綱正，九疇叙，百姓太和，萬物咸若，乃作樂以宣八風之氣，以平天下之情。故樂聲淡而不傷，和而不淫，入其耳，感其心，莫不淡且和焉。淡則欲心平，和則躁心釋。優柔平中，德之盛也；天下化中，治之至也。是謂道配天地，古之極也。後世禮法不修，政刑苛紊，縱欲敗度，下民困苦。謂古樂不足聽也，代變新聲，妖淫愁怨，導欲增悲，不能自止。故有賊君棄父，輕生敗倫，不可禁者矣。嗚呼！樂者古以平心，今以助欲；古以宣化，今以長怨。不復古禮，不變今樂，而欲至治者，遠哉！

考歷代史，前朝帝王多有留心制作，咨訪賢才，詳辨樂音，亦常有得古鐘于水底，獲古尺于土中，準以合律，多謂克諧。然所定者，音之高下洪纖耳。至于樂章，歷朝各有其文，鋪揚先德，不相襲也。今先生曰「後世禮法不修」，謂「古樂不足聽」，「代變新聲」，是樂之不古，由于禮之不修也。而朱子亦曰「復古禮，然後可以變今樂」。其註樂記云：「看樂記大段形容得樂之氣象，當時許多名物度數，人人曉得，不須説出，故止説樂之理如此其妙。今許多度數都没了，只有樂之意思是好，只是没頓放處。」觀朱子此言，是樂制之亡久矣。今人言古樂，蓋意想之耳，雖欲竭思盡智，求合古之宣八風而配天地者，其道無由。惟于禮制之非古者，加意修復，無使刑政繁苛，縱欲敗度，以極下民之困苦。是則兩先生之志耳。

明道先生言於朝曰：治天下以正風俗、得賢才爲本。宜先禮命近侍賢儒及百執事，悉心推訪有德業充備、足爲師表者，其次有篤志好學、材良行修者，延聘敦遣，萃於京師，俾朝夕相與講明正學。其道必本於人倫，明乎物理。其教自小學灑掃應對以往，修其孝悌忠信，周旋禮樂。其所以誘掖激勵、漸摩成就之道，皆有節序。其要在於擇善修身，至於化成天下。自鄉人而可至於聖人之道，其學行皆中於是者爲成德。取材識明達可進於善者，使日受其業。擇其學明德尊者，爲太學之師，次以分教天下之學。擇士入學，縣升之州，州賓興於太學，太學聚而教之，歲論其賢者能者於朝。凡選士之法，皆以性行端潔、居家孝悌、有廉恥禮遜、通明學業、曉達治道者。

此即周官選造進士之法。

明道先生論十事：一曰師傅，二曰六官，三曰經界，四曰鄉黨，五曰貢士，六曰兵役，七曰民食，八曰四民，九曰山澤，十曰分數。其言曰：無古今，無治亂，如生民之理有窮，則聖王之法可改。後世能盡其道則大治，或用其偏則小康，此歷代彰灼著明之效也。苟或徒知泥古而不能施之於今，姑欲狥名而遂廢其實，此則陋儒之見，何足以論治道哉！然儻謂今人之情皆已異於古，先王之迹不可復於今，趨便目前，不務高遠，則亦恐非大有爲之論，而未足以濟當今之極弊也。

伊川先生上疏曰：三代之時，人君必有師、傅、保之官。師，道之教訓；傅，傅之德義；保，保其身體。後世作事無本，知求治而不知正君，知規過而不知養德。傅德義之道，固已疏矣；保身體之法，復無聞焉。臣以爲傅德義者，在乎防見聞之非，節嗜好之過；保身體者，在乎適起居之宜，存畏慎之心。今既不設保傅之官，則此責皆在經筵。欲乞皇帝在宫中言動服食，皆使經筵官知之。有翦桐之戲，則隨事箴規；違持養之方，則應時諫止。

人君御經筵之時暫，處宫禁之時多。翦桐之戲，持養之方，惟婦寺得親之。欲成就君德者，尤當奏請常御外廷，與賢士大夫接對，習熟款洽，庶得隨事納規也。

伊川先生看詳三學條制云：舊制公私試補，蓋無虚月。學校禮義相先之地，而月使之爭，殊非教養之道。請改試爲課，有所未至，則學官召而教之，更不考定高下。制尊賢堂，以延天下道德之士，及置待賓吏師齋，立檢察士人行檢等法。又云：自元豐後，設利誘之法，增國學解額至五百人，來者奔湊，捨父母之養，忘骨肉之愛，往來道路，旅寓他土，人心日偷，士風日薄。今欲量留一百人，餘四百人分在州郡解額窄處。自然士人各安鄉土，養其孝愛之心，息其奔趨流浪之志，風俗亦當稍厚。又云：三舍升補之法，皆案文責迹，有司之事，非庠序育材論秀之道。蓋朝廷授法必達乎下，長官守法而不得有爲，是以事成於下，而下得以制其上，此後世所以不治也。或曰長貳得人則善矣，或非其人，不若防閑詳密，可循守也。殊不知先王制法，待人而行，未聞立不得人之法也。苟長貳非人，不知教育之道，徒守虚文密法，果足以成人材乎？

此宋世之制，然會其大意，亦可裨於今。

明道先生行狀云：先生爲澤州晉城令，民以事至邑者，必告之以孝悌忠信，入所以事父兄，出所以事長上。度鄉村遠近爲伍保，使之力役相助，患難相恤，而姦僞無所容。凡孤煢殘廢者，責之親戚鄉黨，使無失所；行旅出於其途者，疾病皆有所養。諸鄉皆有校，暇時親至，召父老與之語；兒童所讀書，親爲正句讀；教者不善，則爲易置；擇子弟之秀者，聚而教之。鄉民爲社會，爲立科條，旌別善惡，使有勸有恥。

萃：「王假有廟。」傳曰：群生至衆也，而可一其歸仰；人心莫知其鄉也，而能致其誠敬；鬼神之不可度也，而能致其來格。天下萃合人心、總攝衆志之道非一，其至大莫過宗廟，故王者萃天下之道至於有廟，則萃道之至也。祭祀之報，本於人心，聖人制禮以成其德耳。故豺獺能祭〔一〕，其性然也。

萬物並育于天地之間，其不能不相萃者，物理之自然也。至於致萃之理，與保萃之道，則存乎人。無以致之，涣而不屬；無以保之，合而終攜。故一卦詳言萃聚之道，欲人之善其所萃也。首言「王假有廟」，蓋萃道之至大，莫先于此，假廟之義，與武、周達孝而治國如示掌同。

古者戍役，再期而還。今年春暮行，明年夏，代者至，復留備秋，至過十一月而歸。又明年中春遣次戍者。每秋與冬初，兩番戍者皆在疆圉，乃今之防秋也。

戍不更番，苦無休息，非采薇、杕杜曲體人情之至意。但古者師行有節制，故不爲民厲，後世則不然。元世祖著令，蒙古軍守江南者更番還家。蓋以江南殷庶，視爲魚肉，故使蒙古更番歲易，餍者方去而枵者復來，輪轉絡繹，以繭絲其民耳。在世祖以爲不加餉，而蒙古兵皆富，計莫巧于是矣，而更不計本固邦寧之説也。嗚呼！法一也，古人行之則善，後世行之則不善，有治人，無治法，豈不信哉？

聖人無一事不順天時，故至日閉關。

禮記月令之所載，皆所以順天時也。

韓信多多益辨，只是分數明。

韓信能辨者，止在將兵耳。信以匹夫而爲王者，爵位孰多于此，乃無令終，此多而不能辨者。陳平曰：「使吾宰天下，亦如此肉矣。」此則能推其所宰而大用之也，謂之「多多益辨」可耳。惜信祇能明將兵分數也。

伊川先生曰：管轄人亦須有法，徒嚴不濟事。今帥千人，能使千人依時及節得飯吃，只如此者，亦能有幾人？嘗謂軍中夜驚，亞夫堅卧不起。不起善矣，然猶夜驚，何也？亦是未盡善。

管攝天下人心，收宗族，厚風俗，使人不忘本，須是明譜系，收世族，立宗子法。

宋世人心風俗厚于今日，故先生云然。

又曰：一年有一年工夫。

推此言也，一月、一日以至分陰，皆當有之。

宗子法壞，則人不自知來處，以至流轉四方，往往親未絶，不相識。今且試以一二巨公之家行之，其術要得拘守得，須是且如唐時立廟院，仍不得分割了祖業，使一人主之。

此事吾郡頗能行之，似較優於海内。

凡人家法，須月爲一會以合族。古人有花樹韋家宗會法，可取也。每有族人遠來，亦一爲之。吉凶嫁娶之類，更須相與爲禮，使骨肉之意常相通。骨肉日疏者，只爲不相見，情不相通爾。

太平無象，此其象乎？廉吏不使民有意外之禍，乃可行。

冠昏喪祭，禮之大者，今人都不理會。豺獺皆知報本，今士大夫家多忽此，厚於奉養而薄於先祖，甚不可也。某嘗修六禮，大略家必有廟，廟必有主，月朔必薦新，時祭用仲月，冬至祭始祖，立春祭先祖，季秋祭禰，忌日遷主祭於正寢。凡事死之禮，當厚於奉生者。人家能存得此等事數件，雖幼者可使漸知禮義。

此禮今鉅家亦行之。

卜其宅兆，卜其地之美惡也。地美則其神靈安，其子孫盛。然則曷謂地之美者？土色之光潤，草木之茂盛，乃其驗也。而拘忌者惑以擇地之方位，決日之吉凶，甚者不以奉先爲計，而專以利後爲慮，尤非孝子安措之用心也。惟五患者，不得不慎：須使異日不爲道路，不爲城郭，不爲溝池，不爲貴勢所奪，不爲耕犁所及。

奉先與利後，非有二也。先塋無水蟻之害者，其後必昌。昌後者，先塋無害之徵也。葬先而必卜，豈獨爲利後計乎？先生所刺，蓋指拘泥太甚者耳。

正叔云：某家治喪，不用浮圖。在洛亦有一二人家化之。

浮圖之説最爲無理，其法以亡靈在冥府受諸苦，趣必用彼超度之，是詬及先人也。故明理識體之家，多不用之。

今無宗子，故朝廷無世臣。若立宗子法，則人知尊祖重本。人既重本，則朝廷之勢自尊。古者子弟從父兄，今父兄從子弟，由不知本也。且如漢高祖欲下沛時，只是以帛書與沛父老，其父兄便能率子弟從之。又如相如使蜀，亦移書責父老，然後子弟皆聽其命而從之。只有一個尊卑上下之分，然後順從而不亂也。若無法以聯屬之，安可？且立宗子法，亦是天理。譬如木必有從根直上一榦，亦必有旁枝；又如水雖遠，必有正源，亦必有分派處，自然之勢也。然而又有旁枝達而爲榦者，故曰「古者天子建國，諸侯奪宗」云。奪，移也。

欲行宗子法，必復世禄之制乃可。不然，宗子貧微，漸至猥鄙流蕩，不能爲宗人表率也。

邢和叔叙明道先生事云：堯、舜、三代帝王之治，所以博大悠遠，上下與天地同流者，先生固已默而識之。至於興造禮樂、制度文爲，下至行師用兵戰陣之法，無所不講，皆造其極。外之夷狄情狀，山川道路之險易，邊鄙防戍、城寨斥候控帶之要，靡不究知。其吏事操決，文法簿書，又皆精密詳練。若先生可謂通儒全才矣。

朱子記此一篇，欲學者效之也。然亦惜時君不能盡其才。

介甫言律是八分書，是他見得。

橫渠先生曰：兵謀師律，聖人不得已而用之，其術見三王方策、歷代簡書。惟志士仁人爲能識其遠者大者，素求預備而不敢忽忘。

素求預備，兵法之祖也。即孔子臨事而懼、好謀而成意。

肉辟，於今世死刑中取之，亦足寬民之死，過此，當念其散之之久。

不敢輕論。

呂與叔撰横渠先生行狀云：先生慨然有意三代之治，論治人先務，未始不以經界爲急。嘗曰：「仁政必自經界始。貧富不均，教養無法，雖欲言治，皆苟而已。世之病難行者，未始不以亟奪富人之田爲辭。然兹法之行，悅之者衆，苟處之有術，期以數年，不刑一人而可復，所病者特上之人未行耳。」乃言曰：「縱不能行之天下，猶可驗之一鄉。」方與學者議古之法，共買田一方，畫爲數井，上不失公家之賦役，退以其私正經界，分宅里，欲立斂法，廣儲蓄，興學校，成禮俗，救菑恤患，敦本抑末，足以推先王之遺法，明當今之可行。此皆有志未就。

先生議復古法，欲買田一方，畫井立宅，廣儲蓄，成禮俗。先生之意則善矣。第未思再傳之後，子孫蕃衍，又當分析，其宅里樹蓄，終難剖判也。其或上之人，暫行之中原平衍數州之地，而漸設法以剪裁晉、楚、閩、蜀諸山郡可耳。然先生既有意，必有經久良法，後學淺識不能測也。

横渠先生爲雲巖令，政事大抵以敦本善俗爲先。每以月吉具酒食，召鄉人高年會縣庭，親爲勸酬，使人知養老事長之義。因問民疾苦，及告所以訓戒子弟之意。

太和在成周宇宙間，不過是此景象。若能天下皆如此推行，安見後世之不爲三代也！

横渠先生曰：古者「有東宫，有西宫，有南宫，有北宫，異宫而同財」，此禮亦可行。古人慮遠，目下雖似相疏，其實如此，乃能久相親。蓋數十百口之家，自是飲食衣服難爲得一。又異宫乃容子得伸其私，所以「避子之私也，子不私其父，則不成爲子」。古之人曲盡人情。必也同宫，有叔父、伯父，則爲子者何以獨厚於其父？爲父者又烏得而當之？父子異宫，爲命士以上，愈貴則愈嚴。故異宫猶今世有逐位，非如異居也。

先生言古制，曲體人情，欲後人師其意也。善師其意，雖異居而恩義自美，否則異宫之中，亦有難調劑處。大抵古人之教，法非一端，其所以教民孝弟者，無不詳備。淪濡積久，故有異宫同財之制，而無勃谿嫌疑之患也。

治天下不由井地，終無由得平。周道止是均平。井田卒歸於封建，乃安。〔二〕

愚有井田辨一篇，以與先生之指不同，不敢載此，見於别集。大約井田難行者，以棄地必多，賦税大詘。又不能一父止生一子，每至二三十年，又須改作分授也。

校勘記

〔一〕故豺獺能祭　「能」，原作「皆」，據朱子全書本改。

〔二〕乃安　「安」，朱子全書本作「定」。

近思録傳卷十

政事篇

伊川先生上疏曰：夫鐘，怒而擊之則武，悲而擊之則哀，誠意之感而入也。告於人亦如是，古人所以齋戒而告君也。臣前後兩得進講，未嘗敢不宿齋預戒，潛思存誠，覬感動於上心。若使營營於職事，紛紛其思慮，待至上前，然後善其辭説，徒以頰舌感人，不亦淺乎？

古人既有積誠悟主之學責其臣，亦有師保之訓、匡救之德教其君。若禹、皋之謨，太甲、説命之書是也。後世雖有積誠之臣，而無學問之君。如伊川先生之疏，其積誠也至矣，而時君未聞其進於善也。蓋感之而無受者，如與木石言耳，豈其誠有未至哉？古今自帝王以至匹婦，精神感天而天動者多矣。至忠臣感君，不惜誅滅流竄，碎首瀝血，巽言法語，無所不極，而能動其君者，不數見也。豈非天公而君私、天虚而君錮也歟！嗚呼，人有感竹而笋生者矣，感冰而鯉躍者矣，猛獸渡河，蝗不入境，異類皆可感也，而獨聽言者不可感，悲夫！

伊川答人示奏稿書云：觀公之意，專以畏亂爲主。頤欲公以愛民爲先，力言百姓飢且死，丐朝廷哀憐，因懼將爲寇亂，可也。不惟告君之體當如是，事勢亦宜爾。公方求財以活人，祈之以仁愛，則當輕財而重民；懼之以利害，則將恃財以自保。古之時，得丘民則得天下。後世以兵制民，以財制衆，聚財者能守，保民者爲迂。惟當以誠意感動，覬其有不忍之心而已。

古人云：「民猶水也，水能載舟，亦能覆舟。」後世人君慮其能覆我也，故聚財養兵，以力制民，使其不敢逆我爾，不知民困而國之元氣亦傷矣。君之與民，猶父子也。父子不以恩義相感，而惟以力勝，可乎？世有斯人，其召禍墜宗也決矣。先生教人祈君以仁愛，覬其有不忍之心，其益於國祚也大哉！

明道爲邑，及民之事，多衆人所謂法所拘者，然爲之未嘗大戾於法，衆亦不甚駭。謂之得伸其志則不可，求小補，則過今之爲政者遠矣。人雖異之，不至指爲狂也。至謂之狂，則大駭矣。盡誠爲之，不容而後去，又何嫌乎？

升六五曰：「貞吉，升階。」階雖易升而有級，如階之升，則移風易俗之内，不失淺深節序之宜。蓋王道不可以驟至也，先生以之。

明道先生曰：一命之士，苟存心於愛物，於人必有所濟。豈惟命士？布衣賤役，亦莫不然。

伊川先生曰：君子觀天水違行之象，知人情有爭訟之道。故凡所作事，必謀其始，絶訟端於事之始，則訟無由生矣。謀始之義廣矣，若慎交結、明契券之類是也。謀始，謀協乎天理人情之公，使杜絶其違端也。其中有一毫不協情理處，便是人心矛盾、甲乙聚訟之端，不可不慎。先生舉二端以概其餘，亦是教人從至公處詳慎，非計較利害之私也。

師之九二，爲師之主，恃專則失爲下之道，不專則無成功之理，故得中爲吉。凡師之道，威和並至則吉也。

先生釋「中」字，取專而不過之義，與本義稍别。然兩意俱可通。有剛中之德者，自能專而不過也。

「在」字當看，古人命將，閫以外將軍制之。苟任將不專，將雖在師而命制于上，雖在猶不在也。

世儒有論魯祀周公以天子禮樂，以爲周公能爲人臣不能爲之功，則可用人臣不得用之禮樂。是不知人臣之道也。夫居周公之位，則爲周公之事，由其位而能爲者，皆所當爲也。周公乃盡其職耳。

臣盡職以勤事，君稱職以酬勳，踰其分，濫與僭交責也。

大有之九三曰：「公用亨于天子，小人弗克。」傳曰：三當大有之時，居諸侯之位，有其富盛，必用亨通于天子，謂以其有爲天子之有也，乃人臣之常義也。若小人處之，則專其富有以爲私，不知公已奉上之道，故曰「小人弗克」也。

先生言諸侯「有其富盛，必用亨通於天子」，蓋以諸侯任天子之事，則凡土地之治闢，人民之蕃育，皆爲天子之有，而無敢封靡於其邦也。豈如唐朝進奉之謂哉？

人心所從，多所親愛者也。常人之情，愛之則見其是，惡之則見其非。故妻孥之言，雖失而多從；所憎之言，雖善爲惡也。苟以親愛而隨之，則是私情所與，豈合正理？故隨之初九，出門而交，則「有功」也。

出門者，如去偏蔽破藩域之謂，人心偏蔽之害，有如門然，見其所見而昧其大通也。故所謂貞者，必出其門焉，然後可以盡與物之理，得其隨矣。出門在隨人之前，平日理明私淨，至交時亦即以此意行之。

隨九五之象曰：「孚於嘉吉，位正中也。」傳曰：隨以得中爲善，隨之所防者過也。蓋心所悦隨，則不知其過矣。

坎之六四曰：「樽酒簋，貳用缶，納約自牖，終無咎。」傳曰：此言人臣以忠信善道結於君心，必自其所明處乃能入也。人心有所蔽，有所通，通者，明處也，當就其明處而告之，求信則易也，故云「納約自牖」。能如是則雖艱險之時，終得无咎也。且如君心蔽於荒樂，唯其蔽也，故爾，雖力詆其荒樂之非，如其不省何？必於所不蔽之事，推而及之，則能悟其心矣。自古能諫其君者，未有不因其所明者也。故訐直强勁者，率多取忤；温厚明辨者，其說多行。非唯告君者如此，爲教者亦然。夫教，必就人之所長，所長者，心之所明也。從其心之所明而入，然後推及其餘，孟子所謂「成德」、「達材」是也。

孟子之告齊王，多用此道，如曰「是心足以王」之類是也。

恒之初六曰：「浚恒，貞凶。」象曰：「浚恒之凶，始求深也。」傳曰：初六居下，而四爲正應。四以剛居高，又爲二三所隔，應初之志，異乎常矣。而初乃求望之深，是知常而不知變也。世之責望故素而至悔咎者，皆「浚恒」者也。

張耳、陳餘，所以凶終。

遯之九三曰：「係遯，有疾厲，畜臣妾吉。」傳曰：係戀之私恩，懷小人女子之道也。故以畜養臣妾則吉。然君子之待小人，亦不如是也。

遯以小人浸長爲卦，君子小人，當遠如天、山，方可自行其志，豈可係乎？夫此係之道，以之畜臣妾則可耳。君子豈可以畜臣妾者，而以之待小人乎？

睽之象曰：「君子以同而異。」傳曰：聖賢之處世，在人理之常，莫不大同，於世俗所同者，則有時而獨異。不能大同者，亂常拂理之人也；不能獨異者，隨俗習非之人也。要在同而能異耳。

此即和而不同，群而不黨，周而不比之意。

睽之初九，當睽之時，雖同德者相與，然小人乖異者至衆，若棄絶之，不幾盡天下以仇君子乎？如此則失含弘之義，致凶咎之道也，又安能化不善而使之合乎？故必「見惡人則无咎」也。古之聖王，所以能化姦凶爲善良，革仇敵爲臣民者，由弗絶也。

惡人，素不相善之謂，非爲惡之人也。先生所言，亦處睽之一道，非概言其當然也。

睽之九二，當睽之時，君心未合，賢臣在下，竭力盡誠，期使之信合而已。至誠以感動之，盡力以扶持之，明義理以致其知，杜蔽惑以誠其意，如是宛轉以求其合也。「遇」非枉道逢迎也，「巷」非邪僻由徑也。故象曰：「遇主於巷，未失道也。」

指出「道」字，使屈己逢君者，不得藉口。

損之九二曰：「弗損益之。」傳曰：不自損其剛貞，則能益其上，乃益之也。若失其剛貞而用柔説，適足以損之而已。世之愚者，有雖無邪心，而惟知竭力順上爲忠者，蓋不知「弗損益之」之義也。

孟子當召見則不往，故曰「齊人莫如我敬王也」。

益之初九曰：「利用爲大作，元吉，无咎。」象曰：「元吉，无咎，下不厚事也。」傳曰：在下者本不當處厚事。厚事，重大之事也。以爲在上所任，所以當大事，必能濟大事，而致元吉，乃爲无咎。能致元吉，則在上者任之爲知人，己當之爲勝任，不然，則上下皆有咎也。

此爻自古無人足當，若效力外國，如蘇武、班超之屬可也。

革而無甚益，猶可悔也，况反害乎？古人所以重改作也。

漸之九三曰：「利禦寇。」傳曰：君子之與小人比也，自守以正。豈惟君子自完其己而已乎？亦使小人得不陷於非義。是以順道相保，禦止其惡也。

旅之初六曰：「旅瑣瑣，斯其所取災。」傳曰：志卑之人，既處旅困，鄙猥瑣細，無所不至，乃其所以致悔辱，取災咎也。

旅之時以謙順爲用，以正志爲主。位卑而志存焉，乃可尚也。鄙瑣不立，則其所謂災者，自取之耳。

在旅而過剛自高，致困災之道也。

兑之上六曰：「引兑。」象曰：「未光也。」傳曰：説既極矣，又引而長之，雖説之之心不已，而事理已過，實無所説。事之盛則有光輝，既極而强引之長，其無意味甚矣，豈有光也！

中孚之象曰：「君子以議獄緩死。」傳曰：君子之於議獄，盡其忠而已；於決死，極於惻而已。天下之事，無所不盡其忠，而議獄緩死，最其大者也。

孚誠無所不用，而君子以爲至誠惻怛之意，於用獄尤宜。故于獄之可疑者，誠心以鞫議，而用以寬釋其不當死者焉。刑獄之人孚且及之，則庶民更可知矣。此亦化邦之一端也。古謂寬爲緩，如「衣帶日以緩」是也。

事有時而當過，所以從宜，然豈可甚過也？如過恭過哀過儉，大過則不可，所以小過爲順乎宜也。能順乎宜，所以大吉。

事有時而當過，夫過豈有當哉？此如所謂仁可過，義不可過之説也。過恭者，卑不可踰；過哀、過儉者，喪易寧戚，不孫寧固。皆節取之義，雖過而不爲甚過也。

防小人之道，正己爲先。

夬二象曰：「有戎勿恤，得中道也。」姤五象曰：「九五含章，中正也。」先生此言，深合易義。

周公至公不私，進退以道，無利欲之蔽。其處己也，夔夔然存恭畏之心；其存誠也，蕩蕩然無顧慮之意。所以雖在危疑之地，而不失其聖也。詩曰：「公孫碩膚，赤舄几几。」

採察求訪，使臣之大務。

採察者，知民利病也；求訪者，識下賢才也。

明道先生與吴師禮談介甫之學錯處，謂師禮曰：爲我盡達諸介甫：我亦未敢自以爲是。如有説，願往復。此天下公理，無彼我。果能明辨，不有益於介甫，則必有益于我。介甫執拗，良是心粗，未嘗深究義理。故先生欲與往復明辨，推論至精之義，則理無遁情，介甫自服矣。

天祺在司竹，常愛用一卒長，及將代，自見其人盜筍皮，遂治之無少貸。罪已正，待之復如初，略不介意。其德量如此。其人必有改過之誠，故待之如初。若矯飾于從前，而敗露于一旦，則恩義不必裁，而委任自當節矣。

因論「口將言而囁嚅」云：若合開口時，要他頭也須開口。須是「聽其言也厲」。有至大至剛之氣，乃克如此。

須是就事上學。蠱，「振民育德」，然有所知後，方能如此。何必讀書，然後爲學？讀書之外自有學，爲學之實即成書。

此節周氏本取以係之第二卷「有人治園圃」一節之下，其解釋殊爲牽强。蓋治園圃者，徒用力而不知用心。如孔子斥樊遲以小人，而進之以爲上之道也。故程子以「振民育德」勉治園圃者，若曰「何必勞力，然後爲學」，固不倍于聖人之教也。此節乃是謂人須當就事上學，所重在行，「何必讀書，然後爲學」，正與前節意相反。周氏徒以「振民育德」四字偶同，遂取而連屬之，而不顧文義之難解。今記于此，讀者詳之。

先生見一學者忙迫，問其故，曰：「欲了幾處人事。」曰：「某非不欲周旋人事者，曷常似賢急迫？」

存乎所養。

安定之門人，往往知稽古愛民矣，則於爲政也何有？

安定教澤之遠如此。

門人有曰：吾與人居，視其有過而不告，則於心有所不安，告之而人不受，則奈何？

曰：與之處而不告其過，非忠也。要使誠意之交通，在於未言之前，則言出而人信矣。又曰：責善之道，要使誠有餘而言不足，則於人有益，而在我者無自辱矣。孔子答子貢問友，而先之以忠，子夏論諫，而先之以信。然則君子當先自治，乃可以益人。

職事不可以巧免。

「居是邦，不非其大夫」，此理最好。

「理」字疑是「意」字，或是「義」字。

「克勤小物」最難。

知其難，是真克勤者。

欲當大任，須是篤實。

是以君子誠之爲貴，不誠則無物矣。

凡爲人言者，理勝則事明，氣忿則招怫〔一〕。

居今之時，不安今之法令，非義也。若論爲治，不爲則已，如復爲之，須於今之法度内處得其當，方爲合義。若須更改而後爲，則何義之有？

法令之善者，將順其美。推廣其仁，不必言矣。其不善者，寬得一分，則下受賜一分。

今之監司，多不與州縣一體，監司專欲伺察州縣，州縣專欲掩蔽。不若推誠心與之共治，有所不逮，可教者教之，可督者督之，至于不聽，擇其甚者去一二，使足以警衆可也。

監司之不推誠以與州縣，唯用伺察者，欲攫其財也。州縣不推誠以事監司，唯用掩蔽者，己攫民財，不欲監司之分其肥也。治疾者治其本，治官者治其貪。不言其攫財之弊，而求推誠以共治，不可得也。

伊川先生曰：人惡多事，或人憫之。世事雖多，盡是人事。人事不教人做，更責誰做？

其自任以天下之重如此。

人事有善有惡，既做其善者，便當遏其惡者。遏惡之事繁矣，此多事之不能免也。

感慨殺身者易，從容就義者難。

人當詳審其易，果决其難。詳審則不徒死，果决則不苟生。

人或勸先生以加禮近貴，先生曰：何不見責以盡禮，而責之以加禮？禮盡則已，豈有加也？

盡禮者，孟子所謂「我欲行禮」是也。

或問：簿，佐令者也。簿所欲爲，令或不從，奈何？曰：當以誠意動之。今令與簿不和，只是爭私意。令是邑之長，若能以事父兄之道事之，過則歸己，善則唯恐不歸於令，積此誠意，豈有不動得人？

此須遇監司臺憲之良者則可。不然，過每歸己，則獲譴去矣。然先生教人，寧獲譴去，不可不盡吾誠也。

問：人於議論，多欲直己，無含容之氣，是氣不平否？曰：固是氣不平，亦是量狹。人量隨識長，亦有人識高而量不長者，是識實未至也。大凡别事，人都强得，惟識量不可强。今人有斗筲之量，有釜斛之量，有鐘鼎之量，有江河之量。江河之量亦大矣，然有涯，有涯亦有時而滿，惟天地之量則無滿。故聖人者，天地之量也。聖人之量，道也；常人之有量者，天資也。天資有量須有限，大抵六尺之軀，力量只如此，雖欲不滿，不可得也。如鄧艾位三公，年七十，處得甚好，及因下蜀有功，便動了。謝安聞謝玄破苻堅，對客圍碁，報至不喜，及歸折屐齒，終强不得也。更如人大醉後益恭謹者，只益恭謹便是動了，雖與放肆者不同，其爲酒所動一也。又如貴公子位益高，益卑謙，只卑謙便是動了，雖與驕傲者不同，其爲位所動，一也。然惟知道者，量自然宏大，不勉强而成。今人有所見卑下者，無他，亦是識量不足也。

醉後益恭謹，貴後益卑謙，先生終嫌其爲酒爲貴所動，此争在有心無心耳。顔淵願無伐善，無施勞，此時終多一「願」字，蓋有志而未逮之時也。進此以往，則忘矣。「公孫碩膚，赤舄几几」，斯先生所謂不動者乎？

人纔有意於爲公，便是私心。昔有人典選，其子弟係磨勘，皆不爲理，此乃是私心。人多言古時用直，不避嫌得。後世用此不得，自是無人，豈是無時？

父子相隱，孔聖之所許；不避親仇，君子之所稱。古人持論如此，故可以用直不避嫌也。後世有此，則彈刺隨之，故使舉世亡大公而用私心者，主世者與持論者驅之也。雖然，德不足以取人信服，故主世者以不肖相防，持論者逢主意而攻其隙，是則先生所謂「無其人而不得藉口於無時」也。

君實嘗問先生云：「欲除一人給事中，誰可爲者？」先生曰：「初若泛論人才却可，今既如此，頤雖有其人，何可言？」君實曰：「出於公口，入於光耳，又何害？」先生終不言。

大臣職當用才，豈能有飛耳長目？勢不得不出於諮訪。苟行諮訪，舍程子之賢而誰屬哉？温公之問誠善也，程子既有其人而隱之不言，是上章之所謂避嫌矣。若温公出口入耳之言，似又以深秘爲計，疑皆非大公之道也。而朱子特有取焉，豈無説與？嗚呼！司馬、程、朱，當世大賢也，小子淺識，何足以窺之？聊記以爲直而弗有焉耳。

先生云：韓持國服義最不可得。一日頤與持國、范夷叟泛舟於潁昌西湖，須臾，客將去有一官員上書謁見大資。頤將爲有甚急切公事，乃是求知己。頤云：「大資居位，却不求人，乃使人倒來求己，是甚道理？」夷叟云：「只爲正叔太執。求薦章，常事也。」頤云：「不然，只爲曾有不求者不與，來求者與之，遂致人如此。」持國便服。

不難持國服義，而難先生直言。

先生因言：今日供職，只第一件便做他底不得。吏人押申轉運司狀，頤不曾簽。國子監自繫臺省，臺省繫朝廷官。外司有事，合行申狀，豈有臺省倒申外司之理？只爲從前人只計較利害，不計較事體，直得恁地。須看聖人欲正名處，見得道名不正時，便至禮樂不興，是自然住不得。

政體乖舛，久非一事，無序不和極矣。此禮樂不復行於後世也。嗚呼！是誰之過與？

學者不可不通世務。天下事譬如一家，非我爲則彼爲；非甲爲則乙爲。

視彼我、甲乙爲一家，故世務有所不得辭也。

「人無遠慮，必有近憂」，思慮當在事外。

事外尚當思慮，況事内乎？

聖人之責人也常緩，便見只欲事正，無顯人過惡之意。

夫子之論微生高、臧武仲是也。

伊川先生云：今之守令，唯「制民之産」一事不得爲，其他在法度中甚有可爲者，患人不爲耳。

宋時文法寬平如此。

明道先生作縣，凡坐處皆書「視民如傷」四字，常曰：顥常愧此四字。

能愧則民不傷。民傷者，不知愧也。

伊川先生每見人論前輩之短，則曰：汝輩且取他長處。

人能常明此念，即大舜取善用中之學。

劉安禮云：王荆公執政，議法改令，言者攻之甚力。明道先生嘗被旨赴中堂議事，荆公方怒言者，厲色待之。先生徐曰：「天下之事非一家私議，願公平氣以聽。」荆公爲之愧屈。

荆公尚是名教中人，故聞言愧屈。若遇忮愎之相，先生必又别有所以動其聽者，所謂因人而施也。

劉安禮問臨民，明道先生曰：使民各得輸其情。問御吏，曰：正己以格物。

官無欲，則民得輸情，而不爲觸諱。後世防民監謗者，以民言情則不便於己，故距絶之。所謂「聞其聲，不忍食其肉」，蓋遠庖之智也。

横渠先生曰：凡人爲上則易，爲下則難。然不能爲下，亦未能使下，不盡其情僞也。大抵使人常在其前，己嘗爲之，則能使人。

此之謂絜矩之道。

坎「維心亨」，故「行有尚」。外雖積險，苟處之心亨不疑，則雖難必濟，而「往有功也」。今水臨萬仞之山，要下即下，無復凝滯。人在前〔二〕，惟知有義理而已，則復何回避？所以心通。

維心亨，即不論境遇，心遂其亨，即有尚也。心亨根有孚來，天下急躁之人，不能有功。欺詐之人，不能有功。今惟實心堅忍，百折不回，天地鬼神，亦且格其專致矣。故曰「行有尚」。水要下即下，惟其有孚也。

人所以不能行己者，於其所難者則惰，其異俗者，雖易而羞縮。惟心弘則不顧人之非笑，所趨義理耳，視天下莫能移其道。然爲之，人亦未必怪。正以在己者義理不勝，惰與羞縮之病，消則有長，不消則病常在，意思齷齪，無由作事。在古氣節之士，冒死以有爲，於義未必中，然非有志概者莫能，況吾於義理已明，何爲不爲？

曾子所謂「大勇」，義蓋如此。

姤初六：「羸豕孚蹢躅。」豕方羸時，力未能動，然至誠在於蹢躅，得伸則伸矣。如李德裕處置閹宦，徒知其帖息威伏，而忽於志不忘逞，照察少不至，則失其幾也。

「至誠」解「孚」字，言其真心積慮，在於狂逞。爲善有誠，爲惡亦有誠也，故曰「至誠」。

人教小童，亦可取益。絆己不出入，一益也；授人數數，己亦了此文義，二益也；對之必正衣冠、尊瞻視，三益也；常以因己而壞人之才爲憂，則不敢惰，四益也。

此蒙師四箴也。

校勘記

〔一〕氣忿而招怫　「怫」，原作「拂」，據朱子全書本改。

〔二〕人在前　「人」，原作「之」，據張載集（中華書局一九七八年版）横渠易説上經改。

近思録傳卷十一

教人篇

濂溪先生曰：剛善，爲義，爲直，爲斷，爲嚴毅，爲幹固；惡，爲猛，爲隘，爲强梁。柔善，爲慈，爲順，爲巽；惡，爲懦弱，爲無斷，爲奸佞。惟中也者，和也，中節也，天下之達道也，聖人之事也。故聖人立教，俾人自易其惡，自至其中而止矣。

此又用「三德」之道也。

伊川先生曰：古人生子，能食能言而教之。大學之法，以豫爲先。人之幼也，知思未有所主，便當以格言至論，日陳於前，雖未曉知，且當薰聒，使盈耳充腹，久自安習，若固有之，雖以他言惑之，不能入也。若爲之不豫，及乎稍長，私意偏好生於内，衆口辯言鑠於外，欲其純完，不可得也。

此蒙養至言也。家訓固要，又當擇里處仁，内外交養。

觀之上九曰：「觀其生，君子無咎。」象曰：「觀其生，志未平也。」傳曰：君子雖不在位，然以人觀其德，用爲儀法，故當自慎省，觀其所生，常不失於君子，則人不失所望而化之矣。不可以不在於位故，安然放意，無所事也。

本義謂：「卦以觀示爲義，爻以觀瞻爲義。」愚以初二三四辭，是觀瞻；五上地尊，當從觀示之義。矜式之地，民具爾瞻，豈可忘戒懼乎？

聖人之道如天，然與衆人之識甚殊邈也。門人弟子既親炙，而後益知其高遠。既若不可及，則趨望之心怠矣。故聖人之教，常俯而就之。事上臨喪，不敢不勉，君子之常行。不困於酒，尤其近也。而以己處之者，不獨使夫資之下者勉思企及，而才之高者亦不敢易乎近矣。

事上臨喪固爲庸行，然語其至，則中庸不可能也。孔子之所以加勉焉，固矣。至於酒困，聖人之所必無，而引類而言之，何歟？蓋嗜欲之萌，其端甚隱。夫子之致戒者微矣，豈如世人沉湎之謂哉？由文、武至於孔子，數百餘歲，其間稱睿聖者，衹衛武一人，而賓筵之戒惓惓焉，故致謹於酒，亦聖人之所重也。今觀此詩，其備列酒人之醜至矣，寧武公而有是歟？毛氏序云「以刺幽王」，是也。然則孔子言此，其亦以之勉他人乎？

明道先生曰：憂子弟之輕俊者，只教以經學念書，不得令作文字。子弟凡百玩好皆奪志。至於書札，於儒者事最近，然一向好著，亦自喪志。如王、虞、顔、柳輩，誠爲好人則有之，曾見有善書者知道否？平生精力一用於此，非惟徒廢時日，於道便有妨處，足知喪志也。

先生嘗曰：「某寫字時甚敬，非是要字好，只此是學。」愚謂寫字甚敬，主一無適，雖不要好而自好矣。豈惟寫字，他事皆然。吾雖未見先生之字，知其必工也。然則善書者未嘗知道，以其意主於書耳。先生則意主于敬而書自工，於道何傷乎？由是推之，讀書者意主於明道，則爲格物致知，意主於博聞，則爲玩物喪志。同一書也，所主者不同，而内外損益之判天淵矣，學者可不致辨乎？

胡安定在湖州，置治道齋，學者有欲明治道者，講之於中，如治民、治兵、水利、算數之類。嘗言劉彝善治水利，後累爲政，皆興水利有功。

聖賢無有體無用之學。

凡立言，欲涵蓄意思，不使知德者厭，無德者惑。

教人未見意趣，必不樂學，欲且教之歌舞。如古詩三百篇，皆古人作之。如關雎之類，正家之始，故用之鄉人，用之邦國，日使人聞之。此等詩，其言簡奥，今人未易曉。欲別作詩，略言教童子灑掃應對事長之節，令朝夕歌之，似當有助。

孔子曰：「興於詩，成於樂。」舜教胄子，命夔典樂。古之箴銘，皆作韻語。蓋聲音諷咏之際，感人最深。先生此説，深合教胄之典。

子厚以禮教學者，最善，使學者先有所據守。語學者以所見未到之理，不惟所聞不深徹，反將理低看了〔一〕。

將理低看了者，聞之而不行，以爲如是止矣。學禮而有所依據，則躬行實踐，其理乃出。愚少壯時看論語，縱解得極深微，終是卑淺。今亦只此論語，只此平常之解，較之少壯時更見高深。愚何敢謂今日已見到，但謂進於少壯時耳。

舞、射便見人誠。古之教人，莫非使之成己。自灑掃應對上，便可到聖人事。

下學而上達。

自「幼子常視無誑」以上，便是教以聖人事。

如此看，方知聖人可學而至。

「先傳」、「後倦」，君子教人有序。先傳以小者近者，而後教以大者遠者，非是先傳以近小，而後不教以遠大也。

此當與上二條參看。近小中自有遠大，教有先後，悟有淺深，非二事也。

伊川先生曰：說書必非古意，轉使人薄。學者須是潛心積慮，優游涵養，使之自得。今一日說盡，只是教得薄。至如漢時說下帷講誦，猶未必說書。

聖人無行不與，是善說書者。下此而「時觀弗語」、「開而弗達」，皆是此意。不然，言及於數進而不顧其安，是學記之所病也。

古者八歲入小學，十五入大學，擇其才可教者聚之，不肖者復之農畝。蓋士農不易業，既入學則不治農，然後士農判。

在學之養，若士大夫之子，則不慮無養，雖庶人之子，既入學則亦必有養。古之士者，自十五入學，至四十方仕，中間自有二十五年學，又無利可趨，則所志可知，須去趨善，便自此成德。後之人，自童稚間已有汲汲趨利之意，何由得向善？故古人必使四十而仕，然後志定。只營衣食却無害，惟利祿之誘最害人。

上篇云「擇其可教者聚之」，既聚之，則官必爲之制食，然後軀而之善，故士之從之也輕。今古制不可復，士習之壞有由然也。

天下有多少才，只爲道不明於天下，故不得有所成就。且古者「興於詩，立於禮，成於樂」，如今人怎生會得？古人於詩，如今人歌曲一般，雖閭巷童稚，皆習聞其説而曉其義，故能興起於詩。後世老師宿儒，尚不能曉其義，怎生責得學者，是不得「興於詩」也。古禮既廢，人倫不明，以致治家皆無法度，是不得「立於禮」也。古人有歌詠以養其性情，聲音以養其耳目，舞蹈以養其血脈，今皆無之，是不得「成於樂」也。古之成材也易，今之成材也難。

此亦當與上章參看。蓋古之學者，既入學則必有所養，今之學者不得不自營衣食，無優游涵濡之暇，雖欲效古人，勢不能也。故曰「今之成材也難」。

孔子教人，「不憤不啓，不悱不發」。蓋不待憤悱而發，則知之不固；待憤悱而後發，則沛然矣。學者須是深思之，思之不得，然後爲他說便好。初學者，須是且爲他說，不然，非獨他不曉，亦止人好問之心也。

初學者須且爲他說，即孔子「舉一隅」之意。

横渠先生曰：「恭敬撙節退讓以明禮」，仁之至也，愛道之極也。已不勉明，則人無從倡，道無從弘，教無從成矣。

明禮非自成己而已也，所以成物也，故曰「仁之至也」。成己成物，是合外内之道也，故曰「愛道之極也」。

學記曰：「進而不顧其安，使人不由其誠，教人不盡其材。」人未安之，又進之，未喻之，又告之，徒使人生此節目。不盡材，不顧安，不由誠，皆是施之妄也。教人至難，必盡人之材，乃不誤人。觀可及處，然後告之。聖人之教，直若庖丁之解牛，皆知其隙，刃投餘地，無全牛矣。人之材足以有爲，但以其不由於誠，則不盡其材。若曰勉率而爲之，則豈有由誠哉？

教人不盡其材，最是枉屈事。聖人之養人，必使無夭閼而盡其天年。聖人之教人，必使無扞格而盡其天質。不盡人之材者，與夭折人之生同過也。

古之小兒，便能敬事。長者與之提携，則兩手奉長者之手；問之，則掩口而對。蓋稍不敬事，便不忠信。故教小兒，且先安詳恭敬。

此禮記教人之法。苟無教者，小兒不自能也。

孟子曰：「人不足與適也，政不足與間也，唯大人爲能格君心之非。」非惟君心，至於朋游學者之際，彼雖議論異同，未欲深較。惟整理其心，使歸之正，豈小補哉！

格君心者，惟大人爲能，非常人所及也。格朋友之心，使之歸正，則在我者，亦豈易言哉？

校勘記

〔一〕反將理低看了　「反」，原作「久」，據朱子全書本改。

近思録傳卷十二

警戒篇

濂溪先生曰：仲由喜聞過，令名無窮焉。今人有過，不喜人規，如護疾而忌醫，寧滅其身而無悟也。噫！

伊川先生曰：德善日積，則福禄日臻。德踰於禄，則雖盛而非滿。自古隆盛，未有不失道而喪敗者也。

德者，盂也；禄者，水也。人當大其盂以爲受，否則寧節所受以相稱可也。

人之於豫樂，心説之，故遲遲，遂至於耽戀，不能已也。豫之六二，以中正自守，其介如石，其去之速，不俟終日，故貞正而吉也。

凡物兩間爲介，介訓分辨，即繫詞所謂「知幾」也。由見之明，故去之速。去非去豫，去其諂瀆也。不諂不瀆，則以「順動」爲豫矣。

處豫不可安且久也，久則溺矣。如二可謂見幾而作者也。蓋中正，故其守堅，而能辨之早、去之速也。見上。

人君致危亡之道非一，而以豫爲多。

能「順動」則不致危亡矣。

豫以人心和樂取義。豫之前，有所以致之者；豫之後，有因而狃之者。聖人以其所致之善，故美其辭于卦，而慮其所狃之失，故著其戒于爻卦辭與彖傳。雖甚美之辭，而有儆戒之意，以爲豫之得此者，惟「順動」也。苟非「順動」，「建侯行師」可易舉乎！

聖人爲戒，必於方盛之時。方其盛而不知戒，故狃安富則驕侈生，樂舒肆而紀綱壞，忘禍亂則釁孽萌，是以浸淫不知亂之至也。

復之六三，以陰躁處動之極，復之頻數而不能固者也。復貴安固，頻復頻失，不安於復也。復善而屢失，危之道也。聖人開其遷善之道，與其復而危其屢失，故云「厲無咎」。不可以頻失而戒其復也。頻失則危，屢復何咎？過在失而不在復也。

三正是「日月至焉」一等人，謂之「頻復」，則其所至者暫，未能根深寧極。摇摇而不寧，故曰厲。然由此頻頻而復之，習慣則能自然，困勉漸臻安利，無咎。

劉質夫曰：「頻復」不已，遂至迷復。

經文止云「頻復」，未云「頻失」。上六位高而無下仁之美，剛遠而失遷善之機，厚極而有難開之蔽，柔終而無改過之勇。所謂迷復也，不緣頻復不已。

睽極則咈戾而難合，剛極則躁暴而不詳，明極則過察而多疑。睽之上九，有六三之正應，實不孤，而其才性如此，自睽孤也。如人雖有親黨，而多自疑猜，妄生乖離，雖處骨肉親黨之間，而常孤獨也。

以睽則孤，以「遇雨則吉」，可見睽未有不可合者。大抵剛明之人易於躁察，亦易於覺悟。故張弧説弧，轉於俄頃，不難變寇爲婚也。

解之六三曰：「負且乘，致寇至，貞吝。」傳曰：小人而竊盛位，雖勉爲正事，而氣質卑下，本非在上之物，終可吝也。若能大正則如何？曰：大正非陰柔所能也。若能之，則是化爲君子矣。

六三爻辭，蓋據解難之事，而追論致難之由。天下之所以亂，皆由小人在位，上慢下暴，處非其據，若「負且乘」者。然後窺伺之奸，借端伐罪，以發難端，是賊寇之興，此輩所致也。及寇亂既平，猶然竊據高位，負乘如故，方且自以爲貞。然致寇之罪，終亦安逃乎？即其既往，究其將來，甚可羞也。

益之上九曰：「莫益之，或擊之。」傳曰：理者，天下之至公；利者，衆人所同欲。苟公其心，不失其正理，則與衆同利，無侵於人，人亦欲與之。若切於好利，蔽於自私，求自益以損於人，則人亦與之力爭。故莫肯益之，而有擊奪之者矣。

孟子曰：「王如好貨，與百姓同之，於王何有？」否則上下交征，不奪不厭矣。

艮之九三曰：「艮其限，列其夤，厲薰心。」傳曰：夫止道貴乎得宜。行止不能以時，而定於一，其堅强如此，則處世乖戾，與物暌絶，其危甚矣。人之固止一隅，而舉世莫與宜者，則艱蹇忿畏，焚撓其心，豈有安裕之理？「厲薰心」，謂不安之勢薰爍其中也。

三當限處。正屈伸所在，此豈可艮乎？乃過剛不中，一味强制，則血脈判隔，如「列其夤」矣。原其本心，以爲盡絶感應，可以息心自養，不知惡動求静，此心已先動了，適足以危困其心而已。此正告子强制之學。

初是時止而止，二是時止而不止，三是時行而不行。「寂然不動者，心之體，如之何可以狗物？感而遂通者，心之用，如之何可以絶物？」此二所以「心不快」，三所以「厲薰心」也。

大率以説而動，安有不失正者。男女有尊卑之序，夫婦有倡隨之理，此常理也。若狗情肆欲，唯説是動，男牽欲而失其剛，婦狃説而忘其順，則凶而無所利也。

大象曰：「君子以永終知敝。」歸妹之敝，始于説而極于征。古者諸侯一娶九女，嫡夫人及左右媵皆以娣姪從。妹即娣也，妹從嫡而歸，是妾媵之賤，非可與夫與嫡敵體者。惟當自守卑退，以事元妃。若有所征進，則是干寵匹嫡，犯分斁倫，凶而無所利矣。究其所由，則始于悦也。

雖舜之聖，且畏巧言令色，説之惑人，易入而可懼也如此。此兑卦五爻，程傳篇末之文也。

此文計二百二十一字。今朱子所録，才二十二字，且突起無文理，疑傳刻所遺。

此釋兑九五爻義。

三柔居剛，爲下兑。主動而求陽之悦，故曰「來兑」。上柔居柔，爲上兑。主静而誘陽之悦，故曰「引兑」。來兑之惡易見，本爻當凶；引兑之情難知，故此爻當戒。

治水，天下之大任也，非其至公之心，能捨己從人，盡天下之議，則不能成其功，豈方命圮族者所能乎？鯀雖九年而功弗成，然其所治，固非他人所及也。惟其功有叙，故其自任益强，咈戾圮類益甚，公議隔而人心離矣，是其惡益顯，而功卒不可成也。

堯試用鯀，而但戒之以「欽哉」。蓋「敬」之一字，實「方命圮族」之對治也。鯀之才氣非不贍，所少者一敬耳。

君子「敬以直内」。微生高所枉雖小，而害直則大。

微生乞醯，先生就中看出不敬，學者所當理會。

人有慾則無剛，剛則不屈於慾。

天理人欲，從不並立。

人之過也，各於其類。君子常失於厚，小人常失於薄；君子過於愛，小人傷於忍。

明道先生曰：富貴驕人固不善，學問驕人，害亦不細。爲聖賢之學問，則不驕人；爲詞章之學問，未免病此。

人以料事爲明，便駸駸入逆詐、億、不信去也。料事可也，以此爲明，則有驕矜之心矣。孔子之料三桓子孫，孟子之料盆成括，未嘗自以爲明也。

人於外物奉身者，事事要好，只有自家一個身與心却不要好。苟得外面物好時，却不知道自家身與心却已先不好了也。

人于天理昏者，是只爲嗜欲亂著他。莊子言「其嗜欲深者，其天機淺」，此言却最是。

吾儒以天理對嗜欲，莊子以天機對嗜欲，意趣微有不同。先生引之，正如善相馬者，不計其牝牡驪黄也。

伊川先生曰：閲機事之久，機心必生。蓋方其閲時，心必喜，既喜則如種下種子。

病在一「喜」字。孟子以機變之巧爲恥，孔子以好行小慧爲難，未嘗喜也。如此閲機事，自能捐逆億而先覺矣。

疑病者，未有事至時，先有疑端在心。周羅事者，先有周事之端在心。皆病也。周羅，猶「兜攬」也。

此與上章參看。苟爲先覺是賢，則不必疑事周事也。

較事大小，其弊爲枉尺直尋之病。

正其誼，不謀其利，此病可祛。

小人、小丈夫，不合小了，他本不是惡。

雖公天下事，若用私意爲之，便是私。

公天下事，只見天下也。私者，既見天下，又見己也。

做官奪人志。

此與科舉壞人心術一意。

做三代盛時官，便不奪人志。嗚呼，是誰之過與！

驕是氣盈，吝是氣歉。人若吝時，於財上亦不足，於事上亦不足，凡百事不足，必有歉歉之色也。

未知道者如醉人，方其醉時，無所不至，及其醒也，莫不愧恥。人之未知學者，自視以爲無缺，及既知學，反思前日所爲，則駭且懼矣。

有進益，人方能爲此語。今之駭懼者亦鮮矣，其學可知也。

邢恕云：「一日三點檢。」明道先生曰：「可哀也哉！其餘時理會甚事？」蓋倣三省之説錯了，可見不曾用功。又多逐人面上説一般話，明道責之，邢曰：「無可説。」明道曰：「無可説，便不得不説。」

無可説者，自欺而不見其過也。不得不説者，欲其自知而自訟之也。

恕之行事，布在奸臣傳者不可勝舉。此其未得志時之言也，先生已能察其微，誠不可掩爾。

横渠先生曰：學者捨禮義，則飽食終日，無所猷爲，與下民一致，所事不踰衣食之間、燕遊之樂爾。

鄭、衛之音悲哀，令人意思留連，又生怠惰之意，從而致驕淫之心，雖珍玩奇貨，其始感人也，亦不如是切，從而生無限嗜好。故孔子曰必放之，亦是聖人經歷過，但聖人能不爲物所移耳。

聖人之放鄭聲，以其淫耳，恐非悲哀之謂。聖人經歷過，此誠體會之語。

孟子言「反經」，特於「鄉原」之後者，以鄉原大者不先立，心中初無主，惟是左右看，順人情，不欲違，一生如此。

「經」字即是忠信廉潔。鄉原病根在一「似」字。反經者，反其真也。真忠信，真廉潔，立於此，似者焉廋？故孟子言「反經」于「鄉原」之後。

近思録傳卷十三

辨異端篇

明道先生曰：楊、墨之害，甚於申、韓；佛、老之害，甚於楊、墨。楊氏「爲我」疑於義；墨氏「兼愛」疑於仁。申、韓則淺陋易見。故孟子只闢楊、墨，爲其惑世之甚也。佛、老其言近理，又非楊、墨之比，此所以其害尤甚。楊、墨之害，亦經孟子闢之，所以廓如也。

楊、墨之道，孟子一闢，遂熄。而佛、老之教，延續至今，則後人無孟子之力可知也。然當日天下之言，不歸楊則歸墨，而孟子之説孤行無助。今則聖道昌明，二氏不能爲之掩，則亦韓、歐諸子之力與！

伊川先生曰：儒者潛心正道，不容有差，其始甚微，其終則不可救。如「師也過，商也不及」，於聖人中道，師只是過於厚些，商只是不及些。然而厚則漸至於「兼愛」，不及則便至於「爲我」。其過不及，同出於儒者，其末遂至楊、墨。至如楊、墨，亦未至於無父無君，孟子推之便至於此，蓋其差必至於是也。

蘇子荀卿論正得其情。

明道先生曰：道之外無物，物之外無道，是天地之間，無適而非道也。即父子而父子在所親，即君臣而君臣在所嚴，以至爲長幼、爲夫婦、爲朋友，無所爲而非道，此道所以不可須臾離也。然則毁人倫、去「四大」者，其戾於道也遠矣。

故有物必有則，此先生所謂道外無物、物外無道也。庶民去之，君子存之，人之異於禽獸者，辨諸此耳。

故「君子之於天下也，無適也，無莫也，義之與比」。若有適有莫，則於道爲有間，非天地之全也。

彼釋氏之學，於「敬以直内」則有之矣，「義以方外」則未之有也。故滯固者入於枯槁，疏通者歸於恣肆，此佛之教所以爲隘也。吾道則不然，「率性」而已。斯理也，聖人於易備言之。

又曰：佛有一個「覺」之理，可謂「敬以直內」矣，然無「義以方外」。其直內者，要之其本亦不是。釋氏本怖死生爲利，豈是公道？惟務上達而無下學，然則其上達處豈有是也？元不相連屬，但有間斷，非道也。孟子曰：「盡其心者，知其性也。」彼所謂識心見性是也，若存心養性一段則無矣。彼固曰出家獨善，便於道體自不足。或曰：釋氏地獄之類，皆是爲下根之人設此怖，令爲善。先生曰：至誠貫天地，人尚有不化，豈有立僞教而人可化乎？學者於釋氏之説，直須如淫聲美色以遠之，不爾，則駸駸然入於其中矣。顔淵問爲邦，孔子既告之以二帝三王之事，而復戒以「放鄭聲，遠佞人」，曰：「鄭聲淫，佞人殆。」彼佞人，是他一邊佞耳，然而於己則危，只是能使人移，故危也。至於禹之言曰：「何畏乎巧言令色！」直消言畏，只是須著如此戒愼，猶恐不免。釋氏之學，更不消言常戒，到自家自信後，便不能亂得。

吾儒之直内方外，合而言之也，未有内直而外不方，亦未有外不方而内可云直者。惟其交養互發，故曰「敬義立而德不孤」。否則一不立而兩俱隳矣。釋氏既不能義以方外，則其所謂直内者，不過孤守虛寂，雖其功效至於靈明炯然，然與吾儒之内具四端而立大本者，實有逕庭矣。故先生曰「要之其本亦不是」也。釋氏本怖死，故求脱離生死，先生一言勘破其隱。又以地獄之説怖衆人，使趨其教。無論不能得，縱得之，亦何益於人倫綱紀、民生日用之事乎？故先生以爲非公道。公道者，彼我平等之謂。今使修其教者托鉢而食，受徒而嗣；外其教者，耕貿而供，配偶而育，豈平等之道哉？苟天下盡遵其教，則衣食人道皆絶，彼亦不能行矣。故其教雖盛，亦不能盡惑天下後世也。

所以謂萬物一體者，皆有此理，只爲從那裏來。「生生之謂易」，生則一時生，皆完此理。人則能推，物則氣昏，推不得，不可道他物不與有也。人只爲自私，將自家軀殼上頭起意，故看得道理小了他底。放這身來，都在萬物中一例看，大小大快活。釋氏以不知此，去他身上起意思，奈何那身不得，故却厭惡，要得去盡根塵，爲心源不定，故要得如枯木死灰。然没此理，要有此理，除是死也。釋氏其實是愛身，放不得，故説許多。譬如負版之蟲，已載不起，猶自更取物在身。又如抱石投河，以其重愈沉，終不道放下石頭，惟嫌重也。釋氏怖死，故求超脱生死。吾儒不怖死，故只説個殀壽不貳，修身以俟之。吾儒所以不怖死者，看得萬物一體，生生死死，俱在天地間。生者但當脩其萬物皆備之我，反身而誠，强恕而行。人而如此，則所謂一體者，自在吾身，何妨於死？縱舉世無其人，而此理常在天地間，固不從一人而盡也。惟其如此，殀壽豈足以貳其心哉？釋氏看得吾身只是一己，故諄諄護持之。其所成就，亦惟一己是效，與人全無涉，此所以爲私也。

人有語導氣者〔一〕，問先生曰：君亦有術乎？曰：吾嘗「夏葛而冬裘，飢食而渴飲」，「節嗜欲，定心氣」，如斯而已矣。

見後。

佛氏不識陽陰、晝夜、死生、古今，安得謂形而上者與聖人同乎？

釋氏之説，若欲窮其説而去取之，則其説未能窮，固已化而爲佛矣。只且於迹上考之，其設教如是，則其心果如何？固難爲取其心不取其迹，有是心則有是迹。王通言「心迹之判」，便是亂説。故不若且於迹上斷定不與聖人合。其言有合處，則吾道固已有，有不合者，固所不取。如是立定，却省易。

迹上斷者，先生固有所指。愚前所謂托缽而食，受徒而嗣，亦迹也。

問：神仙之説有諸？曰：若説白日飛昇之類則無，若言居山林間，保形鍊氣，以延年益壽，則有之。譬如一鑪火，置之風中則易過，置之密室則難過，有此理也。又問：楊子言「聖人不師仙，厥術異也」，聖人能爲此等事否？曰：此是天地間一賊，若非竊造化之機，安能延年？使聖人肯爲，周、孔爲之矣。

朱子齋居有感二十首内一篇云：「飄飄學仙侶，遺世在雲山。盜啓元命秘，竊當生死關。金鼎蟠龍虎，三年養神丹。刀圭一入口，白日生羽翰。我欲往從之，脱屣諒非難。但恐逆天道，偷生詎能安？」非道求生，是爲逆天，故不爲也。

謝顯道歷舉佛説與吾儒同處，問伊川先生。先生曰：恁地同處雖多〔二〕，只是本領不是，一齊差却。

横渠先生曰：釋氏妄意天性，而不知範圍天用，反以「六根」之微，因緣天地，明不能盡，則誣天地日月爲幻妄，蔽其用於一身之小，溺其志於虚空之大。此所以語大語小，流遁失中。其過於大也，塵芥六合；其蔽於小也，夢幻人世。謂之窮理可乎？不知窮理而謂之盡性可乎？謂之無不知可乎？塵芥六合，謂天地爲有窮也；夢幻人世，明不能究其所從也。

朱子詩云：「西方論緣業，卑卑喻群愚。流傳世代久，梯接淩空虛。顧眄指心性，名言超有無。捷徑一以開，靡然世爭趨。號空不踐實，躓彼榛棘途。誰哉繼三聖，爲我焚其書！」此詩「號空不踐實」一言，正中其弊。釋氏雖謂塵芥六合，六合何嘗塵芥乎？雖欲夢幻人世，人世何嘗夢幻乎？人莫大焉，無親戚君臣上下，是彼之罪，實有可誅。彼之言全無可據，所謂「號空不踐實」也。此朱子所以欲焚其書乎！

大易不言有無。言有無，諸子之陋也。

不識所指，不敢妄論。

「易有太極」，「神無方，易無體」，繫辭之言也。

浮屠明鬼，謂有識之死，受生循環，遂厭苦求免，可謂知鬼乎？以人生爲妄見，可謂知人乎？天人一物，輒生取舍，可謂知天乎？孔孟所謂天，彼所謂道。惑者指「遊魂爲變」爲輪迴，未之思也。大學當先知天德，知天德則知聖人、知鬼神。今浮屠劇論要歸，必謂死生流轉，非得道不免，謂之悟道可乎？自其説熾，傳中國，儒者未容窺聖學門牆，已爲引取，淪胥其間，指爲大道。乃其俗達之天下，致善惡智愚、男女臧獲，人人著信。使英才間氣，生則溺耳目恬習之事，長則師世儒崇尚之言，遂冥然被驅，因謂聖人可不修而至，大道可不學而知。故未識聖人心，已謂不必求其迹；未見君子志，已謂不必事其文。此人倫所以不察，庶物所以不明，治所以忽，德所以亂。異言入耳，上無禮以防其僞，下無學以稽其弊，自古詖淫邪遁之辭，翕然並興，一出於佛氏之門者千五百年。向非獨立不懼，精一自信，有大過人之才，何以正立其間，與之較是非、計得失哉！

浮屠劇論要歸，謂必生死流轉，非得道不免。其曰生死流轉者，謂人死於此，又受生於彼，惟得道則死而不受生，可免流轉之苦也。夫輪迴之事，吾不得而見之，亦不得而論之。若夫求免之説，則大謬矣。開闢至今，全賴斯人以扶持世道，苟皆求免而去，世宙何賴焉？是求免者，固非吾所願也。若謂人苟爲惡，則入於蟲畜之屬，永脱生死，則免此矣，故汲汲求之。若然，則當不爲惡以免蟲畜可也，求免生死不可也，況又未必能求而免乎？此先生斥其未嘗悟道也。

校勘記

〔一〕人有語導氣者　「人」，原作「又」，據朱子全書本改。

〔二〕恁地同處雖多　「同」，原作「明」，據朱子全書本改。

近思録傳卷十四

聖賢篇

明道先生曰：堯與舜更無優劣，及至湯、武便别。孟子言「性之」、「反之」，自古無人如此説，只孟子分别出來，便知得堯舜是生而知之，湯武是學而能之。文王之德則似堯舜，禹之德則似湯武，要之皆是聖人。

聖人如此差等者，是生質禀受之不同。修爲之功，當無異也。

仲尼，元氣也；顔子，春生也；孟子，並秋殺盡見。仲尼無所不包。顔子示「不違如愚」之學於後世，有自然之和氣，不言而化者也。孟子則露其材，蓋亦時然而已。仲尼，天地也；顔子，和風慶雲也；孟子，泰山巖巖之氣象也。觀其言，皆可見之矣。仲尼無迹，顔子微有迹，孟子其迹著。孔子儘是明快人，顔子儘豈弟，孟子儘雄辯。

孟子，師道也；顏子，弟道也。孟子若得親受業於孔門，與諸弟並肩，其氣象或又不如此。

曾子傳聖人學，其德後來不可測，安知其不至聖人？如言「吾得正而斃」，且休理會文字，只看他氣象極好，被他所見處大。後人雖有好言語，只被氣象卑，終不類道。

曾子之死，門人詳記之，見於論語者二，見于檀弓者一。其氣象皆可互見。孔子曰：「與其死於臣之手也〔一〕，無寧死於二三子之手〔二〕。」曾子正合此意。子路之死結纓，亦生平得聖人之教來。

孔子負手曳杖之歌，後儒疑非實事，亦以氣象不侔也。

傳經爲難。如聖人之後纔百年，傳之已差。聖人之學，若非子思、孟子，則幾乎息矣。道何嘗息，只是人不由之。「道非亡也，幽、厲不由也」。

聖賢傳經，舉其大意而經自不差。後人字句而研究之，轉失經旨。傳經者，傳心也，此心得其大原，則於經無所不合。傳之百年而差者，心差也。

荀卿才高，其過多；揚雄才短，其過少。

才高則氣揚，才短則氣謹。

荀子極偏駁，只一句「性惡」，大本已失。揚子雖少過，然已自不識性，更説甚道？

董仲舒曰：「正其義，不謀其利；明其道，不計其功。」此董子所以度越諸子。

漢儒如毛萇、董仲舒，最得聖賢之意，然見道不甚分明。下此即至揚雄，規模又窄狹矣。

漢儒窮經之功多，事心之功少，故然。

林希謂揚雄爲禄隱。揚雄，後人只爲見他著書，便須要做他是，怎生做得是？是非之心，人皆有之，千百世同然者也。苟實非是，如何做得是？著書豈能欺有識之士乎？

孔明有王佐之心，道則未盡。王者如天地之無私心焉，行一不義而得天下不爲。孔明必求有成而取劉璋。聖人寧無成耳，此不可爲也。若劉表子琮，將爲曹公所并，取而興劉氏，可也。

儒者設身處地，生孔明之世，而欲善其所行，實不可得。强如袁、曹，非其人，不可輔也。正如漢獻，無其遇，不能達也。差賢如劉備，無其資，不可成也。惟有抱王佐之才，獨善其身可耳。

諸葛武侯有儒者氣象。

武侯氣象，從「澹泊明志，寧静致遠」二語來。觀其用兵，每有不動聲色，雍容不迫處，非厚養何能如此！

孔明庶幾禮樂。

先儒云：「事得其序之謂禮，物得其和之謂樂。」孔明之相漢，法度修舉，而治得大體，忠誠懇至，而人心豫附，其事序而物和也，當無歉矣。宜程子以禮樂許之也。

文中子本是一隱君子，世人往往得其議論，附會成書，其間極有格言，荀、揚道不到處。文中子是有意明聖人之道，荀、揚未免借聖人馳騁己見。

韓愈亦近世豪杰之士，如原道中言語雖有病，然自孟子而後，能將許大見識尋求者，才見此人。至如斷曰：「孟子醇乎醇。」又曰：「荀與揚擇焉而不精，語焉而不詳。」若不是他見得，豈千餘年後便能斷得如此分明？

退之之文，不獨原道，它文多獨見語，無所承藉，所謂「無文王猶興」者也。觀其答張藉書，是其於道，實有所得。其有功名教者，如張中丞傳後叙。後世新舊唐書，皆取諸此。使無此文，而獨據李翰之傳，則張、許、霽雲之精忠大節，其逸没不傳者多矣。

學本是修德，有德然後有言。退之却倒學了，因學文日求所未至，遂有所得。如曰：「軻之死，不得其傳。」似此言語，非是蹈襲前人，又非鑿空撰得出，必有所見。若無所見，不知言所傳者何事。

退之却倒學了，因學文遂有所得。此先生獨見之言，從無人説得出，然因此可見退之之學，功夫實深，必有反求内證之力。不然，古今學文者多矣，何以不能言退之之所言？

若論著書立説，必先有德而後有言。若論徙義進道，不妨學文而後有得，顔子之博文是也。明道先生亦曰：「泛濫於諸家，出入於老、釋亦幾十年，返求諸六經而後得之。」此學文之效也。

周茂叔胸中洒落，如光風霽月。其爲政精密嚴恕，務盡道理。

惟其胸中洒落，故能爲政如此。世之爲政不盡道理者，由胸中不洒落耳。

明道先生曰：周茂叔窗前草不除，問之，云：「與自家意思一般。」

推此便是「四時行焉，百物生焉」意況。

横渠先生曰：二程從十四五時，便脱然欲學聖人。

夫子十五而志學，積十五年之功，始能立。二程先生志學之年亦同，其泛濫于諸家，出入于老、釋亦幾十年，然後反求諸六經，是亦夫子能立之候也。

伊川先生撰明道先生行狀曰：先生資禀既異，而充養有道〔三〕。純粹如精金，温潤如良玉。寬而有制，和而不流，忠誠貫於金石，孝悌通於神明。視其色，其接物也，如春陽之温；聽其言，其入人也，如時雨之潤。胸懷洞然，徹視無間。測其蘊，則浩乎若滄溟之無際；極其德，美言蓋不足以形容。先生行己，内主於敬，而行之以恕，見善若出諸己，不欲勿施於人，居廣居而行大道，言有物而行有常。先生爲學，自十五六時，聞汝南周茂叔論道，遂厭科舉之業，慨然有求道之志。未知其要，泛濫於諸家，出入於老、釋亦幾十年，返求諸六經，而後得之。明於庶物，察於人倫。知盡性至命，必本於孝悌；窮神知化，由通於禮樂。辨異端似是之非，開百代未明之惑，秦、漢而下，未有臻斯理也。謂孟子没而聖學不傳，以興起斯文爲己任。其言曰：「道之不明，異端害之也。昔之害，近而易知；今之害，深而難辨。昔之惑人也，乘其迷暗；今之入人也，因其高明。自謂之窮神知化，而不足以開物成務；言爲無不周遍，實則外於倫理；窮深極微，而不可以入堯舜之道。天下之學，非淺陋固滯，則必入於此。自道之不明也，邪誕妖異之説競起，塗生民之耳目，溺天下於污濁。雖高才明智，膠於見聞，醉生夢死，不自覺也。是皆正路之蓁蕪、聖門之蔽塞，闢之而後可以入道。」先生進將覺斯人，退將明之書，不幸早世，皆未及也。其辨析精微，稍見於世者，學者之所傳耳。先生之門，學者多矣。先生之言，平易易知，賢愚皆獲其益，如群飲於河，各充其量。先生教人，自致知至于知止，誠意至于平天下，洒掃應對至於窮理盡性，循循有序。病世之學者，捨近而趨遠，處下而闚高，所以輕自大而卒無得也。先生接物，辨而不間，感而能通。教人而人易從，怒人而人不怨，賢愚善惡，咸得其心。狡僞者獻其誠，暴慢者致其恭，聞風者誠服，覿德者心醉。雖小人以趨向之異，顧於利害，時見排斥，退而省其私，未有不以先生爲君子也。先生爲政，治惡以寬，處煩而裕。當法令繁密之際，未嘗從衆爲應文逃責之事。人皆病以拘礙，而先生處之綽然；衆憂以爲甚難，而先生爲之沛然。雖當倉卒，不動聲色。方監司競爲嚴急之時，其待先生率皆寬厚，設施之際，有所賴焉。先生所謂綱條法度，人可效而爲也。至其道之而從，動之而和，不求物而物應，未施信而民信，則人不可及也。

謝顯道云：明道先生坐如泥塑人，接人則渾是一團和氣。

君子三變，有道者類然。

劉安禮云：明道先生德性充完，粹和之氣，盎於面背，樂易多恕，終日怡悦，立之從先生三十年，未嘗見其忿厲之容。

此與上條皆足以徵先生德盛而養純矣。乃先生爲鄠簿小官時，斷疑獄，脯蘗龍，辨僞券，賑災教義諸事，雖强力者不能爲。至于立朝敢言，不畏强禦，及僉書鎮寧，而納潰卒，塞决河，格兇惡，折勢宦，大勇凝然，莫可犯，則與安禮所見又迥若兩人。乃知有本者，必有用也。徒從安禮所見者知先生，豈能盡先生乎！

吕與叔撰明道哀詞云：先生負特立之才，知大學之要，博文强識，躬行力究，察倫明物，極其所止，涣然心釋，洞見道體。其造於約也，雖事變之感不一，知應以是心而不窮；雖天下之理至衆，知反之吾身而自足。其致於一也，異端並立而不能移，聖人復起而不與易。其就之也〔四〕，和氣充浹，見於聲容，然望之崇深，不可慢也；遇事優爲，從容不迫，然誠心懇惻，弗之措也。其自任之重也，寧學聖人而未至，不欲以一善成名；寧以一物不被澤爲己病，不欲以一時之利爲己功。其自信之篤也，吾志可行，不苟潔其去就；吾義所安，雖小官有所不屑。

伊川先生撰明道先生行狀曰：「我之道蓋與明道同。異時欲知我者，求之於此文可也。」哀詞亦當合行狀觀之，兩先生具在是矣。「不屑」下疑落一「辭」字。

侯師聖云：朱公掞見明道於汝，歸謂人曰：「光庭在春風中坐了一個月。」

學者如朱公掞，方不徒爲學。

司馬温公與吕申公同薦劄子，謂頤「有經天緯地之才、制禮作樂之具」，又謂頤「道則貫徹三才，無一毫之爲間；德則并包衆美，無一善之或遺；學則博通古今，無一物之不知；才則開物成務，無一理之不總，故聖人之道至此而傳」。

尹彦明云：「先生之學，本於至誠，其見於言動事爲之間，處之有常，疏通簡易，不爲矯異，不爲狷介，寬猛合宜，莊重有體。」又曰：「先生踐履盡易，其作傳，只是因而寫成。求先生之學，觀此足矣。」

易有善惡是非，先生以一己爲衡，好善而惡惡，主是而辨非，如身之處其境，故曰「踐履盡易」。

邵氏聞見録云：先生爲講官，乞於殿上坐講。又入侍之際，容貌極莊。時文潞公以太師平章重事，或侍立終日不懈。上雖喻以少休，不去也。人或以問先生曰：「君之嚴，視潞公之恭，孰爲得失？」先生曰：「潞公四朝大臣，事幼主不得不恭；吾以布衣職輔導，亦不敢不自重也。」

先生因時制宜如此，豈有師傳成法可遵？不過義精仁熟，隨事皆合耳。

謝顯道云：「伊川才大，以之處大事，必不動聲色，指顧而集。游、楊初見伊川，伊川瞑目而坐，二子侍立。既覺，顧謂曰：「賢輩尚在此乎？日既晚，且休矣。」及出門，門外之雪深一尺。

録此既見游、楊之恭，亦見先生有以化游、楊也。

先生歸自涪州，氣象容貌皆勝平昔。

學無止息如此。

先生疾革，門人進曰：「先生平日所學，正要今日用。」先生力疾微視曰：「道著用，便不是。」其人未出寢門，而先生卒。

先生平日所學，已渾化於當身，與之爲一矣，豈有可舉而用者乎？孔子從心所欲，即此境界。

明道先生嘗謂先生曰：「異時使人尊嚴吾道者，吾弟也。若接引後學，隨人才而成就之，則予不得讓焉。」

先生嘗謂張繹曰：「我昔狀明道先生之行，我之道，蓋與明道同，異時欲知我者，求之於此文可也。」

先生接學者甚嚴厲，晚年乃更平易，蓋其學已到至處，但於聖賢氣象，差少從容耳。

張子厚聞生皇子，喜甚；見饑莩者，食便不美。

憂喜不繫乎一己。

伯淳嘗與子厚在興國寺講論終日，而曰：不知舊日曾有甚人於此處講此事？

看得此會甚大。

吕與叔撰横渠先生行狀云：康定用兵之時，先生年十八，慨然以功名自許，上書謁范文正公。公知其遠器，欲成就之，乃責之曰：「儒者自有名教，何事於兵？」因勸讀中庸。先生讀其書，雖愛之，猶以爲未足，於是又訪諸釋、老之書，累年盡究其説，知無所得，反而求之六經。嘉祐初，見程伯淳、正叔於京師，共語道學之要。先生涣然自信曰：「吾道自足，何事旁求！」於是盡棄異學，淳如也。晚自崇文移疾西歸横渠，終日危坐一室，左右簡編，俯而讀，仰而思，有得則識之。或中夜起坐，取燭以書。其志道精思，未始須臾息，亦未嘗須臾忘也。學者有問，多告以知禮成性、變化氣質之道，學必如聖人而後已，聞者莫不動心有進。嘗謂門人曰：「吾學既得於心，則修其辭；命辭無差，然後斷事；斷事無失，吾乃沛然。『精義入神』者，豫而已矣。」先生氣質剛毅，德盛貌嚴，然與人居，久而日親。其治家接物，大要正己以感人。人未之信，反躬自治，不以語人，雖有未諭，安行而無悔。故識與不識，聞風而畏。非其義也，不敢以一毫及之。

横渠先生氣象似孟子。

學既得于心，即修其辭命。今正蒙、東西銘等篇具在。此横渠先生之辭命也。學者詳而味之，亦異於世之爲辭命者矣。愚益以知文言之所謂修辭者，殆亦與此意近〔五〕。

校勘記

〔一〕與其死於臣之手也　「其」字原無，據論語子罕補。

〔二〕無寧死於二三子之手　「無」字原無，據論語子罕補。

〔三〕而充養有道　「道」，原作「進」，據朱子全書本改。

〔四〕其養之成也　「養之成」，原作「就之」，據朱子全書本改。

〔五〕殆亦與此意近　此句以下頁殘。

附録

家訓序

［清］張習孔

吾先世祖居建平縣，祖石橋府君，生二子：長吾父，次吾叔。府君先老，卜築縣南蔣國村，家頗温裕。萬曆丁未，吾生二歲，石橋府君見背，祖母方太孺人獨持家，吾父雖爲冢嫡，未嘗一日管家棣。丙辰三月，不幸我父捐館。五月祖母繼亡。不歲餘，家業蕩然。時不孝習孔僅十一歲，弟法孔僅七歲。吾母煢然獨爨，忍饑受寒，拮据操作，焦心刻志，辛苦萬狀，以保二雛。非母則不孝兄弟不知流落何所矣。後吾長大，貧劇無聊，漫然回徽，幸列黌序，始奉老母，攜家屬，復歸祖居。棲敗屋半間，此外無寸土片瓦，一碗一箸，恃舌耕爲養。吾母之苦，更不忍悉也。吾爲諸生十年，叨登兩榜，甫陟方，而僅數月，不幸母太宜人享年八十而棄杯棬，嗚呼痛哉！自此見世途巇巇，絶意仕進，家食十餘年，洊經憂患。今已六十有餘，日漸衰老，體亦有疾，恐一朝不諱，不及見汝輩成立。吾前此所歷艱辛，雖爲刻酷，但已登第爲官，封贈父母，家道亦登温飽，人生六十，死不爲夭，亦復何恨？所不能已於懷者，兒孫孱弱，外患宜防，苟無以善其後，其淪於廢敗不難矣。古人云：「成立之難如登天，覆墜之易如燎毛。」凡此田宅風水，奴婢器什，書籍文物，何一非吾精神所營？吾百年後，子孫微弱如是，慮吾家成之未久，旋即廢敗，享祀湮廢，祖墓荒圮，此吾所爲不能不抱憾于九原者也。固知天下有成必有敗，吾生平讀書見道，今系戀如此，自大度觀之，幾笑其不達，而不知非然也。吾所讀者，孔孟之書；吾所見者，孔孟之道。孔子言大舜以尊富享保，成其大孝；武周能纘述成德，文王得以天憂。故惟善繼善述，能守能大，然後成其爲孝之至也。孟子亦謂創業垂統，爲其可繼，至於願望不遂，則歸之天耳。苟以一切諸有，皆如幻泡，此佛氏之言，吾豈能效之哉？故聊書家訓一册，遺之子孫。汝輩能保家亢宗，不使失墜，或至繁衍，漸析漸薄，非關蕩費，斯爲無憾耳。雖然孔孟之言，非徒教人封殖之謂也，蓋有本焉。孔子言舜孝由於大德，孟子言垂統在强爲善，是所爲本也。故吾家訓之首，惟望汝曹以孝弟禮義。先敦乎此，則大本既立，天必佑之，庶兒不負吾之所望云爾。後之賢嗣，尚念之哉！已酉仲冬月黄岳老人書，時年六十有四。（録自清康熙三十四年新安張氏霞舉堂刻檀几叢書卷十八）

朱子階梯説

［清］張習孔

朱子云：「四子者，六經之階梯，近思録者，四子之階梯。」吾前年作近思録傳成，引朱子階梯之説爲序，而謂其非層級登躋之謂也。朱子此言，隱然以道統遞及爲喻，故託階梯之層級相承，以遞推而下，非逆溯而上也。世必有疑吾言者。吾設辭以問之曰：「何以謂之階梯也？」曰：「此即行遠自邇，登高自卑之説也。經書之旨宏矣，淵矣，苟不由其淺近者以入之，終不可躐造其堂奥也。此理之至顯，子何不明焉？」余曰：「今之治四子者多矣，求其由是遂通夫六經者，千不得一也。今之治四子，明其蘊奥者多矣，問其果由近思録而入者，千不得一也。階梯之象，于何見之乎？」曰：「今之治四子而不通六經，與夫治四子而不取途于近思録者，雖亦稱大儒取科第，而總不得謂之通四子也。必習近思録，由是入焉，始謂之通四子，由是入而漸進于六經者，始得謂之通六經也。否則得其文辭而失其神理，雖讀經讀書，與不讀同。原其弊，由于不知階梯所在，貿貿然思援木御風而入，故終不能得也。」曰：「余識淺陋，誠有未達四書之蘊奥者。如謂天下之大，天下人之衆，號通儒取科第者，無一人焉能通四書，不近誣歟？苟天下之大，有數人通四書，得其蘊奥，而謂皆是熟讀近思録者，其果然歟？漢唐學者，豈皆不通四書？亦豈由于近思録歟？」曰：「非此之謂也。嚮道有易于，進道有難易。百尺之臺，援木御風，亦嘗登之，然而難矣。故揚雄、韓愈輩，不免大醇小疵也。自有近思録指示直捷，由是而行，步步有得。是以宋代以來，理學大儒項背相望，不至如漢唐之倒行鮮獲也。」曰：「近思之階梯可達四書是矣，四書何以遂爲六經之階梯？」曰：「此與先所論一理也。行遠必邇，登高必卑。由四書而循序漸進，終造乎其極，亦與近思之造四書者同也。」曰：「遠自邇，高自卑，謂君子之道耳。道無二，取途亦無二，故可況耳。今六經之意指文辭殊矣。吾卒譬而言之，易譬昆侖，書譬華嶽，詩譬峨眉，春秋譬泰岱，禮記譬衡山，周禮譬蓬萊三島，子壹取途于齊、魯、趙、魏，可得至乎？」曰：「六經者，理也。得其理則六者可一，固無南轅北轍之患也。且階梯者，象也。善讀古人者貴得意以忘象，未有執象而求諸形似之間也。苟不泥形似以求階梯，則隨舉一説，皆與朱子之意達矣。」曰：「是則吾之説也。吾固謂此心此理，曠世同揆，若高曾祖禰之代嬗也。然則階梯之説，非言其書也，言其人也，非逆溯而上也，言遞推而下也。六經之後，他人不能集其成，而有四書以承之，四書之後，他人不能究其蘊，而有濂洛諸子以發揮之，則真傳嫡系，舍近思録而誰哉？朱子言此也，隱然有道統相傳之意焉，特以階梯喻其一緒之不紊耳。我故曰非層級登躋之謂也。雖然，朱子之意固有在矣，傳近思録者，豈敢援此以自儗乎？則謂階梯層級止于朱子也可。」（録自

（清康熙刻本詒清堂集卷三）

黄岳先生傳

〔清〕杜濬

先生姓張氏，諱習孔，字念難，歙人也。黄岳乃歙之名山，先生以自號，學者稱黄岳先生。以德不以官，先儒明道、康節皆然，先生之志也。先生家世自漢唐以來焜燿圖牒，父中書舍人，諱正茂。小學即知有大人之學，十齡而孤，不忍讀父書。甫弱冠，通達强立，屹然以紹明絶緒，摧陷淫詖爲己任，於書無所不闚，於詞章無所不能，而以爲此特文末也。嘗謂德性問學本自一事，而後之儒者分而爲二，於是有朱陸鵝湖之辯。兩家弟子幾同讎敵，爲陸學者浸淫變换，流爲狂禪，而道統裂矣。愈傳愈謬，未見其止，甚可憂也。必也以窮理盡性爲本，躬行實踐爲效，乃所以云：「救乎其根極，莫先易與論語。蓋理莫奥於易，而其功反在日用，故爲天下之至奥，舉凡濂、洛、關、閩之論著，皆出於此也；道莫平於論語，而其微不減精一，故爲天下之至平，舉凡群言衆説之折衷，莫能外是也。」讀其所爲大易辯志云：「後天卦位從先天之變而生也。乾、坤以中氣交而變，故乾變中爻爲離，坤變中爻爲坎也。坎、離以水火交而變。火炎上，故離變上爻而爲震；水潤下，故坎變下爻而爲兑也。兑、震者，左旋陽卦，巽、艮者，右旋陰卦也。陽者圓，故中爻皆不變，而變其上爻、下爻，象中樞之運也，故兑變上下二爻而爲巽，震變上下二爻而爲艮；陰者方，故上下各一爻不變，而一變其上二爻，一變其下二爻，象有常之幅也，故巽變其上二爻而爲坤，艮變其下二爻而爲乾也。合而計之，四正者其位正，故交爲變；四隅者其位偏，故各爲變也。」此從來先儒所未及，而乃今發之。其善讀論語，云：「夫子以天不言而時行，又曰『吾無行而不與二三子』，然則夫子無一時而非行也，無一時而非學、非教也，故曰『天行健，君子以自强不息』。聖門之徒三千，無一人可許好學，而獨稱已歿之顏子。至所謂好學者，又不言其博文約禮，乃歸之無事可指，無迹可見之。不遷不貳，則學豈口耳之謂哉？」其窮理盡性如此。先生自少孤，即思恢宏祖父之烈，奉母太宜人，以孝聞。而友愛幼弟，弟歿，而成其婦之節及其子之學。初試童子，受知於邑令傅公巖，由是知名，蓋終身未嘗忘焉。登進士，官刑部，獄爲一清。入蜀，覽其山川，慨然而賦，識者以可爲傳。視學山東，請謁不行，得士爲盛，與施君閏章先後齊名。歸里，益讀書，爲善如力舉，從父昆弟兩世之喪，於郎川數百里外，人皆以爲難至。於修宗祠，置義田，立輯宗譜，所由來與人同，而先生獨出精意良法，則昔人所未逮。此外周急濟貧，賑饑排難，種種諸小善爲易更僕數。其躬行實踐如此。蓋從本至效，曲學岐爲二，而先生一之；有體有用，俗儒偏於一，而先生二之。臚列以觀其會通，可謂好學也已。余嘗一再與先生談，見其貌毅而氣和，毅以持己而和以接物，澹然無欲而有以自樂也。蓋行年近大耋，而猶著一書，孜孜屹屹，其德彌邵。漢董仲舒三年不窺園，班史以「精」之一字許之，若先生者，豈不精乎哉！所著有雲谷卧餘二十八卷、詒清堂集十六卷、大易辯志二十四卷、檀弓問四卷、近思録傳十四卷、一書二卷行於世，資治通鑑評釋、朱子大全集發明、曾子固文集辨諸書藏於家。有子皆能讀父書，而仲子潮尤與余善。請余立傳者，潮也。余謂先生少時嘗厭薄舉子業，不欲習，則科名宦業何足爲先生重，故耑以學推之，謂之黄岳先生傳，其重之也至矣。然少變叙事之體，古之人有行之者云。贊曰：歙郡之南，有紫陽山，爲朱文公父子讀書處，黄岳先生講道其中，學者響臻雲集，咸謂考亭復出，展矣。而或者猶以姚、許目之，豈知先生者哉？噫！黄岡杜濬撰。（録自清乾隆四十七年刻甲道張氏宗譜卷三十七）

近思録集解

［清］李文炤 撰
戴揚本 校點

目録

校點説明

近思録集解十四卷，清李文炤撰。

李文炤（一六七二—一七三五），字元朗，號恒齋，清湖南善化（今湖南長沙縣）人。李氏在善化屬於望族，父李恪人爲秀才，以博學聞。李文炤十四歲即補博士弟子員，有神童之譽。康熙二十九年（一六九〇）參加省試，然遲至五十二年（一七一三）方得中舉，次年參加進士試不第，遂絶意科舉，並謝絶了湖北穀城教諭之職，潛心學術。曾主教嶽麓書院，並爲書院擬定學規，門弟子甚衆，其學術在湖湘之學中有「恒齋學派」之稱。乾隆三年，經湖南布政使司等奏請，以「博極群書，精心理學，文行兼優，足爲後生表正」，入祀鄉賢祠。

李文炤治學，以聖賢經傳之旨爲修己治人之方，於書無所不讀，務究其藴奥。曾有言：「不察二氏之所以非，安知吾儒之所以是？不觀諸子之有純有駁，安知吾儒之醇乎其醇？不察秦漢以下之成敗得失，安知三代以上帝德王猷之盡善盡美也？」著述宏富，刊刻印行的經學著作有周禮集傳、春秋集傳、周易本義拾遺，理學著作有宋五子書集解，收太極圖説解拾遺、通書後録解、西銘解拾遺、西銘後録解、正蒙集解、近思録集解、感興詩解、訓子詩解等，另有恒齋文集十二卷。此外，還有未刊行的語類約編、淵源全録等多種。從上述内容來看，顯示了湖湘學術經學與理學並重的特徵。近人徐世昌等編纂清儒學案，稱「湘湖之間，自船山王氏后，多潛修其著述，可稱學術純正者，推恒齋李氏」。

近思録集解十四卷爲宋五子書集解所收八種之一，亦爲其中卷帙最多的一部。作爲理學的一部基本著作，李文炤認爲近思録「著性命之藴，而天下之言道者有所宗；揭進修之要，而天下之言學者有所准」，備内聖外王之藴而闡明理學義理的價值自不待言。然因微辭奥義，學子多未易曉，朱熹雖多有發明，卻散見於四書集注、四書或問、晦庵文集、朱子語類等書中，對學子而言，有欲觀其聚焉而不得之不便，遂裒集朱熹之言，取其意之相類與其説之相資者，附於原書内容下，作爲注解。此外，李文炤又徵引了葉采、陳埴、陳選、薛瑄、胡居仁等南宋以降學者的論述作爲補充，亦包括李文炤本人的一些看法，其中不乏真知灼見。雖然説目的是「庶幾可以便觀覽、備遺忘，以待同志者之取裁而已」，今天看來，闡釋的同時，亦爲我們展現了朱熹身後其學説發展的脈絡，學術價值自不待言。

近思録集解書前有李文炤於康熙五十九年（一七二〇）撰寫的序。現存爲雍正十二年（一七三四）四爲堂宋五子書集解刻本，未見著録其他刻本。四庫全書總目提要卷九五子部儒家類存目一著録「近思録集解十四卷，湖南巡撫採進本。國朝李文炤撰」。然提要言「前有綱領數條，末附感應詩解一卷、訓子詩解一卷」云云似誤，因感應詩解等二卷爲宋五子書集解所附的内容，與近思録集解無涉。其他的著録如清史稿卷一四七藝文志三記「近思録集解九卷，李文炤撰」，又近年天一閣博物館編別宥齋藏書目録之子部儒家類記「近思録集解十四卷，葉采集解，李文炤撰，清刻本二册」，存卷三至卷十共八卷。或卷數不合，或作者未確。檢國内諸家圖書館目録，皆未見收藏，由此可見該書流傳似十分有限。

一九九五年，齊魯書社編纂四庫全書存目叢書，曾據華東師範大學圖書館所藏近思録集解殘本影印，該本存卷一至卷三，共三卷。編纂者於書名下記述「華東師範大學圖書館藏清康熙五十九年刻本」，因該本並無刻書時間，疑所據即李文炤自署的序言。湖南圖書館亦藏有李文炤近思録集解殘本，缺卷一至卷三，存卷四至卷十四共十一卷。兩部殘本均爲半葉九行，行十七字，注文小字双行，四周單欄，無界行；上白口，下黑口，單魚尾，卷端近思録書名、卷數下以雙行小字注明「凡若干卷」字樣，及下有「李文炤集解」五字，版本特徵完全一致。兩部殘本在内容上的互補，恰好合成一部十四卷本近思録集解的完璧，實屬幸事。今天呈現在讀者面前的，便是依據兩家圖書館收藏而整理的一個足本。

本次整理，校勘方面主要是對李文炤徵引的文獻進行的他校工作，就徵引文字中出現的個别錯誤進行了訂正。明代以後，近思録較爲通行的是嘉靖年間吴邦模刻本，而李文炤集解本所據的個别原文與之有較大的出入，整理時皆保留而未作更改。由於個人學術水平的限制，整理工作包括標點和斷句在内，或有不當之處，祈請讀者賜正。

需要指出的是，有關李文炤近思録集解版本的調查工作，曾得到了温州大學程水龍教授的賜教和無私幫助，謹借此機會向他表示由衷的感謝。

二〇一四年二月　戴揚本

近思録集解序

炤按昔者衰周之運，百家競作，孔孟之徒有憂之，緝微言而成論語，遵正學而著七篇，使學者不迷於向方，其功盛矣。秦漢以降，道術分裂，荀、揚、王、韓，各篤其説而不能相一。有宋周子，以先知先覺之詣，建圖屬書，弁冕群言，以傳之程氏，而張氏亦與有聞焉。顧其業至廣，其説愈詳，學者乃或望洋而興歎，甚至未嘗究其巔末而妄肆詆訶，有如陸九淵議太極之非，是大原可得而湮也；林栗攻西銘之失，是弘綱可得而絶也；程迥詆主敬之誤，是聖功可得而廢也；陳亮疑道治天下之迂，是王猷可得而雜也。朱子蓋深憫之，於是不得已而爲近思之録，著性命之藴，而天下之言道者有所宗；揭進修之要，而天下之言學者有所準。至於窮理居敬檢身之方，理家入官均平天下之法，以逮應物教人制心之則，與夫閑邪説、宗正學之歸，莫不舉之有要而循之有序，誠可以羽翼四子而補其所未備焉。欲求數君子之道而不先之以是書，固不得其門而入矣。然其微辭奥義，多未易曉，朱子雖往往發明之，而散見於各書，四書集注、或問、大全、文集、語類。蓋學者欲觀其聚焉而不得也。

竊不自揣，爲之裒集而次列之，而又取其意之相類與其説之相資者，條而附之，以備一家之言。至其所闕之處，則取葉氏、陳氏、薛氏、胡氏之説以補之，葉氏名采，字平岩，著近思集解。陳氏，一名埴，字器之，著近思雜問；一名選，字士賢，著小學集注。薛氏，名瑄，字德温，著讀書録。胡氏，名居仁，字淑心，著居業録。其與近思録相發者取之。間亦或附己意於其間，庶幾可以便觀覽、備遺忘，以待同志者之取裁而已矣。嗚呼！學者誠能遜志於此書，則諸子百家皆難爲言，而於内聖外王之要，不患其無階以升，較之役志於詞章之中，老死於訓詁之下，風推浪旋，無以自拔，而猶共矜衣鉢之傳者，其大小之不同量，爲何如也！聊誌其概於此以自警云。康熙庚子仲夏天中節，湘川李文炤謹序。

近思録朱熹序

淳熙乙未之夏，東萊吕伯恭來自東陽，過予寒泉精舍。留止旬日，相與讀周子、程子、張子之書，歎其廣大閎博，若無涯涘，而懼夫初學者不知所入也。因共掇取其關於大體而切於日用者，以爲此篇，總六百二十二條，分十四卷。蓋凡學者所以求端、用力、處己、治人之要，與夫辨異端、觀聖賢之大略，皆粗見其梗概。以爲窮鄉晚進、有志於學而無明師良友以先後之者，誠得此而玩心，亦足以得其門而入矣。如此，然後求諸四君子之全書，沈潛反覆，優柔厭飫，以致其博而反諸約焉，則其宗廟之美，百官之富，庶乎其有以盡得之。若憚煩勞，安簡便，以爲取足於此而可，則非今日所以纂集此書之意也。五月五日新安朱熹謹識。

近思録呂祖謙序

近思録既成，或疑首卷陰陽、變化、性命之説，大抵非始學者之事。祖謙竊嘗與聞次緝之意，後出晚進於義理之本原，雖未容驟語，苟茫然不識其梗概，則亦何所底止？刊之篇端，特使之知其名義，有所嚮望而已。至於餘卷所載講學之方、日用躬行之實，具有科級。循是而進，自卑升高，自近及遠，庶幾不失纂集之指。若乃厭卑近而鶩高遠，躐等凌節，流於空虛，迄無所依據，則豈所謂「近思」者耶？覽者宜詳之。淳熙三年四月四日東萊呂祖謙謹識。

近思録引書目録

濂溪先生太極通書先生姓周，名惇實，後改惇頤，字茂叔。

明道先生文集先生姓程，名顥，字伯淳。

伊川先生文集先生姓程，名頤，字正叔。

周易程氏傳

程氏經說

程氏遺書

程氏外書

横渠先生正蒙先生姓張，名載，字子厚。

横渠先生文集

横渠先生易說

横渠先生禮樂說

横渠先生論語説

横渠先生孟子説

横渠先生語録

近思録綱領

朱子曰：脩身大法，小學備矣，義理精微，近思録詳之。

又曰：四書，六經之階梯；近思録，四子之階梯。

又曰：近思録逐篇綱目，一道體，二爲學大要，三格物窮理，四存養，五遷善改過、克己復禮，六齊家之道，七出處進退辭受之義，八治國平天下之道，九制度，十君子處事之方，十一教學之道，十二改過及人心疵病，十三異端之學，十四聖賢氣象。

又曰：近思録一書，無不切人身、救人病者。

又曰：看近思録，若於第一卷未曉得，且從第二、第三卷看起。久之，復看一卷，則漸曉得。

又曰：劉子澄編近思録，取程門諸公之説，某看來其間好處固多，但終不及程子，難於附入。

果齋李氏曰：先生嘗集小學，使學者得以先正其操履；集近思録，使學者得以先識其門庭，羽翼四子，以相左右。蓋此六書者，學者之飲食裘葛、準繩規矩，不可以須臾離也。聖人復起，不易斯言矣。

薛氏曰：近思録宜熟讀，程子論未發之中處，當參看朱子中庸或問，其餘間有不同者亦當參考。

胡氏曰：今更有聖賢出，其説不過於大學、語、孟、中庸，此後書莫過於小學、近思録。學者能於此處真知力踐，他書不讀，無憾也。

又曰：入頭處最怕差，將來無救處；入頭處亦怕偏，將來偏到底。要從小學、近思、大學、語、孟入，則路途正矣。

又曰：小學、四書、近思録熟讀體驗，有所得，然後可博觀古今。

又曰：在小學、四書、近思録做得工夫真，異端、功利俱害不得。

近思録集解卷一

凡五十一條

濂溪先生曰：無極而太極。太極動而生陽，動極而静；静而生陰，静極復動。一動一静，互爲其根；分陰分陽，兩儀立焉。陽變陰合，而生水、火、木、金、土；五氣順布，四時行焉。五行，一陰陽也；陰陽，一太極也；太極，本無極也。五行之生也，各一其性。無極之真，二五之精，妙合而凝。「乾道成男，坤道成女」，二氣交感，化生萬物。萬物生生而變化無窮焉；惟人也，得其秀而最靈。形既生矣，神發知矣，五性感動而善惡分，萬事出矣。聖人定之以中正仁義，聖人之道，仁義中正而已矣。而主静，無欲故静。立人極焉。故聖人與天地合其德，日月合其明，四時合其序，鬼神合其吉凶。君子脩之吉，小人悖之凶。故曰：「立天之道，曰陰與陽；立地之道，曰柔與剛；立人之道，曰仁與義。」又曰：「原始反終，故知死生之説。」大哉易也，斯其至矣！解見太極圖説。

誠，無爲；幾，善惡。德：愛曰仁，宜曰義，理曰禮，通曰智，守曰信。性焉、安焉之謂聖，復焉、執焉之謂賢，發微不可見、充周不可窮之謂神。解見通書。

伊川先生曰：喜怒哀樂之未發謂之中。中也者，言寂然不動者也，故曰天下之大本。發而皆中節謂之和。和也者，言感而遂通者也，故曰天下之達道。樂，音洛。「中節」之「中」，去聲。○文集，下同。○朱子曰：中和以性情言者也，寂感以心言者也，中和蓋所以爲寂感也。觀「言」字「者」字，可以見其微意矣。

心，一也，有指體而言者，本注：「寂然不動」是也。有指用而言者，本注：「感而遂通天下之故」是也。惟觀其所見如何耳。朱子曰：「寂然不動」是體，「感而遂通」是用，故橫渠云「心統性情」者也。

乾，天也。天者，乾一作「天」之形體；乾者，天之性情。乾，健也，健而無息之謂乾。性，體也；情，用也。夫天，專言之則道也，天且弗違是也；分而言之，則以形體謂之天，以主宰謂之帝，以功用謂之鬼神，以妙用謂之神，以性情謂之乾。夫，音扶。○易傳。下同。○黃氏曰：合而言之言鬼神，則神在其中矣；析而言之，則鬼神者其粗迹，神者其妙用也。朱子曰：「天且弗違」，此是上天。又曰：功用，言其氣也，妙用，言其理也。功用兼精粗而言，妙用言其精者。

四德之元，猶五常之仁。偏言則一事，專言則包四者。葉氏曰：乾卦彖傳。在天爲四德，元亨利貞也；在人爲五常，仁義禮智信也。分而言之，則元者四德之一，仁者五常之一；專言元，則亨利貞在其中，專言仁，則禮義智信在其中。蓋元者天地之生理也，亨者生理之達，利者生理之遂，貞者生理之正也。仁者人心之生理也，禮者仁之節文，義者仁之裁制，智者仁之明辨，信者仁之真實也。○朱子曰：以專言言之，則一者包四者；以偏言言之，則一者不離四者。正如天官冢宰以分職言之，特六官之一耳，而建邦之六典，則又統六官也。

天所賦爲命，物所受爲性。朱子曰：賦者命也，所賦者理也；受者性也，所受者理也。薛氏曰：天所賦爲命，元亨利貞也。人所受爲性，仁義禮智也。天下古今，萬理不出性命。

鬼神者，造化之迹也。朱子曰：造化之妙，不可得而見，於其氣之往來屈伸者足以見之。微鬼神，則造化無迹矣。

剥之爲卦，諸陽消剥已盡，獨有上九一爻尚存，如碩大之果不見食，將有復生之理。上九一變則純陰矣，然陽無可盡之理，變於上則生於下，無間可容息也。聖人發明此理，以見陽與君子之道不可亡也。或曰：剥盡則爲純坤，豈復有陽乎？曰：以卦配月，則坤當十月。以氣消息言，則陽剥爲坤，陽來爲復，陽未嘗盡也。剥於上，則復生於下矣。故十月謂之陽月，恐疑其無陽也。陰亦然，聖人不言耳。間，去聲。○月卦之法，復當子，臨當丑，泰當寅，大壯當卯，夬當辰，乾當巳，姤當午，遯當未，否當申，觀當酉，剥當戌，坤當亥。詩曰「日月陽止」，正十月之期也。朱子曰：剥卦上九之陽方盡而變爲純坤之時，坤卦下爻已有陽氣生於其中矣。但一日之内，一畫之中方長得三十分之一，必積之一月，然後始滿一畫而爲復，方是一陽之生耳。夬之一陰爲乾、爲姤，義亦同此。又曰：聖人所以不言者，便是參贊裁成之道。小人。蓋抑陰而進陽，長善而消惡，進君子而退小人。雖堯舜之世，豈無小人？但有聖人壓在上面，不容他出而有爲耳，豈能使之無耶？

一陽復於下，乃天地生物之心也。先儒皆以静爲見天地之心，蓋不知動之端乃天地之心也。非知道者，孰能識之？釋復彖傳之義。○朱子曰：天地以生生爲德，元亨利貞乃天地之心也。但其静而復乃未發之體，動而通焉乃已發之用。一陽來復，其始生甚微，固若静矣。然其實動之機，其勢日長，而萬物莫不資始焉。此天命流行之初，造化發育之始，其生生不已之心，於是而可見也。若其静而未發，則此心之體雖無所不在，然却未有發見之處，此程子所以以動之端爲見天地之心，亦舉用以該體耳。

仁者，天下之公，善之本也。葉氏曰：仁者以天地萬物爲一體，故曰「天下之公」；四端萬善皆統於仁，故曰「善之本也」。

有感必有應。凡有動皆爲感，感則必有應。所應復爲感，所感復有應，所以不已也。感通之理，知道者默而觀之可也。復，扶又反。○葉氏曰：屈伸往來，感應無窮。自屈而伸，則屈者感也，伸者應也；自伸而屈，則伸者感也，屈者應也。明乎此則天地陰陽之消長變化，人心物理之表裏盛衰，要不外乎感應之理而已。

天下之理，終而復始，所以恒而不窮。恒非一定之謂也，一定則不能恒矣。惟隨時變易，乃常道也。天地常久之道，天下常久之理，非知道者孰能識之？復，扶又反。○釋恒彖傳之義。朱子曰：「物理之始終變易〔一〕，所以爲恒而不窮。然所謂不易者，亦須有以變通，乃能不窮。論其體則終是恒，然體之常所以爲用之變，用之變乃所以爲體之常。」愚謂天地常久之道，以造化而言也；天下常久之理，以人事而言也。○朱子曰：能常而後能變，及其變，常亦只在其中。伊川却説變而後能常，非是。

人性本善，有不可革者，何也？曰：語其性則皆善也，語其才則有下愚之不移。釋革上九爻之義。葉氏曰：性無不善，才者性之所能合理與氣而成，氣質則有昏明强弱之異，其昏弱之極者爲下愚。所謂下愚者有二焉：自暴也，自棄也。人苟以善自治，則無不可移者，雖昏愚之至，皆可漸磨而進。惟自暴者拒之以不信，自棄者絶之以不爲，雖聖人與居，不能化而入也，仲尼之所謂下愚也。朱子曰：自暴者有强悍意，剛惡之所爲；自棄者有懦弱意，柔惡之所爲。然天下自暴自棄者，非必皆昏愚也，往往强戾而才力有過人者，商辛是也。聖人以其自絶於善，謂之下愚。然考其歸，則誠愚也。葉氏曰：史記稱紂資辯捷敏，才力過人，手格猛獸，智足以拒諫，言足以飾非，則其天資固非昏愚者，然其勇於爲惡而自絶於善，要其終，真下愚耳。既曰下愚，其能革面，何也？曰：心雖絶於善道，其畏威而寡罪則與人同也。惟其有與人同，所以知其非性之罪也。葉氏曰：革卦上六曰「小人革面」，下愚小人，自絶於善，然畏威刑而欲免罪，則與人無以異。是以亦能揜其不善而著其善，惟其畏懼有與人同者。是以知其性之本善也。

在物爲理，處物爲義。處，上聲。○理不外乎事物之間，而義所以制其是非可否之宜，故在物爲理，而處物即爲義，體用之謂也。

動静無端，陰陽無始。非知道者，孰能識之？經説。下同。○潛室陳氏曰：端，頭也。始者，終之對。二氣循環不已，故無端；運行不歇，故無始。不斷故無端，無終故無始。○朱子曰：以陽動陰静相對言，則陽爲先，陰爲後，陽爲始，陰爲終。猶一歲以正月爲更端，其實姑始於此耳，歲首以前，非截然别爲一段事，則是其循環錯綜，不可以先後始終言，亦可見矣。又曰：方渾淪未判，陰陽之氣混合幽暗。及其既分，中間放得寬闊光明，一元之前，又是一大開闢，更以上亦復如此。小者大之影，只晝夜便可見，下變而高，柔變而剛。此事思之至深，有可驗者。

仁者，天下之正理，失正理則無序而不和。無序則失禮之本，不和則失樂之本。○朱子曰：程説少疎。仁者本心之全德，人若本然，天理之良心存而不失，則所作爲自有序而和。若此心一放，只是人欲私心做得出來，安得有序？安得有和？

明道先生曰：天地生物，各無不足之理。常思天下君臣、父子、兄弟、夫婦，有多少不盡分處。分，去聲。○遺書。下同。○葉氏曰：分者，天理當然之則。天之生物無虧欠，而人之處物每不盡理，如君臣父子兄弟夫婦，一毫不盡其心、不當乎理，是爲不盡分。故君子貴精察而力行也。

「忠信所以進德」，「終日乾乾」，君子當終日對越在天也。葉氏曰：發乎真心之謂忠，盡乎實理之謂信，忠信乃進德之基。「終日乾乾」者，謂「終日對越在天」也。「越」，於也，君子一言一動，守其忠信，常瞻對乎上帝，不敢有一毫欺慢之意也。以下皆發明所以對越在天之意。蓋上天之載，無聲無臭，其體則謂之易，其理則謂之道，其用則謂之神。其命於人則謂之性，率性則謂之道，修道則謂之教。葉氏曰：「上天之載，無聲無臭」，所謂太極本無極也。體，猶質也，陰陽變易，乃太極之體也。故其體謂之易，其所以變易之理則謂之道也，其變易之用則謂之神，此以天道言也。天理賦予人謂之性，循性之自然謂之道，因其自然者而修明之則謂之教，此以人道言也。惟其天人之理一，所以終日對越在天也。○朱子曰：元亨利貞，性也；生長收藏，情也。以元生，以亨長，以利收，以貞藏者，心也。仁義禮智，性也；惻隱羞惡、辭讓是非，情也。以仁愛，以義惡，以禮讓，以智知者，心也。性者，心之理也；情者，心之用也；心者，性情之主也。程子曰「其體則謂之易，其理則謂之道，其用則謂之神」，此之謂也。孟子去其中，又發揮出浩然之氣，可謂盡矣。葉氏曰：浩然，盛大流行之貌。蓋天地正大之氣，人得之以生，本浩然也。失養則餒，而無以配夫道義之用；得養則充，而有以復其正大之體。盡矣，謂無餘事也。此言天人之氣一，所以終日對越在天也。故説神「如在其上，如在其左右」，大小大事，而只曰「誠之不可揜如此夫」。徹上徹下，不過如此。夫，音扶。○葉氏曰：大小，猶多少也。中庸論鬼神如此其盛，而卒曰「誠之不可揜」。誠者，實理，即所謂忠信之體。天人之間，通此實理，故君子忠信進德，所以爲對越在天也。形而上爲道，形而下爲器，須著如此說。器亦道，道亦器。著，側略反。葉氏曰：道者，指事物之理，故曰形而上；器者，指事物之體，故曰形而下。其實道寓於器，本不相離也。蓋言日用之間，無非天理之流行，所謂「終日對越在天」者，亦敬循乎此理而已。○薛氏曰：器即囿乎道之中，道不離乎器之外。又曰：理氣無縫罅，故曰器亦道也，道亦器也。但得道在，不繫今與後，己與人。葉氏曰：不繫，猶不拘也。言人能體道而不違，則道在我矣。不拘人己古今，無往而不合，蓋道本無間然也。○朱子曰：以時節分段言之，便有古今；以氣血肢體言之，便有人己。只是一理爾。

醫書言手足痿痺爲不仁，此言最善名狀。仁者，以天地萬物爲一體，莫非己也。認得爲己，何所不至？若不有諸己，自不與己相干。如手足不仁，氣已不貫，皆不屬己。痿，音威；痺，音秘。○「手足痿痺爲不仁」，以其生氣之不貫也。亦猶草木之實謂之仁，以其生氣之具足也。薛氏曰：天地與物皆自陰陽造化中來，故「天地萬物爲一體」。人知天地萬物爲一體，則薰然慈良，惻怛之心有不覺而自發於中者。故博施濟衆，乃聖人之功用。仁至難言，故止曰：「己欲立而立人，己欲達而達人，能近取譬，可謂仁之方也已。」欲令如是觀仁，可以得仁之體。欲立欲達，仁之體也；能近取譬，乃爲之之方也。程子概言之而已。

「生之謂性」，性即氣，氣即性，生之謂也。朱子曰：天之付與萬物者謂之命，物之稟受乎天者謂之性。然天命流行，必二氣五行交感凝聚，然後能生物也。性命，形而上者也，氣則形而下者也。形而上者，一理渾然，無有不善；形而下者，則紛紜雜糅，善惡有所分矣。故人物既生，則即此所稟以生之氣，而天命之性存焉。程子所以發明告子「生之謂性」之説，而以「性即氣，氣即性」者言之也。

人生氣稟，理有善惡，然不是性中元有此兩物相對而生也。有自幼而善，有自幼而惡，本注：后稷之克岐克嶷；子越椒始生，人知其必滅宗之類。是氣稟有然也。善固性也，然惡亦不可不謂之性也。朱子曰：所稟之氣，所以必有善惡之殊者，亦性之理也。蓋氣之流行，性爲之主，以其氣之或純或駁，而善惡分焉。故非性中本有二物相對也。然氣之惡者，其性亦無不善，故「惡亦不可不謂之性也」。先生又曰：善惡皆天理，謂之惡者本非惡，但或過或不及便如此，蓋天下無性外之物，本皆善而流於惡耳。蓋「生之謂性」、「人生而静」以上不容説，才説性時，便已不是性也。凡人説性，只是説「繼之者善」也，孟子言性一本「性」上有「人」字。善是也。夫所謂「繼之者善」也者，猶水流而就下也。「才」與「纔」同，後放此。夫，音扶。○朱子曰：性則理而已矣，何言語之可形容哉！故善言性者，不過即其發動之端言之，而性之藴固可默識矣，如孟子之論四端是也。觀水之流而必下，則水之性下可知；觀性之發而必善，則性之藴善可知也。愚按：程子恐以就下喻繼之之意，下文乃以清喻善耳，更詳之。○朱子曰：「人生而静」以上是人物未生時，只可謂之理，未可名爲性，所謂在天曰命也。才説性時，便是人生以後，此理已墮在形氣之中，不全是性之本體矣。所謂在人曰性也。又曰：易所謂繼之者善也，在性之先。此所引繼之者善也，在性之後。易以天道之流行者言，此以人性之發見者言，蓋人便是一箇小天地耳。皆水也，有流而至海，終無所污，此何煩人力之爲也？有流而未遠，固已漸濁；有出而甚遠，方有所濁。有濁之多者，有濁之少者。清濁雖不同，然不可以濁者不爲水也。如此，則人不可以不加澄治之功。故用力敏勇則疾清，用力緩怠則遲清。及其清也，則却只是元初水也。不是將清來換卻濁，亦不是取出濁來置在一隅也。水之清，則性善之謂也。故不是善與惡在性中爲兩物相對，各自出來。朱子曰：此又以水之清譬之。水之清者，性之善也，流至海而不污者，氣稟清明，自幼而善，聖人性之而全其天者也。流未遠而已濁者，氣稟偏駁之甚，自幼而惡者也。流既遠而方濁者，長而見異物而遷焉，失其赤子之心者也。濁有多少，氣之昏明純駁有淺深也。不可以濁者不爲水，惡亦不可不謂之性也。然則人雖爲氣稟所昏，流於不善，而性未嘗不在其中。特謂之性，則非其本然，謂之非性，則初不離是。以其如此，故人不可以不加澄治之功。惟能學以勝氣，則知此性渾然，初未嘗壞，所謂「元初水」也。雖濁而清者存，固非將清換濁；既清則本無濁，亦非取濁置一隅也。如此則其本善而已矣，性中豈有兩物對立而並行也哉。○葉氏曰：前以本言則曰相對而生，此以用言，則曰相對各自出來。此理，天命也。順而循之，則道也。循此而修之，各得其分，則教也。自天命以至於教，我無加損焉，此舜「有天下而不與焉」者也。分、與，皆去聲。○朱子曰：此理本天命也，該始終本末而言也。修道雖以人事而言，然其所以修者，莫非天命之本然，非人私智所能爲也。然非聖人有不能盡，故以舜明之。又曰：但所引舜事，或非本文之意耳。

觀天地生物氣象。本注：周茂叔看。葉氏曰：造化流行，發育萬物，溥博周徧，生理條達，觀之使人良心油然而生，此即周子「窻前草不除去，問之，云『與自家意思一般』」是也。胡氏曰：天地只是一箇生物，聖人全天地之心，故仁民愛物自不能已。

萬物之生意最可觀，此「元者，善之長也」，斯所謂仁也。長，上聲。○朱子曰：萬物之生，天命流行，自始至終，無非此理。但初生之際，淳粹未散，尤易見耳。如元亨利貞皆是善，而元則爲善之長，亨利貞皆是那裏來。仁義禮智亦皆善也，而仁則爲善之首，義禮智皆從這裏出耳。

滿腔子是惻隱之心。朱子曰：腔子猶言郛郭，此是方言，指盈於人身而言。滿軀殻都是惻隱之心，大感則大應，小感則小應。故日用所當應接，更無些間隔，痾癢疾痛，莫不相關。又曰：此是就人身上指出，此理處最爲親切，若於此見得，即萬物一體，更無内外之别。若不見得，却去腔子外尋覓，即莽莽蕩蕩無交涉矣。○胡氏曰：滿腔子是惻隱之心，則滿身都是心也。如刺著便痛，非心而何然？知痛是人心，惻隱是道心。薛氏曰：滿天地是生物之心，滿腔子是惻隱之心。

天地萬物之理，無獨必有對，皆自然而然，非有安排也。每中夜以思，不知手之舞之足之蹈之也。朱子曰：天地事物之理，亭當均平，無無對者。惟道爲無對。然以形而上下論之，則亦未嘗不有對也。蓋所對者，或以左右，或以上下，或以前後，或以多寡，或以類而對，或以反而對，反覆推之，真無一物兀然無對而孤立者。此程子之所以「中夜而思，不覺手舞而足蹈」也。又曰：天下之物未嘗無對，然又却只是一理，譬如口中之氣，噓則爲温，吸則爲寒耳。又曰：且如碁盤，兩兩相對，末梢中間，只空一路，若似無對，然此一路對了三百六十路，所謂一對萬、道對器也。○薛氏曰：無獨必有對，河圖、卦畫可見。推之萬事萬物，無無對者，只是一陰一陽而已。

中者，天下之大本，天地之間，亭亭當當，直上直下之正理。出則不是，唯「敬而無失」最盡。當，去聲。○朱子曰：亭亭當當，此俗語也，蓋不偏不倚、直上直下之意也。「出則不是」者，出便是已發，發而中節，只可謂之和，不可謂之中矣。葉氏曰：喜怒哀樂未發之時，此性渾然在中，此天下之大本而萬善之主也。唯能敬以存之，則有以全其中之本體矣。○潛室陳氏曰：當此境界，不是無工夫，又不可猛下工夫，只是「敬以直内」，即戒謹恐懼意。敬不喚作中，「敬而無失」方是中。「無失」即不偏倚之謂。

伊川先生曰：公則一，私則萬殊。人心不同如面，只是私心。葉氏曰：公則萬物一體，私則人己萬殊。

凡物有本末，不可分本末爲兩段事。灑掃應對是其然，必有所以然。朱子曰：有本有末者，其然之事也；不可分者，以其悉具所以然之理也。○薛氏曰：灑掃應對，雖小子事長之禮，然禮即天理之節文，精粗本末，又豈二乎？

楊子拔一毛不爲，墨子又摩頂放踵爲之，此皆是不得中。至如「子莫執中」，欲執此二者之中，不知怎麽執得。識得則事事物物上皆天然有箇中在那上，不待人安排也，安排著則不中矣。放，上聲。著，陟略反，後放此。○天然之中，義理之準則也；安排之中，意見之計度也。○朱子曰：聖人義精仁熟，非有意於執中而自無過不及，故有執中之名，而實未嘗有所執也。若學未至、理未明，而徒欲求夫所謂中者而執之，則所謂中者，果何形狀而可執也？殆見愈執而愈失矣，子莫是也。既不識中，乃慕夫時中者，而欲隨時以爲中，吾恐其失之彌遠，未必不流而爲小人之無忌憚也。夫惟明善則中可得而識矣。

問：時中如何？曰：「中」字最難識，須是默識心通。且試言：一廳則中央爲中；一家則廳中非中，而堂爲中；一國，則堂非中，而國之中爲中。推此類可見矣。如三過其門不入，在禹、稷之世爲中，若居陋巷，則非中也。居陋巷，在顔子之時爲中，若三過其門不入，則非中也。一廳一堂之中，一事一物各具之中也。一國之中，萬事萬物大共之中也。禹、稷時當其治，故以濟物爲中；顔子時當其衰，故以獨善爲中。

无妄之謂誠，不欺其次矣。本注：李邦直云「不欺之謂誠」，便以不欺爲誠。徐仲車云「不息之謂誠」，中庸言「至誠無息」，非以不息解誠也。或以問先生，先生曰云云。○葉氏曰：无妄者，實理之自然，而无一毫僞妄也，故謂之誠。不欺者，實理之當然，而不自爲欺，乃思誠也。○朱子曰：无妄者是自我无妄，故誠；不欺者對物而言，故次之。

沖漠無眹，萬象森然已具，未應不是先，已應不是後。葉氏曰：沖漠，未形而萬理畢具，即所謂「無極而太極」也。未應者，寂然不動之時也；已應者，感而遂通之時也。已應之理悉具於未應之時，故未應非先，已應非後，蓋即體而用在其中，不可以先後分也。○朱子曰：未有事物之時，此理已具，少間應處，亦只是此理。如百尺之木，自根本至枝葉，皆是一貫，不可道上面一段事，無形無兆，却待人旋安排引入來教入塗轍。葉氏曰：轍，車跡；塗轍，猶路脉也。道有體用而非兩端，猶木有根本，是生枝葉，上下一貫，未嘗間斷。豈可謂未應之時空虛無有，已應之際旋待安排引入塗轍？言此理具於氣形事爲之先，本一貫也。既是塗轍，却只是一箇塗轍。朱子曰：如父之慈、子之孝，只是一條路從源頭下來。葉氏曰：言此理流行於形氣事爲之中，亦未嘗有二致也。

近取諸身，百理皆具。屈伸往來之義，只於鼻息之間見之。屈伸往來只是理，不必將既屈之氣，復爲方伸之氣。生生之理，自然不息。葉氏曰：往而屈者，其氣已散；來而伸者，其氣方生。生生之理，自然不窮。若以既屈之氣，復爲方伸之氣，則是天地間只有許多氣來來去去，造化之理，不幾於窮乎？釋氏不明乎此，所以有輪迴之說〔二〕。如復卦言「七日來復」，其間元無斷續。陽已復生，物極必返，其理須如此。有生便有死，有始便有終。葉氏曰：日即月也，以卦配月，則自五月陽始消而爲姤，至十一月陽生而爲復，自姤至復，凡七月也。消極而生，無有間斷，物極必返，理之自然，生死始終，皆一理也。○朱子曰：此段爲横渠「形潰反原」之説而發也。

明道先生曰：天地之間只有一箇感與應而已，更有甚事？朱子曰：陰陽之變化，萬物之生成，情僞之相通，事爲之終始，一爲感則一爲應，循環相代，所以不已也。○潛室陳氏曰：感應二字，通貫陰陽動静，蓋今日之晝固起今日之夜，而今日之夜又起明日之晝，天地間不過如此耳。

問仁，伊川先生曰：此在諸公自思之，將聖賢所言仁處類聚觀之，體認出來。朱子曰：類聚孔孟言仁處，以求夫仁之説，程子爲人之意可謂深切。然專一如此，却恐不免長欲速好徑之心，資入耳出口之弊，亦不可不察也。孟子曰：「惻隱之心，仁也。」後人遂以愛爲仁。愛自是情，仁自是性，豈可專以愛爲仁？孟子言：「惻隱之心，仁之端也。」既曰仁之端，則不可便謂之仁。退之言「博愛之謂仁」，非也。仁者固博愛，然便以博愛爲仁則不可。韓愈，字退之，唐大儒，作原道篇，首言「博愛之謂仁」。葉氏曰：仁者，愛之性；愛者，仁之情。以愛爲仁，是指情爲性。端之云者，言仁在其中而端緒見於外也。或謂「樊遲問仁，子曰『愛人』」，是夫子亦嘗以愛言仁也。曰：孔門問答，皆是教人於已發處用功。孟子所謂「惻隱之心，仁也」，亦是於已發之端體認。但後之論仁者，無復知性情之别，故程子發此義以示人，欲使沿流而泝其源也，學者其深體之。

問：仁與心何異？曰：心譬如穀種，生之性便是仁，陽氣發處乃情也。種，上聲。○葉氏曰：以穀種喻心。生之性便是愛之理，陽氣發處便是惻隱之情。○朱子曰：程子説生意處，非以生意爲仁，言生物皆能發動，死物便都不能。譬如五穀，蒸殺則不能生也。

義訓宜，禮訓别，智訓知，仁當何訓？説者謂訓覺、訓人，皆非也。當合孔孟言仁處，大概研窮之，二三歲得之，未晚也。葉氏曰：訓者，以其字義難明，故又假一字以訓解之。義者，天理之當然，所以裁制乎事物之宜，故訓宜。禮者，天理之節文，所以别親疏上下之分，故訓别。智者，天理之明睿，所以知事物之是非，故訓知。仁道至大，包乎三者，故爲難訓。説者謂訓「覺」者，言不爲物欲所蔽，癢疴疾痛，觸之即覺。夫仁者固無所不覺，然覺不足以盡仁之藴也。訓「人」者，言天地生人均氣同理，以人體之，則惻怛慈愛之意自然無所間斷。夫仁者固以人爲體，然不可以此訓仁也。○朱子仁説曰：天地以生物爲心者也，而所生之物〔三〕，又各得夫天地生物之心以爲心者也。故語心之德雖其總攝貫通，無所不備，然一言以蔽之，曰仁而已矣。蓋天地之心，其德有四，曰元亨利貞，而元無不統。其運行焉，則爲春夏秋冬之序，而春生之氣無所不通。故人之爲心，其德亦有四，曰仁義禮智，而仁無不包。其發用焉，則爲愛恭宜别之情，而惻隱之心無所不貫。故論天地之心者，則曰乾元坤元，則四德之體用不待悉數而足；論人心之妙者，則曰「仁，人心也」，則四德之體用亦不待徧舉而該。蓋仁之爲道，乃天地生物之心，即物而在。情之未發，而此體已具；情之既發，而其用不窮。誠能體而存之，則衆善之本，百行之原，莫不在是。此孔門之教，所以必使學者汲汲于求仁也。其曰「克己復禮爲仁」，言能克去己私，復乎天理，則此心之體無不在，而此心之用無不行也。又曰「居處恭，執事敬，與人忠」，則亦所以存此心也。又曰「事親孝，事兄弟，及物恕」，則亦所以行此心也。又曰「求仁而得仁」，則以讓國而逃、諫伐而餓爲能不失乎此心也。又曰「殺身成仁」，則以欲甚於生、惡甚於死爲能不害乎此心也。此心何心也？在天地則块然生物之心，在人則温然愛人利物之心，包四德而貫四端者也。或曰：若子之言，則程子所謂「愛，情；仁，性；不可以愛爲仁」者，非與？曰：不然。程子之所謂以愛之發而名仁者也，吾之所論以愛之理而名仁者也。蓋所謂情性者，雖其分域之不同，然其脉絡之通，各有攸屬者，則曷嘗判然離絶而不相管哉？吾方病夫學者誦程子之言而不求其意，遂至於判然離愛而言仁，故特論此以發明其遺意，而子顧以爲異乎程子之説，不亦悮哉！或曰：程氏之徒言仁者多矣，蓋有謂愛非仁，而以萬物與我爲一爲仁之體者矣；亦有謂愛非仁，而以心有知覺釋仁之名者矣。今子之言若是，然則彼皆非歟？曰：彼謂物我爲一者，可以見仁之無不愛矣，而非仁之所以爲體之真也；彼謂心有知覺者可以見仁之包乎智矣，而非仁之所以得名之實也。觀孔子答子貢博施濟衆之問，與程子所謂覺不可以訓仁者，則可見矣，子尚安得復以此而論仁哉。抑泛言同體者，使人含糊昏緩而無警切之功，其弊至於認物爲己者有之矣。專言知覺者，使人張皇迫躁而少沉潛之味，其弊至於認欲爲理者有之矣。一忘一助，二者蓋胥失之，而知覺之云者，於聖門所示樂山能守之氣象，尤不相似也。子尚安得復以此而論仁哉！

性即理也。天下之理，原其所自，未有不善。喜怒哀樂未發，何嘗不善？發而中節，則無往而不善。發不中節，然後爲不善。樂，音洛。中，去聲。○朱子曰：「性即理也」，在心謂之性，在事謂之理。此句便是千萬世説性之根基。又曰：未發之前，氣不用事，所以有善而無惡。○薛氏曰：「性即理也」，循天理即率性也。故凡言善惡，皆先善而後惡；言吉凶，皆先吉而後凶；言是非，皆先是而後非。本注：易傳曰：成而後有敗，敗非先成者也；得而後有失，非得何以有失也？

問：心有善惡否？曰：在天爲命，在義爲理，在人爲性，主於身爲心，其實一也。在義爲理，言事物當然之宜，即理之所在也。或問：既曰「在物爲理，處物爲義」，又曰「在義爲理」，如何？潛室陳氏曰：「理對義言，則理爲體而義爲用；理對道言，則道爲體而理爲用。」心本善，發於思慮則有善有不善。若既發，則可謂之情，不可謂之心。「心本善」者，以道心之體而言也。「發於思慮則有善有不善」者，以人心之幾而言也。然心統性情，既發豈可謂之非心耶？○朱子曰：疑此段微有未穩處。蓋凡事莫非心之所爲，雖放僻邪侈，亦是心之爲也，善惡但如反覆手耳。譬如水，只可謂之水；至如流而爲派，或行於東，或行於西，却謂之流也。按「性」「情」之字，皆從心，「源」「流」之字，皆從水，豈可謂流非水乎？○朱子曰：心譬水也。性，水之理也。性所以立乎水之静，情所以行乎水之動，欲則水之流而至於濫也。

性出於天，才出於氣。氣清則才清，氣濁則才濁。才則有善有不善，性則無不善。天者理而已矣，氣則陰陽五行之變，萬有不齊，故才或以之爲善，或以之爲不善，而性則本無不善也。○

朱子曰：理如寶珠，氣如水，有是理而後有是氣，有是氣則必有是理。但氣禀之清者爲聖賢，如珠落在清水中；氣禀之濁者爲愚暗，如珠落在濁水中。

性者自然完具，信只是有此者也，故四端不言信。葉氏曰：仁、義、禮、智，分而言之，則四者各立，自然全具。實有是四者，則謂之信，非於四者之外别有信也。孟子論四端而不及信，蓋信在其中矣。○延平李氏曰：五常言信，配五行而言；四端不言信，配四時而言也。蓋土分王於四時之季，信已立於四端之中者也。

心，生道也。有是心，斯具是形，以生惻隱之心，人之生道也。葉氏曰：心者，人之生理也。「有是心，斯具是形」，此言生人之道；「惻隱之心，人之生道」，此言人得是心，故酬酢運用，生生而不窮。苟無是心，則同於砂石而生理絶矣。○朱子曰：「心生道也」恐有闕文，此四字説不盡。蓋天地生物之心是仁，人之禀賦接得此天地之心，方能有生。故惻隱之心，在人亦爲生道。

横渠先生曰：氣坱然太虛，升降飛揚，未嘗止息。此虛實、動静之機，陰陽、剛柔之始。浮而上者陽之清，降而下者陰之濁。其感遇聚結〔四〕，爲風雨，爲霜雪，萬品之流形，山川之融結，糟粕煨燼，無非教也。解見正蒙，下同。

遊氣紛擾，合而成質者，生人物之萬殊。其陰陽兩端循環不已者，立天地之大義。

天體物不遺，猶仁體事而無不在也。「禮儀三百，威儀三千」，無一物而非仁也。「昊天曰明，及爾出王。昊天曰旦，及爾游衍」，無一物之不體也。

鬼神者，二氣之良能也。

物之初生，氣日至而滋息；物生既盈，氣日反而游散。至之謂神，以其伸也；反之謂鬼，以其歸也。

性者，萬物之一源，非有我之得私也。惟大人爲能盡其道。是故立必俱立，知必周知，愛必兼愛，成不獨成。彼自蔽塞而不知順吾理者，則亦末如之何矣。

一故神。譬之人身，四體皆一物，故觸之而無不覺，不待心使至此而後覺也。此所謂「感而遂通」，「不行而至，不疾而速」也。易説。○葉氏曰：天地之爲物不貳，故妙用而無方；聖人之心不貳，故感通而莫測。朱子曰：發於心，達於氣，天地與吾身共是一物。所謂鬼神者，亦是自家之氣，思慮纔動，這氣即敷於外，自然有所感通。○問「一故神」。朱子曰：近思録所載與本書不同，緣當時伯恭不肯全載，故後來不曾與他添得。「一故神」，注云「兩在故不測」；「兩故化」，注云「推行於一」。直卿云「一故神」猶「一動一静，互爲其根」，「兩故化」猶「動極而静」、「静極復動」。

心，統性情者也。語録，下同。○朱子曰：性爲體，情爲用。性情皆出於心，故心能統之。統如統兵之統，言有以主之也。○潛室陳氏曰：心居性情之間，向裏即是性，向外即是情，心居二者之間而統之。所以聖賢工夫只在心裏，著到一舉而兼得之。

凡物莫不有是性。由通蔽開塞，所以有人物之別；由蔽有厚薄，故有智愚之別。塞者牢不可開，厚者可以開，而開之也難，薄者開之也易。開則達於天道，與聖人一。易，去聲。○葉氏曰：有是氣必有是理，此人與物之所共由也。由氣有通蔽開塞，故有人物之異。由蔽有厚薄，故人又有智愚之異。塞者，氣拘而填實之也，故不可開，此言物也。蔽者，但昏暗而有所不通，皆可開也，顧有難易之分耳。及其既開，則通乎天道，與聖人一，此言人也。○朱子曰：横渠此段不如吕與叔分曉。吕曰：蔽有淺深，故爲昏明；蔽有開塞，故爲人物。又曰：人之性論明暗，物之性只是偏塞。暗者可使之明也，偏塞者不可使之通也。

校勘記

〔一〕物理之始終變易　「變易」，原作「不易」，據朱子全書本朱子語類（上海古籍出版社、安徽教育出版社，下簡稱朱子語類）卷七二改。

〔二〕所以有輪迴之説　按此段文字實葉采録李方子（果齋）之説，原文見張九韶理學類編卷六。

〔三〕而所生之物　朱子全書本晦庵先生朱文公文集（下簡稱晦庵集）卷六七仁説作「而人物之生」。

〔四〕其感遇聚結　「結」，原作「散」，據四庫全書本横渠易説改。

近思録集解卷二　凡百一十二條

濂溪先生曰：聖希天，賢希聖，士希賢。伊尹、顔淵，大賢也。伊尹恥其君不爲堯舜，一夫不得其所，若撻於市；顔淵不遷怒，不貳過，三月不違仁。志伊尹之所志，學顔子一作淵。之所學，過則聖，及則賢，不及則亦不失於令名。解見通書，下同。

聖人之道，入乎耳，存乎心，藴之爲德行，行之爲事業。彼以文辭而已者，陋矣。

或問：仲尼之門，其徒三千，獨稱顔子爲好學。夫詩、書六藝，三千子非不習而通也，然則顔子所獨好者，何學也？伊川先生曰：學以至聖人之道也。聖人可學而至歟？曰：然。學之道如何？曰：天地儲精，得五行之秀者爲人。其本也真而静，其未發也五性具焉，曰仁義禮智信。形既生矣，外物觸其形而動於中矣。其中動而七情出焉，曰喜、怒、哀、樂、一作懼。愛、惡、欲。情既熾而益蕩，其性鑿矣。好、惡，並去聲。夫，音扶。樂，音洛。○朱子曰：儲謂停蓄。天地儲蓄，得二氣之精聚，故能生出萬物。真指本體而言，静言其未感乎物。所謂未發即静之謂也，所謂五性即真之謂也。性固不可鑿，但人不循此理，任意妄作，去傷了他耳。是故覺者約其情，使合於中，正其心，養其性；愚者則不知制之，縱其情而至於邪僻，梏其性而亡之。葉氏曰：明覺之士，以禮制情，使不失乎中，故能正其心而不流於邪僻，養其性而不至於梏亡。愚者反是。梏，猶桎梏，謂拘攣而暴殄之。言人之所以貴於學也。然學之道，必先明諸心，知所往，一作養。然後力行以求至，所謂自明而誠也。○朱子曰：明諸心，知所往，窮理之事也。力行求至，踐履之事也。誠之之道，在乎信道篤，信道篤則行之果，行之果則守之固。仁義忠信不離乎心，造次必於是，顛沛必於是，出處語默必於是，久而弗失，則居之安，動容周旋中禮，而邪僻之心無自生矣。處，上聲。中，去聲，下同。○朱子曰：造次，急遽苟且之時；顛沛，傾覆流離之際。○葉氏曰：以上兩節，論爲學之道詳盡，其大綱有三焉：明諸心、知所往者，智之事也；力行以求至者，仁之事也；信道篤以下，勇之事也。然勇之中亦備此三者，故信之篤者，智之勇也；行之果者，仁之勇也；守之固者，勇之勇也。仁義忠信不離乎心者，信之篤也；造次顛沛出處語默必於是者，行之果也；久而弗失，守之固也。動容周旋中禮，邪僻之心不生，則幾於化矣。故顏子所事，則曰「非禮勿視，非禮勿聽，非禮勿言，非禮勿動」，仲尼稱之，則曰「得一善，則拳拳服膺而弗失之矣」，又曰「不遷怒，不貳過」。有不善未嘗不知，知之未嘗復行也」，此其好之、篤學之之道也。復，扶又反。○顏子之所事者，約情合中之功也；仲尼之所稱者，正心養性之效也。然聖人則不思而得，不勉而中；顏子則必思而後得，必勉而後中，其與聖人相去一息。所未至者守之也，非化之也。以其好學之心，假之以年，則不日而化矣。葉氏曰：聖人生知，故不思而得；安行，故不勉而中。顔子猶必擇善而固執之，然其博文約禮，工力俱到，其未至於聖人者，特一息之間耳。使非短命而死，則不淹時日，所守者化，而與聖人一矣。後人不達，以謂聖本生知，非學可至，而爲學之道遂失。不求諸己而求諸外，以博聞强記、巧文麗辭爲工，榮華其言，鮮有至於道者，則今之學與顔子所好異矣。鮮，上聲。○文集，下同。○葉氏曰：後世聖學無傳，不知反身修德，徒以記問詞章爲學，去道愈遠矣。○朱子曰：不是他樂於爲希名慕利之學，爲緣他不知聖賢可學。飽食終日，無所用心，不成空過，須討箇業次弄，或爲詩，或作文，是他没著渾身處，只得向那去。俗語所謂無圖之輩是也。

横渠先生問於明道先生曰：定性未能不動，猶累於外物，何如？明道先生曰：所謂定者，動亦定，静亦定，無將迎，無内外。葉氏曰：此章就「猶累於外物」一句反覆辨明。蓋萬物不同，而無理外之物；萬理不同，而無性外之理。凡天下之物理，酬酢萬端，皆吾性之所具也。所謂定性者，非一定而不應也。發而中節，動亦定也；敬而無失，静亦定也。將，送也。事之往也無將，事之來也無迎。動静一定，何有乎將迎？寂然不動者，存於内也；感而遂通者，應於外也。體用一貫，何間乎内外？苟以外物爲外，牽己而從之，是以己性爲有内外也。且以性爲隨物於外，則當其在外時，何者爲在内？是有意於絶外誘，而不知性之無内外也。既以内外爲二本，則又烏可遽語定哉？葉氏曰：承上文而言。「苟以外物爲外」，凡應物者，必「牽己而從之」，是以性爲有内外。如是則方其逐物在外之時，在内已無此性矣，其可乎？蓋有意於絶外物之誘，而不知性本無内外之分也。既分内外爲兩端，則人在天地間不能不與物接，是無時而能定也。夫天地之常，以其心普萬物而無心；聖人之常，以其情順萬事而無情。故君子之學，莫若廓然而大公，物來而順應。葉氏曰：常，常理也。天地之心，運用主宰者是也，然而普徧萬物，實未嘗有心焉。聖人之心，應酬發動者是也，然而隨順萬事，亦未嘗容情焉。故君子之學，廓然大公，何嫌於外物？物來順應，何往而不定哉！此二句又此書之綱領也。朱子曰：大公是「維天之命，於穆不已」，順應是「乾道變化，各正性命」。大公是寂然不動，順應是感而遂通。易曰：「貞吉，悔亡。憧憧往來，朋從爾思。」苟規規於外誘之除，將見滅於東而生於西也。非惟日之不足，顧其端無窮，不可得而除也。葉氏曰：咸卦九四象辭。憧憧，往來不絶貌。各以朋類，從其所思，蓋人之一心應感無窮，苟惡外物之誘而欲除滅之，將見滅於彼而生於此，非惟日見其用力之不足，而亦有不可得而除滅者矣。人之情各有所蔽，故不能適道，大率患在於自私而用智。自私則不能以有爲爲應迹，用智則不能以明覺爲自然。今以惡外物之心，而求照無物之地，是反鑑而索照也。惡，去聲，下同。○葉氏曰：人心各有所蔽，大概在自私與用智之兩端。蓋不能廓然而大公，故自私；不能物來而順應，故用智。自私者樂於無爲，而不知以有爲爲應迹之當然；用智者作意於有爲，而不知以明覺爲循理之自然。今惡外物之累己，是自私之心也；而求照無物之地，是亦用智之過也。猶反鑑以索照，寧可得哉？易曰：「艮其背，不獲其身；行其庭，不見其人。」孟氏亦曰「所惡於智者，爲其鑿也」，朱子曰：「不獲其身」、「不見其人」，此説廓然而大公。「所惡於智者，爲其鑿也」，此説物來而順應。與其非外而是內，不若內外之兩忘也，兩忘則澄然無事矣。無事則定，定則明，明則尚何應物之爲累哉？葉氏曰：自私、用智之患，其根在於分內外爲二，以在外者爲非，在內者爲是。然在外者終不容以寂滅，故常爲外物所撓。惟能知性無內外而兩忘之，則動静莫非自然澄然無事矣，所謂廓然大公者也。無事則心無所累，故能明，明則物來順應，尚何外物之累哉？蓋內外兩忘，則非自私；能定而明，則非用智也。聖人之喜，以物之當喜；聖人之怒，以物之當怒。是聖人之喜怒，不係於心而係於物也。是則聖人豈不應於物哉？烏得以從外者爲非，而更求在內者爲是也？今以自私用智之喜怒，而視聖人喜怒之正爲如何哉？葉氏曰：聖人未嘗無喜怒，是未嘗自私也。然其喜怒皆係彼而不係此，是未嘗用智也。以自私、用智之喜怒，其視聖人之喜怒，一循乎天理之正者，豈不大相戾哉？夫人之情，易發而難制者，惟怒爲甚。第能於怒時遽忘其怒，而觀理之是非，亦可見外誘之不足惡，而於道亦思過半矣。夫，音扶。易，去聲。○忘怒者，忘其血氣之私也。觀理之是非者，觀其節之中否以自反也。○朱子曰：定性者，存養之功至，而得性之本然也。性定則動静如一，而內外無間矣。天地之所以爲天地，聖人之所以爲聖人，不以其定乎？君子之學，亦以求定而已。故廓然而大公者，仁之所以爲體也。物來而順應者，義之所以爲用也。仁立義行，則性定而天下之動一矣，所謂貞也。夫豈急於外誘之除，而反爲是憧憧哉！然常人之所以不定者，非其性之本然也。自私以賊夫仁，用智以害夫義，是以情有所蔽而憧憧耳。不知自反以去其蔽，顧以惡外物爲心，而反求照於無物之地，亦見其用力愈勞，而燭理愈昧，益以憧憧而不自知也。「艮其背」，則不自私矣。行無事，則不用智矣。内外兩忘，非忘也，一循於理，不是内而非外也。不是内而非外，則大公而順應，尚何事物之爲累哉！聖人之喜怒，大公而順應，天理之極也。衆人之喜怒，自私而用智，人欲之盛也。忘怒則公，觀理則明，二者所以自反而去蔽之方也。夫張子之於道，固非後學所敢議，然意其强探力取之意多，涵泳充養之功少。程子以是發之，其旨深哉！又曰：定性書言不惡事物，亦不逐事物，不拒不流，泛應曲當，是誠意正心以後事。

伊川先生答朱長文書曰：聖賢之言，不得已也。蓋有是言，則是理明；無是言，則天下之理有闕焉。如彼耒耜陶冶之器，一不制則生人之道有不足矣。聖賢之言雖欲已，得乎？然其包涵盡天下之理，亦甚約也。葉氏曰：耒之首爲耜，耜之柄爲耒。範土曰陶，鑄金曰冶。

聖賢之言，本非得已也，蓋將發明天理以覺斯民，猶民生日用之具不可缺也。然其言寡而理無不該，亦非以多言爲貴也。後之人始執卷，則以文章爲先，平生所爲，動多於聖人。然有之無所補，無之靡所闕，乃無用之贅言也。不止贅而已，既不得其要，則離真失正，反害於道必矣。葉氏曰：後人徒志於文，而不足以明理，則非徒無益而已，蓋不得其本，未免流於邪僞，反害於道矣。來書所謂欲使後人見其不忘乎善，此乃世人之私心也。夫子「疾没世而名不稱焉」者，疾没世無善可稱云爾，非謂疾無名也。名者所以厲中人，君子所存，非所汲汲。葉氏曰：君子學以爲己，苟求人知，則是私心而已。

內積忠信，所以進德也；擇言篤志，所以居業也。釋乾九三文言之意。朱子曰：擇言謂修辭，篤志謂立誠。又曰：進者日新而不已，居者一定而不易。知至至之，致知也。求知所至而後至之，知之在先，故可與幾，所謂「始條理者，智之事也」。知終終之，力行也。既知所終，則力進而終之，守之在後，故可與存義，所謂「終條理者，聖之事也」。此學之始終也。易傳，下同。○朱子曰：「知至至之」主知，「知終終之」主行，似亦不必如此説。蓋無一念之不誠，所以進其德也。德謂之「進」，則是見得許多，又進許多。無一言之不實，所以居其業也。謂之「居」，則是知之至，又有以居之也。

君子主敬以直其內，守義以方其外。敬立而內直，義形而外方。義形於外，非在外也。釋坤六二文言之意。朱子曰：敬立而內自直，義形而外自方。若欲以敬要去直內、以義要去方外，即非矣。敬義既立，其德盛矣，不期大而大矣，德不孤也。無所用而不周，無所施而不利，孰爲疑乎？朱子曰：有敬而無義不得，有義而無敬亦不得，須是敬義立，方不孤。施之事君則忠於君，事親則悦於親，交朋友則信於朋友，皆不待習而無一之不利矣。

動以天爲无妄，動以人欲則妄矣。无妄之義大矣哉！葉氏曰：震下乾上爲无妄。震，動也；乾，天也。故曰「動以天」。妄，邪僞也。動而純乎天理，則无邪妄矣。雖無邪心，苟不合正理，則妄也，乃邪心也。朱子曰：「雖無邪心，苟不合正理」，該動静而言。蓋如燕居獨處之時，物有來感，理所當應。而此心頑然固執不動，則此不動處便非正理。又如應事接物處，理當如彼，而吾之所以應之者乃如此，則雖未必出於血氣人欲之私，然只此亦是不合正理。既有不合正理，非邪妄而何？不專爲莊敬持養，此心既存設也。既已无妄，不宜有往，往則妄也。故无妄之彖曰：「其匪正有眚，不利有攸往。」「不利有攸往」，連上文「匪正有眚」而言，非謂无妄即不宜往也，時止則止，時行則行，焉有固守如木石而可以爲无妄者哉！

人之藴畜，由學而大，在多聞前古聖賢之言與行。考跡以觀其用，察言以求其心，識而得之，以蓄成其德。行，去聲。識，音志。○釋大畜大象之義。考跡觀用，往行之畜也。察言求心，前言之畜也。

咸之象曰：「君子以虚受人。」傳曰：中無私主，則無感不通。以量而容之，擇合而受之，非聖人有感必通之道也。葉氏曰：咸者，感也，故咸卦皆以感爲義。惟虚中而無所私主，則物來能應，有感必通也。若夫有量則必有限，有合則必有不合，此非聖人感通之道也。其九四曰：「貞吉，悔亡。憧憧往來，朋從爾思。」傳曰：感者，人之動也，故咸皆就人身取象。四當心位而不言「咸其心」，感乃心也。感之道無所不通，有所私係則害於感通，所謂悔也。聖人感天下之心，如寒暑雨暘，無不通、無不應者，亦貞而已矣。貞者，虛中無我之謂也。或問：貞者，正也，未有解爲虛中無我者。葉氏曰：愚聞之師曰：諸卦之貞，各隨卦義以爲正。乾以健爲貞，坤以順爲貞，故曰「利牝馬之貞」。「虛中無我」者，咸之貞也。然此與象「以虛受人」異者，蓋象取山澤通氣之義，謂虛中以受人之感，爻取四爲感之主，謂虛中以感人也。惟虛則能應人之感，惟虛則能感人之應，其理則一也。若往來憧憧然，用其私心以感物，則思之所及者有能感而動，所不及者不能感也。以有係之私心，既主於一隅一事，豈能廓然無所不通乎？朱子曰：易咸感處，伊川說得未備。往來有自然之理，惟正靜爲主，則吉而悔亡。至於憧憧則私爲主，而思慮之所及者朋從，所不及者不能感也。是以事未至則迎之，事已過則將之。今人皆病於無公平之心，所以事物之來，少有私意雜焉，則陷於所偏重矣。

君子之遇艱阻，一作「險」。必自省於身，有失而致之乎？有所未善則改之，無歉於心則加勉，乃自脩其德也。釋蹇大象之義。改之者，不可以怠而廢也。加勉者，不可以阻而廢也。此處蹇之道也。

非明則動無所之，非動則明無所用。豐之爲卦，下明上動，知行相須之義也。朱子曰：徒行不明，則行無所向，冥行而已。徒明不行，則明無所用，空明而已。

習，重習也。時復思繹，浹洽於中，則説也。復，扶又反。説，音悦。○朱子曰：學而習，習而説，脉絡貫通，所謂浹洽者是也。如浸物於水中，久則透裏皆濕。以善及人，而信從者衆，故可樂也。樂，音洛，下同。○朱子曰：「須是自家有至善，方可及人。」雖樂於及人，不見是而無悶，乃所謂君子。經説，下同。○葉氏曰：自信篤而無待於外，所以爲成德也。

古之學者爲己，欲得之於己也；今之學者爲人，欲見知於人也。爲，去聲。○葉氏曰：爲己者，如食之求飽、衣之求温，温飽在己，非爲人也。爲人者，但求在外之美觀，非關在我之實用。故學而爲己，則所得者皆實得；學而爲人，則雖或爲善，亦非誠心。况乎志在務外，自爲欺誑，善日銷而惡日長矣。○朱子曰：學者視天下之事以爲己事之所當然者而爲之，則雖甲兵、錢穀、籩豆、有司之事，皆爲己也。以爲可以求知於世而爲之，則雖割股、廬墓、敝車、羸馬，亦爲人耳。又曰：爲學且要分别内外，義利便是生死路頭。

伊川先生謂方道輔曰：聖人之道，坦如大路，學者病不得其門耳，得其門，無遠之不可到也。求入其門，不由於經乎？今之治經者亦衆矣，然而買櫝還珠之弊，人人皆是。經所以載道也，誦其言辭，解其訓詁，而不及道，乃無用之糟粕耳。葉氏曰：方元寀字道輔。經所以載道，猶櫝所以藏珠。治經而遺乎道，猶買櫝而還其珠。薛氏曰：千古聖賢垂訓炳明，欲人讀其書、行其道也，苟徒資爲口耳文詞之用，而不行其道，所謂買櫝還珠也，可不戒哉！覬足下由經以求道，勉之又勉，異日見卓爾有立於前，後不知手之舞、足之蹈，不加勉而不能自止矣。手帖。○葉氏曰：道非有形狀之可見，蓋其志道之切，行道之篤，視聽言動，造次顛沛不離乎道，用力既久，所見益爲親切，如有卓然而立於前者，則中心喜樂，自然欲罷不能矣。

明道先生曰：「修辭立其誠」，不可不子細理會。言能修省言辭，便是要立誠。若只是脩飾言辭爲心，只是爲僞也。葉氏曰：脩省言辭者，中有其誠，省治之將以立實德也。脩飾言辭者，中無其誠，虛飾之將以爲誇美也。省飾之間，乃天理人欲之分。若脩其言辭，正爲立己之誠意，乃是體當自家敬以直內、義以方外之實事。爲、當，並去聲。○葉氏曰：敬義說見前。「誠意」者，合敬義之實而爲言也。體當，俗語，猶所謂體驗勘當也。蓋脩其言辭者所以擬議其敬義之實事，而非徒事於虛辭也。道之浩浩，何處下手？惟立誠纔有可居之處，有可居之處，則可以脩業也。葉氏曰：浩浩，流行盛大貌。下手，謂用力處。道之廣大，於何用工？惟立己之誠意始有可據守之地。此誠既立，則其業之所就日以廣大。「終日乾乾」，大小大事，却只是「忠信所以進德」爲實下手處，「脩辭立其誠」爲實脩業處。遺書，下同。○葉氏曰：「君子終日乾乾」，是體「天行健」之事，可謂大矣。然其實則惟忠信積於內，而無一念之不實者，爲用功之地；脩辭立於外，而無一言之不實者，爲見功之地。蓋表裏一於誠。至誠，故乾乾而不息。

伊川先生曰：志道懇切，固是誠意，若迫切不中理，則反爲不誠。蓋實理中自有緩急，不容如是之迫，觀天地之化乃可知。中理之中，去聲。○葉氏曰：有志於道，懇惻切至，固誠意也。然迫切之過而至於欲速助長，則反害乎實理。如春生、夏長、秋成、冬實，固不容一息之間斷，亦不能一日而遽就也。○朱子曰：學者正欲胸中豁然大公，明白四達，方於致知窮理有得力處。今乃追咎往昔，念念不忘，竊恐其徒自煎熬，無復理義悦心之味。程子所謂「迫切不中理，則反爲不誠」，正慮此耳。升高自下，陟遐自邇，能不遺寸晷而不計近功，則終有必至矣。

明道先生曰：孟子才高，學之無可依據。學者當學顔子，入聖人爲近，有用力處。胡氏曰：孟子才高，在心性源頭處理會，便在此下手，非有孟子天資，便無可依據。又曰：學者要學得不錯，須是學顔子。本注：有準的。○朱子曰：孟子元來見識自高，顔子雖未嘗不高，然其學却細膩切實，所以學者有用力處。問：如養氣處，豈得爲無可依據？曰：孟子皆是要用，顔子須就己做工夫，所以學顔子則不錯。

且省外事，但明乎善，惟進誠心，其文章雖不中，不遠矣。所守不約，泛濫無功。中，去聲。○朱子曰：外事所可省者省之，所不可省者亦强省不得，善是每事之至理，知至即意誠，善纔明，誠心便進，文章是威儀制度。此段恐是吕與叔自關中來初見程子時説話。蓋横渠學者多用心於禮文制度之事，而不近裏，故以此告之。

學者識得仁體，實有諸己，只要義理栽培。如求經義，皆栽培之意。朱子曰：「識得」是知之也，「實有」是得之也。葉氏曰：仁者，天地之生理，人心之全德也。其體具於心，固人之所本有。然必內返諸己，察之精，養之厚，有以見夫仁之全體實爲己有，則吾心所存無非天理。而後博求義理以封植之，則生理日以充長，而仁不可勝用矣。

昔受學於周茂叔，每令尋仲尼、顏子樂處，所樂何事。解見通書後録。

所見所期，不可不遠且大，然行之亦須量力有漸。志大心勞，力小任重，恐終敗事。朱子曰：學者之志，固不可不以遠大自期，然觀聖人之教，循循有序，不過使人求之至小至近之中，博之文以開其講學之端，約之禮以嚴其踐履之實，使之得寸則守其寸，得尺則守其尺。如是久之，日滋月益，然後道之全體乃有所嚮望而漸可識，有所循習而漸可能，自是而往，俛焉孜孜，斃而後已。而其所造之淺深，所就之廣狹，亦非可以必詣而預期也。蓋於此小差，則心失其正，雖有仰高鑽堅之志，而反爲謀利計功之私矣。

朋友講習，更莫如相觀而善工夫多。易曰：「君子以朋友講習。」記曰：「相觀而善之謂摩。」言講習之益在於觀感而爲善，不徒辯論而已也。

須是大其心使開闊，譬如爲九層之台，須大做脚始得。大其心者，不以私意隔礙之也。凡至崇之物，必以至廣者爲基，不然則傾矣。○朱子曰：學、問之後，斷以寬居，信道篤而又欲執德弘者。

人之爲心，不可促迫也。善之來無窮而吾受之有餘地，則心廣而道積矣。

自「舜發於畎畝之中」至「孫叔敖舉於海」，若要熟也，須從這裏過。朱子曰：曾親歷過，方認得許多險阻去處。若素不曾行，少間便墮阬落塹也。○葉氏曰：履難處困，則歷變多而慮患深，察理密而制事審。

參也，竟以魯得之。朱子曰：曾子只緣魯鈍，被他不肯放過，所以做得透徹。若是放過，只是魯而已。又曰：魯鈍則無造作。又曰：魯鈍却能守其心專一。○胡氏曰：見義理不怕見得鈍，只怕見得淺。雖見得快，若不精深，亦不得濟事。故曰「參也，竟以魯得之」。

明道先生以記誦博識爲玩物喪志。識，音志。喪，去聲。○本注：時以經、語録作一册。鄭轂云：曾見顯道先生云：「某從洛中學時，録古人善行，別作一册，明道見之，曰是玩物喪志。」蓋言心中不宜容絲髮事。胡安國曰：謝先生初以記問爲學，自負該博，對明道舉史書成篇，不遺一字。明道先生曰：賢却記得許多，可謂玩物喪志。謝聞此語，汗流浹背，面發赤。及看明道讀史，又却逐行看過，不蹉一字，謝甚不服。後來省悟，却將此事做話頭，接引博學之士。○謝良佐，字顯道，上蔡人，程子門人也。朱子曰：明道玩物喪志之説，蓋箴上蔡記誦博識而不理會道理之病，渠因此語，遂一向掃蕩，直要得胸中曠然無一毫所能，可謂矯枉過其正矣。又曰：上蔡只是誇多鬬靡爲能，若明道看史，不差一字，則意思自別，此正爲己爲人之分。

禮樂只在進反之間，便得性情之正。朱子曰：退讓收斂撙節之謂減，禮之體本如此，進者力行之意。和悦舒散快滿之謂盈，樂之體本如此，反者退斂之意。禮減而却進，樂盈而却反，所以爲得性情之正也。

父子君臣，天下之定理，無所逃於天地之間。安得天分，不有私心，則行一不義，殺一不辜而得天下，有所不爲。有分毫私，便不是王者事。天分之分，去聲。○葉氏曰：父子君臣，人倫之大端，天下之定理，立於天地之間者，必有所不容廢者也。惟能全其天理而無私心者，則處之各當其分，而行一不義之事，殺一不辜之人，雖可以得天下亦不爲也。蓋堯舜授禪無虧父子之恩，湯武征伐無愧君臣之義，皆無私心故也。

論性不論氣，不備；論氣不論性，不明。二之則不是。朱子曰：論性不論氣，則無以見生質之異；論氣不論性，則無以見義理之同。葉氏曰：性者氣之理，氣者性之質，元不相離，判而二之，則亦非矣。○朱子曰：論性不論氣，孟子言性善是也。論氣不論性，荀子言性惡、揚子言善惡混是也。程子此言，所以發明千古聖賢未盡之意，甚爲有功。胡氏曰：孟子在本原上看，故以性爲善；荀子在情欲上看，故以性爲惡；韓子在氣質上看，故以性有三品；揚子見道不明，故曰善惡混。程、朱通兼本原氣稟而言，斯爲明備。

論學便要明理，論治便須識體。葉氏曰：論學而不明理，則徒事乎詞章記誦之末，未爲知學也。論治而不識其體，則徒講乎制度文爲之末，未爲知治也。○朱子曰：如在朝廷便須開言路，通下情，消朋黨；爲大吏便須求賢才，去贓吏，除暴斂，均力役；作州縣便合治告訐，除盜賊，勸農桑，抑末作。只怕人大事不曾做得，却以小事爲當急，便傷了那大體。

曾點、漆雕開已見大意，故聖人與之。朱子曰：大意是本初處推其極，只惟皇上帝降衷於下民，若不見大意，如何下手做工夫？若已見大意而不下手做工夫亦不可。又曰：論其資質之誠慤，則開優於點；語其見趣超詣、脱然無毫髮之累，則點賢於開。然開之進未有已也。

伊川先生曰：根本須是先培壅，然後可立趨向也。趨向既正，所造有淺深則由勉與不勉也。葉氏曰：涵養心德，根本深厚，然後立趨向而不差，又勉而不已，乃能深造。○朱子曰：先立根本，後正趨向，即所謂未有致知而不在敬者。又曰：收得放心，後自能尋向上去，亦此意也。

敬、義夾持，直上達天德自此。朱子曰：夾持者，内外並進之謂也；直上者，不爲物欲所累而倒東來西之謂也。敬主乎中，義防乎外，二者相夾持，要放下霎時也不得，只得直上去，故便達天德。

懈意一生，便是自棄自暴。滿假怠荒，皆懈意也，必入於自暴自棄之歸矣。○胡氏曰：志不可放倒，身不可放弱。

不學便老而衰。葉氏曰：學問則義理爲主，故閲理久而益以精明。不學則血氣爲主，故閲時久而益以衰謝。

人之學不進，只是不勇。朱子曰：學者立志須教猛勇，自當有進。志不足以有爲，此學者之大病。

學者爲氣所勝，習所奪，只可責志。葉氏曰：立志之不大不剛，則義理不足以勝其氣質之固蔽，學力不足以移其習俗之纏繞，故曰只可責志。○潛室陳氏曰：學者爲氣稟所拘，習俗所制，不能擺落纏繞，遂落在漩渦中，無由拔出。學者須是立志爲先。

内重則可以勝外之輕，得深則可以見誘之小。葉氏曰：道義重則外物輕，造理深則嗜欲微。

董仲舒謂：正其義，不謀其利；明其道，不計其功。董仲舒，漢大儒。葉氏曰：義者，當然之理；利者，義之和也。正其義而有謀利之心，則是有所爲而爲之矣。道者，自然之路；功者，行道之效也。明其道而有計功之心，則是有私意介乎其間矣。○朱子曰：正義未嘗無利，明道未必無功，特不自夫功利而爲之耳。

孫思邈曰：膽欲大而心欲小，智欲圓而行欲方。行，去聲。○葉氏曰：思邈，隋唐間人。膽大則敢於有爲，心小則密於察理。智圓則通而不滯，行方則正而不流。○朱子曰：志不大則卑陋，心不小則狂妄。圓而不方則譎詐，方而不圓則執滯。愚按：此語本出淮南子，「膽」正作「志」，思邈蓋述之耳。可以爲法矣。

大抵學不言而自得者，乃自得也；有安排布置者，皆非自得也。葉氏曰：學而有得，則暗者忽而明，疑者忽而信，欣然有契於心，蓋有所不能形容者。安排布置即是著意强爲，非真自得者也。○潛室陳氏曰：安排布置，非是見於設施，謂此心此理未到純熟兩忘地位，必有營度計慮之勞，逆施倒作之病。才到自得處，則心便是口，理便是心，心與理忘，口與心忘，處處安行自在，默識心通，不待安排布置也。

視聽、思慮、動作，皆天也，人但於其中要識得真與妄爾。葉氏曰：視聽、思慮、動作，皆天理自然而不容已者。然順理則爲真，從欲則爲妄。○薛氏曰：日用工夫無有切於此者，宜深體力行之。

明道先生曰：學只要鞭辟近裏，切己而已。博學而篤志，切問而近思，「言忠信，行篤敬，」只此是學。行，去聲。○朱子曰：鞭辟，洛中語，大抵是要鞭督向裏去，即此是學，元不曾在外。葉氏曰：學問志思者，致知之事；忠信篤敬者，力行之事，皆切己之學也。質美者明得盡，渣滓便渾化，却與天地同體。其次則須莊敬以持養之，及其至則一也。此章從論語集注文。○朱子曰：天地同體處，如義理之精英，渣滓是私意人欲之未消者。人與天地本一體，只緣渣滓未去，所以有間隔，若無渣滓，便與天地同體。其次惟莊敬持養，以消去其渣滓而已。所謂持養亦非作意穿鑿以求明，但此心常敬，則久之自明矣。又曰：顔子則明得盡者也，仲弓則是莊敬持養之者也。

「忠信所以進德」，「脩辭立其誠，所以居業」者，乾道也；「敬以直内，義以方外」者，坤道也。朱子曰：乾道奮發而有爲，坤道持重而有守。又曰：進脩是箇篤實，敬義是個虚静，故曰陽實陰虚。

凡人才學，便須知著力處；既學，便須知得力處。葉氏曰：始學而不知用力之地，則何以爲入道之端？既學而不知得力之地，則何以爲造道之實？學者隨其淺深，必各有所自得，不然是未嘗實用力於學也。

有人治園圃，役知力甚勞。先生曰：蠱之象「君子以振民育德」，君子之事，惟有此二者，餘無他焉。二者，爲己爲人之道也。知，音智。爲，去聲。○葉氏曰：振民，謂興起而作成之；育德，謂涵養己德。成己成人皆吾道之當然，外此則無益之事，非君子所務矣。○朱子曰：役知力於農圃，内不足以成己，外不足以治人，是濟甚事？

「博學而篤志，切問而近思」，何以言「仁在其中矣」？學者要思得之，了此便是徹上徹下之道。葉氏曰：學問思辨，學者所以求仁也。然「博學而篤志，切問而近思」，皆懇切篤厚之意。即此一念，便是惻隱之心流行發見之地，不待更求，而仁之全體可識矣。故曰「徹上徹下之道」。

弘而不毅，則難立；毅而不弘，則無以居之。本注：西銘言弘之道。○葉氏曰：弘而不毅，則寬大有餘而規矩不足，故不能自立。毅而不弘，則剛强有餘而狹陋自足，故無以居之。

伊川先生曰：古之學者，優柔厭飫，有先後次序。今之學者，却只做一場話説，務高而已。葉氏曰：古之學者有序，隨時隨事，各盡其力，優柔而不迫，厭飫而有餘，故其用功也實，而自得也深。後之學者躐等務高，徒資口耳之末而已。常愛杜元凱語：「若江海之浸，膏澤之潤，涣然冰釋，怡然理順，然後爲得也。」葉氏曰：杜預，字元凱，晉人，注春秋左氏經傳，序中語也。江海之浸，則漸積而深博；膏澤之潤，則優柔而豐腴，此皆言涵養有漸而周徧融液也。至於所見者明徹而無滓，則涣然而冰釋；所存者安裕而不逆，則怡然而理順。學至於是，其深造而自得也可知矣。今之學者，往往以游、夏爲小，不足學。然游、夏一言一事，却總是實。後之學者好高，如人游心於千里之外，然自身却只在此。好，去聲。○葉氏曰：言偃，字子游。卜商，字子夏。二子在孔門固非顔、曾比，然其所言所事，皆明辯而力行之，無非實也。今之學者徒好高而無實，則亦何所至哉？

脩養之所以引年，國祚之所以祈天永命，常人之至於聖賢，皆工夫到這裏，則有此應。修養之引年者，保神煉氣而命不能限之也，老、彭是已。國祚之祈天永命者，積功累仁而數不能拘之也，周室是已。常人之至聖賢者，困知勉行而氣質不能囿之也，太甲、成王是已。焉有有其功而無其效者哉？

忠恕所以公平，造德則自忠恕，其致則公平。盡己之心而忠，久則不待盡而大公無我矣。推己之心而恕，久則不待推而稱物平施矣。造德者，當然之功也；其致者，自然之效也。

仁之道，要之只消道一公字。公只是仁之理，不可將公便喚做仁。公而以人體之，故爲仁。朱子曰：仁者，心之全德也。在我本有此理，公却是克己之極功。所謂「公而以人體之」者，蓋曰克盡己私之後，就自家身上看便見得仁也。又曰：不可以公爲仁，世有以公爲心而慘刻不恤者。須公而有惻隱之心。蓋人撑起這公作骨子，則無私心而仁矣。只爲公則物我兼照，故仁，所以能恕，所以能愛。恕則仁之施，愛則仁之用也。爲，去聲。○朱子曰：公猶無塵也，人猶鏡也，仁則猶鏡之光明也。鏡無纖塵則光明，人無私欲，則心之體用廣大光明而無時不仁，所以能恕能愛。或問：施與用何别？曰：恕之所施，施其愛耳，不恕則雖有愛而不能及人也。

今之爲學者，如登山麓，方其迤邐，莫不闊步，及到峻處便逡巡一作「便止」，須是要剛決果敢以進。迤，音駝。邐，音里。逡，音悛。○朱子曰：爲學須要剛毅果決，悠悠不濟事。且如發憤忘食，樂以忘憂，是什麼精神，什麼骨力！

人謂要力行，亦只是淺近語。人既能知見一切事皆所當爲，不必待著意，纔著意，便是有箇私心。這一點意氣，能得幾時子？葉氏曰：真知事之當然，則不待著意，自不容已。著意爲之，已是私心。所謂私者，非安乎天理之自然，而出乎人力之使然也。徒以其意氣之使然，則亦必不能久，故君子莫急於致知。

知之必好之，好之必求之，求之必得之。古人此箇學是終身事。果能顛沛造次必於是，豈有不得道理？好，去聲。○葉氏曰：學是終身事，則不求速成，不容半途而廢。俛焉孜孜，死而後已可也。顛沛造次必於是，則無一事而非學，無一時而不勉。苟能如是，其有得於斯道可必矣。

所以誘進學者之不容自已也。

古之學者一，今之學者三，異端不與焉。一曰文章之學，二曰訓詁之學，三曰儒者之學。欲趨道，舍儒者之學不可。與，去聲。舍，上聲。○命辭曰文，成體曰章，蘇、王之學是也。釋言曰訓，通古曰詁，鄭、孔之學是也。文章浮靡而無實，訓詁拘鑿而不通，其去道也遠矣。欲趨道者，豈可舍儒者而他求哉？○朱子曰：古之學者明德新民，各求止於至善而已。自聖學不傳，世之爲士者不越乎記誦訓詁文辭之間，以釣聲名、干利禄，是以天下之書愈多而理愈昧，學者之事愈勤而心愈放，詞章愈麗，議論愈高，而其事功之實愈無以逮乎古人。

問：作文害道否？曰：害也。凡爲文，不專意則不工；若專意，則志局於此，又安能與天地同其大也？書曰「玩物喪志」，爲文亦玩物也。喪，去聲。○葉氏曰：人所以參天地而並立者，惟此心爲之主耳。苟志有所局，又安能與天地參哉？故玩習外物則正志喪失，專意爲文亦玩物也。愚謂明道以記誦爲玩物，伊川以作文爲玩物，其所以警俗學之文滅質而博溺心者亦深切矣。呂與叔有詩云：「學如元凱方成癖，文似相如始類俳。獨立孔門無一事，只輸顔氏得心齋。」古之學者，惟務養性情，其他則不學。今爲文者，專務章句，悦人耳目。既務悦人，非俳優而何？葉氏曰：呂大臨，字與叔，程、張門人也。杜元凱嘗自謂有「左氏癖」，所著訓解凡十餘萬言。司馬相如作子虛、上林等賦，徒衒文辭，務以悦人，故曰「類俳」。俳優，倡戲也。齋，嚴肅純一之意也。

心齋説見莊子。薛氏曰：性者道之體，情者道之用，故養性情即學道也。曰：「古者學爲文否？」曰：人見六經，便以謂聖人亦作文，不知聖人亦攄發胸中所蘊，自成文耳。所謂「有德者必有言」也。詩以道志，書以道政，禮以道行，樂以道和，易以道陰陽，春秋以道名分，皆因所蘊而形之於文也。「和順積中，英華發外」，德之與言，豈有二乎？曰：「游、夏稱文學，何也？」曰：游、夏亦何嘗秉筆學爲詞章也？游、夏之文學，習於詩、書六藝而得其意耳，非秉筆爲文也。以今考之，禮運當爲子游所作，喪服傳相傳爲子夏所作，然亦非若後世無用之空言也。且如「觀乎天文以察時變，觀乎人文以化成天下」，此豈詞章之文也？天文，謂日月星辰之象；人文，謂親踈貴賤之等。此賁彖傳文也。○胡氏曰：程子以詩文害道，非是詩文害道，是作詩文者志局於此，所以爲道之害。若道義發於詩文，又何害？不合他專心致力於此，期於工巧，便與聖賢爲己之心不同，於聖賢爲學工夫必荒，子美、退之當初若能做聖賢工夫，不學詩文，其造詣必不止此。

涵養須用敬，進學則在致知。朱子曰：主敬者存心之要，而致知者進德之功，二者交相發焉，則知日益明，守日益固，而舊習之非，自將日改月化於冥冥之中矣。然程子所謂敬者必以整衣冠、慎容貌爲先，而所謂致知者亦不過讀書史、應事物之間求其理之所在而已，則亦何事於他求也哉！○朱子曰：涵養中自有窮理工夫，窮其所養之理；窮理中自有涵養工夫，養其所窮之理。

莫説道將第一等讓與別人，且做第二等。才如此説，便是自棄。雖與不能居仁由義者差等不同，其自小一也。言學便以道爲志，言人便以聖爲志。葉氏曰：性無不善，人所同得，苟安於小成，皆自棄也。○朱子曰：爲學大端在於求復性命之本然，造聖賢之極致。若曰我之意只是要做箇好人，識些道理便休，宜乎工夫不進，日夕漸漸消磨。

問：「必有事焉」，當用敬否？曰：敬是涵養一事。「必有事焉」，須用集義。只知用敬，不知集義，却是都無事也。葉氏曰：孟子言養氣曰「必有事焉」，又曰「是集義所生者」，人之所爲皆合於義，自反無媿，此浩然之氣所以生也。敬者，存心而已，若不集義，安得謂之「必有事焉」？○問：敬不足以盡涵養否？朱子曰：采色養其目，聲音養其耳，理義養其心，皆是養也。又問：義莫是中理否？曰：中理在事，義在心。中，去聲。○葉氏曰：義者，吾心之裁制。中理者，合乎事理之宜也。故有在事、在心之別。○胡氏曰：程子曰處物爲義，又曰義在心。詳味此言，義内之意自見。

問：敬、義何別？曰：敬只是持己之道，義便知有是有非。順理而行是爲義也。若只守一箇敬，不知集義，却是都無事也。朱子曰：敬者，守於此而不易之謂；義者，施於彼而合宜之謂。守主一之敬，遇事不濟之義，以辨其是非，則不活矣。又曰：敬、義工夫，不可偏廢。彼專務集義，而不知主敬者，固有虛驕急迫之病，而所謂義者，或非其義。然專言主敬，而不知就日用間念慮起處分別其公私義利之所在，而決取捨之幾焉則亦未免於昏憒雜擾，而所謂敬者亦非其敬矣。且如欲爲孝，則當知所以爲孝之道，如何而爲奉養之儀，如何而爲温凊之節，莫不窮究，然後能之，非獨守夫孝之一字而可得也。養，去聲。夫，音扶。○此節從大學或問文。

學者須是一作要。務實，不要近名方是。有意近名，則爲僞也。大本已失，更學何事？爲名與爲利，清濁雖不同，然其利心則一也。爲名、爲利之爲，去聲。○朱子曰：務實之事，觀今日學者不能進步，病痛全在此處。但就實做工夫，自然有得，未須遽責效驗也。胡氏曰：學者務名，所學雖博，與自己性分全無干涉，濟得甚事！

「回也，其心三月不違仁」，只是無纖毫私意，有少私意，便是不仁。私意者，念慮之差，非有形迹之可見也，然已不得爲仁之純矣。

「仁者先難後獲」。有爲而作，皆先獲也。古人惟知爲仁而已，今人皆先獲也。有爲之爲，去聲。○「有爲而作」，有所爲而爲之也。○或問：智者利仁，是亦先獲也。葉氏曰：所謂利仁者，以其察之明而後行之決，蓋擇善而固執之者也。未若仁者，安行乎天理之自然而已，又豈區區計功謀效者之爲哉？萌計謀之私，則已非仁矣，尚何利仁之有？

有求爲聖人之志，然後可與共學；學而善思，然後可與適道；思而有所得，則可與立；立而化之，則可與權。志定則其學有準，思通則適道有方，得之則外物莫能揺而能立矣，化之則應變無窮而能權矣。

古之學者爲己，其終至於成物；今之學者爲物，一作人。其終至於喪己。爲、喪，並去聲。○爲己而成物者，推己以及物也；爲物而喪己者，狥物而失身也。○朱子曰：程子借聖言以明己意。其曰成物，則固非爲人之謂；曰喪己，則其爲人也，亦非謂其有濟人利物之心也。

君子之學必日新。日新者，日進也。不日新者必日退，未有不進而不退者。惟聖人之道無所進退，以其所造者極也。葉氏曰：君子之學當日進而不已，一或自止，則智日昏而行日虧矣。惟聖人理造乎極，行底乎成，則無所進退。或曰：聖人純一不已，固未嘗不日新也。曰：論其心，固無時而自已。一念之或已，則是間斷也，何以爲聖人？論其進退之地，則至於神聖而極，不容有所加損也。

明道先生曰：性靜者可以爲學。外書。下同。○涵養以靜而虚，致知以靜而明，非險躁者可及也。○胡氏曰：人心要深沉靜密，方能體察道理，故程子以「性靜者可以爲學」，若躁動淺露則失之矣。

弘而不毅，則無規矩；毅而不弘，則隘陋。

知性善以忠信爲本，此先立其大者。葉氏曰：學莫大於知性。真知性之本善，則知之大者。忠信以爲質，然後禮義有所措。以忠信爲本，則行之大者。

伊川先生曰：人安重則學堅固。葉氏曰：躁擾輕浮，則所知者易忘，所守者易隳。

博學之，審問之，慎思之，明辨之，篤行之。五者廢其一，非學也。學不博則無以備事物之理，問不審則無以決疑似之介，思不慎則無以達精微之域，辯不明則無以別幾微之差，行不篤則無以絶物欲之誘。故此五者序不可紊而功不可闕，乃學之全也。

張思叔請問，其論或太高，伊川不答，良久曰：累高必自下。累，上聲。○葉氏曰：張繹，字思叔，程子門人也。學必有其序，不容躐等。積累而高，必自下始也。

明道先生曰：人之爲學，忌先立標準。若循循不已，自有所至矣。朱子曰：以聖爲志而忌立標準者，「必有事焉而勿正」也。循循不已，而自有所至者，「心勿忘勿助長」也。先難後獲，意亦如此。又曰：學者固當以聖人爲標準，然豈可日日比並而較量之乎？觀顔子喟然之嘆，不於高堅瞻忽處用工，却就博文約禮上進步，則可見矣。

尹彦明見伊川後半年，方得大學、西銘看。尹焞，字彦明，程子門人也。○解見西銘後録。

有人説無心。伊川曰：無心便不是，只當云無私心。異端之學貴無心，故至於枯木死灰而後已。若聖賢之學貴無私心，故鑑空衡平而無所累也。

謝顯道見伊川，伊川曰：近日事如何？對曰：天下何思何慮？伊川曰：是則是有此理，賢却發得太早在。伊川只是會鍛煉得人，説了又道，恰好著工夫也。何思何慮，從容中道之候也。故譏其太早，然苟能用力以求之，亦無不可至者，不然則倡狂而自恣矣。○朱子曰：人所患者，不能見得大體。謝氏合下便見得，只是下學之功都欠，故道「恰好著工夫」。胡氏曰：若窮理到融會貫通之後，雖無思可也，未至此，當精思熟慮以窮其理，故上蔡何思何慮，程子以爲太早。今人未至此，欲屏去思慮使不亂，則必流於禪學空虛，反引何思何慮而欲强合之，誤矣。

謝顯道云：昔伯淳教誨，只管著他言語。伯淳曰：「與賢説話，却似扶醉漢，救得一邊，倒了一邊。」只怕人執著一邊。朱子曰：上蔡因有發於明道「玩物喪志」之一言，故其所論每每過高，如「浴沂」、「御風」、「何思何慮」之類，皆於墮於一偏。

横渠先生曰：「精義入神」，事豫吾内，求利吾外也；「利用安身」，素利吾外，致養吾内也。「窮神知化」，乃養盛自至，非思勉之能强。故崇德而外，君子未或致知也。解見正蒙，下同。

形而後有氣質之性，善反之則天地之性存焉。故氣質之性，君子有弗性者焉。

德不勝氣，性命於氣；德勝其氣，性命於德。窮理盡性，則性天德，命天理。氣之不可變者，獨死生脩夭而已。

莫非天也，陽明勝則德性用，陰濁勝則物欲行。領惡而全好者，其必由學乎！

大其心則能體天下之物。物有未體，則心爲有外。世人之心，止於見聞之狹。聖人盡性，不以見聞梏其心，其視天下無一物非我。孟子謂「盡心則知性知天」以此。天大無外，故有外之心，不足以合天心。

仲尼絶四，自始學至成德，竭兩端之教也。意有思也，必有待也，固不化也，我有方也。四者有一焉，則與天地爲不相似矣。

上達反天理，下達狥人欲者歟！

知崇天也，形而上也。通晝夜而知，其知崇矣。知及之，而不以禮性之，非己有也。故知禮成性而道義出，如天地位而易行。

困之進人也，爲德辨，爲感速。孟子謂「人有德慧術智者，常存乎疢疾」，以此。

言有教，動有法；晝有爲，宵有得；息有養，瞬有存。

横渠先生作訂頑曰：乾稱父，坤稱母。予兹藐焉，乃混然中處。故天地之塞，吾其體；天地之帥，吾其性。民吾同胞，物吾與也。大君者，吾父母宗子；其大臣，宗子之家相也。尊高年，所以長其長；慈孤弱，所以幼其幼。聖，其合德；賢，其秀也。凡天下疲癃殘疾、惸獨鰥寡，皆吾兄弟之顛連而無告者也。于時保之，子之翼也；樂且不憂，純乎孝者也。違曰悖德，害仁曰賊；濟惡者不才，其踐形，惟肖者也。知化則善述其事，窮神則善繼其志。不愧屋漏爲無忝，存心養性爲匪懈。惡旨酒，崇伯子之顧養；育英才，潁封人之錫類。不弛勞而底豫，舜其功也；無所逃而待烹，申生其恭也；體其受而歸全者，參乎；勇於從而順令者，伯奇也。富貴福澤，將厚吾之生也；貧賤憂戚，庸玉汝於成也。存，吾順事；没，吾寧也。明道先生曰：訂頑之言，極醇無雜，秦漢以來學者所未到。又曰：訂頑一篇，意極完備，乃仁之體也。學者其體此意，令有諸己，其地位已高。到此地位，自別有見處。不可窮高極遠，恐於道無補也。又曰：訂頑立心，便達得天德。又曰：游酢得西銘讀之，即涣然不逆於心，曰：此中庸之理也，能求於言語之外者也。楊中立問曰：西銘言體而不及用，恐其流遂至於兼愛，何如？伊川先生曰：横渠立言，誠有過者，乃在正蒙。西銘之書，推理以存義，擴前聖所未發，與孟子性善、養氣之論同功，豈墨氏之比哉！西銘明理一而分殊，墨氏則二本而無分。分殊之弊，私勝而失仁；無分之罪，兼愛而無義。分立而推理一，以止私勝之流，仁之方也。無别而迷兼愛，以至於無父之極，義之賊也。子比而同之，過矣。且彼欲使人推而行之，本爲用也，反謂不及，不亦異乎？○游酢字定夫，程子門人。楊時字中立，程子門人。餘解並見西銘。

又作砭愚曰：戲言出於思也，戲動作於謀也。發於聲，見乎四支，謂非己心，不明也。欲人無己疑，不能也。過言非心也，過動非誠也。失於聲，謬迷其四體，謂己當然，自誣也。欲他人己從，誣人也。或者謂出於心者，歸咎爲己戲；失於思者，自誣爲己誠。不知戒其出汝者，歸咎其不出汝者。長傲且遂非，不智孰甚焉？本注：横渠學堂雙牖，右書訂頑，左書砭愚〔一〕。伊川曰：「是起争端。」改訂頑曰西銘，砭愚曰東銘。

將脩己，必先厚重以自持。厚重知學，德乃進而不固矣。忠信進德，惟尚友而急賢。

欲勝己者親，無如改過之不吝。

横渠先生謂范巽之曰：吾輩不及古人，病源何在？巽之請問。先生曰：此非難悟。設此語者，蓋欲學者存意之不忘，庶遊心浸熟，有一日脱然如大寐之得醒耳。文集，下同。○范育字巽之，張子門人。朱子曰：先生之意，正欲學者將此題目時時省察，積久而自得之耳，非謂只欲如此説殺也。又曰：人於義理，須如所謂「脱然大寐之得醒」，方始是信得處。

未知立心，惡思多之致疑；既知所立，惡講治之不精。講治之一作致思，莫非術内，雖勤而何厭！惡，去聲。○朱子曰：未知立心，則或善或惡，故胡亂思量，惹得許多疑起。既知所立，則是此心已立於善而無惡，又却用思，講治之思，莫非在我道理之内，如此則雖勤而何厭？所以急於可欲者，求立吾心於不疑之地，然後若决江河以利吾往。遜此志，務時敏，厥脩乃來，朱子曰：人之所以有疑而不果於爲善者，以有善惡之雜。今既急於可欲之善，則若决江河以利吾往矣。遜此志，務時敏，雖是低下著心，以順他道理，又却抖擻起精神，敏速以求之，則厥脩乃來矣。故雖仲尼之才之美，然且敏以求之。今持不逮之資，而欲徐徐以聽其自適，非所聞也。朱子曰：凡人便是生知之資也，須下困知勉行工夫方得。

明善爲本，固執之乃立，擴充之則大，易視之則小，在人能弘之而已。易，去聲。○明善者知之真，固執者行之力，然其大小則視乎能推與不能推耳。此弘道之所以在人也。○潛室陳氏曰：

聖賢工夫只此兩端，在論語則爲「博文約禮」，在中庸則爲「擇善固執」，在易則爲「智崇禮卑」。能擴充此二事，即作聖之基，若輕視之，所以爲下愚也。

今且只將尊德性而道問學爲心，日自求於問學者有所背否，於德性有所懈否。此義亦是博文約禮，下學上達。以此警策一年，安得不長？長，上聲。○尊德性所以存心也，道問學所以窮理也。博文者窮理之功，約禮者存心之要。下學求乎此者也，上達純乎此者也。每日須求多少爲益，知所亡，改得少不善，此德性上之益；讀書求義理，編書須理會有所歸著，勿徒寫過，又多識前言往行，此問學上益也。勿使有俄頃閑度，逐日似此，三年庶幾有進。亡，音無。識，音志。行，去聲。○葉氏曰：君子之學，一有間斷，則此心外馳，德性日隳，學問日廢矣。○朱子問學者曰：公今在此坐，是主敬，是窮理？久之未對，曰：既不主敬，又不窮理，便是心無所用，閒坐而已。

爲天地立心，爲生民立道，爲去聖繼絶學，爲萬世開太平。爲，去聲。○元亨利貞，寂感之吻合，所以立天地之心。親義序别，情文之曲盡，所以立生民之道。詩、書、禮、樂作，述之同符，所以繼去聖之絶學也。脩齊治平，體用之一貫，所以開萬世之太平也。○葉氏曰：學者以此立志，則所任至大而不安於小成，所存至公而不苟於近用。

載所以使學者先學禮者，只爲學禮，則便除去了世俗一副當習熟纏繞。譬之延蔓之物，解纏繞即上去。苟能除去了一副當世習，便自然脱灑也。又學禮，則可以守得定。爲、當，並去聲。○薛氏曰：舊習纏繞未能脱掉，故爲善而善未純，去惡而惡不盡。愚謂去世習而守之，定則能立矣。

須放心寬快公平以求之，乃可見道。况德性自廣大，易曰「窮神知化，德之盛也」，豈淺心可得？易説。○窮神知化，乃德性自然之能事。淺心則私意蔽之，不足以致廣大矣。

人多以老成則不肯下問，故終身不知。又爲人以道義先覺處之，不可復謂有所不知，故亦不肯下問。從不肯問，遂生百端欺妄人，我寧終身不知。論語説。○爲，去聲。處，上聲。○葉氏曰：言人虚驕，恥於下問，内則欺己，外則欺人，終於不知而已。

多聞不足以盡天下之故。苟以多聞而待天下之變，則道足以酬其所嘗知。若劫之不測，則遂窮矣。孟子説，下同。○葉氏曰：故，所以然也。酬，應也。心通乎道，則能盡夫事理之所以然，故應變而不窮；不通乎道而徒事乎記問，則見聞有限，而事變無窮，卒然臨之以所未嘗知，則窮矣。○潛室陳氏曰：記問之學雖博而有限，中窒故也。義理之學至約而無窮，中明故也。

爲學大益，在自求變化氣質。不爾，皆爲人之弊，卒無所發明，不得見聖人之奥。爲人之爲，去聲。○葉氏曰：所貴於學，正欲陶鎔氣質，矯正偏駁，不然則非爲己之學，亦何以推明聖人之藴哉？○或問：變化氣質乃可言學。朱子曰：此意甚善，但如鄙意，則以爲學乃能變化氣質耳。若不讀書窮理，主敬存心，而徒計較於昨是今非之間，則亦徒勞而無補也。

文要密察，心要洪放。語録。下同。○密察所以盡精微，洪放所以致廣大。○潛室陳氏曰：文謂節文之文，如周旋中規、折旋中矩之類，雖甚嚴密，不少舒放，然心裏却甚泰然。

不知疑者只是不便實作，既實作則須有疑，有不行處是疑也。葉氏曰：始學之士，知必有所不明，行必有所不通，殊不知疑者是實未嘗用功也。

心大則百物皆通，心小則百物皆病。朱子曰：通是透，那裏道理病，則事有窒礙不行，如仁則流於姑息，義則入於殘暴，皆見此不見彼。

人雖有功，不及於學，心亦不宜忘。心苟不忘，則雖接人事，即是實行，莫非道也。心若忘之，則終身由之，只是俗事。行，去聲。○葉氏曰：人有妨廢學問之功者，然心不忘乎學，則日用無非道，故曰「即是實行」。心苟忘乎學，則日用而不知，故曰「只是俗事」。實行與俗事非二事，特以所存者不同耳。○朱子曰：人多言爲事所奪，有妨講學者，此爲不能使船，嫌溪曲者也。遇富貴就富貴做工夫，遇貧賤就貧賤做工夫，兵法一言甚佳，「因其勢而利導之」也。

合内外，平物我，此見道之大端。葉氏曰：合内外者，就己而爲言也；平物我者，合人己而爲言也。朱子曰：道只是致一公平之理而已。

既學而先有以功業爲意者，於學便相害。既有意，必穿鑿創意，作起事也。德未成而先以功業爲事，是代大匠斲，希不傷手也。胡氏曰：人要做事業，亦是私意。君子之學，只是明理應事。事當爲處則明明爲之不倦，不當爲處則截然不爲，故禹稷憂而顔子樂也。

竊嘗病孔孟既没，諸儒囂然，不知反約窮源，勇於苟作，持不逮之資，而急知後世。明者一覽，如見肺肝然，多見其不知量也。方且創艾其弊，默養吾誠。顧所患日力不足，而未果他爲也。諸儒，荀、揚、王氏之類，不知反約則溺於博雜而無統，不知窮源則遂於支流而不根，豈足以欺知道者哉？默養吾誠，蓋有意於脩辭立誠之學也。

學未至而好語變者，必知終有患。蓋變不可輕議，若驟然語變，則知操術已不正。好，去聲。○葉氏曰：變者，非常行之道，蓋權宜之事也，自非見理明、制義精者，不足以語此。苟學未至而輕於語變，則知其學術之源已不正，終必流於邪譎。

凡事蔽蓋不見底，只是不求益。葉氏曰：行己無隱，則是非善惡有所取正，庶可增益其所未知、所未能。苟固爲蔽覆，恐人之知，是則非求益者也。有人不肯言其道義所得所至，不得見底，又非於吾言「無所不説」。説，音悦。○葉氏曰：人不肯言其知之所得，行之所至，使人不可得而見者，蓋苟安自是，恐人之非己。又非若顔子之「如愚」，於聖言「無所不説」者之比也。

耳目役於外，攬外事者，其實是自惰，不肯自治，只言短長，不能反躬者也。葉氏曰：急於自治，何暇務外？厚於反躬，何暇議人？

學者大不宜志小氣輕。志小則易足，易足則無由進；氣輕則以未知爲已知、未學爲已學。易，去聲。○葉氏曰：志小則易於自足，故怠惰而無新功；氣輕則易於自大，故虛誕而無自得。

校勘記

〔一〕右書訂頑左書砭愚　原作「左書訂頑右書砭愚」，據朱子全書外編本程氏外書第十一（華東師範大學出版社，下簡稱程氏外書）卷一一改。

近思録集解卷三

凡七十八條

伊川先生答朱長文書曰：心通乎道，然後能辨是非，如持權衡以較輕重，孟子所謂「知言」是也。葉氏曰：道者，事物當然之理。通，曉達也。「知言」者，天下之言無不究明其理而識其是非之所以然也。心不通乎道，而較古人之是非，猶不持權衡而酌輕重，竭其目力，勞其心智，雖使時中，亦古人所謂「億則屢中」，君子不貴也。中，去聲。○文集，下同。○葉氏曰：時中，謂有時而中之。億，以意揣度也。揣度而中，則非明理之至矣。○朱子與陸子静書曰：來教所謂「古之聖賢，惟理是視。言當於理，雖婦人孺子，有所不棄，或乖理致，雖出古書，不敢盡信」，此論甚當，非世儒淺見所及也。但熹謂言不難擇而理未易明，若於理實有所見，則於人言之是非，不啻黑白之易辨，固不待視其人之賢否而爲去取。不幸而吾之所謂理者，或但出於一己之私見，則恐其所取舍，未足以爲群言之折衷也。况理既未明，則於人之言，恐亦未免有未盡其意者，又安可以遽絀古書爲不足信，而直任胸臆之所裁乎？

伊川先生答門人曰：孔孟之門，豈皆賢哲？固多衆人。以衆人觀聖賢，弗識者多矣。

惟其不敢信己而信其師，是故求而後得。今諸君於頤言纔不合則置不復思，所以終異也。不可便放下，更且思之，致知之方也。復，扶又反。○葉氏曰：篤信，是以深思，思得其理，而吾心之知致矣。○朱子與張敬夫書曰：聖賢成書，稍有不愜意者，便率情奮筆，恣行塗改，恐此氣象亦自不佳。蓋雖所改盡善，猶啓末流輕肆自大之弊，况未必盡善乎？伊川先生嘗語學者病其於己之言有所不合，則置不復思，所以終不同也。

伊川先生答横渠先生曰：所論大概，有苦心極力之象，而無寬裕温厚之氣。非明睿所照而考索至此，故意屢偏而言多窒，小出入時有之。本注：明所照者，如目所覩，纖微盡識之矣。考索至者，如揣料於物，約見髣髴爾，能無差乎？更願完養思慮，涵泳義理，他日自當條暢。完養思慮，則心不至於苦；涵泳義理，則力不至於極。條暢者，寬裕温厚之氣所發也。○朱子曰：正蒙所論道體，覺得源頭有未是處，蓋其思慮考索所致，非性分自然之始。

欲知得與不得，於心氣上驗之。思慮有得，中心悦豫，沛然有裕者，實得也。思慮有得，心氣勞耗者，實未得也，强揣度耳。强，上聲；度，入聲。○葉氏曰：學固原於思，然所貴從容厭飫而自得，不可勞心極慮而强通。嘗有人言：比因學道，思慮心虚。曰：人之血氣固有虚實，疾病之來，聖賢所不免。然未聞自古聖賢因學而致心疾者。遺書，下同。○學所以養心，非所以病心，觀成王之顧命，曾子之易簀，子路之結纓，則聖賢之心，死生如一可知矣。何至於思慮之耗傷乎？

今日雜信鬼怪異説者，只是不先燭理。若於事上一一理會，則有甚盡期？須只於學上理會。葉氏曰：講學則理明，而妖怪不足以惑之矣。

學原於思。思爲作聖之始功，故孟子以思誠統學問辯行也。

所謂「日月至焉」，與久而不息者，所見規模雖略相似，其意味氣象迥别，須心潛默識，玩索久之，庶幾自得。朱子曰：「日月至焉」者，若論到至處，覺是與久而不息底一般。只是「日月至焉」者，至得不長久；久而不息者，純然無間斷。又曰：程子非身親而實有之，安能發明至是耶？學者不學聖人則已，若學之，須熟玩味聖人之氣象，不可只於名上理會，如此只是講論文字。葉氏曰：潛玩聖賢氣象，庶養之厚而得之深，若徒考論文義，則末矣。

或問：忠信則可勉矣，而致知爲難，奈何？伊川先生曰：誠敬固不可以不勉，然天下之理不先知之，亦未有能勉以行之者也。故大學之序先致知而後誠意，其等有不可躐者。苟無聖人之聰明睿智，而徒勉焉以踐其行事之迹，則亦安能如彼之動容周旋，無不中禮也哉。惟其燭理之明乃能不待勉强而自樂循理耳。夫人之性本無不善，循理而行宜無難者，惟其知之不至，但欲以力爲之，是以苦其難而不知其樂耳，知之而至則循理爲樂，不循理爲不樂，何苦而不循理以害吾樂耶？中，去聲。强，上聲。樂，音洛。○此節從大學或問文。○胡氏曰：人性本善，循理而行本不難，非但自己不難，施之於人亦順而治，此乾坤易簡之理也。又曰：行在知之後，故子路之强勇，司馬君實之篤行皆有差，使致知工夫至，則二賢何可及也？知有多少般數，煞有深淺。學者須是真知，纔知得是，便泰然行將去也。葉氏曰：真知者，知之至也。真知其是則順而行之，莫能遏矣。○問：有人明得此，而涵養未到，却爲私意所奪。朱子曰：只爲明得不盡，若明得盡，私意自然留不得。未能透徹，尚有渣滓，非所謂真知也。某年二十時，解釋經義，與今無異，然思今日，覺得意味與少時自別。少，去聲。○葉氏曰：此可見先生致知之功、進德之實，而聖經之旨要，必玩味積久乃能真知，而亦不徒在於解釋文義而已。朱子曰：此温故知新之大者，學者當以是爲的而日省之，則足以見夫義理之無窮矣。

凡有一物，必有一理，窮而致之，所謂格物者也。然而格物亦非一端，如或讀書，講明道義，或論古今人物而別其是非，或應接事物而處其當，皆窮理也。處，上聲。當，去聲。○朱子曰：讀書以講明道義，則是理存於書；論古今人物以別其是非，則是理存乎古今人物；應接事物而審其當否，則是理存乎事物。所存既非一端能專，則所格自非一端而盡。○胡氏曰：窮理非一端，所得非一處。讀書得之雖多，講論得之尤速，思慮得之最深，行事得之最實。曰：格物者必物物而格之耶？將止格一物而萬理皆通耶？曰：一物格而万理通，雖顔子亦未至如此。惟今日而格一物，明日又格一物焉，積習既多，然後脱然自有貫通處耳。此章從大學或問文。本注放此。○朱子曰：顔子高明，不過聞一知十，學問却有漸無急迫之理，人日用間自是不察耳。若體察當格之物，一日之間儘有之。零零碎碎凑合將來，不知不覺自然省悟。其始固須用力，及其得之也，又覺不假用力。又曰：所謂一日一件者，格物工夫次第也。脱然貫通者，知至效驗極致也。不循其序而遽責其全，則爲自罔；但求粗曉而不求貫通，則爲自畫。○本注：所務於窮理者，非謂必盡窮天下之理，又非謂止窮一理便到。但積累多後，自當脱然有個悟處。○朱子曰：今人務博者却要盡窮天下之理，務約者又謂反身而誠則天下之物無不在我者，皆不是。且如一百件事理會得五六十件，這三四十件也大概是如此。

「思曰睿」，思慮久後，睿自然生。若於一事上思未得，且別换一事思之，不可專守著這一事。蓋人之知識，於這裏蔽著，雖强思亦不通也。强，上聲。○朱子曰：此隨人之量，非曰遷延退避也。蓋於此處既理會不得，若專一守在這裏，却轉昏了，須著別窮一事，又或可因此以明彼也。又曰：程子之言誠善。然窮一事未透，又便別窮一事亦不得。彼謂有甚不通者，不得已而如此耳。不可執此而容易改换，却致工夫不專一也。

問：人有志於學，然知識蔽固，力量不至，則如之何？曰：只是致知。若知識明，則力量自進。葉氏曰：真知事理之當然，則自有不容已者。

問：觀物察己，豈因見物反求諸己乎？曰：不必然也。物我一理，纔明彼，即曉此，此合内外之道也。曰：然則先求之四端，可乎？曰：求之情性，固切於身，然一草一木亦皆有理，不可不察。從大學或問文。○朱子曰：格物致知，彼我相對而言耳。格物所以致知，於物之理窮得一分，即我之知亦知得一分；於物之理窮得二分，即我之知亦知得二分；於物之理窮得愈多，則我之知愈廣，其實只是一理。纔明彼，即曉此，蓋致知便在格物中，非格之外別有致處也。又曰：窮理者，欲知其事物之所以然，與其所當然者而已。知其所以然，故志不惑；知其所當然，故行不謬。非謂取彼之理而歸諸此也。又曰：伊川意雖謂眼前無非物，然其格之也，亦須有先後緩急之序，豈遽以爲存心於草木器用之間，而忽然懸悟也哉？今爲此學而不窮天理，明人倫，講聖言，通世故，乃兀然存心於一草木一器用之間，此是何學問？如此而望有所得，是炊沙而欲其成飯也！○本注：又曰自一身之中，以至萬物之理，但理會得多，相次自然豁然有覺處。

「思曰睿」，「睿作聖」。致思如掘井，初有渾水，久後稍引動得清者出來。人思慮始皆溷濁，久自明快。始而溷濁，物欲之擾也；久而明快，天機之發也。

問：如何是近思？曰：以類而推。朱子曰：不要跳越望遠，亦不是縱横陡頓，只是就近傍曉得處挨將去。如親親推去仁民，仁民便推去愛物，脩身便推去齊家，齊家便推去治國。

學者須先會疑。朱子曰：書始讀未知有疑，其次漸有疑，又其次節節有疑。過了此一番後，疑漸漸釋，以至融會貫通，都無可疑，方始是學。

橫渠先生答范巽之曰：所訪物怪神姦，此非難語，顧語未必信耳。葉氏曰：物異爲怪，神妖爲姦。見理未明，自不能無疑，雖得於人言，亦未必信。孟子所論知性知天，學至於知天，則物所從出，當源源自見。知所從出，則物之當有當無，莫不心諭，亦不待語而後知。葉氏曰：天者，物理之所自出。知天則通乎幽明之故，察乎事物之原，而妖妄之所由興皆可識矣。胡氏曰：今人多惑於異怪，是未嘗知性知天。夫乾道變化，各正性命，此外俱是異端也，道不必窮也。諸公所論，但守之不失，不爲異端所劫。進進不已，則物怪不須辯，異端不必攻，不逾朞年，吾道勝矣。葉氏曰：學者知有未至，且堅守正論，不爲邪妄所奪，又能進於學而不已，則怪異不必攻辯，將自識破。若欲委之無窮，付之以不可知，則學爲疑撓，智爲物昏，交來無間，卒無以自存而溺於怪妄必矣。間，去聲。○文集，下同。○葉氏曰：不能堅守正論，内懷疑端，外爲邪蔽，久則所惑愈深矣。○朱子曰：如「精氣爲物，游魂爲變」，此是理之常也，守之勿失者，以此爲正，且恁地去，他日當自見也。若委之無窮，付之不可知，其又溺於茫昧，不能以常理爲主者也。

子貢謂「夫子之言性與天道，不可得而聞。」既言「夫子之言」，則是居常語之矣。聖門學者以仁爲己任，不以苟知爲得，必以了悟爲聞，因有是説。葉氏曰：性者，人心稟賦之理；天道者，造化流行之妙。以仁爲己任，蓋期於實體而自得也。苟知者徒聞其説，了悟者深達其理，然則後之學者高談性命而實不領會者，可以自省矣。

義理之學，亦須深沉一作玩。方有造，非淺易輕浮之可得也。易，去聲。○朱子曰：聖人言語，一重又一重，須入深處看方有得，若只見皮膚，便有差錯。

學不能推究事理，只是心麤。至如顏子未至於聖人處，猶是心麤。麤、粗同。朱子曰：顏子比之衆人純粹，比之孔子便粗。伊川謂未能不勉而中、不思而得，便是過也。又曰：一息不存，便爲粗病，要在精思明辯，使理明義精，而操存涵養無須臾離，無毫髮間，則天理常存，人欲消去，其庶幾也哉！○潛室陳氏曰：心麤是暗處多，明處少，故只見得明白道理，若精微便分析不去，只爲有寸而無分也。胡氏曰：心麤最害事，心麤者敬未至也。

「博學於文」者，只要得「習坎心亨」。蓋人經歷險阻艱難，然後其心亨通。朱子曰：難處見得事理通透，便處斷無疑，行之又果決，便是「習坎心亨」。凡事皆如此。且如讀書，每思索不通，則翻來覆去，倒横直豎，處處窒塞，然其間須有一路可通，便是許多艱難險阻，習之可以求通，通便是亨也〔一〕。

義理有疑，則濯去舊見，以來新意。心中有所開，即便劄記，不思則還塞之矣。以水去垢，謂之濯。義理之有疑，猶器物之有垢也，濯而去之，則新者可來矣。劄記則已得者可以不忘，未得者可以有進。不記則思不起，而終歸於塞。蓋義理未熟，不得不如此其勤懇也。更須得朋友之助，一日間意思差別，須日日如此講論，久則自覺進也。日日講論，則無間廢之功，而有相長之益矣。

凡致思到説不得處，始復審思明辨，乃爲善學也。若告子則到説不得處遂已，更不復求。復，扶又反。○孟子説。○告子「不得於言，勿求於心」，所以終於異端也。○葉氏曰：此以上總論致知之方，以下乃專論求之於書者。

伊川先生曰：凡看文字，先須曉其文義，然後可求其意，未有文義不曉而見意者也。遺書，下同。

學者要自得。六經浩渺，乍來難盡曉，且見得路徑後，各自立得一箇門庭，歸而求之可矣。葉氏曰：識路徑則知趨向，立門庭則有規模，得於師友者如此，然後歸而求之可矣。

凡解文字，但易其心，自見理。理只是人理，甚分明，如一條平坦底道路。詩曰「周道如砥，其直如矢」，此之謂也。易，去聲。○理只是人理，言三綱五典皆人所共由之理也。詩見小雅大東篇。或曰：聖人之言，恐不可以淺近看他。曰：聖人之言，自有近處，自有深遠處。如近處，怎生强要鑿教深遠得？揚子曰「聖人之言遠如天，賢人之言近如地」，頤與改之曰「聖人之言，其遠如天，其近如地」。强，上聲。○葉氏曰：其遠者，雖子貢猶未易得而聞；其近者，雖鄙夫可得而竭也。○朱子曰：聖人立言本自平易，而平易之中其指無窮。今必推之使高，鑿之使深，是未必真能高深，而固已喪其平易無窮之味矣。

學者不泥文義者，又全背却遠去；理會文義者，又滯泥不通。如子濯爲將之事，孟子只取其不背師之意，人須就上面理會事君之道何如也。又如萬章問舜完廩浚井事，孟子只答他大意，人須要理會浚井如何出得來，完廩又怎生下得來。若此之學，徒費心力。泥、將，並去聲。○不泥文義者，如讀書觀大略及不求甚解之徒是也。理會文義者，則訓詁之流弊耳。

凡觀書，不可以相類泥其義，不爾，則字字相梗。當觀其文勢上下之意，如「充實之謂美」與詩之美不同。葉氏曰：「充實之美」在己，詩之稱美在人。如此之類，豈可泥爲一義？

問：瑩中嘗愛文中子「或問學易，子曰：終日乾乾可也」，此語最盡。文王所以聖，亦只是箇不已。葉氏曰：陳忠肅公瓘，字瑩中。「子曰」者，文中子答或人之問，謂「乾乾不息」，此語最爲盡易之道。先生曰：凡説經義，如只管節節推上去，可知是盡。夫終日乾乾，未盡得易。據此一句，只做得九三。若謂乾乾是不已，不已又是道，漸漸推去，則自然是盡，只是理不如此。夫，音扶。○葉氏曰：學經者當要周徧精密，各窮其旨歸，而後能通經。苟但借其一語，謂足以盡一經之旨，豈治經之道？蓋好高求約之病。

「子在川上曰：逝者如斯夫」，言道之體如此，這裏須是自見得。夫，音扶。○朱子曰：天地之化，往者過，來者續，無一息之停，乃道體之本然也。然其可指而易見者，莫如川流，故於此發以示人，欲學者時時省察，而無毫髮之間斷也。張繹曰：此便是無窮。先生曰：固是道無窮，然怎生一箇「無窮」便道了得他？朱子曰：固是無窮，須見所以無窮始得。

今人不會讀書。如「誦詩三百，授之以政，不達；使於四方，不能專對。雖多，亦奚以爲」，須是未讀詩時，不達於政，不能專對；既讀詩後，便達於政，能專對四方，始是讀詩。「人而不爲周南、召南，其猶正牆面而立」，須是未讀詩時如面牆，到讀了後便不面牆，方是有驗。大抵讀書只此便是法。如讀論語，舊時未讀是這個人，及讀了，後來又只是這個人，便是不曾讀也。使，直吏反。○葉氏曰：讀書之法但反諸己，驗其實得，致其實用，變化氣質，必有日新之功。

凡看文字，如七年、一世、百年之類，皆當思其作爲如何，乃有益。葉氏曰：論語：子曰「善人教民七年，亦可以即戎矣」，又曰「如有王者，必世而後仁」，又曰「善人爲邦百年，可以勝殘去殺矣」，觀聖賢治效遲速淺深之殊，要必究其規模之略、施爲之方，乃於己有益。此致知之法也。

凡解經不同，無害，但緊要處不可不同爾。外書，下同。緊要處，謂義理之本原也。○朱子曰：天下之理萬殊，然其歸則一而已矣，不容有二三也。知所謂一，則言行之間雖有不同，不害其爲一。不知其一而强同之，猶不免於二三，況遂以二三爲理之固然，則其爲千里之謬，將不俟舉足而已迷於户庭之間矣。程子此言殊爲有味也。

焞初到，問爲學之方。先生曰：公要知爲學，須是讀書。書不必多看，要知其約，多看而不知其約，書肆耳。葉氏曰：此言徒貪多而不知其要，則是蓄書之肆而已。頤緣少時讀書貪多，如今多忘了。須是將聖人言語玩味，入心記著，然後力去行之，自有所得。葉氏曰：又言徒貪多而無玩習之功，則所學者非我有也。玩味而不忘，而又力行其所知，則所得爲實得。○葉氏曰：以上總論讀書之法，以下乃分論讀書之法。

初學入德之門，無如大學，其他莫如語、孟。遺書，下同。○朱子曰：讀書先讀大學，以定其規模；次讀論語，以定其根本；次讀孟子，以觀其發越；次讀中庸，以求古人之微妙處。

學者先須讀語、孟，窮得語、孟，自有要約處，以此觀他經，甚省力。語、孟如丈尺權衡相似，以此去量度事物，自然見得長短輕重。量，平聲；度，入聲。○葉氏曰：語、孟之書，尤切於學者身心日用之常，得其要領，則易於推明他經而可權度事物矣。

讀論語者，但將諸弟子問處便作己問，將聖人答處便作今日耳聞，自然有得。若能於論、孟中深求玩味，將來涵養，成甚生氣質。葉氏曰：甚生，猶非常也。胡氏曰：論語之書，涵育薰陶，是堯舜氣象。孟子七篇，任道擴充，乃湯武氣象也。○朱子曰：孔門問答，曾子聞得底話，顏子未必與聞；顏子聞得底話，子貢未必與聞。今却合在論語一書，後世學者豈非大幸事？但恐自家不去用心。又曰：有人理會得論語，便是孔子；理會得七篇，便是孟子。

凡看語、孟，且須熟讀玩味，將聖人之言語切己，不可只作一場話説。人只看得此二書切己，終身盡多也。葉氏曰：終身盡多，言一生受用不盡。○朱子曰：講學莫先於語、孟，而讀語、孟者，又須逐章熟讀，切己深思，不通，然後考諸先儒之説以發明之，日用思慮、應接隱微之間，每每加察，其善端之發，慊於吾心而合於聖賢之言，則勉勵而力行之；其邪志之萌，愧於吾心而戾於聖賢之訓，則果決而速去之。異時漸有餘力，然後以次漸讀諸書，旁通當世之務，蓋亦未晚。

論語，有讀了後全無事者，有讀了後其中得一兩句喜者，有讀了後知好之者，有讀了後不知手之舞之、足之蹈之者。好，去聲。○全無事者，無得於心者也。得一兩句喜者，有會於心者也。進乎此則知好之矣。至於手之舞之、足之蹈之，則能樂之矣。

學者當以論語、孟子爲本。論語、孟子既治，則六經可不治而明矣。孔孟會六經之理於心，故發而爲言，莫非六經之精藴。學者苟能治之，則其理已不待治而明，非謂六經可以不治也。○胡氏曰：四書、六經之理，意皆相貫通。先聖、後聖，其揆一也。今讀其書不實究其理，徒誦其文義，則四書、六經文字各是一般體面，千頭萬緒，雖皓首亦無如之何。惟察其理而實體之於身，則體用一貫，又何難哉！程子所謂「論、孟既治，則六經可不治而明」，誠哉是言也。讀書者當觀聖人所以作經之意，與聖人所以用心，與聖人所以至聖人，而吾之所以未至者，所以未得者。作經之意，以覺世也。其所用心，則純乎天理也。行之不力則未至，知之不明則未得。句句而求之，晝誦而味之，中夜而思之，平其心，易其氣，闕其疑，則聖人之意見矣。易，去聲。○朱子曰：平其心，放教虚平也；易其氣，放教寬慢也；闕其疑，莫去穿鑿也。○或問：論、孟二書，其用力也奈何？朱子曰：循序而漸進，熟讀而精思之可也。曰：然則請問循序而漸進之説。曰：以二書言之，則先論而後孟，通一書而後及一書。以一書言之，則其篇章文句、首尾次第亦各有序而不可亂也。量力所至，約其程課而謹守之，字索其訓，句索其旨，未得乎前，則不敢求其後；未通乎此，則不敢志乎彼。如是而循序漸進焉，則意定理明，而無踈易凌躐之患矣。是不惟讀書之法，是乃操心之要，尤始學者之不可不知也。曰：其熟讀而精思者，何也？曰：論語一章，不過數句，易以成誦，之後反覆玩味於燕閒静一之中，以須其浹洽可也。孟子每章或千百言，反覆辨論，雖若不可涯者，然其條理疏通，語意明潔，徐讀而以意隨之，出入往來以千百數，則其不可涯者，將可以得之於指掌之間矣。大抵觀書先須熟讀，使其言皆若出於吾口；繼以精思，使其意皆若出於吾之心，然後可以有得。至於文義有疑，衆説紛錯，則亦虚心静慮，勿遽取舍於其間，先使一説自爲一説，而隨其意之所之，以驗其通塞，則其尤無義理者不待觀於他説而先自屈矣。復以衆説互相詰難，而求其理之所安，以考其是非，則似是而非者，亦將奪於公論而無以立矣。大抵徐行却立，處静觀動，如攻堅木，先其易者而後其節目；如解亂繩，有所不通則姑置而徐理之。此讀書之法也。

讀論語、孟子而不知道，所謂「雖多，亦奚以爲」。葉氏曰：語、孟極聖賢之淵源，爲斯道之統會，體用兼明，精粗畢備，讀之而不通於道，則章句訓詁而已，雖博而何益。

論語、孟子只剩讀著，便自意足，學者須是玩味。若以語言解著，意便不足。某始作此二書文字，既而思之又似剩。只有些先儒錯會處，却待與整理過。讀而意足者，神會其理也。言語解而意不足者，言不足以盡意也。○朱子曰：讀書須是將本文熟讀，字字咀嚼教有味。若有理會不得處，深思之又不得，然後却將注脚看，方有意味。如人饑而後食，渴而後飲，不饑不渴而强飲食之，終無益也。

問：且將語、孟緊要處看何如？伊川曰：固是好。然若有得，終不浹洽。蓋吾道非如釋氏，一見了便從空寂去。朱子曰：觀書須從頭循序而進，不以淺深難易有所取舍，自然意味詳密，至於浹洽貫通則無緊要處，所下工夫亦不落空矣。又曰：此是程子答呂晉伯問，後來晉伯終身坐此病，説得孤單，入禪學去。學者讀書，須逐一去理會，便通貫浹洽。

「興於詩」者，吟詠性情，涵暢道德之中而歆動之，有「吾與點」之氣象。葉氏曰：詩大抵出於人情之真，感化之自然者。學者於此，吟哦諷詠，其性情涵養條暢，於道德自然有感動興起之意，此即曾點浴沂詠歸之氣象。○本注：又云「興於詩」，是興起人善意，汪洋浩大，皆是此意。○汪洋浩大，言善端之發，如水之流溢而不可禦也。

謝顯道云：明道先生善言詩，他又渾不曾章解句釋，但優遊玩味，吟哦上下，便使人有得處。「瞻彼日月，悠悠我思。道之云遠，曷云能來」，思之切矣。終曰「百爾君子，不知德行。不忮不求，何用不臧」，歸於正也。行，去聲。此即孔子釋物則秉彝之訓，子思推純一不已之法，明道蓋得其傳耳。又云：伯淳常談詩，並不下一字訓詁，有時只轉却一兩字，點綴地念過，便教人省悟。又曰：古人所以貴親炙之也。外书，下同。○葉氏曰：點綴，猶沾綴、拈綴也。意如上章。親炙，親近而薰炙之也。○薛氏曰：朱子詩傳只轉一兩字點綴地念過，蓋得明道談詩意也。

明道先生曰：學者不可以不看詩，看詩便使人長一格價。長，上聲。○長一格價，言識趣之高出也。○朱子曰：或有問於予曰：「詩何爲而作也？」予應之曰：「人生而静，天之性也。感於物而動，性之欲也。夫既有欲矣，則不能無思；既有思矣，則不能無言；既有言矣，則言之所不能盡，而發於咨嗟咏歎之餘者，必有自然之音響節族而不能已焉。此詩之所以作也。」曰：「然則其所以教者，何也？」曰：「詩者，人心之感物而形於言之餘也。心之所感有邪正，故言之所形有是非，惟聖人在上，則其所感者無不正，而其言皆足以爲教。其或感之之雜而所發不能無可擇者，則上之人必思所以自反，而因有以勸懲之，是亦所以爲教也。昔周盛時，上自郊廟朝廷，而下達於鄉黨閭巷，其言粹然，無不出於正者，聖人固已協之聲律，而用之鄉人，用之邦國，以化天下。至於列國之詩，則天子巡狩，亦必陳而觀之，以行黜陟之典。降自昭穆而後，浸以陵夷，至於東遷而遂廢不講矣。孔子生於其時，既不得位，無以行勸懲黜陟之政，於是特舉其籍而討論之，而其善之不足以爲法，惡之不足以爲戒者，則亦刊而去之，以從簡約、示久遠，使夫學者即是而有以考其得失，善者師之，而惡者改焉。是以其政雖不足以行於一時，而其教實被於萬世，是則詩之所以爲教者然也。」曰：「然則國風、雅、頌之體其不同若是，何也？」曰：「吾聞之，凡詩之所謂風者，多出於閭巷歌謡之作，所謂男女相與咏歌，各言其情者也。惟周南、召南，親被文王之化以成德，而人皆有以得其性情之正，故其發於言者，樂而不過於淫，哀而不及於傷，是以二篇獨爲風詩之正經。自邶而下，則其國之治亂不同，人之賢否亦異，其所感而發者，有邪正是非之不齊，而所謂先王之風者，於此焉變矣。若夫雅、頌之篇，則皆成周之世，朝廷郊廟樂歌之辭，其語和而莊，其義寬而密，其作者往往聖人之徒，固所以爲萬世法程而不可易者也。至於雅之變者，亦皆一時賢人君子閔時病俗之所爲，而聖人取之，其忠厚惻怛之心，陳善閉邪之意，尤非後世能言之士所能及之。此詩之爲經，所以人事浹於下，天道備於上，而無一理之不具也。」曰：「然則其學之也當奈何？」曰：「本之二南，以求其端；參之列國，以盡其變；正之於雅，以大其規；和之於頌，以要其止。此學詩之大旨也。於是乎章句以綱之，訓詁以紀之，諷詠以昌之，涵濡以體之。察之性情隱微之間，審之言行樞機之始，則脩身及家，平均天下之道，其亦不待他求而得之於此矣。」

「不以文害辭」。文，文字之文，舉一字則是文，成句是辭。詩爲解一字不行，却遷就他說，如「有周不顯」，自是作文當如此。葉氏曰：詩大雅文王篇曰「有周不顯」，言周家豈不顯乎？蓋言其顯也。苟直謂之不顯，則是以文害辭。朱子曰：古語聲急而然也。

看書須要見二帝、三王之道，如二典，即求堯所以治民、舜所以事君。遺書，下同。○朱子曰：堯所以治民，舜所以事君，是事事做得盡。且如堯典無非治民之事，舜典無非事君之道，然亦是治民之事。或曰：二典不足以盡之。曰：也大概可見。○朱子與蔡仲默書曰：書説未有分付處，因思向日喻及尚書文義貫通，猶是第二義，直須見得二帝三王之心，而通其所可通，毋强通其所難通，即此數語，便已參到七八分，千萬便撿置此來議定綱領，早與下手爲佳。仲默遂作書傳。其序略曰：二帝三王治天下之大經大法皆載此書，而淺見薄識何足以知之，且生於數千載之下，而欲講明於數千載之前，亦已難矣。然二帝三王之治本於道，二帝三王之道本於心，得其心則道與治固可得而言矣。何者？精一執中，堯舜禹相授之心法也；建中建極，商湯、周武相傳之心法也。曰德，曰仁，曰敬，曰誠，言雖殊而理則一，無非所以明此心之要也。至於言天則嚴其心之所自出，言民則謹其心之所由施，禮樂教化心之發也，典章文物心之著也，家齊國治而天下平心之推也，心之德其盛矣乎。二帝三王，存此心者也，夏桀、商受，亡此心者也；太甲、成王，困而存此心者也。存則治，亡則亂，治亂之分，視其心之存不存何如耳。後世人主有志於二帝三王之治，不可不求其道；有志於二帝三王之道，不可不求其心；求心之要，舍是書何以哉！夫文以時異，治以道同，聖人之心見於書，猶化工之妙見於物，非精深不能識也。是傳也，於堯舜禹湯文武周公之心，雖未必能造其微，於堯舜禹湯文武周公之書，因是訓詁，亦可得其意旨之大略矣。

中庸之書，是孔門傳授，成於子思。其書雖是雜説，更不分精粗，一衮説了。今人語道，多説高便遺却卑，説本便遺却末。費隱之道，誠明之德，皆渾合而盡言之，所以無精粗之分也。豈若後世之語道者，不入於徑約之失，則流於虚無之弊也哉！

伊川先生易傳序曰：易，變易也，隨時變易以從道也。於文，日月爲易，所以象陰陽之變化也。聖人則之，以示體道之方焉。蓋道無不在，因時而形，能隨時變易以從之，則無適而不然矣。○胡氏曰：此是指作易者與用易者而言，則涉乎人矣。若論理，則易即道之所寓，非從道也。其爲書也，廣大悉備，將以順性命之理，通幽明之故，盡事物之情，而示開物成務之道也。聖人之憂患後世，可謂至矣。性命之理，三極之道也；幽明之故，兩儀之迹也；事物之情，有萬不齊之數也。開物者，創所未有知之之明也；成務者，就所已爲處之之當也。去古雖遠，遺經尚存。然而前儒失意以傳言，後學誦言而忘味。自秦而下，蓋無傳矣。予生千載之後，悼斯文之湮晦，將俾後人沿流而求源，此傳所以作也。沿，循也。薛氏曰：流者，傳之辭也；源者，易之理也。因辭以求理，所謂沿流而求源也。○朱子曰：「隨時變易以從道」，主卦爻而言，然天理人事皆在其中。今且以乾卦「潛見」、「飛躍」觀之，其流行而至此者易也，其定理之當然者道也。易中無一卦一爻不具此理，所以沿流而可以求其源也。易有聖人之道四焉：以言者尚其辭，以動者尚其變，以制器者尚其象，以卜筮者尚其占。吉凶消長之理、進退存亡之道備於辭。推辭考卦，可以知變，象與占在其中矣。長，上聲。○葉氏曰：尚，尊尚之辭也。辭者，聖人所繫之辭。變者，陰陽老少之變。

象者，天、地、山、澤、雷、風、水、火之類是也。占者，吉、凶、悔、吝、厲、无咎之類是也。辭者，言之則也，故以言者尚其辭。變者，動之時也，故以動者尚其變。象事知器，故制器者尚其象。占事知來，故卜筮者尚其占。然辭、變、象、占，雖各有尚，而吉凶、消長、進退、存亡，易之大用皆具於辭。故變推辭而可知，象與占皆不外乎辭也。君子居則觀其象而玩其辭，動則觀其變而玩其占。得於辭，不達其意者有矣，未有不得於辭而能通其意者也。葉氏曰：玩，厭習也，不止於觀而已。蓋卦之象可觀，而辭之理則無窮，故必玩習其辭；爻之變可觀，而占之義則無窮，故必玩習其占。平居而觀象玩辭，則各盡乎卦之理；臨事而觀變玩占，則各盡乎爻之用。然象與變、占皆具於辭，故必由辭以通其意。至微者理也，至著者象也，體用一原，顯微無間。觀會通以行其典禮，則辭無所不備。間，去聲。○朱子曰：「體用一源」者，以至微之理言之，則冲漠無眹而萬象昭然已具也。「顯微無間」者，以至著之象言之，則即事即物而此理無乎不在也。言理則先體而後用，蓋舉體而用之理已具，是所以爲一源也。言事則先顯而後微，蓋即事而理之體可見，是所以爲無間也。又曰：會以理之所聚而言，通以事之所宜而言，其實一也。衆理會處，便有許多難易窒礙，必於其中得其通處乃可行耳。典禮者，典常之禮。故善學者求言必自近，易於近者，非知言者也。易，去聲。○朱子曰：讀書之法，要當循序而有常，致一而不懈，從容乎句讀文義之間，而體驗乎操存踐履之實，然後心静理明，漸見意味。不然則雖廣求博取，日誦五車，亦奚益於事哉！故曰「善學者求言必自近，易於近者，非知言者也」。薛氏曰：積累之久，涵泳之深，當別有所見。予所傳者辭也，由辭以得意，則在乎人焉。文集，下同。○朱子曰：易之爲書，更歷三聖，而制作不同。若庖犧氏之象，文王之辭，皆依卜筮以爲教，而其法則異。至於孔子之贊，則又一以義理爲教，而不專於卜筮也。是豈其故相反哉？俗之淳漓既異，故其所以爲教爲法者不得不異，而道則未嘗不同也。然自秦漢以來，考象辭者既溺於術數，而不得其弘通簡易之法，談義理者又淪於空寂，而不適乎中正仁義之歸。求其因時立教，以承三聖不同於法而同於道者，則惟伊川先生程氏之書而已。後之君子誠能日取其一卦若一爻者熟復而深玩之，如已有疑將決於筮而得之者，虛心端意，推之於事而反之於身，以求其所以處此之實，則於吉凶消長之理、進退存亡之道，將無所求而不得，邇之事父，遠之事君，亦無所處而不當矣。

伊川先生答張閎中書曰：易傳未傳，自量精力未衰，尚覬有少進耳。張閎中，程子門人。先生之不自滿足，日新不已，於此可見。來書云「易之義本起於數」，則非也。有理而後有象，有象而後有數。易因象以明理，由象以知數。得其義，則象數在其中矣。本注：理無形也，故因象以明理。理既見乎辭矣，則可由辭以觀象，故曰「得其義則象數在其中矣」。○葉氏曰：「易有太極」，形而上之理也。「是生兩儀」，而後象與數形焉。此作易之本也。易之理寓於象，象必有數，知其理則象與數皆在其中，此學易之要也。必欲窮象之隱微，盡數之毫忽，乃尋流逐末，術家之所尚，非儒者之所務也。朱子曰：得其理則象數在其中固是，然泝流以觀，却須先見象數的當下落，方說得理不走作，不然，事無實証，則虛理易差矣。

知時識勢，學易之大方也。易傳，下同。○時出於天，勢成於人，因而處之，非見道者不能曲當也。○薛氏曰：學易最要知時識勢，不然，茫然不知吉凶悔吝之機。

大畜初、二，乾體剛健而不足以進；四、五陰柔而能止。時之盛衰，勢之强弱，學易者所宜深識也。大畜以艮畜乾，故剛不進，而柔能止乎健也。

諸卦二、五，雖不當位，多以中爲美；三、四雖當位，或以不中爲過。中常重於正也。蓋中則不違於正，正不必中也。天下之理莫善於中，於九二、六五可見。當，去聲。○以剛居陽，以柔居陰，謂之當位，故爲正。二在内卦之中，五在外卦之中，故爲中正。不過，不入於邪而已。中則無過不及，是以尤重也。○朱子曰：言中，則正已在其中。蓋無正則做中不出來，而單言正則未必能中。如夷惠諸子，其正與夫子同，而夫子之中則非諸子之所及也。

問：胡先生解九四作太子，恐不是卦義。先生云：亦不妨，只看如何用。當儲貳，則做儲貳使。九四近君，便作儲貳亦不害。但不要拘一，若執一事，則三百八十四爻，只作得三百八十四件事便休也。遺書，下同。○葉氏曰：胡瑗，字翼之，號安定先生。五爲君位，四近君，亦可以爲儲貳。然易本無拘，惟其所遇，皆可用占。○朱子曰：此真看易之法，然易傳中亦有偏解作一事者。

看易且要知時。凡六爻，人人有用。聖人自有聖人用，賢人自有賢人用，衆人自有衆人用，學者自有學者用，君有君用，臣有臣用，無所不通。因問：坤卦是臣之事，人君有用處否？先生曰：是何無用？如「厚德載物」，人君安可不用？

易中只是言反覆往來上下。易中正對之卦止於八，反對之卦則有五十六，皆以反覆取義。往來以内外言，上下以高卑言，此卦變之法也。惜乎，易傳不以此説推之耳！

作易，自天地幽明至於昆蟲草木微物，無不合。外書，下同。○易本仰觀俯察、近取遠求而得之，故其理無不合。

今時人看易，皆不識得易是何物，只就上穿鑿。若念得不熟與，就上添一德亦不覺多，就上減一德亦不覺少。譬如不識此兀子，若減一隻脚，亦不知是少；若添一隻，亦不知是多。若識得，則自添減不得。德者，卦爻之性情，識得則何可添減也。兀子，坐具之名。

游定夫問伊川「陰陽不測之謂神」，伊川曰：賢是疑了問，是揀難底問？葉氏曰：游氏或未之深思，特以言語艱深而率爾請問，故伊川不答而直攻其心，故欲使反己而致思也。

伊川以易傳示門人曰：只説得七分，後人更須自體究。朱子曰：只説得七分，言沉酣浸漬、自信自得之功，是在學者自得力耳，豈是更要别添外料釀玄酒而和太羹也耶！○愚按：此言恐先生亦自知其書之象數未備，而致望於後之人也。故朱子又曰：易傳明白無難看處，但此是先生以天下許多道理散入六十四卦、三百八十四爻之中，將作易看即無意味，須將來作事看，即句句字字有用處耳。

伊川先生春秋傳序曰：天之生民，必有出類之才，起而君長之，治之而争奪息，導之而生養遂，教之而倫理明，然後人道立，天道成，地道平。長，上聲。○葉氏曰：天生蒸民，必有司牧爲之制節，而後争奪息；導之播殖佃漁，而後生養遂；示之五品，教之孝悌忠信，而後倫理明。三者具矣，故建極秉彝而人道立，五氣順布而天道成，山川奠位而地道平。二帝而上，聖賢世出，隨時有作，順乎風氣之宜，不先天以開人，各因時而立政。葉氏曰：以大聖人之資，豈不能一旦而盡興天下之利，而必待相繼而始備者，蓋聖人之所爲惟其時而已。暨乎三王迭興，三重既備，子丑寅之建正，忠質文之更尚，人道備矣，天運周矣。更，平聲。○葉氏曰：中庸曰：「王天下有三重焉。」鄭氏曰：「三重，謂三王之禮。」天開於子，地辟於丑，人生於寅。周正建子爲天統，商正建丑爲地統，夏正建寅爲人統，而天運周矣。夏尚忠，商尚質，周尚文，而人道備矣。聖王既不復作，有天下者，雖欲倣古之跡，亦私意妄爲而已。事之謬，秦至以建亥爲正；道之悖，漢專以智力持世，豈復知先王之道也？復，扶又反。下同。○葉氏曰：三代而下，王者之迹熄。時君雖欲倣而爲之，亦皆無所考證，不過用其私意妄爲而已。子、丑、寅建正，蓋本三才以更始。秦至以亥月爲歲首，自謂水德，欲以勝周。忠、質、文更尚，皆本仁義以致用。漢專以智力把持天下，故謂「漢家自有制度」，蓋極言世變之不復古也。夫子當周之末，以聖人不復作也，順天應時之治不復有也，於是作春秋，爲百王不易之大法，所謂「考諸三王而不謬，建諸天地而不悖，質諸鬼神而無疑，百世以俟聖人而不惑」者也。葉氏曰：夫子因魯史作春秋，寓經世之大法，所以上承將墜之緒，下開無窮之治也。蓋天地鬼神同此理，前聖後聖同此心耳。先儒之傳曰：「游、夏不能贊一辭。」辭不待贊也，言不能與於斯耳。斯道也，惟顔子嘗聞之矣。「行夏之時，乘殷之輅，服周之冕，樂則韶舞」，此其準的也。與，去聲。○「游、夏不能贊」者，性命之文，非文學之所及也。有天德，然後可以行王道，故顔子嘗聞之。○朱子曰：不是孔子將春秋大法向顔子説，蓋三代制作大備矣，不可復作，告以四代禮樂，只是集百王不易之大法。其作春秋，善者則取之，惡者則誅之，要亦明聖王之大法而已，故伊川引以爲據。後世以史視春秋，謂褒善貶惡而已，至於經世之大法，則不知也。胡氏曰：春秋以正大天理觀之，則見王道不行，當時諸侯皆是營營於私意，或當爲而不爲，或不當爲而爲之，或昏弱而不振，或恃强以爲暴，或怠惰而不知修省，或僭逆而無狀。聖人之意，蓋欲一歸天理之正而後已，其於天地生物之心，保民救時之意，生殺予奪之權，隱然見於書法之中，實爲百王經世之大法。或者乃欲計區區伯業之盛衰，又以姓氏日月爵號爲誅賞，其穿鑿瑣碎甚矣。春秋大義數十，其義雖大，炳如日星，乃易見也；惟其微辭隱義，時措從宜者，爲難知也。或抑或縱，或予或奪，或進或退，或微或顯，而得乎義理之安，文質之中，寬猛之宜，是非之公，乃制事之權衡，揆道之模範也。易，去聲。○葉氏曰：春秋大義在尊君而卑臣，貴仁義而賤功利，正中國而外夷狄之類，其義雖大，炳如日星也。其難見者，蓋在於微辭隱義，各以其時措從宜者，非深明乎時中者未易窺也。或有功而抑，或有罪而宥，或功未就而予，或罪未著而奪，或尊而退之，或卑而進之，或婉其辭，或彰其實，要皆得乎義理之安而各當其則。文質之中而不華不俚，寬猛之宜而無過與不及，是非之公而無有作好作惡。揆，度也。權衡者，酌一時之輕重。模範者，立萬世之軌則。○朱子曰：春秋大義，如「成宋亂」、「宋災故」之類，乃是聖人直著誅貶，自是分明。如胡氏謂書「晉侯」爲以常情待晉襄，書「秦人」爲以王事責秦穆之類，却恐未必如此。所謂「微辭隱義，時措從宜者爲難知」，政謂此也。問：孔子有取乎五霸，豈非時措從宜？曰：是。觀其予五霸之中便有一箇奪底意思。夫觀百物然後識化工之神，聚衆材然後知作室之用。於一事一義而欲窺聖人之用心，非上智不能也。故學春秋者，必優游涵泳，默識心通，然後能造其微也。夫，音扶。○葉氏曰：聖人精義入神，泛應曲當，未可以一端窺測。故學春秋者必優游而不迫，涵泳而有餘，心悟自得，庶幾深造微奥。後王知春秋之義，則雖德非禹、湯，尚可以法三代之治。自秦而下，其學不傳。予悼夫聖人之志不明於後世也，故作傳以明之，俾後之人通其文而求其義，得其意而法其用，則三代可復也。是傳也，雖未能極聖人之蘊奥，庶幾學者得其門而入矣。夫，音扶。○文集。○通其文而後能明其義，得其義而後能法其用。○朱子曰：「德非禹、湯，可以法三王之治」，如是，則無本者亦可以措之治乎？愚按：程子之言誘後王之勉强也，朱子之言憂後王之假襲也，意各有在，學者審之。

詩、書，載道之文；春秋，聖人之用。詩、書如藥方，春秋如用藥治病。聖人之用，全在此書，所謂「不如載之行事深切著明」者也。葉氏曰：道非無用，用無非道。然詩、書即道而推於用，主道而言，故曰「載道之文」；春秋即用以明道，主用而言，故曰「聖人之用」。詩、書如藥方，固可以治病，春秋如因病用藥，是非得失尤爲深切著明者也。有重疊言者，如征伐、盟會之類。蓋欲成書，勢須如此，不可事事各求異義。但一字有異，或上下文異，則義須別。重，平聲。○遺書，下同。○朱子曰：春秋大旨，其可見者，誅亂臣討賊子、内中國外夷狄、貴王賤霸而已，未必如先儒言，字字有義也。想孔子當時只是要備二三百年之事，故取史文寫在這裏，何嘗云某事用某法，某事用某例耶？

五經之有春秋，猶法律之有斷例也。律令惟言其法，至於斷例，則始見其法之用也。葉氏曰：律令者，立法以應事；斷例者，因事以用法。○或問：春秋多變例。朱子曰：此烏可信？聖人作春秋，正欲襃貶善惡，示萬世不易之法。今乃復用此説以誅人，未幾又用此説以賞人，使天下後世皆求之而莫識其意，是乃後世弄法舞文之吏之所爲也，曾謂大中至正之道而如此乎？

學春秋亦善，一句是一事，是非便見於此，此亦窮理之要。然他經豈不可以窮理？但他經論其義，春秋因其行事，是非較著，故窮理爲要。論其義者，虚而難測；因其行事者，實而易明也。嘗語學者，且先讀論語、孟子，更讀一經，然後看春秋。先識得箇義理，方可看春秋。嘗語之語，去聲。○更讀一經，如詩、書之類。春秋雖於窮理爲要，然非義理素明，則不能知其是非之真也。春秋以何爲準？無如中庸。欲知中庸，無如權，須是時而爲中。若以「手足胼胝」、「閉户不出」二者之間取中，便不是中。若當手足胼胝，則於此爲中；當閉户不出，則於此爲中。葉氏曰：春秋之權衡，即中庸之時中也。若於禹、顔之間取中，則當洪水之時不躬乎胼胝之勞，在陋巷之時不安乎簞瓢之樂，皆失乎時中矣。權之爲言秤錘之義也。何物爲權？義也，時也。只是説得到義，義以上更難説，在人自看如何。葉氏曰：義者，所以處時措之宜，所謂權也。義以上，則聖人之妙用，未易以言盡也。

春秋，傳爲按，經爲斷。本注：程子又云：某年二十時看春秋，黄贅隅問某如何看，某答曰：以傳考經之事迹，以經别傳之真僞。○朱子曰：左傳曾見國史，考事頗精，只是不知大義，專在小處理會，往往不曾講學。公、穀考事甚疎，然義理却精，二人乃是經生，傳得許多説話，往往都不曾見國史。○按此書編輯程子教人讀書之意，必先通大學、語、孟，而後及詩、書，次通中庸，而後及易、春秋。蓋語、孟之理不明，則詩、書無所統紀；中庸之義不精，則易、春秋無所權衡也。但禮經曾未之言，豈以儀禮殘缺、戴記龐雜而未易讀歟？然以雅言之序觀之，則執禮正不可少。此朱子儀禮經傳通解之篇所爲不容已而有作也。

凡讀史，不徒要記事跡，須要識治亂安危興廢存亡之理。且如讀高帝紀，便須識得漢家四百年終始治亂當如何，是亦學也。寬大長者除秦苛法，所以開四百年之治。母后擅權、宦官枕卧，所以兆四百年之亂。此一代之始終也。○朱子曰：爲學之序，爲己而後可以及人，達理而後可以制事。故程子教人先讀論、孟，然後看史，其序不可亂也。或問：爲學只看六經、語、孟，其他史書皆不必看，如何？曰：如此即不見古今成敗，便是荆公之學。六經是三代以上之書，曾經聖人手，全是天理。三代以下，文字有得失，然而天理却在這邊自若也，要有主，覰得破，皆是學。

先生每讀史到一半，便掩卷思量，料其成敗，然後却看。有不合處，又更精思，其間多有幸而成，不幸而敗。今人只見成者便以爲是，敗者便以爲非，不知成者煞有不是，敗者煞有是底。量，平聲。○如諸葛亮討賊，雖不成不得爲非；謝安却敵，雖不敗而未必盡是。以此推之，幸不幸可見矣。薛氏曰：觀史不可以成敗優劣，人只當論其是非。

讀史須見聖賢所存治亂之機，賢人君子出處進退，便是格物。處，上聲。○機，發動所由也。治亂未著，非聖賢不能審其機也。出處進退，乃賢人君子立身之大節，事功特其餘耳。○朱子作綱目，其序略曰：「表歲以首年而因年以著統，大書以提要而分注以備言，使夫歲年之久近，國統之離合，事情之詳略，議論之同異，通貫曉晰，如指諸掌。藏之巾笥，姑以私便檢閲，自備遺忘而已。雖然歲周於上而天運明矣，統正於下而人事定矣，大綱概舉而鑒戒昭矣，衆目畢張而幾微著矣。是則凡爲格物致知之學者，亦將慨然有感於斯矣夫！」

元祐中，客有見伊川者，几案間無他書，惟印行唐鑑一部。先生曰：近方見此書。三代以後，無此議論。行，音杭。○外書。○元祐，宋哲宗年號。唐鑑，范祖禹所著，程子門人也。○朱子曰：觀史以自家義理斷之，大概自漢以來只是私意，其間有偶合處耳。范唐鑒亦是此意，然而稍疏。

横渠先生曰：序卦不可謂非聖人之藴。今欲安置一物，猶求審處，況聖人之於易！其間雖無極至精義，大概皆有意思。觀聖人之書，須徧布細密如是。大匠豈以一斧可知哉！思，去聲。○易説。○韓康伯言序卦非聖人之藴，故張子辨之。蓋天運人事、聖學王猷，皆在其中矣。○朱子曰：序卦謂之非聖人之精則可，謂之非聖人之藴則不可，事事夾雜，都有在裏面。

天官之職，須襟懷洪大方看得。蓋其規模至大，若不得此心，欲事事上致曲窮究，湊合此心，如是之大，必不能得也。葉氏曰：周建六官，而天官冢宰統理邦國内外之政，小大之事無所不總，若非此心廣大，何以包舉四海，綜理百職？今無此心量，但欲每事委曲窮究，必不能周悉通貫之矣。釋氏錙銖天地，可謂至大，然不嘗爲大，則爲事不得。若畀之一錢，則必亂矣。朱子曰：釋氏合不將心頓在無用處，纔動步便疎脱，所以吾儒貴格物致知。又曰：太宰之職難看，蓋無許大心胸包羅，記得此，復忘彼。其混混天下之事，當如捕龍蛇、搏虎豹，用心力看方可。其他五官便易看，止一職也。復，扶又反。易，去聲。○語録，下同。○朱子曰：冢宰内自王之飲食衣服，外至五官庶事，自大至小，自本至末，千頭萬緒，若不是大其心者區處應副，事到面前便且區處不下。況於先事措置，思患預防，是著多少精神，所以記得此復忘彼也。○按周官之書，取法天地四時，故六官皆天子之相也。太宰爲脩齊治平之相，象天之覆，無所不統，故看之爲難；司徒爲教養之相，象地之載；宗伯爲禮樂之相，象春之和；司馬爲征伐之相，象夏之烈；司寇爲刑辟之相，象秋之肅；司空爲田賦之相，象冬之藏。各分一職，故看之爲易。然至於後世，教養乖戾，禮樂崩壞，兵刑煩苛，田賦紊亂，則五官之職，皆當留心，庶足開萬世之太平，不可以其易看而忽之也。薛氏曰：周禮後世用其治者，猶不可易，可見其爲聖人之書。

古人能知詩者唯孟子，爲其以意逆志也。夫詩人之志至平易，不必爲艱嶮求之。今以艱嶮求詩，則已喪其本心，何由見詩人之志？爲其之爲，去聲。夫，音扶。易、喪，並去聲。○本注：以意逆志，以己心之所之而迎古人之心之所之也。平易則得人心之所同，然艱嶮則失之矣。○本注：詩人之情性温厚，平易老成，本平地上道著言語。今須以崎嶇求之，先其心已狹隘了，則無由見得。詩人之情本樂易，只爲時事拂著他樂易之性，故以詩道其志。○此爲變風、變雅而言也。孤臣放子、去婦棄友，皆無已甚之辭，可以知其樂易矣。

尚書難看，蓋難得胸臆如此之大。只欲解義，則無難也。尚書紀内聖外王之迹，故其言至大，如「克明峻德」一章，即具大學之規模；「危微精一」數語，即盡中庸之精藴。命官咨岳，而周禮皆倣而準之；作歌賡歌，而雅頌皆則而效之。非大其心者，安能測識哉！

讀書少，則無由考校得義精。蓋書以維持此心，一時放下，則一時德性有懈。讀書則此心常在，不讀書則終看義理不見。讀書則心存，心存則理得，可以見尊德性、道問學之相須矣。○薛氏曰：讀書以防檢此心，猶服藥以消磨此病。病雖未除，常使藥力强，則病自衰。心雖未定，常使書味深，則心自熟，久則衰者盡而熟者化矣。

書須成誦。精思多在夜中，或静坐得之。不記則思不起，但通貫得大原後，書亦易記。成誦者，精熟而可默誦也。通貫大原而書易記者，已得其理，則其言自不能忘也。○朱子曰：此說最爲捷徑，蓋未論看得義理如何，且是收拾得此心有歸著處，不至走作。然亦須是專一精研，使一書通透，都無記不起處，方可别換一書，乃爲有益。若但輪流通念，而竅之不精，則亦未免枉費工夫也。須是通透後，又如此温習乃佳耳。所以觀書者，釋己之疑，明己之未達，每見每知新益，則學進矣。於不疑處有疑，方是進矣。葉氏曰：每見是書而每加新益，則學進矣。然學固足以釋疑，而學亦貴於有疑。蓋疑則能思，思則能得。於無疑而有疑，則察理密矣。

六經須循環理會，義理儘無窮。待自家長得一格，則又見得别。長，上聲。○循環謂周而復始。長一格者，温故知新而識進於高明也。

如中庸文字輩，直須句句理會過，使其言互相發明。朱子曰：此真讀書之要法，不但可施於此篇也。

春秋之書，在古無有，乃仲尼所自作，惟孟子能知之。非理明義精，殆未可學。先儒未及此而治之，故其說多鑿。孟子於春秋叙三聖之統，正五霸之罪，可謂深知之矣。先儒若公、穀、啖、陸之徒，雖有得有失，然皆未免於鑿也。○或問：朱子於春秋未有說，何也？曰：春秋是當年實事，孔子書之。後世諸儒學未至而各立己意，正所謂「非理明義精」而治之，故其說多穿鑿是也。惟伊川程子以爲經世之大法，得其旨矣。然其間極有無定當難理會處，不若存此胡氏本子與後世看，縱未能盡得之，雖不中不遠矣。

校勘記

〔一〕「且如讀書，每思索不通」至「習之可以求通，通便是亨也」　此段底本漫漶，原文數字無從辨識。今據朱子語類卷三三君子博學於文章補。

近思録集解卷四

凡七十條

或問：聖可學乎？濂溪先生曰：可。有要乎？曰：有。請問焉。曰：一爲要。一者，無欲也。無欲則静虚動直。静虚則明，明則通；動直則公，公則溥。明通公溥，庶矣乎。解見通書。

伊川先生曰：陽始生甚微，安静而後能長。故復之象曰：「先王以至日閉關。」長，上聲，下同。○易傳。下同。○朱子曰：一陽初復，陽氣甚微，不可勞動，故當安静以養微陽。如人善端方萌，正欲静以養之，方能盛大。又曰：古人所以四十而强仕者，前面許多年亦且養其善端，若一向出來與事物衮了，豈不壞事？○潛室陳氏曰：一陽復於下，即是動之端，但萌芽方動，當静以俟之，不可擾也。故卦辭言「出入无疾」，而象言「閉關息民」。蓋動者天地生物之心，而静者聖人裁成之道。

動息節宣，以養生也；飲食衣服，以養形也；威儀行義，以養德也；推己及物，以養人也。行，去聲。○養生則神和，養形則身安，養德則心泰，養人則用弘，推頤之義也。

慎言語以養其德，節飲食以養其體。事之至近而所繫至大者，莫過於言語飲食也。釋頤大象之義。葉氏曰：言語不謹則敗德，飲食無度則病身。

「震驚百里，不喪匕鬯。」臨大震懼，能安而不自失者，惟誠敬而已，此處震之道也。喪，去聲。處，上聲。○釋震象辭之義。誠則有物，敬則有主，故威震不足以動之。○胡氏曰：誠、敬雖是二事，其實一體。非敬無以入誠，非誠則敬有間斷。敬是持守之法，實有是敬而無間，即誠也。

人之所以不能安其止者，動於欲也。欲牽於前而求其止，不可得也。故艮之道當「艮其背」。所見者在前，而背乃背之，是所不見也。止於所不見，則無欲以亂其心，而止乃安。釋艮彖辭之義。葉氏曰：不見可欲，則心不亂，然非屏視聽也，蓋不牽於欲，則無私邪之見耳。○朱子曰：據易文「艮其背」，即止其所之義。而伊川説作兩般，恐非易之本旨。然其言止欲於無見，乃非禮勿視、勿聽之義，於學者亦不爲無用，更思之。「不獲其身」，不見其身也，謂忘我也。無我則止矣，不能無我，無可止之道。朱子曰：外既無非禮之視、聽、言、動，則内自不見有私己之欲矣。「行其庭，不見其人」，庭除之間至近也。在背則雖至近不見，謂不交於物也。葉氏曰：不交於物，非絶物也，亦謂中有所主，不誘於外物之交也。外物不接，内欲不萌，如是而止，乃得止之道，於止爲无咎也。葉氏曰：内欲不萌，不獲其身也。外物不接，不見其人也。人己兩忘，内外各定。是動静之間各得其所止，何咎之有？

明道先生曰：若不能存養，只是説話。遺書，下同。○胡氏曰：言人不能操存涵養，則所講究之理，無以有諸己，適爲口語而已。此敬所以成始成終也。○朱子曰：讀書固不可廢，然須以主敬立志爲先，方可就此田地上推尋義理，見諸行事。若平居泛然略無存養之功，又無實踐之志，而但欲解曉文義，説得分明，雖盡通諸經，不差一字，亦何所益？況又未必能通而不誤乎！

聖賢千言萬語，只是欲人將已放之心，約之使反復入身來，自能尋向上去，下學而上達也。朱子曰：所謂「反復入身來」，不是將已放出底依舊者收拾轉來。如「七日來復」，不是將已剥之陽，重新將來復生。蓋舊底已自過去，這裏自然生出。只是知求則心便在，尋向上去，下學上達，是存得此心，方可做去，必不是塊然空守得這心便了也。又曰：此乃孟子開示要切之言。程子又發明之，曲盡其旨，學者宜服膺而勿失也。

李籲問：每常遇事，即能知操存之意。無事時如何存養得熟？明道曰：古之人耳之於樂，目之於禮，左右起居，盤盂几杖，有銘有戒，動息皆有所養。今皆廢此，獨有理義之養心耳。但存此涵養意，久則自熟矣。「敬以直内」是涵養意。葉氏曰：李籲，字端伯，程子門人也。義理養心，本兼動静，但此答「無事時如何存養得熟」，故曰「但存涵養意，久則自熟」。敬則心存於中，無所越逸，即涵養之意。

吕與叔嘗言患思慮多，不能驅除。明道曰：此正如破屋中禦寇，東面一人來未逐得，西面又一人至矣。左右前後，驅逐不暇。蓋其四面空疏，盜固易入，無緣作得主定。又如虚器入水，水自然入。若以一器實之以水，置之水中，水何能入來？蓋中有主則實，實則外患不能入，自然無事。逐寇喻閑邪，實水喻存誠。

邢和叔嘗言：吾曹常須愛養精力，精力稍不足則倦，所臨事皆勉强而無誠意。接賓客語言尚可見，况臨大事乎？强，上聲。○邢恕，字和叔，程子門人也。和叔非能立誠者，程子乃不以人廢言耳。

明道先生曰：學者全體此心。學雖未盡，若事物之來，不可不應。但隨分限應之，雖不中不遠矣。分、中，並去聲。○朱子曰：全體此心，不爲私欲汩没，非是更有一心能體此心也。若事物之來，但隨自家力量應之，更須下工夫，方到細密的當，止於至善處。

「居處恭，執事敬，與人忠」，此是徹上徹下語，聖人元無二語。處，上聲。○葉氏曰：自始學以至成德皆不外此，但有勉强與安行之分耳。

伊川先生曰：學者須敬守此心，不可急迫，當栽培深厚，涵泳於其間，然後可以自得。但急迫求之，只是私己，終不足以達道。朱子曰：涵養持守之功繼繼不已，是謂栽培深厚。苟急迫而求之，則此心已自迫躁紛亂，只是私己而已，終不能優游涵泳，以達於道也。

明道先生曰：「思無邪」、「毋不敬」，只此二句，循而行之，安得有差？有差者，皆由不敬不正也。詩魯頌曰「思無邪」，言此心之常存也。曲禮曰「毋不敬」，言此心之有主也。發於行事，安得有差乎！

今學者敬而不自得，又不安者，只是心生，亦是太以敬來做得事重，此「恭而無禮則勞」也。恭者，私爲恭之恭也。禮者，非體之禮，是自然底道理也。只恭而不爲自然底道理，故不自在也，須是「恭而安」。朱子曰：「只是心生」，言只是敬心不熟也；「恭者，私爲之恭」，言恭只是人爲；「禮者，非體之禮」，言禮不可捉摸。故人爲之恭，必循自然底道理，則自在也。今容貌必端，言語必正者，非欲獨善其身，以求知於人，但天理當然，亦曰循之而已矣。此節從孟子或問文。

今志於義理而心不安樂者，何也？此則正是剩一箇助之長。雖則心操之則存，捨之則亡，然而持之太甚，便是「必有事焉」而正之也。亦須且恁去，樂，音洛。長，上聲。○朱子曰：亦須且恁去。其説蓋曰，雖是「必有事焉而勿正」，亦須且恁地把捉操持，不可便放下了。如此者只是德孤。「德不孤，必有鄰」，到德盛後，自無窒礙，左右逢其原也。葉氏曰：孤，寡特而無輔也。涵養未充，義理單薄，故無自得之意。及德盛而不孤，則胸中無滯礙，左右逢其原，沛然有餘裕，又何不安樂之有？○朱子與呂伯恭書曰：承喻整頓收斂則入於著力，從容游泳又入於優游。此正學者之通患，然程子嘗曰：「亦須且自此去，到德盛後，自然左右逢其原也。」今亦且當就整頓收斂處著力，但不可用意等候安排，即成病耳。

敬而無失，便是「喜怒哀樂未發謂之中」。敬不可謂中，但敬而無失，即所以中也。朱子曰：言人能持敬而無間斷，則喜怒哀樂渾然在中，而無所偏倚也。子夏之言本不爲此，程子取其有會於吾心耳。又曰：敬而無失，乃所以中。此語至約，是真實下工夫處，於日用語默動静試加意焉，當知其不妄矣。

司馬子微嘗作坐忘論，是所謂坐馳也。司馬子微，名承楨，唐人。「坐忘」，出莊子，言「墮肢體，黜聰明」，而一無所係於心也。中無所主，非坐馳而何？

伯淳昔在長安倉中閒坐，見長廊柱，以意數之，已尚不疑。再數之不合，不免令人一一聲言數之，乃與初數者無差。則知越著心把捉，越不定。數，上聲。○葉氏曰：著意把捉，則心已爲之動，故愈差。○朱子曰：人心至靈，主宰萬變，而非物所能宰。故纔有持守之意，即是此心先自動了。此程夫子每言「坐忘」即是「坐馳」，又因默數倉柱，發明其説。而其指示學者操存之道，必曰「敬以直内」，而又有「以敬直内，便不直矣」之云也。

人心作主不定，正如一個翻車，流轉動摇，無須臾停，所感萬端。若不做一個主，怎生奈何？張天祺昔嘗言：「自約數年，自上著床，便不得思量事。」不思量事後，須强把他這心來制縛，亦須寄寓在一個形象。君實自謂：「吾得術矣，只管念個中字。」此又爲中所繫縛，且中亦何形象？量，平聲。强，上聲。○張戬，字天祺，横渠之弟。司馬光，字君實，宋大儒也。

有人胸中常若有兩人焉：欲爲善，如有惡以爲之間；欲爲不善，又若有羞惡之心者。本無二人，此正交戰之驗也。持其志，使氣不能亂，此大可驗。要之聖賢必不害心疾。間，去聲。「羞惡」之「惡」，去聲。○朱子曰：天祺是硬截，温公是死守。明道即曰「持其志」，所以教人且就裏面理會。譬如人有個家，不自做主，却倩人來作主。愚謂，不害心疾者，神氣俱和也。

某寫字時甚敬，非是要字好，只此是學。要字好者，固爲人之學，然任意以寫之，則心亦不免於放也。君子主敬之學，無適而不然如此。薛氏曰：事有大小，理無大小，大事謹而小事不謹，則天理即有欠闕間斷。故作字雖小事，必敬者，所以存天理也。○朱子書字銘曰：握管濡毫，伸紙行墨。一在其中，點點畫畫。放意則荒，取妍則惑。必有事焉，神明厥德。

伊川先生曰：聖人不記事，所以常記得。今人忘事，以其記事。不能記事，處事不精，皆出於養之不完固。處，上聲。○葉氏曰：聖人無意記事，故其心虚明，自然常記得。今人著心强記，故其心紛擾，愈不能記。然記事不能與處事不精，二者又出於所養不厚，則明德日昏，故已往者不能記，方來者不能察也。

明道先生在澶州日，修橋少一長梁，曾博求之民間。後因出入，見林木之佳者，必起計度之心。因語以戒學者：「心不可有一事。」度，入聲。○潛室陳氏曰：只爲滯著在胸次，雖事過之後，猶復萌動，正所謂心有好樂，則不得其正，若事往即化，則得其正矣。或問：凡事須思而後通，安可謂「心不可有一事」？朱子曰：事如何不思？但事過則不留於心可也。明道肚裏有一條梁，不知今人有幾條梁拄在肚裏。○按明道之學幾於聖人，然其見獵而喜也，未能無意；數長廊柱而不合也，未能無必；見林木而起計度也，未能無固。其與聖人，殆不無有間與！

伊川先生曰：入道莫如敬，未有能致知而不在敬者。朱子曰：致知是主善而師之也，敬是克一而協之也。敬則心存之，存則理具於此而得失可驗，故曰「未有致知而不在敬者」。又曰：欲應事先須窮理，而欲窮理又須養得心地本原虛静明澈，方能察見幾微，剖析繁亂而無所差錯。若只終日馳騖，何緣見得事理分明？程子所謂「學莫先於致知」，又謂「未有致知而不在敬」，正謂此也。今人主心不定，視心如寇賊而不可制，不是事累心，乃是心累事。當知天下無一物是合少得者，不可惡也。惡，去聲。○事至當應，何至於累心？顧人心無主而悮應之，反足以累事耳。無一物是合少得者，言日用事物，皆不可缺也。

人只有一箇天理，却不能存得，更做甚人也？朱子曰：天理在人，亘古今而不泯，隨甚如何錮蔽，而天理常自若，無時不自私意中發出，但人不自覺。去只去得這些子，存只存得這些子，學者所當深察也。

人多思慮，不能自寧，只是做他心主不定。要作得心主定，惟是止於事，「爲人君止於仁」之類。如舜之誅四凶，四凶已作惡，舜從而誅之，舜何與焉？人不止於事，只是攬他事，不能使物各付物。物各付物，則是役物；爲物所役，則是役於物。「有物必有則」，須是止於事。與，去聲。○役，猶使也。物各付物，則物聽命於我，是役物也。爲物所役，則我聽命於物，是役於物也。則，即事之理，止之，斯曲當矣。○朱子曰：物各有理，事至物來，隨其理而應之，則事事物物，無不各得其理之所當然者，如舜之舉十六相、誅四凶也。此其所以不爲物所役而能役物，豈曰吾任之而已哉？

不能動人，只是誠不至。於事厭倦，皆是無誠處。不能動人者，誠之不積也。於事厭倦者，誠之有間也。

靜後，見萬物自然皆有春意。春意者，萬物生生之機也。惟靜後則心虛理明而能見之。此主敬所以爲體仁之方也。

孔子言仁，只說「出門如見大賓，使民如承大祭」。看其氣象，便須心寬體胖，動容周旋中禮，惟慎獨便是守之之法。使、中，並去聲。○謹獨則動靜如一，非因出門、使民而後有，此敬所以爲守之之法也。聖人脩己以敬，以安百姓，篤恭而天下平。惟上下一於恭敬，則天地自位，萬物自育，氣無不和，四靈有何不至？此體信達順之道。麟、鳳、龜、龍，謂之四靈，盛德之世則至焉。「體信達順」，出禮運文。朱子曰：「上下一於恭敬」，却是上之人有以感發而興起之。聖人之敬薰天炙地，不是獨脩於九重，而天下之人侮慢自若也，如漢廣之化可見。信是實理，順是和氣。「體信」是忠，無一毫之僞；「達順」是恕，無一物不得其所。聰明睿智皆由是出，以此事天饗帝。耳目無物交之惑，聰明之所由出也。心思無朋從之擾，睿智之所由出也。天以形體言，故圜丘事之；帝以主宰言，故明堂饗之。非齋戒以神明其德者，孰能致其來格哉？朱子曰：非程子實因持敬而見其效，何以語及此？

存養熟後，泰然行將去，便有進。養之熟，斯行之利矣。

不愧屋漏，則心安而體舒。不愧屋漏，意誠之驗也。心安則廣，體舒則胖。

心要在腔子裏。葉氏曰：腔子猶所謂神明之舍。在腔子裏，謂心不外馳也。薛氏曰：人能心在腔子裏，則百事可做。○朱子曰：心要有主宰，繼自今，便截胸中膠擾，敬以直内。或問：慮事應物時，心當如何？曰：思慮應接，亦不可廢。但身在此，則心合在此。

只外面有些隙罅，便走了。朱子曰：此語分明，不須注解。只要時時將來提撕，便喚得主人公常在常覺也。」

人心常要活，則周流無窮而不滯於一隅。朱子曰：心無私，便可推行。活者，不死之謂。又曰：無偏繫即活。憂患好樂，皆偏繫也。潛室陳氏曰：提撕，醒覺之意。

明道先生曰：「天地設位，而易行乎其中」，只是敬也。敬則無間斷。間，去聲。○朱子曰：就天地之間言之，是實理；就人身上言之，惟敬然後見得心之實處，流行不息。敬才間斷，便不誠，不誠便無物是息也。又曰：天地也似有箇主宰，方始恁地變易，便是天地底敬。

「毋不敬」，可以對越上帝。

敬勝百邪。朱子曰：敬則無己可克，省多少事。

「敬以直内，義以方外」，仁也。朱子曰：是亦仁也。若能私欲净盡，天理流行，皆可謂之仁。

若以敬直内，則便不直矣。「必有事焉，而勿正」，則直也。以敬直内，則有所倚矣，豈得直乎？

涵養吾一。一，即主一也。涵養之，則心常存矣。

子在川上曰：「逝者如斯夫！不舍晝夜。」自漢以來，儒者皆不識此義。此見聖人之心，「純亦不已」也。「純亦不已」，天德也。有天德便可語王道，其要只在慎獨。夫，音扶。○朱子曰：有天德則純是天理，便做得王道；無天德則是私意計較，所以做王道不成。又曰：川流不息，天運也，「純亦不已」，聖人之心也。謹獨所以爲不已，學者之事也。○或問：「純亦不已」者，其果聖人之本意乎？朱子曰：程子之言，非以爲聖人之意本如是也，亦曰非其心之如是，則無以見理之如是耳。其曰「其要只在慎獨」者，何也？曰：言人欲體此道者當如是也。蓋道無適而不然，惟慎其獨則可以無所間斷而不虧真體。

「不有躬，無攸利」。不立己，後雖向好事，猶爲化物不得，以天下萬物撓己。己立後，自能了當得天下萬物。當，去聲。○釋蒙六三爻辭。朱子曰：此解易意在乎以立己爲先，應事爲後。己不立，則在我無主宰矣，雖向好事，亦只是見那事物好，隨那事物去，便是爲物所化。若能理會自家身己，雖與外事若茫然不相接，然明德在這裏，新民只現成推將去。又曰：人多是要求濟事，而不知自己身己不立，事決不能成。人自心若一毫私意未盡，皆足以敗事。如上有一毫差，下便有尋丈差。

○胡氏曰：看盡天下事，只要不失其本心，心爲主，事爲客，以主待客，則我不勞而事治。程子曰「己立後，自能了得天下萬物」，是有主也。

伊川先生曰：學者患心慮紛亂，不能寧靜，此則天下公病。學者只要立箇心，此上頭儘有商量。量，平聲。○朱子曰：學者不先立個心，恰似作室無基址。今求此心，正爲要立基址，得此心有個存主處，爲學便有歸著，可以用功。

閑邪則誠自存，不是外面捉一箇誠將來存著。今人外面役役於不善，於不善中尋箇善來存著。如此，則豈有入善之理？只是閑邪則誠自存。葉氏曰：閑邪之意即是誠也。苟役心於邪妄，而暫欲存其誠，則亦無可存之理。故孟子言性善皆由內出，只爲誠便存。閑邪更著甚工夫？但惟是動容貌、整思慮，則自然生敬。爲，去聲。葉氏曰：孟子言性善，如孩提之愛親敬兄，見赤子入井，而有怵惕惻隱之心。如四端之發，無非自然由中而出。蓋實心非外鑠，操之則存矣。所謂閑邪者，亦不過外肅其容貌，內齊其思慮，則敬自然生，邪自然息。敬只是主一也。主一則既不之東，又不之西，如是則只是中；既不之此，又不之彼，如是則只是內。存此則自然天理明。學者須是將「敬以直内」涵養此意。直内是本。本注：尹彦明曰：敬有甚形影？只收斂身心，便是主一。且如人到神祠中致敬時，其心收斂，更著不得毫髮事，非主一而何？○葉氏曰：敬者心主乎一，無放逸也。静而主乎一，則寂然不動，不散之東西，常在中也。動而主乎一，則知止有定，不滞乎彼此，常在内也。常存此心，則天理自明。

閑邪則固一矣，然主一則不消言閑邪。葉氏曰：閑其邪思，則心固一矣。然心既主一，則自無私邪之念，不必閑也。○朱子曰：主一似「持其志」，閑邪似「無暴其氣」，二者不可有偏，此内外交相養之道也。有以一爲難見，不可下工夫，如何？一者無他，只是整齊嚴肅，則心便一。一則自是無非僻之干。此意但涵養久之，則天理自然明。葉氏曰：外整齊而内嚴肅，則心自一，理自明。○朱子曰：學者須是培養，程子言「存此則自然天理明」，又言「此意但涵養久之，則天理自然明」。今人不曾做得此種工夫，胸中膠擾駁雜，如何窮得理？從陸子静學，如楊敬仲輩持守得亦好，然他不肯讀書，只任一己私見，有似荑稗。今不肯做培養工夫，便是五穀不熟，不如荑稗矣。胡氏曰：心具衆理，所患者紛亂放逸惰慢，故須主敬。主一無適，所以整其紛亂放逸；整齊嚴肅，所以救其惰慢。此存心之要法也。又曰：雖整齊嚴肅，亦要沉潛細密意思，不可把捉太過。

有言：未感時，知何所寓？曰：「操則存，舍則亡，出入無時，莫知其鄉」，更怎生尋所寓？只是有操而已。操之道，敬以直内也。舍，上聲。○朱子曰：若未感時，又更尋所寓，是有兩個物事。所以道「只有操而已」。只操，便是主宰在這裏。○胡氏曰：今世又有一等學問，言靜中不可著個操字。若操時又不是靜，以何思何慮爲主？悉屏思慮，以爲靜中工夫，只是如此，所以流於老、佛。不知操是持守之意，即靜時敬也。若無個操字，是中無主，悠悠茫茫，無所著落。若不外馳，定入空無。此學所以易差也。

敬則自虛靜，不可把虛靜喚做敬。敬則自有主而虛，無欲而靜。以虛靜爲敬，則或入於「致虛守靜」之歸矣。

學者先務，固在心志。然有謂欲屏去聞見知思，則是「絶聖棄智」。有欲屏去思慮，患其紛亂，則須坐禪入定。如明鑑在上，萬物畢照，是鑑之常，難爲使之不照。人心不能不交感萬物，難爲使之不思慮。屏，上聲。○葉氏曰：老氏之「絶聖棄智」，釋氏之坐禪入定，皆絶天理害人心之教也。○胡氏曰：真能主敬，自無雜慮。欲屏思慮者，皆是敬未至也。若欲免此，惟是心有主。如何爲主？敬而已矣。有主則虛，虛謂邪不能入；無主則實，實謂物來奪之。或問：「有主則虛」，又曰「有主則實」，一以虛爲主，一以實爲主，何也？朱子曰：敬則内欲不萌，外邪不入。自其内欲不萌而言，故曰虛；自其外邪不入而言，故曰實，只是一時事不可作兩截看也。○潛室陳氏曰：惟實故虛，蓋心既誠敬，則自然虛明。大凡人心不可二用，用於一事，則他事更不能入者，事爲之主也。事爲之主，尚無思慮紛擾之患，若主於敬，又焉有此患乎？主事者用之偏，主敬者體之全。然無思慮紛擾之患則一也。所謂敬者，主一之謂敬；所謂一者，無適之謂一。且欲涵泳主一之義，不一則二三矣。至於不敢欺，不敢慢，尚不愧於屋漏，皆是敬之事也。朱子曰：「敬」之一字，學者若能實用其力，則雖程子兩言之訓，猶爲剩語。如其不然，則言愈多心愈雜，而所以病夫敬者益深矣。問：既云「主一無適」，又曰「人心常要活」，或疑「主一」則滯，滯則不周流而無窮矣。曰：所謂「主一」者，何嘗滯於一事？不主一則方理會此事，而心留於彼，却是滯於一隅。又問：方應此事未畢，而復有一事至，則當如何？曰：亦無雜然而應之理，但甚不得已，則權其輕重可也。○朱子敬齋箴曰：正其衣冠，尊其瞻視。潛心以居，對越上帝。足容必重，手容必恭。擇地而蹈，持旋蟻封。出門如賓，承事如祭。戰戰兢兢，罔敢或墜。守口如瓶，防意如城。洞洞屬屬，毋敢或輕。不東以西，不南以北。當事而存，靡他其適。勿貳以二，勿叁以三。惟精惟一，萬變是監。從事於斯，是曰持敬。動靜不違，表裏交正。須臾有間，私欲萬端。不火而熱，不冰而寒。毫釐有差，天壤易處。三綱既淪，九法亦斁。嗚呼小子，念哉敬哉！墨卿司戒，敢告靈臺。

「嚴威儼恪」，非敬之道，但致敬須自此入。葉氏曰：敬存於中。「嚴威儼恪」，著於外者。然未有外貌弛慢而中能敬者。

「舜孳孳爲善」。若未接物，如何爲善？只是主於敬〔一〕，便是爲善也。以此觀之，聖人之道，不是但默然無言。敬則天理存而百邪退，善莫大焉。默然無言，異學之守此心也。○朱子曰：此發明孟子言外之意，學者所當深念也。

問：人之燕居，形體怠惰，心不慢，可否？曰：安有箕踞而心不慢者？昔吕與叔六月中來緱氏，閒居中，某嘗窺之，必見其儼然危坐，可謂敦篤矣。學者須恭敬，但不可令拘迫，拘迫則難久也。緱氏，縣名。葉氏曰：盤坐曰箕，蹲踦曰踞。乃敎惰之所形見。學者始須莊敬持守，積久自然安舒矣。朱子曰：心無不敬，則四體自然收斂，不待著意安排而亦自舒適，著意安排則難久而病生矣。○胡氏曰：人坐不端莊，則昏惰之氣必生，心因以不存而理亦昏矣。人之昏困是氣也，持其志則昏困去。朱子曰：近世學者之病，只是合下欠持敬工夫，所以事事滅裂。其言敬者又只説能存此心，自然中理，至於容貌辭氣，往往全不加功。又況心慮恍惚，未必真能存耶！程子言敬必以整齊嚴肅，正衣冠、尊瞻視爲先，又言「未有箕踞而心不慢者」，如此乃是至論。

思慮雖多，果出於正，亦無害否？曰：且如在宗廟則主敬，朝廷主莊，軍旅主嚴，此是也。如發不以時，紛然無度，雖正亦邪。朝，音潮。○葉氏曰：敬存於執事，莊示於等威，嚴施於法制，皆發於心而見於事者。發之而當，則無害也。苟發不以時，或雜然而發，或過而無節，其事雖正，亦是邪念。

蘇季明問：喜怒哀樂未發之前求中，可否？曰：不可。既思於喜怒哀樂未發之前求之，又却是思也。既思即是已發。本注：思與喜怒哀樂一般。纔發便謂之和，不可謂之中也。樂，音洛，下同。○蘇昞，字季明，程、張門人也。朱子曰：言不待喜怒哀樂之發，但有所思即爲已發。此意已極精微，説得未發界十分盡頭，不可復有以加矣。又問：吕學士言「當求中於喜怒哀樂未發之前」，何如？曰：若言存養於喜怒哀樂未發之前，則可；若言求中於喜怒哀樂未發之前，則不可。吕學士，與叔也。涵養則自然，求之則有意。○問：延平亦謂驗喜怒哀樂未發之前爲何如，此説又似與季明同。朱子曰：但欲見其如此耳。然亦有病。不得其道，則流於空。又問：學者於喜怒哀樂發時，固當勉强裁抑；於未發之前，當如何用功？曰：於喜怒哀樂未發之前，更怎生求？只平日涵養便是。涵養久，則喜怒哀樂發自中節。曰：當中之時，耳無聞，目無見否？曰：雖耳無聞，目無見，然聞見之理在始得。强，上聲。「中節」之「中」，去聲。○朱子曰：未發之時，但未有喜怒哀樂之偏耳。若其耳之有聞，目之有見，則當愈益精明而不可亂。豈若心不在焉，而遂廢耳目之用哉？子思只説喜怒哀樂，今却轉向聞見上去，所以説得愈多，愈見支離紛冗，都無交涉。此乃程門請問記録者之罪也。又曰：心之有知與耳之有聞、目之有見爲一等時節，雖未發而未嘗無；心之有思，乃與耳之有聽、目之有視爲一等時節，一有此則不得爲未發，故程子以有思爲已發則可，而記者以無聞無見爲未發則不可。賢且説静時如何？曰：謂之無物則不可，然自有知覺處。曰：既有知覺，却是動也，怎生言静？人説復其見天地之心，皆以謂至静能見天地之心，非也。復之卦下面一畫，便是動也，安得謂之静？朱子曰：「無物」字恐當作「有物」字。又曰：當至靜之時，但有能知覺者，而未嘗有所知覺也。故以爲靜中有物則可，而便以纔思即是已發爲比，則不可。以爲坤卦純陰而不爲無陽則可，而便以復之一陽已動爲比，則未可也。」或曰：莫是於動上求靜否？曰：固是，然最難。釋氏多言定，聖人便言止，一本「止」下有「所謂止止」字〔二〕。如「爲人君止於仁，爲人臣止於敬」之類是也。易之艮言止之義曰：「艮其止，止其所也。」蓋人萬物皆備，遇事時各因其心之所重者更互而出，纔見得這事重，便有這事出。若能使物各付物，便自不出來也。更，平聲。○朱子曰：「動上求靜」之云，則問者又轉而之他矣。葉氏曰：此段問答皆論喜怒哀樂未發之中。此條問者乃轉就動處言也。「止其所」者，動中其則而不遷也。若心有所重，則因重而遷。物各付物，而我無與焉，則止其所而心不外馳矣。或曰：先生於喜怒哀樂未發之前，下動字？下靜字？曰：謂之靜則可，然靜中須有物始得，這裏便是難處。學者莫若且先理會得敬，能敬則知此矣。朱子曰：靜中有物，只是知覺不昧。或問：此物云何？曰：只太極也。○胡氏曰：天命之性，與生俱生，不可須臾離。故靜而未有事接之時，則此心未動，此理未發。然此時此心，寂然在内，此理全具於中，故戒謹恐懼以存養之。若真無心與理，又戒懼做甚？又存養個甚？必有物在内，故須主敬，須存養。故程子以爲靜中有物，靜中雖無知覺，亦有知覺在。或曰：敬何以用功？曰：莫若主一。季明曰：昞嘗患思慮不定，或思一事未了，他事如麻又生，如何？曰：不可。此不誠之本也。須是習，習能專一時便好。不拘思慮與應事，皆要求一。葉氏曰：心不專一，則言動皆無實，故曰不誠之本。猶學奕者，一心以爲鴻鵠將至，則非誠於學奕也。思慮者動於心，應事者見於言行，皆不可不主於一。

人於夢寐間，亦可以卜自家所學之淺深。如夢寐顛倒，即是心志不定、操存不固。朱子曰：魂與魄交而成寐，心在其間，依舊能思，所以做出夢。若心神安定，夢寐亦不至顛倒。

問：人心所繫著之事果善，夜夢見之，莫不害否？曰：雖是善事，心亦是動。凡事有眹兆入夢者却無害，捨此皆是妄動。人心須要定，使他思時方思乃是。今人都由心。人心非但藏往，亦能知來，此眹兆之所以入夢也。因思而生夢，則妄動而已。或問：高宗之夢傅説，孔子之夢周公，豈非思與？曰：此至誠之感通也。若必並此而絶之，則是異端至人無夢之學矣。曰：心誰使之？曰：以心使心則可。人心自由，便放去也。朱子曰：「以心使心」，謂自作主宰，不使其散漫走作耳。

「持其志，無暴其氣」，内外交相養也。○葉氏曰：持其志者，有所守於中；無暴其氣者，無所縱於外。然中有所守則氣自完，外無所縱則志愈固，故曰交相養。○薛氏曰：志固難持，氣亦難養。主敬可以持志，少欲可以養氣。

問：「出辭氣」，莫是於言語上用工夫否？曰：須是養乎中，自然言語順理。若是慎言語，不妄發，此却可著力。葉氏曰：中有所養而後發於外者不悖。至若謹言語，此亦學者所可用力，但不可專於言語上用功。○潛室陳氏曰：此是静時有工夫，故才動，道理便在此。動時自有著工夫者，如修辭安定辭之類。

先生謂繹曰：吾受氣甚薄，三十而浸盛，四十、五十而後完。今生七十二年矣，校其筋骨，於盛年無損也。繹曰：先生豈以受氣之薄，而厚爲保生邪？夫子默然，曰：吾以忘生狥欲爲深耻。南軒張氏曰：若他人養生要康强，只是利。伊川説出來純是天理。

大率把捉不定，皆是不仁。外書，下同。○葉氏曰：仁者，心存乎中，純乎天理者也。把捉不定，則此心外馳，理不勝欲，皆是不仁。○朱子曰：人心湛然虚定者，仁之本體。把捉不定者，私欲奪之而動摇紛擾矣。然則把捉得定，其惟篤於持敬乎！又曰：惟其不仁，所以致把捉不定也。

致知在所養，養知莫過於寡欲。從大學或問文。○朱子曰：將致知者，必先有以養其知。有以養之，則所見益明，所得益固。欲養其知者，惟寡欲而已矣。欲寡則無紛擾之雜，而知益明矣。無變遷之患，而得益固矣。

心定者其言重以舒，不定者其言輕以疾。朱子曰：心定則言必審，故的確而舒遲；不定則内必紛擾，有不待思而發者，故淺易而急迫。此亦志動氣之驗也。

明道先生曰：人有四百四病，皆不由自家，則是心須教由自家。人有四百四病，出醫經。此血氣之戾，非人之所能爲也。心則貴有操存之功，豈可任之而已哉！

謝顯道從明道先生於扶溝。明道一日謂之曰：爾輩在此相從，只是學顥言語，故其學心口不相應，盍若行之？請問焉。曰：且静坐。朱子曰：明道教人静坐，蓋爲是時諸人相從，只在學中，無甚外事，故教之如此。今若無事，固是只得静坐；若特地將静坐做一件工夫，則却是釋子坐禪矣。但只著一「敬」字通貫動静，則於二者之間，自無間斷處，不須如此分别也。伊川每見人静坐，便歎其善學。朱子曰：静坐時便涵養得本原稍定，雖是不免逐物，及自覺而收斂歸來，也有個着落。若是不曾存養得本原，茫茫然逐物在外，便收斂歸來也，無個著身處也。○胡氏曰：程子教人静坐，所以救學者之偏，亦所以定其紛擾雜亂之心。

横渠先生曰：始學之要，當知「三月不違」與「日月至焉」内外賓主之辨，使心意勉勉循循而不能已，過此幾非在我者。文集。○朱子曰：「不違者」，仁在内而我爲之主也。「日月至」者，仁在外而我爲之客也。誠知此辨，則其不安於客而求爲主於内必矣，故曰「使心意勉勉循循而不能已」。用功至此而極矣。過此以往，則必德盛仁熟而自至，而非吾力之所能與也。

心清時少，亂時常多。其清時，視明聽聰，四體不待羈束而自然恭謹，其亂時反是。如此何也？蓋用心未熟，客慮多而常心少也，習俗之心未去，而實心未完也。○朱子曰：客慮，泛泛之思慮也，習俗之心，從來習染偏勝之心。實心，義理之心也。横渠大段用工夫來，説得更精切。人又要得剛，太柔則入於不立。亦有人生無喜怒者，則又要得剛，剛則守得定不回，進道勇敢。載則比他人自是勇處多。語録，下同。○朱子曰：人也須是剛，雖則是偏，然較之柔不同。易以陽爲君子，陰爲小人。若是柔弱不剛之質，少間都不會振奮，只困倒了。

戲謔不惟害事，志亦爲氣所流。不戲謔，亦是持志之一端。朱子曰：戲謔亦是自家有此玩侮之意，以爲之根，而日用之間流轉運用，機械熟活，致得臨事不覺出來。又自以爲情信辭巧，主於愛人，可以無害於義理，故不復更加防遏。蓋不惟害事，而所以害於心術者尤深矣。

正心之始，當以己心爲嚴師。凡所動作，則知所懼。如此一二年，守得牢固，則自然心正矣。葉氏曰：視心如嚴師，則知所敬畏，而邪僻之念不作。

定，然後始有光明。若常移易不定，何求光明？易大抵以艮爲止，止乃光明。故大學定而至於能慮，人心多則無由光明。易說，下同。○葉氏曰：此心静定而明生焉，水之止者可鑒，而流水不可鑒，亦是理也。

「動静不失其時，其道光明。」學者必時其動静，則其道乃不蔽昧而明白。今人從學之久，不見進長，正以莫識動静，見他人擾擾，非關己事，而所脩亦廢。由聖學觀之，冥冥悠悠，以是終身，謂之光明可乎？長，上聲。○葉氏曰：艮卦彖辭。動静各有其時，然學者多失於不當動而動，因循廢學，終何光明之有？

敦篤虚静者，仁之本。不輕妄，則是敦厚也；無所繫閡昏塞，則是虚静也。此難以頓悟，苟知之，須久於道實體之。「夫仁亦在乎熟之而已」。○孟子説。○葉氏曰：閡，閉礙也。言動輕妄而不敦篤，則此心外馳，非仁也。有所繫閡昏塞而不虚静，則此心罔覺，非仁也。然必存心之久，實體於己，然後能深知其味。○朱子曰：敦篤虚静之云，於學者爲有功。然比之孔子之言，則有間矣。學者審之。又曰：敦篤虚静，是爲仁之本。

校勘記

〔一〕只是主於敬　「是」原闕，據二程遺書卷十五補。

〔二〕一本止下有所謂止止字　「所謂止止」，疑「所謂止」之訛。按程氏遺書第十八「故聖人只言止，所謂止，如人君止於仁」句，可參看。

近思録集解卷五

凡四十二條

濂溪先生曰：君子乾乾不息於誠，然必懲忿窒慾，遷善改過而後至。乾之用其一本作「莫」善是，損益之大莫是過，聖人之旨深哉！吉凶悔吝生乎動。噫！吉一而已，動可不慎乎？解見通書。

濂溪先生曰：孟子曰「養心莫善於寡欲」，予謂養心不止於寡而存耳。蓋寡焉以至於無，無則誠立明通。誠立，賢也；明通，聖也。解見通書附録。

伊川先生曰：顔淵問克己復禮之目，夫子曰：「非禮勿視，非禮勿聽，非禮勿言，非禮勿動。」四者身之用也，由乎中而應乎外，制於外所以養其中也。顔淵請事斯語，所以進於聖人。後之學聖人者，宜服膺而勿失也，因箴以自警。朱子曰：「由乎中而應乎外」，是勢之自然。「制於外所以養其中」，是做工夫處。視箴曰：心兮本虛，應物無迹。操之有要，視爲之則。蔽交於前，其中則遷。制之於外，以安其内。克己復禮，久而誠矣。陳氏曰：心之體本自虛明，而其用則隨物而應，無有形迹。操而存之之要，以視爲則而已。蓋物欲之蔽交接於前，則心隨之以遷，此非禮之視所以當制也。制之於外，克己也；以安其内，復禮也。至於真積力久，則誠矣。誠者，從容不勉者也。○朱子曰：人之視聽言動，視最在先，爲操心之準則。聽箴曰：人有秉彝，本乎天性。知誘物化，遂亡其正。卓彼先覺，知止有定。閑邪存誠，非禮勿聽。陳氏曰：性即理也。人之秉彝乃得乎天之正理也。聽非禮，則心之知爲物所引誘，與之俱化，而正理遂亡矣。惟彼先覺之人，卓然自立，知其所當止，而志有定向，故能防閑其邪妄於外，而存其實理於内，自然非禮勿聽也。」言箴曰：人心之動，因言以宣。發禁躁妄，内斯静專。矧是樞機，興戎出好。吉凶榮辱，惟其所召。傷易則誕，傷煩則支。己肆物忤，出悖來違。非法不道，欽哉訓辭！易，去聲。○葉氏曰：躁，輕肆也；妄，虚謬也。言語之發，禁其輕肆，則内静定矣；禁其虚謬，則内專一矣。樞，扉臼也；機，弩牙也。户之闔闢，射之中否，皆由之發。言乃吾身之樞機，故一言之惡或至於興師，一言之善或可以合好。得則有吉有榮，失則有凶有辱。躁而傷於易，則誕浮而不審；妄而傷於煩，則支離而遠實。肆，縱情也。肆己者必忤物，躁之致也。悖，乖理也。悖而出者必悖而反，妄之致也。動箴曰：哲人知幾，誠之於思。志士勵行，守之於爲。順理則裕，從欲惟危。造次克念，戰兢自持。習與性成，聖賢同歸。行，去聲。○文集。○陳氏曰：思者，動於心也，惟知幾之哲人能誠之；爲者，動於身也，惟勵行之志士能守之。二者雖不同，然皆順理則安裕，從欲則危險也。動於心，造次而能念；動於身，戰兢而自持，内外交致其力也。習之久而與氣質之性俱成，則賢亦聖矣。朱子曰：思者動之微，爲者動之著，此該動之精粗。○朱子曰：四箴精確縝密。其曰制外閑邪而禁躁妄，則克己復禮之事也。其曰安内存誠而内静專，則吾心之德於此其得之矣。學者深體而力行之，其庶幾乎！

復之初九曰：「不遠復，无祇悔，元吉。」傳曰：陽，君子之道，故復爲反善之義。初，復之最先者也，是不遠而復也。失而後有復，不失則何復之有？唯失之不遠而復，則不至於悔，大善而吉也。陽主淑，陰主慝，故陽自剥之上六而爲復之初九，乃反於善也。顔子無形顯之過，夫子謂其庶幾，乃「無祇悔」也。過既未形而改，何悔之有？既未能不勉而中，所欲不逾矩，是有過也。然其明而剛，故一有不善，未嘗不知；既知，未嘗不遽改，故不至於悔，乃「不遠復」也。學問之道無他也，惟其知不善則速改，以從善而已。中，去聲。○易傳，下同。○形顯之過，謂口過身過之類。未能不勉而中，則必有幾微之疎；未能所欲不踰矩，則必有毫釐之差，此過之所由生也。惟明，故能知之真；惟剛，故能改之决。朱子曰：最要在「速」字著力。凡有過，若今日不便改，過愈深而善愈微。若從今日便改，則善可自此而積。今人多是憚難過了日子。朱子與蔡季通書曰：所謂一劍兩段者，改過之勇固當如此。然改過貴勇，防患貴怯，二者相須，然後真可以修慝辨惑而成徙義之功。自今以往，設使真能一劍兩段，亦不可以此自恃。而平居無事，嘗存祇畏警懼之心，以防其源，則庶乎其可耳。

晉之上九：「晉其角，惟用伐邑，厲吉，无咎，貞吝。」傳曰：人之自治，剛極則守道愈固，進極則遷善愈速。如上九者，以之自治，則雖傷於厲，而吉且无咎也。嚴厲非安和之道，而於自治則有功也。雖自治有功，然非中和之德，故於貞正之道爲可吝也。或問：本義作伐其私邑，程傳以爲自治，何如？朱子曰：傳多不肯說實事，皆以爲取喻。又曰：貞吝，諸義只云貞固守此則吝，不應於此獨云於正道爲可吝也。

損者，損過而就中，損浮末而就本實也。天下之害，無不由末之勝也。峻宇雕牆，本於宫室；酒池肉林，本於飲食；淫酷殘忍，本於刑罰；窮兵黷武，本於征討。凡人欲之過者，皆本於奉養，其流之遠，則爲害矣。先王制其本者，天理也；後人流於末者，人欲也。損之義，損人欲以復天理而已。養，去聲。○宫室所以安身，飲食所以奉體，刑罰征討所以禦暴，故皆爲奉養之具。其當然者爲天理，過之則爲人欲矣。○潛室陳氏曰：天理人欲，同行異情。中理中節即爲天理，無理無節即爲人欲。

夫人心正意誠，乃能極中正之道，而充實光輝。若心有所比，以義之不可而決之，雖行於外，不失其中正之義，可以无咎，然於中道未得爲光大也。蓋人心一有所欲，則離道矣。故夬之九五曰：「莧陸夬夬，中行无咎。」而象曰：中行无咎，中未光也。夫子於此，示人之意深矣。夫，音扶。比，毗至反。○心有所比，謂與上六之柔說切近而暱之也。道貫顯微，故心一有所欲，則離道於隱微之間矣。○薛氏曰：此克己所以爲難也。

方悦而止，節之義也。坎險而兑悦，悦而知其險，則止而不陷矣，所以爲節。節之九二，不正之節也。以剛中正爲節，如懲忿窒慾，損過抑有餘是也。不正之節，如嗇節於財，懦節於行是也。行，去聲。○嗇節於財，失其當用者。懦節於行，失其當爲者。

人而無克伐怨欲，惟仁者能之。有之而能制其情不行焉，斯亦難能也，謂之仁則未可也。此原憲之問，夫子答以知其爲難，而不知其爲仁，此聖人開示之深也。經説。○朱子曰：四者之不行，亦制其末而不行於外耳。若其本則固著之於心，而不能去也。譬之木焉，不去其根，則萌蘖之生自不能已。制而不行，日力亦不給矣。且雖或能制之，終身不見於外，而其屈抑不平之意，乃日鬬進於胸中，則夫所謂仁者亦且殫殘蔽害，而不能以自存矣。必也絶其萌芽，蹷其根本，不使少有毫髮留於心念之間，則於仁也其庶幾乎！非程子之學之至，何足以及此？然以爲學者苟不能深省而力行之，則亦徒爲無當之大言而已。故雖發之而亦有所不敢盡其言者，其旨深哉。

明道先生曰：義理與客氣常相勝，只看消長分數多少，爲君子、小人之别。義理所得漸多，則自然知得客氣消散得漸少，消盡者是大賢。長，上聲。分，去聲。○遺書，下同。○葉氏曰：義理者，性命之本然。客氣者，形氣之使然。

或謂：人莫不知和柔寬緩，然臨事則反至於暴戾。明道先生曰：只是志不勝氣，氣反動其心也。志爲之主，而氣聽命焉。志不能爲主，則反聽命於氣矣。

人不能祛思慮，只是吝，吝故無浩然之氣。吝則氣歉，不能浩然，而思慮足以纏繞之。

治怒爲難，治懼亦難。克己可以治怒，明理可以治懼。克己則勝私，故可以治怒；明理則辨妄，故可以治懼。

他山之石，可以攻玉。玉之温润，天下之至美也；石之麤礪，天下之至惡也。然兩玉相磨，不可以成器。以石磨之，然後玉之爲器，得以成焉。猶君子與小人處也，横逆侵加，然後脩省畏避，動心忍性，增益預防，而義理生焉，道德成焉。吾聞諸堯夫云。處，上聲，横，去聲。○從詩集傳文。○釋詩鶴鳴之義。堯夫姓邵，名雍，謚康節，宋大儒也。○潛室陳氏曰：學道人處處是進道之機，逆境處進人益峻，是他自做小人，吾輩却因他做君子。先賢此等處訓人真切，但當三復受用耳。

目畏尖物，此事不得放過，便與克下。室中率置尖物，須以理勝他，尖必不刺人也，何畏之有！朱子曰：人有目畏尖物者，教以室中常置尖物，使見之熟而知尖之不刺人也，則知畏者妄而不復畏矣。

責上責下而中自恕己，豈可任職分？分，去聲。○責上則不能盡忠，責下則不能盡禮，恕己則不能反身，以之任職分，無所往而不廢矣。

「舍己從人」最爲難事。己者我之所有，雖痛舍之，猶懼守己者固，而從人者輕也。舍，音捨。○朱子曰：此程子爲學者言。若聖人分上，則不如此也，「無適也，無莫也，義之與比」，曰「痛舍之」，則大段費力矣。

九德最好。葉氏曰：皋陶云：「亦行有九德：寬而栗，柔而立，愿而恭，亂而敬，擾而毅，直而温，簡而廉，剛而塞，强而義。」蓋游氣紛擾，萬有不齊，其生人也，有氣禀之拘，自非聖人，未有不滞於一偏者。惟能就其氣質之偏，窮理克己，矯揉以歸於正，則偏者可全矣。是知學問之道在唐虞之際，其論德已如是之密矣。

饑食渴飲，冬裘夏葛，若致些私吝心在，便是廢天職。葉氏曰：食飲衣服，各有當然之則，是天之職分也。有一毫私己貪吝之意，即是廢天職。

獵，自謂今無此好。周茂叔曰：何言之易也？但此心潛隱未發，一日萌動，復如前矣。後十二年因見，果知未也。好、易，並去聲。○本注：明道先生年十六七時好田獵。十二年暮歸，在田野間見田獵者，不覺有喜心。○解見通書附録。

伊川先生曰：大抵人有身，便有自私之理，宜其與道難一。葉氏曰：人有耳、目、鼻、口、四肢，自然有私己之欲，惟能克己，然後合天理之公。

罪己責躬不可無，然亦不可長留在心胸爲悔。朱子曰：信意做去後，蕩然不知悔固不得。若既知悔，後次便改了，何必常常恁地悔？○薛氏曰：常留在心作悔，則心體爲所累而不能舒泰也。

所欲不必沉溺，只有所向便是欲。葉氏曰：一念外馳，所向既差，即是欲矣。

明道先生曰：子路亦百世之師。本注：人告之以有過而喜。○葉氏曰：聞過而喜，則好善也誠，改過也速。子路以兼人之勇，而用之於遷善改過，其進德也，庸可既乎？是足爲百世師矣。

人語言緊急，莫是氣不定否？曰：此亦當習。習到自然緩時，便是氣質變也。學至氣質變，方是有功。

問：不遷怒，不貳過，何也？語録有怒甲不遷乙之説，是否？伊川先生曰：是。曰：若此則甚易，何待顔子而後能？曰：只被説得麤了，諸君便道易，此莫是最難。須是理會得，因何不遷怒。易，去聲。○葉氏曰：怒甲而不遷其怒於乙，概而觀之，則禀性和平者皆若可能。然以身驗其實，而求其所以不遷怒之由，則非此心至虛至明。喜怒各因乎物，舉無一毫之私意者，殆未易勉强而能也。如舜之誅四凶，怒在四凶，舜何與焉？蓋因是人有可怒之事而怒之，聖人之心本無怒也。譬如明鏡，好物來時便見是好，惡物來時便見是惡，鏡何嘗有好惡也？與，去聲。○葉氏曰：聖人之心，因事有當怒者而怒之，是怒因物而生，不自我而作也，又豈有之於己耶？譬明鏡照物，姸媸在物，鏡未嘗自有姸媸也。世之人固有怒於室而色於市。且如怒一人，對那人説話能無怒色否？有能怒一人而不怒別人者，能忍得如此，已是煞知義理者。若聖人因物而未嘗有怒，此莫是甚難。葉氏曰：怒氣易發而難制。世固有怒於其室而作色於市人者，其遷怒也甚矣。有能自禁止，怒此人而不以餘怒加辭色於他人者，已不易得。况乎物各付物，而喜怒不有於我者，豈非甚難者耶？君子役物，小人役於物。今見可喜可怒之事，自家著一分陪奉他，此亦勞矣。聖人之心如止水。○薛氏曰：葉氏曰：役物者，我嘗定。役於物者，逐物而往。聖人之心嘗湛然如止水，無有一毫作好作惡。○薛氏曰：觀聖賢之去小人，皆從容自在。若無事者，所謂「可怒在彼，己何與焉」者也。

人之視最先，非禮而視，則所謂開目便錯了。次聽、次言、次動，有先後之序。人能克己，則心寬體胖；仰不愧，俯不怍，其樂可知。有息則餒矣。樂，音洛。○外書，下同。○人之所以不樂者，以有愧怍也，故克己而樂生焉。有息則愧怍復萌，不能廣且胖，而至於餒矣。

聖人責己感也處多，責人應也處少。葉氏曰：聖人所謂厚於責己而薄於責人者，非若後世欲爲長厚之意。蓋有感而後有應，責人之應而不自反，其感之之道則是薄於本而厚望於末，無是理也。○薛氏曰：大抵常人之情，責人太詳而自責太略，是所謂以聖人望人，以衆人自待也。惑之甚矣！

謝子與伊川先生別一年，往見之，伊川曰：相別一年，做得甚工夫？謝曰：也只去個「矜」字。曰：何故？曰：子細檢點得來，病痛盡在這裏。若按伏得這個罪過，方有向進處。伊川點頭，因語在坐同志者曰：此人爲學，「切問近思」者也。去，上聲。○切問近思，則能内反於身，自知其病之所在而藥之矣。○或問：上蔡才高，所以病痛盡在「矜」字。朱子曰：此説是。又曰：謝子謂去得矜，後來矜依舊在，說道理愛揚揚地。

思叔詬詈僕夫，伊川曰：何不動心忍性？思叔慙謝。責人而至於詬詈，則理義之心微，而氣稟之性恣矣。慙而謝之，不可謂勇於受過者乎！

見賢便思齊，有爲者亦若是。見不賢而內自省，蓋莫不在己。

橫渠先生曰：湛一，氣之本；攻取，氣之欲。口腹於飲食，鼻舌於臭味，皆攻取之性也。知德者屬厭而已，不以嗜欲累其心，不以小害大、末喪本焉耳。解見正蒙，下同。

纖惡必除，善斯成性矣；察惡未盡，雖善必麤矣。

惡不仁，故不善未嘗不知。徒好仁而不惡不仁，則習不察、行不著。是故徒善未必盡義，徒是未必盡仁，好仁而惡不仁，然後盡仁義之道。

責己者，當知無天下國家皆非之理。故學至於不尤人，學之至也。

有潛心於道，忽忽爲他慮引去者，此氣也。舊習纏繞，未能脫灑，畢竟無益，但樂於舊習耳。樂，音洛，下同。○葉氏曰：舊習未除，志不勝氣，則心慮必紛雜。古人欲得朋友與琴瑟簡編，常使心在於此。惟聖人知朋友之取益爲多，故樂得朋友之來。橫渠論語說。○葉氏曰：朋友有講習責善之益，琴瑟有調適性情之用，簡編有前言往行之識。朝夕於是，則心有所養，而習俗放僻之念不作矣。然三者之中，朋友之益尤多，故「有朋自遠方來」，所以樂也。

矯輕警惰。語録。下同。○朱子曰：知有此病，必去其病，此便是療之之藥。如覺言語多，便用簡默；意思疎闊，便加細密。所謂「矯輕警惰」蓋如此。○胡氏曰：學者之所患，最是輕與惰。輕則物欲恣，惰則自治廢，只「敬」字可以治之。薛氏曰：只當於心志言動上用力。

「仁之難成久矣！人人失其所好。」蓋人人有利欲之心，與學正相背馳。故學者要寡欲。好，去聲。○葉氏曰：仁者天理之公，利欲者人心之私，故背馳。

君子不必避他人之言，以爲太柔太弱，至於瞻視亦有節。視有上下，視高則氣高，視下則心柔，故視國君者，不離紳帶之中。學者先須去其客氣，其爲人剛行，終不肯進。「堂堂乎張也，難與並爲仁矣」。去，上聲。行，音項。○避他人之言，所以自反也。視國君不離紳帶之中，所以致敬也。剛行，粗厲貌。終不肯進者，志不能遜也。子張容貌矜莊，未免於客氣之勝，故曾子以爲「難與並爲仁」。蓋目者人之所常用，且心常托之，視之上下，且試之。己之敬傲，必見於視。所以欲下其視者，欲柔其心也。柔其心，則聽言敬且信。見，音現。○人心固不可偏於柔，然接物聽言之際，非柔則必自恃，豈能虛心以受天下之益哉？人之有朋友，不爲燕安，所以輔佐其仁。今之朋友，擇其善柔以相與，拍肩執袂以爲氣合，一言不合，怒氣相加。朋友之際，欲其相下不倦，故於朋友之間主其敬者，日相親與，得效最速。陳氏曰：善柔，謂善爲柔媚。氣合，謂意氣相合。相下，謂彼此相讓。效，則忠告善道之益也。仲尼嘗曰：「吾見其居於位也，與先生並行也。非求益者，欲速成者。」則學者先須温柔，温柔則可以進學。詩曰：「温温恭人，惟德之基。」蓋其所益之多。温柔，剛行之反也。詩大雅抑之篇。

世學不講，男女從幼便驕惰壞了，到長益凶狠。只爲未嘗爲子弟之事，則於其親已有物我，不肯屈下。病根常在，又隨所居而長，至死只依舊。長，上聲。只爲之爲，去聲，下同。○陳氏曰：安詳恭敬不講，而矜驕惰慢成習，此天理所由滅，而人欲所由熾也。壞，謂壞其質性。親，父母也。有物我，猶言分彼此。病根，即驕惰也。爲子弟，則不能安灑掃應對；在朋友，則不能下朋友；有官長，則不能下官長；爲宰相，則不能下天下之賢。相，去聲。○陳氏曰：此言病根隨所居而長也。安，謂安意爲之。下，謂屈己下之。甚則至於狥私意，義理都喪，也只爲病根不去，隨所居所接而長。人須一事事消了病，則義理常勝。喪，去聲。去，上聲。○陳氏曰：狥，從也。居，居處。接，交接。朱子曰：誡子書曰：只是「勤謹」二字。循之而上，有無限好事。吾雖未敢言，而竊爲汝望之；反之而下，有無限不好事。吾雖不敢言，而未必不爲汝憂之也。

凡所當爲一事意不過，則推類如此善也；一事意得過以爲且休，則百事廢。此段呂氏本有之。○推類則過可改，且休則善不遷。

近思録集解卷六　凡二十二條

伊川先生曰：弟子之職，力有餘則學文。不修其職而學，非爲己之學也。爲，去聲。○經解。○朱子曰：古者教子弟，自能言能食即有教，以至灑掃應對之事，皆有所習，故長大則易語。今人自小即教做對，稍大即教做虛誕之文，皆壞其性質。〔一〕

孟子曰：「事親若曾子，可也。」未嘗以曾子之孝爲有餘也。蓋子之身所能爲者，皆所當爲也。易傳，下同。○可者，僅足而無餘之稱。子之身且非己有，則所能爲者，豈有過於本分之事哉？

「幹母之蠱，不可貞。」子之於母，當以柔巽輔導之，使得於義。不順而致敗蠱，則子之罪也。從容將順，豈無道乎？若伸己剛陽之道，遽然矯拂則傷恩，所害大矣，亦安能入乎？在乎屈己下意，巽順相承，使之身正事治而已。剛陽之臣事柔弱之君，義亦相近。從，七容反。○釋蠱九二爻辭義。婦人之性多柔暗，故貴於將順而不貴於矯拂也。身正事治則已，豈可過望之乎！

蠱之九三，以陽處剛而不中，剛之過也，故小有悔。然在巽體，不爲無順。順，事親之本也，又居得正，故無大咎。然有小悔，已非善事親也。處，上聲，後同。○善事親者，諭親於道而不見其跡。

正倫理，篤恩義，家人之道也。葉氏曰：正倫理則尊卑之分明，篤恩義則上下之情合，二者並行，而後處家之道得矣。○或問：今欲正倫理則有傷恩義，若篤恩義則有乖倫理，如何？朱子曰：須是於正倫理處篤恩義，篤恩義而不失倫理方可。

人之處家，在骨肉父子之間，大率以情勝禮，以恩奪義。惟剛立之人，則能不以私愛失其正理，故家人卦大要以剛爲善。剛則不至於頽廢，是以能立也。

家人上九爻辭，謂治家當有威嚴，而夫子又復戒云，當先嚴其身也。威嚴不先行於己，則人怨而不服。復，扶又反。○齊家必本於修身，則不令而行矣。

歸妹九二，守其幽貞，未失夫婦常正之道。世人以媟狎爲常，故以貞静爲變常，不知乃常久之道也。葉氏曰：正静乃相處可久之道，媟狎則玩侮乖離所自生。

世人多慎於擇婿，而忽於擇婦。其實婿易見，婦難知，所係甚重，豈可忽哉？易，去聲。○遺書，下同。○男子之行顯於外，女子之行隱於內。然家之興衰實由婦人，故所係爲甚重也。

人無父母，生日當倍悲痛，更安忍置酒張樂以爲樂？若具慶者，可矣。爲樂之樂，音洛。

○陳氏曰：念父母鞠育之劬勞，故倍增悲痛。父母俱存，曰具慶。可者，可置酒張樂也。○問：先生舊時，亦嘗有壽母生朝及太碩人生朝與向日賀高倅辭，恐非先生筆，不審何也？豈在人子自己言則非其宜，而爲父母、待親朋，則其情又有不容已處否？然恐爲此則是人子以禮律身，而以非禮事其親、以非禮待於人也，其義何如？朱子曰：此等事是力量不足放過之處，然亦或有不得已者，其情或不同也。

問：行狀云：「盡性至命，必本於孝弟。」不識孝弟何以能盡性至命也？曰：後人便將性命別作一般事說了。性命孝弟，只是一統底事，就孝弟中，便可盡性至命。行，去聲。○行狀謂明道行狀，伊川所作也。親親，仁也；敬長，義也，故可以盡性。事父孝，故事天明；事母孝，故事地察；長幼順，故上下理，故可以至命。如灑掃應對，與盡性至命，亦是一統底事，無有本末，無有精粗，卻被後來人言性命者，別作一般高遠說，故舉孝弟，是於人切近者言之。葉氏曰：天下無理外之事，亦無事外之理，即其末而本已存，即其粗而精實具，本末精粗無二致也。然今時非無孝弟之人，而不能盡性至命者，由之而不知也。葉氏曰：今之孝弟者未必能盡性至命，蓋行不著，習不察，故亦不能擴充之以抵作聖之極功。

問：第五倫視其子之疾與兄子之疾不同，自謂之私，如何？曰：不待安寢與不安寢，只不起與十起，便是私也。父子之愛本是公，才著些心做，便是私也。葉氏曰：後漢第五倫傳：或問倫曰：「公有私乎？」對曰：「吾兄子嘗病，一夜十起，退而安寢。吾子有疾，雖不省視，而竟夕不眠。若是者，豈可謂無私乎？」人知安寢與不眠爲私愛其子，而不知十起與不起亦私意也。蓋事事物物，各有自然之理，不容安排。父子之愛天性，今子疾不視，而十起於兄子，豈人情哉？著意安排，即是私矣。○朱子曰：第五倫之事非不見得如此，自是常有這心在，克不去，所以古人於誠意正心上更著工夫。又曰：只是他見得這意思，已是大段做工夫，會省察了。又問：視己子與兄子有間否？曰：聖人立法，曰兄弟之子猶子也，是欲視之猶子也。又問：天性自有輕重，疑若有間然？曰：只爲今人以私心看了。孔子曰：「父子之道，天性也。」此只就孝上說，故言父子天性，若君臣、兄弟、賓主、朋友之類，亦豈不是天性？只爲今人小看却，不推其本所由來故爾。己之子與兄之子，所爭幾何？是同出於父者也。只爲兄弟異形，故以兄弟爲手足。人多以異形故，親己之子異於兄弟之子，甚不是也。間、只爲之爲，並去聲。○「兄弟之子猶子也」，檀弓文。服制既同，則愛宜均矣。○或問：兄之子常欲愛之如己子，每以第五倫爲鑒。但愛己子之心終重於兄之子。朱子曰：常欲二字，即十起之心也。須是見得天理之本，然則所處厚薄雖有差等，而不害其理之一矣。或問：公冶長之賢不及南容，故聖人以其子妻長而以兄子妻容，蓋厚於兄而薄於己也。曰：此以己之私心度聖人也。凡人避嫌者，皆內不足也。聖人自至公，何避嫌之有？況嫁女必量其才而求配，尤不當有所避也。若孔子之事，則其年之長幼，時之先後，皆不可知。惟以爲避嫌，則大不可。避嫌之事，賢者且不爲，況聖人乎？妻，去聲，度，入聲。

長幼之長，上聲。○此節從論語集注文。○問：閨門主恩，怕亦有避嫌處？朱子曰：固是主恩，亦須是當理方可。程子所謂「年之長幼，時之先後」，正是解或人之説，未必當時如此。大抵二人皆是好人可托。或是先見公冶長，遂將自己女妻他。後來見南容，又把兄之女妻之。所謂「凡人避嫌者内不足也」，實是如此。問：避嫌是否？曰：合避豈可不避？如「瓜田不納履，李下不整冠」，如「君不與同姓同車，與異姓同車不同服」，自是道理合如此。如避嫌者却是怕人道如何，這却是私意。

問：孀婦，於理似不可取，如何？曰：然。凡取以配身也。若取失節者以配身，是己失節也。取，音娶。○陳氏曰：此言孀婦不可取。無夫曰孀。又問：或有孤孀貧窮無托者，可再嫁否？曰：只是後世怕寒餓死，故有是説。然餓死事極小，失節事極大。陳氏曰：此言孀婦不可再嫁。○朱子曰：此論自世俗觀之，誠爲迂闊，然自通經學古之君子觀之，當有以知其不可易也。愚按：「自古皆有死，民無信不立」，而君臣之義定矣；「餓死事極小，失節事極大」，而夫婦之義定矣。處變而不失其常，非可與權者，安能爲此言哉！

病卧於床，委之庸醫，比之不慈不孝。故事親者，亦不可不知醫。外書，下同。○陳氏曰：委，猶付託也。病者生死所係而委之庸醫，是飲藥以加病也。故子有疾而委之庸醫，比之不慈；親有疾而委之庸醫，比之不孝。子能知醫則可以養親，且不爲庸醫所誤矣。

程子葬父，使周恭叔主客。客飲酒，恭叔以告，先生曰：勿陷人於惡。周行己，字恭叔，程子門人。臨喪飲酒，非禮也，故不徇其情。○朱子曰：若行弔禮而遇飲酒，此須力辭。必不得已而留，亦須數辭先起，不可醉飽。

買乳婢，多不得已。或不能自乳，必使人。然食己子而殺人之子，非道。必不得已，用二乳食三子，足備他虞。或乳母病且死，則不爲害，又不爲己子殺人之子，但有所費。若不幸致誤其子，害孰大焉？食，音嗣。爲己之爲，去聲。○葉氏曰：「幼吾幼以及人之幼」，其慮之周蓋如此。

先公太中諱珦，字伯温。前後五得任子，以均諸父子孫。嫁遣孤女，必盡其力，所得俸錢，分贍親戚之貧者。伯母劉氏寡居，公奉養甚至。其女之夫死，公迎從女兄以歸，教養其子，均於子姪。既而女兄之女又寡，公懼女兄之悲思，又取甥女以歸，嫁之。時小官禄薄，克己爲義，人以爲難。奉養之養、從，並去聲。○任子，謂父兄在位，保任其子，使之仕也。諸父，謂伯叔從父。或問：取甥女歸嫁之與前孤孀不可再嫁相反，何也？朱子曰：大綱恁地，但人亦有不能盡者。公慈恕而剛斷，平居與幼賤處，惟恐有傷其意，至於犯義理，則不假也。左右使令之人，無日不察其饑飽寒燠。處，上聲。○以上叙其父之行。娶侯氏。侯夫人事舅姑以孝謹稱，與先公相待如賓客。先公賴其内助，禮敬尤至。而夫人謙順自牧，雖小事未嘗專，必稟而後行。仁恕寬厚，撫愛諸庶，不異己出。從叔幼姑，夫人存視，常均己子。治家有法，不嚴而整。不喜笞撲奴婢，視小臧獲如兒女，諸子或加呵責，必戒之，曰：「貴賤雖殊，人則一也。汝如是大時，能爲此事否？」從，去聲。○男僕曰臧，女僕曰獲，事謂勞役之事。先公凡有所怒，必爲之寬解，唯諸兒有過，則不掩也。常曰：「子之所以不肖者，由母蔽其過而父不知也。」夫人男子六人，所存惟二，其愛慈可謂至矣，然於教之之道，不少假也。才數歲，行而或踣，家人走前扶抱，恐其驚啼，夫人未嘗不呵責曰：「汝若安徐，寧至踣乎？」飲食常置之坐側，嘗食絮羹，即叱止之，曰：「幼求稱欲，長當何如？」雖使令輩，不得以惡言罵之。故頤兄弟平生於飲食衣服無所擇，不能惡言罵人，非性然也，教之使然也。與人爭忿，雖直不右，曰：「患其不能屈，不患其不能伸。」及稍長，常使從善師友游，雖居貧，或欲延客，則喜而爲之具。稱，去聲；長，上聲，下同。○絮羹，調羹也，禮不絮羹，爲其詳於味也。不右，不以爲是而庇之也。夫人七八歲時，誦古詩曰：「女子不夜出，夜出秉明燭。」自是日暮則不復出房闈。既長，好文而不爲辭章，見世之婦女以文章筆劄傳於人者，則深以爲非。復，扶又反。好，去聲。○文集。○以上叙其母之行。

橫渠先生嘗曰：事親奉祭，豈可使人爲之？行狀。○葉氏曰：使人代爲，孝敬之心安在？

○朱子誡子書曰：吾不孝，爲先公捐棄，不及供養。事先妣四十年，然愚無知識，所以承順顔色者，甚有乖戾，至今思之，常以爲終天之痛，無以自贖。惟有四時享祀，致其謹潔，猶是可著力處。汝輩及新婦等切宜謹戒，凡祭肉臠割之餘及皮毛之屬，皆當存之，勿令殘穢褻慢，以重吾不孝也。

舜之事親有不悦者，爲父頑母嚚，不近人情。若中人之性，其愛惡略無害理，姑必順之。爲、惡，並去聲。○葉氏曰：事親以順爲主，非甚不得已者，固不可輕爲矯拂也。陳氏曰：今天下人之父母若舜之父母者，蓋寡矣。事親不悦，何以爲人乎！親之故舊，所喜者，當極力招致，以悦其親。凡於父母賓客之奉，必極力營辦，亦不計家之有無。然爲養，又須使不知其勉强勞苦，苟使見其爲而不易，則亦不安矣。强，上聲；易，去聲。○禮記説。○既竭其力，又安其心，所謂養志者也。

斯干詩言：「兄及弟矣，式相好矣，無相猶矣。」猶，似也。人情大抵施之不見報則輟，故恩不能終。兄弟之間，各盡己之宜施者，無學其不相報而廢恩也。好，去聲。○詩説，下同。○從詩集傳文。葉氏曰：兄弟友愛，盡其在我，不可視報以爲施。兄友而弟不恭，不可學弟而廢其友；弟恭而兄不友，不可學兄而廢其恭。○朱子曰：此於文義或未必然，然意則善矣。

人不爲周南、召南，「其猶正牆面而立」。常深思此言，誠是。不從此行，甚隔著事，向前推不去。蓋至親至近，莫甚於此，故須從此始。朱子曰：所謂「正牆面而立」者，不以爲不明乎治家之道，而以爲不通乎治國之事。其意欲密，而其所以爲説者反疏矣。

婢僕始至者，本懷勉勉敬心，若到所提掇更謹則加謹，慢則棄其本心，便習以性成。故仕者入治朝則德日進，入亂朝則德日退，只觀在上者有可學無可學爾。朝，音潮。○語録。

○提掇，猶言提撕。下之應上，猶響之應聲也。

校勘記

〔一〕按此段文字係朱熹引陸九齡（子壽）言，見朱子語類卷七。

近思録集解卷七

凡三十九條

伊川先生曰：賢者在下，豈可自進以求於君？苟自求之，必無能信用之理。古人之所以必待人君致敬盡禮而後往者，非欲自爲尊大，蓋其尊德樂道之心，不如是，不足與有爲也。樂，音洛。○易傳，下同。○釋蒙卦彖辭「匪我求童蒙，童蒙求我」之意。

君子之需時也，安靜自守。志雖有須，而恬然若將終身焉，乃能用常也。雖不進而志動者，不能安其常也。釋需卦初九象辭「利用恒」之意。

比：「吉，原筮元，永貞，无咎。」傳曰：人相親比，必有其道，苟非其道，則有悔咎。故必推原占決其可比者而比之，所比得元永貞，則无咎。元，謂有君長之道；永，謂可以常久；貞，謂得正道。上之比下，必有此三者，下之從上，必求此三者，則无咎也。比，毘至反。長，上聲。○葉氏曰：群然相比而不得所主，苟焉爲比而非可久，邪媚求比而不由正者，皆不能无咎者也。

履之初九曰：「素履往，无咎。」傳曰：夫人不能自安於貧賤之素，則其進也，乃貪躁而動，求去乎貧賤耳，非欲有爲也。既得其進，驕溢必矣，故往則有咎。賢者則安履其素，其處也樂，其進也將有爲也，故得其進則有爲而無不善。若欲貴之心與行道之心交戰於中，豈能安履其素乎？夫，音扶。去、處，並去聲，下放此。樂，音洛。○欲貴之心主乎利，行道之心主乎義。交戰者，兩相争而不决也。

大人於否之時，守其正節，不雜亂於小人之群類，身雖否而道之亨也。故曰：「大人否亨。」不以道而身亨，乃道否也。否，音鄙。○釋否六二象辭之意。葉氏曰：身之否亨由乎時，道之否亨由乎我。

人之所隨，得正則遠邪，從非則失是，無兩從之理。隨之六二，苟系初，則失五矣。故象曰：「弗兼與也。」所以戒人從正，當專一也。遠，去聲。○五者二所應，初者二所比。

君子所貴，世俗所羞；世俗所貴，君子所賤。故曰：「賁其趾，舍車而徒。」舍，音捨。○葉氏曰：君子所貴者，行義也，世俗所貴者，勢位也。賁之初九所貴在下，故爲趾爲徒行，世俗以失勢位爲羞，君子以得行義爲榮。

蠱之上九曰：「不事王侯，高尚其事。」象曰：「不事王侯，志可則也。」傳曰：「士之自高尚，亦非一道，有懷抱道德，不偶於時，而高潔自守者；有知止足之道，退而自保者；有量能度分，安於不求知者；有清介自守，不屑天下之事，獨潔其身者。度，入聲，後同。分，去聲。○葉氏曰：伊尹耕於莘野，太公釣於渭濱之時，自守者也。張良、疏廣之類，自保者也。徐孺子、申屠蟠之類，不求知者也。嚴陵、周黨之類，獨潔其身者也。所處雖有得失小大之殊，皆自高尚其事者也。」象所謂「志可則」者，進退合道者也。葉氏曰：四者雖處心有大小，處義有得失，要皆能高尚其事者。若蠱上九陽剛之才，超然斯世之表，象謂其「志可則」者，蓋指懷抱道德、進退合義者言也。

遯者，陰之始長，君子知微，故當深戒。而聖人之意，未便遽已也，故有「與時行」、「小利貞」之教。聖賢之於天下，雖知道之將廢，豈肯坐視其亂而不救？必區區致力於未極之間，强此之衰，艱彼之進，圖其暫安。苟得爲之，孔孟之所屑爲也，王允、謝安之於漢、晉是也。長、强，並上聲。○釋遯象辭之意。○朱子曰：陰已浸長，如何可以有爲？小，指陰小之小，況當遯去之時，事勢已有不能正之者，程説雖善，而有不通矣。王允是算殺了董卓，謝安是乘桓温老病，皆是他衰微時節，不是浸長之時也，兼他是大臣，亦如何去？此謂在下有爲之兆者，則可以去耳。

明夷初九，事未顯而處甚艱，非見幾之明不能也。如是，則世俗孰不疑怪？然君子不以世俗之見怪，而遲疑其行也。若俟衆人盡識，則傷已及而不能去矣。釋爻辭「君子于行，三日不食」之意。

晉之初六，在下而始進，豈遽能深見信於上？苟上未見信，則當安中自守，雍容寬裕，無急於求上之信也。苟欲信之心切，非汲汲以失其守，則悻悻以傷於義矣。故曰：「晉如摧如，貞吉。罔孚，裕无咎。」釋爻辭之意。然聖人又恐後之人不達寬裕之義，居位者廢職失守以爲裕，故特云初六裕則无咎者，始進未受命當職任故也。若有官守，不信於上而失其職，一日不可居也。然事非一概，久速唯時，亦容有爲之兆者。釋象傳之意。

不正而合，未有久而不離者也。合以正道，自無終睽之理。故賢者順理而安行，智者知幾而固守。離，去聲。○「順理安行」，待其自合；「知幾固守」，不肯苟合。此處睽之道也。

君子當困窮之時，既盡其防慮之道而不得免，則命也，當推致其命，以遂其志。知命之當然也，則窮塞禍患，不以動其心，行吾義而已。苟不知命，則恐懼於險難，隕獲於窮厄，所守亡矣，安能遂其爲善之志乎？難，去聲。○釋困大象之意。隕獲，猶顛隮也。○朱子曰：君子道窮之時，但當委致其命，以遂吾之志而已。雖委致其命，而志則自遂，無所回屈。伊川解作「推致其命」，雖説得通，然論語中「致命」字皆委致之致。

寒士之妻，弱國之臣，各安其正而已。苟擇勢而從，則惡之大者，不容於世矣。此與人處困之道也。

井之九三，渫治而不見食，乃人有才智而不見用，以不得行爲憂惻也。蓋剛而不中，故切於施爲，異乎「用之則行，舍之則藏」者矣。舍，音捨。○按，象傳「行惻也」，言行道之人，皆惻然之意。傳謂「以不得行爲憂惻」，頗似迂曲難通。

革之六二，中正則無偏蔽，文明則盡事理，應上則得權勢，體順則無違悖。時可矣，位得矣，才足矣，處革之至善者也。必待上下之信，故「巳日乃革之」也。如二之才德，當進行其道，則吉而无咎也。不進，則失可爲之時，爲有咎也。二爲中，柔居之爲正，離爲文明，應五爲應上，純柔爲體順。

鼎之有實，乃人之有才業也。當慎所趨向。不慎所往，則亦蹈於非義。故曰：鼎有實，慎所之也。釋九二象傳之意。

士之處高位，則有拯而無隨；在下位，則有當拯，有當隨，有拯之不得而後隨。艮六二爻辭「不拯其隨」，言隨九三而不能拯之耳。今分拯、隨爲二事，非本旨也。

「君子思不出其位」。位者，所處之分也。萬事各有其所，得其所，則止而安。若當行而止，當速而久，或過或不及，皆出其位也，况逾分非據乎？分，去聲。○釋艮大象之意。逾分非據，出位之尤者也。

人之止，難於久終，故節或移於晚，守或失於終，事或廢於久，人之所同患也。艮之上九，敦厚於終，止道之至善也，故曰：敦艮，吉。

中孚之初九曰：虞吉。象曰：志未變也。傳曰：當信之始，志未有所從，而虞度所信，則得其正，是以吉也。志有所從，則是變動，虞之不得其正矣。度，入聲。○孚，信也。變動則或信非所信矣。

賢者惟知義而已，命在其中；中人以下，乃以命處義。葉氏曰：命者，窮達壽夭，出於氣質，有必然之數。義者，是非可否，本於天理，有當然之宜。賢者惟知義之當然，命固在其中矣。中人以下，於義未能真知而力行，然知命之已定，則亦不敢越義以妄求，故曰「以命處義」也。如言「求之有道，得之有命，是求無益於得」，知命之不可求，故自處以不求。葉氏曰：孟子所謂「求之有道」，爲不可以苟求也。「得之有命」，謂不可以倖得也。「是求無益於得」者，謂得非可以求而遂也。此言要亦爲中人以下設爾。若賢者則求之以道，得之以義，不必言命。遺書，下同。○葉氏曰：求之必以道，不枉道以求之也。得之必以義，不非義而受之也。所求所得，惟道與義而已，命何足道哉。○朱子曰：程子言義不言命之說，有功於學者，亦前聖所未發之一端也。

人之於患難，只有一個處置，盡人謀之後，却須泰然處之。有人遇一事，則心心念念不肯捨，畢竟何益？若不會處置了放下，便是無義無命也。難，去聲。○朱子曰：處置者，求合乎義也。放下者，順受乎命也。葉氏曰：或遇事而不能處，是無義也；或處置了而不能放下，是無命也。

門人有居太學而欲歸應鄉舉者。明道問其故，曰：蔡人尠習戴記，决科之利也。先生曰：汝之是心，已不可入於堯舜之道矣。夫子貢之高識，曷嘗規規於貨利哉？特於豐約之間，不能無留情耳。且貧富有命，彼乃留情於其間，多見其不信道也，故聖人謂之「不受命」。有志於道者，要當去此心，而後可語也。夫，音扶。去，上聲。○門人，謂謝顯道。尠，甚少也。决科、貨殖，皆同一利心，非信道之篤者也。朱子曰：此可警學者計較之私，日用之間所當深察。

伊川先生曰：人苟有「朝聞道，夕死可矣」之志，則不肯一日安於所不安也。何止一日，須臾不能，如曾子易簀，須要如此乃安。人不能若此者，只爲不見實理。實理者，實見得是，實見得非。凡實理得之於心自别，若耳聞口道者，心實不見。若見得，必不肯安於所不安。易、爲，並去聲。○朱子曰：實理與實見不同，恐記録漏字。理自是理，見自是見。蓋物物有實理，人須是實見得。愚謂，所謂實見，即真知也，故得之於心而非口耳所及，程子所以合言之歟？人之一身，盡有所不肯爲，及至他事又不然。若士者，雖殺之使爲穿窬，必不爲，其他事未必然。至如執卷者，莫不知説禮義。又如王公大人，皆能言軒冕外物，及其臨利害，則不知就義理，却就富貴。如此者，只是説得，不實見。及其蹈水火，則人皆避之，是實見得，須是有「見不善如探湯」之心，則自然别。昔曾經傷於虎者，他人語虎，則雖三尺童子，皆知虎之可畏，終不似曾經傷者，神色懾懼，至誠畏之，是實見得也。語，去聲。○葉氏曰：此一節反覆推明實見之理，最爲親切。學者要亦察理之明，立志之剛，知行並進，豁然有悟，然後所見爲實見。充其所見，死生利害皆不足以移之矣。得之於心，是謂有德，不待勉强，然學者則須勉强。古人有捐軀隕命者，若不實見得，則烏能如此？須是實見得，生不重於義，生不安於死也。故有殺身成仁，只是成就一個是而已。强，上聲。○朱子曰：困厄有重輕，力量有大小。若能一日十二時辰檢點自己，念慮動作，都是合宜，仰不愧，俯不怍，如此而不幸塡溝壑喪軀命，都不暇恤，只成就一個是處。如此則方寸之間全是天理，雖遇大困阨，有致命遂志而已，亦不知有人之是非向背，惟其是而已。

孟子辨舜、蹠之分，只在義利之間。言間者，謂相去不甚遠，所爭毫末爾。義與利，只是箇公與私也。才出義，便以利言也。只那計較，便是爲有利害。若無利害，何用計較？利害者，天下之常情也。人皆知趨利而避害，聖人則更不論利害，惟看義當爲不當爲，便是命在其中也。爲有之爲，去聲。○葉氏曰：義之與利，始於毫釐之差，實則天壤之別。有心於計較利害者，即是人欲之私，有所爲而爲者也。不論利害，惟義所在者，即是天理之公，無所爲而爲者也。聖人惟義之從，固不論利害，況義如是，則命亦當如是，又何趨避之有？

大凡儒者，未敢望深造於道，且只得所存正，分別善惡，識廉恥。如此等人多，亦須漸好。

趙景平問：「子罕言利」，所謂利者，何利？曰：不獨財利之利，凡有利心便不可。如作一事，須尋自家穩便處，皆利心也。朱子曰：如此，則善利之間相去毫髮，苟辨之不明，其不以利爲善者鮮矣！此大學之道以誠意正心爲重，必以格物致知爲先也。聖人以義爲利，義安處便爲利。如釋氏之學，皆本於利，故便不是。朱子曰：只萬物各得其分，便是利。所謂利者，義之和也。又曰：釋氏要空妄心，見真性，惟恐死而失之，非自私而何？是猶所謂「廉賈五之」，不可不謂之貨殖也。

問：邢恕久從先生，想都無知識，後來極狼狽。先生曰：謂之全無知則不可，只是義理不能勝利欲之心，便至如此。邢恕，爲四凶之一。狼前足短，狽後足短，其走多顛蹶，故以爲失行之喻。朱子曰：斯言也，以責人言之則恕，以教人言之則切。

謝湜自蜀之京師，過洛而見程子。子曰：爾將何之？曰：將試教官。子不答。湜曰：如何？子曰：吾嘗買婢，欲試之，其母怒而弗許，曰：吾女非可試者也。今爾求爲人師而試之，必爲此媪笑也。湜遂不行。

先生在講筵，不曾請俸。諸公遂牒户部，問不支俸錢。户部索前任曆子，先生云：某起自草萊，無前任曆子。本注云：舊例，初入京官時，用下狀出給料錢曆。先生不請，其意謂朝廷起我，便當廩人繼粟、庖人繼肉也。遂令户部自爲出券曆。又不爲妻求封。范純甫問其故，先生曰：某當時起自草萊，三辭然後受命，豈有今日乃爲妻求封之理？問：今人陳乞恩例，義當然否？人皆以爲本分，不爲害。先生曰：只爲而今士大夫道得個「乞」字慣，卻動不動又是乞也。因問：陳乞封父祖，如何？先生曰：此事體又別。再三請益，但云：其説甚長，待別時説。自爲、爲妻、只爲之爲，分，並去聲。○或問：若是應舉得官，便只當以常調自處，雖陳乞封蔭可也。朱子曰：此自今常人言之，如此可也。然朝廷待士却不當如此。伊川先生所以難言之也。但云「其説甚長」，其意以爲要當從科舉法，都改變了乃爲正耳。又曰：某因「甚長」之説思之，後來人只是投家狀，便是陳乞了。以至入仕，事事皆然。古者人有才德，即舉用。當時這般封贈，朝廷自當行之，何待陳乞。程先生之意，恐然也，後來郊恩不曾爲太中公陳請，則乞封贈，程先生亦不爲之矣。

漢策賢良，猶是人舉之，如公孫弘者，猶强起之，乃就對。至如後世賢良，乃自求舉爾。强，上聲。○公孫弘，漢丞相。初以賢良徵爲博士，使匈奴，還報，不合，乃移病免歸。後復徵爲賢良文學。菑川國復推上弘，弘謝曰：「前已嘗西，用不能罷，願更選。」國人固推弘，然其爲人深刻飾詐，不足以稱其舉也。若果有曰「我心只望廷對，欲直言天下事」，則亦可尚已。若志在富貴，則得志便驕縱，失志則便放曠與悲愁而已。廷對直言，如劉蕡是也。富貴能淫之，故驕縱；貧賤能移之，故高者放曠，卑者悲愁。朱子曰：坡公在黄州猖狂自恣，不得志之説，恐指此而言也。

伊川先生曰：人多説某不教人習舉業，某何嘗不教人習舉業也！人若不習舉業而望及第，却是責天理而不脩人事。但舉業既可以及第即已，若更去上面盡力求必得之道，是惑也。潛室陳氏曰：應舉求合程度，此乃道理當爾，乃若不合程度而萌僥倖之心，不守尺寸而起冒爲之念，此則妄矣。應舉何害義理，但克去此等妄念，方是真實舉子。○朱子曰：非是科舉累人，人自累科舉。若高見遠識之士，讀聖賢之書，據吾所見而爲文以應之，得失利害，置之度外，雖日應舉不累也。居今之世，雖使孔子復生，亦不免應舉，然豈能累孔子哉！又曰：做舉業不妨，只是把格式檃括自家道理，都無追逐時好、回避忌諱底意思方好。

問：家貧親老，應舉求仕，不免有得失之累，何修可以免此？伊川先生曰：此只是志不勝氣。若志勝，自無此累。家貧親老，須用禄仕，然得之不得爲有命。曰：在己固可，爲親奈何？曰：爲己爲親，也只是一事。若不得，其如命何？孔子曰：「不知命，無以爲君子。」人苟不知命，見患難必避，遇得喪必動，見利必趨，其何以爲君子？爲親爲己之爲、難、喪，並去聲。○朱子曰：以科舉爲爲親，而不爲爲己之學，只是無志；以舉業爲妨實學，不知曾妨飲食否，只是無志也。

或謂科舉事業奪人之功，是不然。且一月之中，十日爲舉業，餘日足可爲學。然人不志此，必志於彼。故科舉之事，不患妨功，惟患奪志。外書。○朱子曰：士人先要分別科舉與讀書孰輕孰重。若讀書有七分志，科舉上有三分，猶自可；若科舉七分，讀書三分，將來必被他勝，況此志全是科舉！所以到老使不著，蓋不關爲己也。聖人教人，只是爲己。○或以不安科舉之業請教，朱子曰：道二：仁與不仁而已。二者不能兩立，知其所不安，則反其所不安以就吾安耳。聖人千言萬語，只是教人做人而已。前日科舉之習，蓋未嘗不談孝弟忠信，但用之非耳。若舉而反之於身，見於日用則安矣。

横渠先生曰：世禄之榮，王者所以録有功，尊有德，愛之厚之，示恩遇之不窮也。爲人後者，所宜樂職勸功，以服勤事任，長廉遠利，以似述世風。而近代公卿子孫，方且下比布衣，工聲病，售有司，不知求仕非義，而反羞循理爲不能，不知蔭襲爲榮，而反以虚名爲善繼，誠何心哉！樂，音洛。長，上聲。遠，去聲。比，毘至反。○文集。○世禄，即任子法也。聲，謂四聲；病，謂八病，進士詩賦之律式用之。夫既以任子入官，則不當復爲科舉之習，以争寒士之進，是循理而不好虚名者也，不然，是惑而已矣。

不資其力而利其有，則能忘人之勢。孟子説。○葉氏曰：人之歆動乎勢位者，皆有待於彼也。惟不藉其力而利其所有，則己自重而彼自輕。

人多言安於貧賤，其實只是計窮力屈才短，不能營畫耳。若稍動得，恐未肯安之。須是誠知義理之樂於利欲也，乃能。樂，音洛。○語録，下同。○朱子曰：人須是讀書洞見此理，知得不求富貴只是本分，求著便是罪過。不惟不可有求之之跡，亦不可有求之之心。

天下事，大患只是畏人非笑。不養車馬，食麄衣惡，居貧賤，皆恐人非笑。不知當生則生，當死則死，今日萬鍾，明日棄之，今日富貴，明日饑餓亦不恤，惟義所在。葉氏曰：義之所在，則死生去就有所不顧，況夫懷齷齪之見，畏人非笑而恥居貧賤，豈有大丈夫之氣哉！○朱子曰：學者常以「志士不忘在溝壑」爲念，則道義重，而計較死生之心輕矣。況衣食至微末事，不得未必死，亦何用犯義分、役心志，營營以求之耶！某觀今人因不能咬菜根，而至於忘其本心者衆矣，可不戒哉！

近思録集解卷八

凡二十五條

濂溪先生曰：治天下有本，身之謂也；治天下有則，家之謂也。本必端，端本，誠心而已矣。則必善，善則，和親而已矣。家難而天下易，家親而天下疏也。家人離，必起於婦人，故睽次家人，以「二女同居，而志不同行」也。堯所以釐降二女於溈汭，舜可禪乎？吾茲試矣。是治天下觀於家，治家觀身而已矣。身端，心誠之謂也；誠心，復其不善之動而已矣。不善之動，妄也；妄復，則无妄矣；无妄，則誠焉。原書作矣。故无妄次復，而曰「先王以茂對時育萬物」，深哉！解見通書。

明道先生嘗言於神宗曰：得天理之正，極人倫之至者，堯舜之道也；用其私心，依仁義之偏者，霸者之事也。王道如砥，本乎人情，出乎禮義，若履大路而行，無復回曲。霸者，崎嶇反側於曲徑之中，而卒不可與入堯舜之道。仁育萬物，義正萬民，天理之正也。仁以親親，義以尊賢，人倫之至也。以施小惠爲仁，以借虛名爲義，則私心以依仁義之偏而已。砥石之至平者，本乎人情，則至公；出乎禮義，則至當。返直曰回，旁偏曰曲。崎嶇，艱險也；反側，不安也。徑，路之小者。潛室陳氏曰：以其爲天下主，故謂之王；以其爲方伯，故謂之伯，未見其美玉碔趺之辨。自其有三王之至公，五伯之智力，而後有是非誠僞之分。胡氏曰：王者是行其所無事，霸者是有所造爲，故王道簡易，霸道崎嶇。故誠心而王，則王矣；假之而霸，則霸矣。二者其事不同，在審其初而已。易所謂「差若毫釐，繆以千里」者，其初不可不審也。王，去聲。○葉氏曰：王者，脩己愛民，正中國，攘蠻貊，無非以誠心而行乎天理。霸者，假尊王攘寇、救災討叛之名義，以號令天下而自尊大耳。其道雖霄壤之不侔，然其初但根於一念之公私誠僞而已。惟陛下稽先聖之言，察人事之理，知堯舜之道備於己，反身而誠之，推之以及四海，則萬世幸甚。文集，下同。○熙寧二年，先生以大臣薦召，除太子中允、權監察御史裏行，上此疏。○朱子曰：古之聖人致誠心以順天理，而天下自服，王者之道也。後之君子能行其道，則不必有其位而固已有其德矣。故用之則爲王者之佐，伊尹、太公是也。不用則爲王者之學，孔孟是也。若夫齊桓、晉文，則假仁義以濟私欲而已。設使僥倖於一時，遂得王者之位而居之，然其所由則固霸者之道也。故漢宣自謂漢家雜用王霸，其自知也明矣，但遂以爲制度之當然而斥儒者爲不可用，則其見之謬耳。

伊川先生曰：當世之務，所尤先者有三：一曰立志，二曰責任，三曰求賢。今雖納嘉謀，陳善算，非君志先立，其能聽而用之乎？君欲用之，非責任宰輔，其孰承而行之乎？君相協心，非賢者任職，其能施於天下乎？此三者，本也，制於事者，用也。三者之中，復以立志爲本。所謂立志者，至誠一心，以道自任，以聖人之訓爲必可信，先王之治爲必可行，不狃滯於近規，不遷惑於衆口，必期致天下如三代之世也。相，去聲。復，扶又反。○葉氏曰：立志篤實而遠大，則不膠於淺近，不惑於流俗。

比之九五曰：「顯比，王用三驅，失前禽。」傳曰：人君比天下之道，當顯明其比道而已。如誠意以待物，恕己以及人，發政施仁，使天下蒙其惠澤，是人君親比天下之道也。如是，天下孰不親比於上？若乃暴其小仁，違道干譽，欲以求天下之比，其道亦已狹矣，其能得天下之比乎？王者顯明其比道，天下自然來比。來者撫之，固不煦煦然求比於物。若田之三驅，禽之去者，從而不追，來者則取之也。此王道之大，所以其民皞皞而莫知爲之者也。比，毗至反，下同。暴，音卜。○葉氏曰：煦煦，日出微温之貌。禮「天子不合圍」，蓋蒐田之時，廣圍於三面，前開一路，來者取之，去者不追。亦猶王者顯明比道，初不執小惠以求人之比也。皞皞，廣大自得之貌。非惟人君比天下之道如此，大率人之相比莫不然。以臣於君言之，竭其忠誠，致其才力，乃顯其比君之道也。用之與否，在君而已，不可阿諛逢迎，求其比己也。在朋友亦然，脩身誠意以待之，親己與否，在人而已，不可巧言令色，曲從苟合，以求人之比己也。於鄉黨、親戚，於衆人，莫不皆然，「三驅，失前禽」之義也。易傳，下同。○朱子曰：田獵之禮，置旃以爲門，刈草以爲長圍。田獵者自門驅而入，禽獸向我而出者皆免，惟被驅而入者皆獲，故以前禽譬去者不追，獲者譬來則取之也。

古之時，公卿大夫而下，位各稱其德，終身居之，得其分也。位未稱德，則君舉而進之。士脩其學，學至而君求之，皆非有與於己也。農工商賈勤其事，而所享有限。故皆有定志，而天下之心可一。後世自庶士至於公卿，日志於尊榮；農工商賈，日志於富侈。億兆之心，交騖於利，天下紛然，如之何其可一也？欲其不亂，難矣！稱、分、與，並去聲。○釋履象傳之意。

泰之九二曰：「包荒，用馮河。」傳曰：人情安肆，則政舒緩，而法度廢弛，庶事無節。治之之道，必有包含荒穢之量，則其施爲，寬裕詳密，弊革事理，而人安之。若無含弘之度，有忿疾之心，則無深遠之慮，有暴擾之患，深弊未去，而近患已生矣，故在包荒也。不詳密則無深遠之慮，不寬裕則有暴擾之患。自古泰治之世，必漸至於衰替，蓋由狃習安逸因循而然。自非剛斷之君，英烈之輔，不能挺特奮發以革其弊也，故曰「用馮河」。剛斷則挺特而自立，英烈則奮發而有爲。無舟渡河曰馮。或疑上云「包荒」，則是包含寬容，此云「用馮河」，則是奮發改革，似相反也。不知以含容之量，施剛果之用，乃聖賢之爲也。葉氏曰：有含弘之量，則剛果不至於躁迫；有剛果之用，則含弘不至於委靡。二者相資，而後治泰之道可成也。

觀：「盥而不薦，有孚顒若。」傳曰：君子居上，爲天下之表儀，必極其莊敬。如始盥之初，勿使誠意少散。如既薦之後，則天下莫不盡其孚誠，顒然瞻仰之矣。觀，去聲。○朱子曰：盥是洗手，不是灌鬯，伊川承先儒之誤也。若云薦饋之後，誠意懈怠，則先王祭祀只是灌鬯之初猶有誠意，及薦饋之後皆不成禮矣。

凡天下至於一國一家，至於萬事，所以不和合者，皆由有間也，無間則合矣。以至天地之生，萬物之成，皆合而後能遂；凡未合者，皆爲有間也。若君臣、父子、親戚、朋友之間，有離貳怨隙者，蓋讒邪間於其間也。去其間隔而合之，則無不和且治矣。噬嗑者，治天下之大用也。有間、無間、間於、間隔之間，去聲。去，上聲。○葉氏曰：天地有間，則氣不通而生化莫遂；人倫有間，則情不通而恩義日睽。「頤中有物曰噬嗑」，噬而合之，所以去間也，有治天下之大用焉。

大畜之六五曰：「豶豕之牙，吉。」傳曰：物有總攝，事有機會，聖人操得其要，則視億兆之心猶一心。道之斯行，止之則戢，故不勞而治，其用若「豶豕之牙」也。豕，剛躁之物，若强制其牙，則用力勞而不能止。若豶去其勢，則牙雖存，而剛躁自止。君子法豶豕之義，知天下之惡不可以力制也，則察其機，持其要，塞絶其本原，故不假刑罰嚴峻而惡自止也。且如止盜，民有欲心，見利則動，苟不知教，而迫於饑寒，雖刑殺日施，其能勝億兆利欲之心乎？聖人則知所以止之之道，不尚威刑而脩政教，使之有農桑之業，知廉恥之道，雖賞之不竊矣。强，上聲。○「道之斯行」，所以遷善；「止之則戢」，所以禁非。「農桑之業」，政之所施也；「廉恥之道」，教之所被也。

解：「利西南。无所往，其來復，吉。有攸往，夙吉。」傳曰：西南，坤方，坤之體，廣大平易。當天下之難方解，人始離艱苦，不可復以煩苛嚴急治之，當濟以寬大簡易，乃其宜也。難、離，並去聲，下同。○葉氏曰：文王八卦方位，坤居西南維，故西南爲坤。大難初解，與民休息之意。既解其難而安平無事矣，是「无所往」也。則當脩復治道，正紀綱，明法度，進復先代明王之治，是「來復」也，謂反正理也。自古聖王救難定亂，其始未暇遽爲也；既安定，則爲可久可繼之治。自漢以下，亂既除，則不復有爲，姑隨時維持而已，故不能成善治，蓋不知「來復」之義也。朱子曰：禍亂既平，正合脩明治道，求合三代之規模。兩漢以來，人主還有理會正心誠意者否？須得人主如窮簷陋巷之士，治心脩身，講明義理，以此應天下之務，用天下之才，方見次第。「有攸往，夙吉」，謂尚有當解之事，則早爲之，乃吉也。當解而未盡者，不早去則將復盛；事之復生者，不早爲則將漸大，故夙則吉也。所謂「圖難於其易，爲大於其細」也。解既終而苟安，則患復生矣。

夫有物必有則。父止於慈，子止於孝，君止於仁，臣止於敬。萬物庶事，莫不各有其所。得其所則安，失其所則悖。聖人所以能使天下順治，非能爲物作則也，唯止之各於其所而已。夫，音扶。爲，去聲。○釋艮彖傳之意。朱子曰：萬物各有所止，著自家私意不得。「艮其背，不獲其身」，只見道理，不見自家。「行其庭，不見其人」，只見道理，不見他人也。

兑，説而能貞，是以上順天理，下應人心，説道之至正至善者也。若夫違道以干百姓之譽者，苟説之道。違道不順天，干譽非應人，苟取一時之説耳，非君子之正道。君子之道，其説于民，如天地之施，感之於心而説服無斁。説，音悦。○葉氏曰：道出於天，違道則非順天矣；譽出於人，干譽則非應人矣。

天下之事，不進則退，無一定之理。濟之終，不進而止矣，無常止也，衰亂至矣；蓋其道已窮極也。聖人至此奈何？曰：惟聖人爲能通其變於未窮，不使至於極，堯舜是也，故有終而無亂。葉氏曰：既濟彖曰：「終止則亂，其道窮也。」盛止必衰者，天下之常勢；有盛無衰者，聖人之常道。常人苟安於既濟，乃衰亂之所由生；聖人通變於未窮，故有終而無亂。易大傳曰「堯舜氏作，通其變，使民不倦」是也。○薛氏曰：亢極之治，惟聖人有道以持之，使不至於傾。如堯之治極矣，時當衰也，有舜則能持其盛。舜之治極矣，時當衰也，有禹則能保其治。使堯之後無舜，舜之後無禹，則鳴條、牧野之事不待後世而後見也。乃知治亂盛衰相尋無端者，理之當然。或當衰不衰，當亂不亂者，則聖人斡旋造化之功也。

爲民立君，所以養之也。養民之道，在愛民力。民力足則生養遂，生養遂則教化行而風俗美，故爲政以民力爲重也。春秋凡用民力，必書其所興作，不時害義，固爲罪也，雖時日義必書，見勞民爲重事也。後之人君知此義，則知愼重於民力矣。爲民之爲，去聲。○葉氏曰：春秋書不時者，如隱公七年夏城中丘之類；書時者，如桓十六年冬城向之類；書不義者，如莊二十三年丹桓宫楹之類；書義者，如莊元年築王姬之館之類。然有用民力之大而不書者，爲教之意深矣。僖公脩泮宫，復閟宫，非不用民力也，然而不書。二者，復古興廢之大事，爲國之先務，如是而用民力，乃所當用也。人君知此義，知爲政之先後輕重矣。經説，下同。○葉氏曰：泮，半也。諸侯之學，大射之宫，其東西南方有水，形如半璧，以其半於天子之辟廱，故曰泮宫也。閟，閉也，幽陰之義。宫，廟也。毛氏曰：先姬姜嫄之廟。孟仲子曰：是禖宫也。泮宫者，所以教育賢才；閟宫者，所以尊事祖先。二者皆爲國之先務，以是而用民力，故無譏焉。

治身齊家以至平天下者，治之道也。建立治綱，分正百職，順天時以制事，至於創制立度，盡天下之事者，治之法也。聖人治天下之道，唯此二端而已。葉氏曰：道者，治之本；法者，治之具。不可偏廢，然亦必本之立，而後其具可舉也。

明道先生曰：先王之世，以道治天下，後世只是以法把持天下。遺書，下同。○葉氏曰：先王治天下以仁義爲主，法固在其中。後世把持法令以控制天下，而法亦非先王之法矣。薛氏曰：帝王以道治天下者，蓋自天德推之王道也。後世只是以智力把持天下者，則無天德以行王道，但用智力之私以防制之耳。○朱子與陳同甫書曰：嘗謂「天理人欲」四字，不必求之于古今王霸之迹，但返之吾心義利邪正之間，老兄視漢高帝、唐太宗之所爲，而察其心果出於義邪？出於利邪？出於邪邪？出於正邪？若以其能建立國家、傳世久遠，便謂其得天理之正，此是以成敗論是非，但取其獲禽之多而不羞其詭遇之不出於正也。千五百年之間正坐如此，所以只是架漏牽補過了時日，其間雖或不無小康，而堯舜、三王、周公、孔子所傳之道，未嘗一日得行於天地之間也。若論道之常存，却又初非人所能預，雖千五百年被人作壞，終滅殄他不得耳，漢唐所謂賢君，何嘗有一分氣力扶助得他耶！

爲政須要有紀綱文章，先有司、鄉官，讀法、平價、謹權、審量，皆不可闕也。審字從孟子注文。量，平聲。○大曰綱，小曰紀，文章，謂文法章程也。有司，衆職也；鄉官，黨正、族師、閭胥、比長之屬。讀法，月吉、四孟、月朔讀法之類。平價，賈師平價之類。權有五銖、兩、斤、鈞、石也，量有五龠、合、升、斗、斛也。○朱子曰：爲政以寬爲本者，謂其大體規模意思當如此耳。及其施之於政事，便須有紀綱文章、關防禁約，截然而不可犯，然後吾得以隨事及人，而無頹敝不舉之處，人亦得以通達明白，實受其賜，而無間隔欺蔽之患。聖人說政以寬爲本，而今反欲其嚴，正如古樂以和爲主，而周子反欲其淡，蓋今所謂寬者乃縱弛，所謂和者乃哇淫，必以是矯之，乃得其平耳。人各親其親，然後能不獨親其親。仲弓曰：焉知賢才而舉之？子曰：舉爾所知。爾所不知，人其舍諸？便見仲弓與聖人用心之大小。推此義，則一心可以喪邦，一心可以興邦，只在公私之間爾。焉，於虔反。舍，上聲。喪，去聲。○朱子曰：人各舉其所知，則天下之事無不舉矣，不患無以知天下之賢才也。興邦喪邦，蓋極言之，然必自知而後舉之，則遺才多矣，未必不由此而喪邦也。又曰：程子之意，固非謂仲弓實有固權市恩之意而至於喪邦也。但一蔽於小，則其害有時而至此，故極言之，以警學者用心之私也。○朱子曰：程子此章之説，廣大精微，無所不備，學者所宜深玩也。

伊川先生曰：治道亦有從本而言，亦有從事而言。從本而言，惟是格君心之非，正心以正朝廷，正朝廷以正百官。若從事而言，不救則已，若欲救之，必須變，大變則大益，小變則小益。朝，音潮，後同。○朱子曰：天下萬事有大根本，而每事之中又各有切要處。所謂大根本者，固無出於人主之心術，而所謂切要處者，則必大本既立，然後可推而見也。若徒言正心而不足以識事物之變，或精覈事情而特昧夫天理之歸，則是腐儒迂闊之論、俗士功利之談，皆不足與論當世之務矣。

唐有天下，雖號治平，然亦有夷狄之風。三綱不正，無君臣、父子、夫婦，其原始於太宗也。故其後世子弟皆不可使。君不君，臣不臣，故藩鎮不賓，權臣跋扈，陵夷有五代之亂。漢之治過於唐，漢大綱正，唐萬目舉。本朝大綱正，萬目亦未盡舉。

使，直吏反。○葉氏曰：太宗以智力劫持取天下，其於君臣父子之義有虧，閨門之間又有慚德，三綱皆已不正。是以後世子孫氣習相傳，綱常陵夷而不可止。玄宗使肅宗至靈武，則自立稱帝，使永王璘使江南則反。君臣之道不正，遂使藩鎮割據於外，閹豎擅專於内，馴致五季之極亂也。大綱，倫紀也。萬目，若世業、府兵、租庸調及省府之類。宋雖以篡得國，而内治無虧，若其官冗兵弱，敵强國貧，則萬目之不舉者多矣。

教人者，養其善心而惡自消；治民者，導之敬讓而爭自息。外書，下同。○善心，固有之德性，故養之而惡自消；敬讓，當由之禮俗，故導之而爭自息。

明道先生曰：必有關雎、麟趾之意，然後可以行周官之法度。葉氏曰：關雎詠文王之妃姒氏，有幽閒貞靜之德。麟趾詠文王子孫宗族，有仁愛忠厚之性。○朱子曰：自閨門衽席之微，積累至薰蒸洋溢，天下無一民一物不被其化，然後可以行周官之法度。不然，則爲王莽矣。

伊川先生曰：「君仁莫不仁，君義莫不義」，天下之治亂，繫乎人君之仁與不仁耳。心之非，即害於政，不待乎發之於外也。昔者，孟子三見齊王而不言事，門人疑之。孟子曰：「我先攻其邪心。」心既正，然後天下之事可從而理也。夫政事之失，用人之非，知者能更之，直者能諫之。然非心存焉，則事事而更之，後復有其事，將不勝其更矣；人人而去之，後復用其人，將不勝其去矣。是以輔相之職，必在乎格君心之非，而欲革君心之非者，非有大人之德，則亦莫之能也。夫，音扶。更、勝，並平聲。相，去聲。○從孟子集注文。○朱子入對，有要之於路，以正心誠意爲上所厭聞，戒以勿言者。先生曰：吾平生所學只有此數字，豈可回互以欺吾君乎？乃入奏曰：陛下即位二十七年，而因循荏苒，無尺寸之效可以仰酹聖志，嘗反復而思之，無乃燕閒蠖屈之中，虛明應物之地，天理有所未純，人欲有所未盡歟？天理未純，是以爲善不能充其量；人欲未盡，是以除惡不能盡其根。一念之頃，公私邪正，是非得失之幾，朋分角立，交戰於其中。故禮貌大臣非不厚，而便嬖側媚得以深被腹心之寄；寐寤英雄非不切，而柔邪庸謬得以久竊廊廟之權。非不樂聞公言正論，而有時不容；非不深塈讒説殄行，而未免誤聽；非不欲報復陵寢讎恥，而不免畏怯苟安，非不愛養生民財力，而未免嘆息愁怨。凡若此者不一而足，願陛下自今以往，一念之頃，必謹而察之，果天理耶，則敬以充之，而不使少有壅閼；果人欲耶，則敬以克之，而不使少有凝滯。推而至於言語動作之間，用人處事之際，無不以是裁之，則聖心洞然，中外融徹，無一毫人欲之私得以介乎其間，而天下之事將惟陛下之所欲而無不如志矣。

横渠先生曰：「道千乘之國」，不及禮樂刑政，而云「節用而愛人，使民以時」。言能如是，則法行；不能如是，則法不徒行，禮樂刑政，亦制數而已爾。解見正蒙，下同。

法立而能守，則德可久，業可大。鄭聲佞人，能使爲邦者喪其所以守，故放遠之。

横渠先生答范巽之書曰：朝廷以道學、政術爲二事，此正自古之可憂者。巽之謂孔孟可作，將推其所得而施諸天下耶？將以其所不爲而强施之於天下歟？强，上聲。○道學，本也；政術，用也。爲兩途則道學必入於迂疎，政事必入於功利矣。大都君相以父母天下爲王道，不能推父母之心於百姓，謂之王道可乎？所謂父母之心，非徒見於言，必須視四海之民如己之子。設使四海之内皆爲己之子，則講治之術，必不爲秦漢之少恩，必不爲五霸之假名。相，去聲。見，音現。○葉氏曰：視民猶子，則所以撫摩涵育、教誨輔翼之者，何所不盡？秦漢慘刻少恩，五霸假義圖利，皆無誠愛之心者也。巽之爲朝廷言，人不足與適，政不足與間。

能使吾君愛天下之人如赤子，則治德必日新，人之進者必良士。帝王之道，不必改途而成，學與政不殊心而得矣。爲、間，並去聲。適，音謫。○文集。○葉氏曰：適，過也。間，非也。用人之非不足過謫，行政之失不足非間。唯能愛民如赤子，懇惻切至，則治德將日新，何憂爲政之失？所任皆良士，何憂用人之非？帝王之道，即今日之政事，非有兩途；今日之政術，即平日之學問，非有二心也。

近思録集解卷九

凡二十七條

濂溪先生曰：古聖王制禮法，脩教化，三綱正，九疇叙，百姓太和，萬物咸若，乃作樂以宣八風之氣，以平天下之情。故樂聲淡而不傷，和而不淫，入其耳，感其心，莫不淡且和焉。淡則欲心平，和則躁心釋。優柔平中，德之盛也；天下化中，當作成。治之至也。是謂道配天地，古之極也。後世禮法不脩，政刑苛紊，縱欲敗度，下民困苦。謂古樂不足聽也，代變新聲，妖淫愁怨，導欲增悲，不能自止。故有賊君棄父，輕生敗倫，不可禁者矣。嗚呼！樂者，古以平心，今以助欲；古以宣化，今以長怨。不復古禮，不變今樂，而欲至治者，遠哉！

解見通書。

明道先生言於朝曰：治天下以正風俗、得賢才爲本。朝，音潮，後同。○陳氏曰：風者上所化，俗者下所習。賢，有德者；才，有能者。二者固治天下之本，然得賢才，斯可以正風俗，則得賢才又正風俗之本也。宜先禮命近侍賢儒及百執事，悉心推訪有德業充備足爲師表者，其次有篤志好學材良行脩者，延聘敦遣，萃於京師，俾朝夕相與講明正學。好、行，並去聲，下同。朝，如字。○陳氏曰：悉，盡也。推訪，推求訪問也。延聘，謂迎之以禮。敦遣，謂送之以禮。萃，聚也。京，大也。師，衆也。天子之都曰京師。其道必本於人倫，明乎物理。其教自小學灑埽應對以往，脩其孝悌忠信，周旋禮樂。其所以誘掖激勵、漸摩成就之道，皆有節序。其要在於擇善脩身，至於化成天下，自鄉人而可至於聖人之道。漸，音尖。○陳氏曰：誘之掖之使有進，激之勵之使無退，漸之摩之使不苦其難，皆所以成就之，正學不出於人倫物理而已。灑埽應對以至周旋禮樂，小學之教也。誘掖激勵、漸摩成就之，成其始也。擇善脩身以至化成天下，大學之教也。自鄉人而至於聖人之道，成其終也。其學行皆中於是者爲成德。取材識明達、可進於善者，使日受其業。擇其學明德尊者，爲太學之師，次以分教天下之學。中，去聲。○陳氏曰：中於是，謂合於小學、大學之教者，以成德爲師。取材識之明達者受其教，及學之既成，上者使教國學，其次以分教州縣之學也。此三節言擇師之法。擇士入學，縣升之州，州賓興於太學，太學聚而教之，歲論其賢者能者於朝。陳氏曰：縣謂縣學，州謂州學。王制曰：論定然後官之。凡選士之法，皆以性行端潔、居家孝弟、有廉恥禮讓、通明學業、曉達治道者。文集，下同。○葉氏曰：以此選士，則通於理而適於用，本於身而及於天下。其與後世以文詞記誦取士者有間矣。陳氏曰：此兩節言擇士之法。○朱子曰：古者聖王設爲學校，以教其民，由家及國，大小有序，使其民無不入乎其中而受學焉。而其所以教之之具，則皆因其天賦之秉彝而爲之品節，開導而勸勉之〔一〕，使之明諸心、脩諸身，行於父子、兄弟、夫婦、朋友之間，而推之以達於君臣上下、人民事物之際，必無不盡其分焉者。及其學之既成，則又興其賢且能者，寘之列位。是以當是之時〔一一〕，理義休明，風俗醇厚，而公卿大夫列士之選，無不得其人焉。至於後世學校之設，雖或不異乎先王之時，然其師之所以教，弟子之所以學，則皆忘本逐末，懷利去義，而無復先王之意，其效至於風俗日敝，人才日衰，然猶莫有察其所以然者，顧遂以學校爲虚文而無所與於道德政理之實。於是爲士者求道於老子、釋氏之門，爲吏者責治於簿書期會之最，蓋學校之僅存而不至於廢者幾希矣。

明道先生論十事：一曰師傅，二曰六官，三曰經界，四曰鄉黨，五曰貢士，六曰兵役，七曰民食，八曰四民，九曰山澤，本注：脩虞衡之職。十曰分數。分，去聲。○本注：冠、昏、喪、祭、車服、器用等式。○師傅，三公、三孤也。六官，治教禮刑政事也。經界所以井地，鄉黨所以安俗，貢士所以取人，兵謂軍制，役謂庶人在官者，民食謂分田之法，四民謂士農工商之業。其言曰：無古今，無治亂，如生民之理有窮，則聖人之法可改。後世能盡其道則大治，或用其偏則小康，此歷代彰明灼著之效也。盡其道者，三代也；用其偏者，漢、唐也。苟或徒知泥古，而不能施之於今，姑欲狥名而遂廢其實，此則陋儒之見，何足以論治道哉？然儻謂今人之情皆已異於古，先王之迹不可復於今，趨便目前，不務高遠，則亦恐非大有爲之論，而未足以濟當今之極弊也。泥，去聲。○迂儒不切於世用，流俗苟安於近功，此先王之治所以不能復也。○胡氏曰：

明道所論十事，條理詳備，先王之治盡於此矣。當時若能用之，從容三代之治。

伊川先生上疏曰：三代之時，人君必有師、傅、保之官。師，道之教訓；傅，傅之德義；保，保其身體。後世作事無本，知求治而不知正君，知規過而不知養德，傅德義之道，固已疎矣，保身體之法，復無聞焉。求治以正君爲本，而正君之法又以養德爲重、規過爲輕，此師、傅、保之所以不可偏廢也。經筵之職固近於道之教訓之事，然保傅之官不設，其何以成君德哉？臣以爲，傅德義者，在乎防見聞之非，節嗜好之過；保身體者，在乎適起居之宜，存畏慎之心。葉氏曰：非禮之事不接於耳目，嗜好之私不溺於心術，則德義進矣。外適起居之宜，内存畏謹之念，則心神莊肅，氣體和平矣。今既不設保傅之官，則此責皆在經筵，欲乞皇帝在宮中言動服食，皆使經筵官知之。有剪桐之戲，則隨事箴規；違持養之方，則應時諫止。文集。下同。○經筵官知言動，則不至於非僻，所以傅之德義也；知服食，則不至於褻侈，所以保其身體也。史記：成王與叔虞戲削桐葉爲珪，曰：「以此封若。」史佚曰：「天子無戲言。」遂請封叔虞於唐。○本注：遺書云：某嘗進説，欲令人主於一日之中，接賢士大夫之時多，親宦官宮人之時少，所以涵養氣質，薰陶德性。○薛氏曰：伊川經筵皆格心之論，三代以下爲人臣者，論政事人才而已，未有直從本原，如程子之論也。又曰：伊川爲講官，以三代之上望其君，從與否則在彼而已，豈肯自貶其道以狥之哉？○朱子曰：賈誼作保傅傳，其言曰：「天下之命係於太子，太子之善在於早諭教與選左右，教得而左右正則太子正，太子正而天下定矣。」此天下之至言，萬世不可易之定論也。近世帝王所以教子之法，不過記誦書札之工，而未嘗開以仁孝禮義之習，至於容貌辭氣、衣服器用，則雖極於邪侈，而未嘗有以箴之也。僚屬具員而無保傅之嚴，講讀備禮而無箴規之益。至於朝夕所與出入起居而親密無間者，不過宦官近侍埽除趨走之流而已。夫以帝王之世當付託之統，而所以輔養之具疏略如此，是猶家有明月之珠、夜光之璧，而委之衢路之間、盜賊之衝也，豈不危哉？

伊川先生看詳三學條制云：舊制，公私試補，蓋無虛月。學校禮義相先之地，而月使之争，殊非教養之道。請改試爲課，有所未至，則學官召而教之，更不考定高下。先，去聲。○陳氏曰：伊川嘗充崇政殿説書，同孫覺等看詳國子監條制。相先，猶相尚；月使之争，謂月有試以較其高下，是使之争競也。制尊賢堂，以延天下道德之士，及置待賓、吏師齋，立檢察士人行檢等法。葉氏曰：尊賢，謂道德可矜式者；待賓，謂行能可賓敬者；吏師，通於治道，可爲吏之師法也。三者皆才德過人者，延禮之，使士人知所向慕。次乃立檢察士行之法。愚謂此所謂舉善而教，不能則勸也。又云：自元豐後，設利誘之法，增國學解額至五百人，來者奔湊，捨父母之養，忘骨肉之愛，往來道路，旅寓他土，人心日偷，士風日薄。今欲量留一百人，餘四百人分在州郡解額窄處，自然士人各安鄉土，養其孝愛之心，息其奔趨流浪之志，風俗亦當稍厚。解、養，並去聲。○元豐，宋神宗年號。解額，謂取中之額數。偷，苟得也；薄，忘恩也。又云：三舍升補之法，皆案文責跡，有司之事，非庠序育材掄秀之道。葉氏曰：舊制，以不犯罰爲行，試在高等爲藝。校其文而不考其實，責其跡而不察其心。教之者非育才之道，取之者非掄秀之法。蓋朝廷授法，必達乎下。長官守法而不得有爲，是以事成於下，而下得以制其上，此後世所以不治也。長，上聲，下同。○葉氏曰：朝廷之法直達於下，中間更不任人。故長吏拘於法而不得自任，在下者反得執法以取必於上。後世不治，皆此之由，非獨庠序而已。或曰：「長貳得人則善矣。或非其人，不若防閑詳密，可循守也。」殊不知先王制法，待人而行，未聞立不得人之法也。苟長貳非人，不知教育之道，徒守虛文密法，果足以成人材乎？葉氏曰：或者謂任人則人不能保其皆善，任法則法猶可守也。殊不知法待人而後行，苟不得人，則雖有密法而無益於成材；苟得其人，則無待於密法，而法之密反害其成材之道，故不若略文法而專責任也。○或問：後世人材不振，士風不變，在於科舉之法。然使用明道賓興之論、伊川看詳之制，則今之在學校者皆由科舉而出，則亦豈能遽變而至道哉？朱子曰：明道所言，始終本末，次第著明。伊川立法，以爲之兆耳。然欲變今而從古，亦不過從此規模以漸爲之具，其初不能不費力矯揉，久之成熟，則自然丕變矣。又貢舉議略曰：古者，學校選舉之法始於鄉黨而達於國都，教之以德行道藝，而興其賢者、能者。是以士有定志而無外慕，蚤夜孜孜，惟懼德業之不脩，不憂爵禄之不至。今之爲法不然，雖有鄉舉，而其取人之額不均，又設太學利誘之一途，監試、漕試、附試、詐冒之捷徑，以啓其奔競流浪之意。其所以教者，既不本於德行之實，而所謂藝者，又皆無用之空言，至於甚弊，則其所謂空言者，又皆怪妄無稽，而適足以敗壞學者之心志。是以人才日衰，風俗日薄，朝廷州縣每有一事之可疑，則公卿大夫、官人差吏愕眙相顧而不知所出，是亦可疑其爲教之得失矣！蓋嘗思之，必欲乘時改制，以漸復先王之舊，而善今日之俗，則必如明道先生熙寧之議，然後可以大正其本，而盡革其末流之弊。如曰未暇，則莫若且均諸州之解額，以定其志；立德行之科，以厚其本。罷去詩賦，而分諸經子史時務之年，以齊其業。又使治經者必守家法，命題者必依章句，答義者必通貫經文，條舉衆説而斷以己意。學校則遴選實有道德之人，使專教導，以來實學之士，裁減解額、舍選繆濫之恩，以塞利誘之途。至於制科、詞賦、武舉之屬，亦皆究其利病而頗更其制，則士有定志而無奔競之風，有實行而無空言之弊，有實學而無不可用之材矣。

明道先生行狀云：先生爲澤州晉城令，民以事至邑者，必告之以孝弟忠信，入所以事父兄，出所以事長上。度鄉村遠近爲伍保，使之力役相助，患難相恤，而奸僞無所容。難，去聲。度，入聲。○葉氏曰：五家爲伍，五伍爲保。伍謂相參比也，保謂相保任也。凡孤煢殘廢者，責之親戚鄉黨，使無失所。行旅出於其途者，疾病皆有所養。養，去聲。○葉氏曰：孤窮而無依，殘廢而不全，羈旅而疾病者，皆窮民而無告者，使之各得其養，所以生之也。諸鄉皆有校，暇時親至，召父老與之語；兒童所讀書，親爲正句讀；教者不善，則爲易置；擇子弟之秀者，聚而教之。鄉民爲社會，爲立科條，旌別善惡，使有勸有恥。親爲、則爲、爲立之爲，句讀之讀，易，並去聲。鄉校所以養蒙也，社會所以誠衆也。其平易懇惻如此，真可謂民之父母矣。

萃：「王假有廟。」傳曰：群生至衆也，而可一其歸仰。人心莫知其鄉也，而能致其誠敬。鬼神之不可度也，而能致其來格。天下萃合人心、總攝衆志之道非一，其至大莫過於宗廟，故王者萃天下之道，至於有廟，則萃道之至也。祭祀之報，本於人心，聖人制禮，以成其德耳。故豺獺能祭，其性然也。假，音格，度，入聲。○易傳。○假，至也。歸仰，以助祭者言。誠敬，以主祭者言。月令：九月豺祭獸，正月獺祭魚。

古者戍役，再期而還。今年春暮行，明年夏代者至，復留備秋，至過十一月而歸。又明年仲春遣次戍者。每秋與冬初，兩番戍者皆在疆圉，乃今之防秋也。經說。○采薇詩言「昔我往矣，楊柳依依」，正行時也。出車詩言「昔我往矣，黍稷方華」，至戍時也。采薇詩言「今我來思，雨雪霏霏」，畢戍時也。出車詩言「今我來思，雨雪載塗」，正歸時也，故再期而還。葉氏曰：北人畏暑耐寒，又秋氣折膠，則弓弩可用。故秋冬易爲侵凌，每留戍以防之。

聖人無一事不順天時，故至日閉關。遺書，下同。○當静而静，乃天時之自然也。

韓信多多益辦，只是分數明。分，去聲。○朱子曰：此御衆以寡之法，正如十萬人分作十軍，則每軍有一萬人，大將之所轄者十將而已。一萬又分作十軍，一軍分作十卒，則一將所管者十卒而已。卒正自管二十五人，則所管者三卒正耳。推而下之，兩司馬雖管二十五人，然所自將者五人，又管四伍長；伍長所管四人而已。至於大將之權，專在旗鼓，又若陣圖，自古有之，握機文雖未必風后所作，然由来須遠。

伊川先生曰：管轄人亦須有法，徒嚴不濟事。今帥千人，能使千人依時及節得喫飯，只如此者，亦能有幾人？嘗謂軍中夜驚，亞夫堅卧不起。不起善矣，然猶夜驚，何也？亦是未盡善。帥，色界反；幾，上聲。○管轄，謂統衆法，即分數也。馭衆固當以嚴，然徒嚴而法不立，則令亦豈能行哉？亞夫，姓周，封條侯。漢景帝時七國反，遣亞夫將兵擊之。軍中夜驚，擾至帳下，亞夫堅卧帳中不起，有頃遂定。○胡氏曰：兵以仁義爲本，當先嚴紀律，設謀制勝在後。又曰：兵雖主之以仁義，亦須法律謀議具全方可用。

管攝天下人心，收宗族，厚風俗，使人不忘本，須是明譜系，收世族，立宗子法。葉氏曰：譜，籍録也；系，聯屬也。明之者，辨著其宗派。古者諸侯之適子適孫繼世爲君，其餘庶子不得禰其先君，因各自立爲本派之始祖，其子孫百世皆宗之，所謂大宗也，族人雖五世外，皆爲之齊衰三月。大宗之庶子又別爲小宗，而小宗有四，其繼高祖之適長子，則與三從兄弟爲宗；繼曾祖之適長子，則與再從兄弟爲宗；繼祖之適長子，則與同堂兄弟爲宗；繼禰之適長子，則與親兄弟爲宗。蓋一身凡事四宗，與大宗爲五宗也。○本注：一年有一年工夫。○葉氏曰：行之以漸，持之以久。

宗子法壞，則人不自知來處，以至流轉四方，往往親未絶，不相識。今且試以一二巨公之家行之，其術要得拘守得，須是且如唐時立廟院，仍不得分割了祖業，使一人主之。葉氏曰：立廟院，則人知所自出而不散。不分祖業，則人重其宗而不遷。

凡人家法，須月爲一會以合族。古人有「花樹韋家宗會法」，可取也。每有族人遠來，亦一爲之。吉凶嫁娶之類，更須相與爲禮，使骨肉之意常相通。骨肉日疎者，只爲不相見，情不相接爾。只爲之爲，去聲。○吉，祭也；凶，喪也；嫁，娶、昏聘也。凡喜慶之事皆吉之類，凡憂危之事皆凶之類。○潛室陳氏曰：宗法之立嫡長之尊，有君道焉。大宗所以統其宗族，凡合族中有大事，當禀大宗而後行。小宗所以統其兄弟，如同禰者有大事，則同禰之兄弟當禀繼禰之小宗而後行。此古者宗族人情相親，人倫不亂，豈非明嫡庶之分，有君臣之義，由大宗、小宗之法而然與？

冠昏喪祭，禮之大者，今人都不理會。豺獺皆知報本，今士大夫家多忽此，厚於奉養而薄於先祖，甚不可也。冠、養，並去聲。某嘗脩六禮，大略：家必有廟，本注：庶人立影堂。廟必有主。本注：高祖以上即當祧也。主式見文集。又云：今人以影祭，或一髭髮不相似，則所祭已是别人，大不便。○六禮，冠、婚、喪、祭、鄉、相見也。朱子曰：伊川木主制度，其剡刻開竅處，皆有陰陽之數存焉，信乎其有制禮作樂之具也。月朔必薦新，本注：薦後方食。時祭用仲月，本注：止於高祖。旁親無後者，祭之别位。冬至祭始祖，本注：冬至，陽之始也。始祖，厥初生民之祖也。無主，於廟中正位設一位，合考妣享之。立春祭先祖，本注：立春，生物之始也。先祖，始祖而下，高祖而上，非一人也。亦無主，設兩位，分享考妣。○朱子曰：始祖、先祖之祭，伊川方有此説，固足以盡孝子慈孫之心，然嘗疑其禮近於禘祫，非臣民所得用，遂不敢行。季秋祭禰，本注：季秋，成物之時也。忌日遷主，祭於正寢。朱子曰：古無忌祭，近日諸先生方考及此。問：忌日當哭否？曰：若是哀來時，自當哭。又問衣服之制，曰：某自有弔服、絹衫絹巾，忌日則服之。凡事死之禮，當厚於奉生者。人家能存得此等事數件，雖幼者，可使漸知禮義。

卜其宅兆，卜其地之美惡也。地美則神靈安，其子孫盛。然則曷謂地之美者？土色之光潤，草木之茂盛，乃其驗也。而拘忌者，惑以擇地之方位，决日之吉凶，甚者不以奉先爲計，而專以利後爲慮，尤非孝子安厝之用心也。惟五患者，不得不慎：須使異日不爲道路，不爲城郭，不爲溝池，不爲貴勢所奪，不爲耕犂所及。本注：一本所謂五患者：溝渠、道路、避村落、遠井窑。○宅，墓穴也；兆，塋域也。擇地之方位，理氣之學也。决日之吉凶，尅期之學也。二者非可盡廢，但必以形勢爲主，而後及之耳。○朱子曰：葬之爲言藏也，以子孫而藏其祖考之遺體，則必致其謹重誠敬之心，以爲安固久遠之計，使其形體全而神靈得安，則其子孫盛而祭祀不絶，此自然之理也。其或擇之不精，地之不吉，則必有水泉地風螻蟻之屬以賊其内，使其形體不安，而其子孫亦有死亡滅絶之憂，甚可畏也。其或雖得吉地而葬之不厚、藏之不深，則戈兵亂離之際，無不遭罹發掘暴露之變。此又其所當慮之大者也。又曰：陰陽家説，今亦不須深考其書，但道路所經，耳目所接，有數里無人烟處，有欲住者亦住不得，其或聚落有宅舍處，便須山水回合，略成氣象。然則欲掩藏其祖考、安處其子孫者，亦豈可獨不揀擇以爲久遠安寧之慮，而率意爲之乎？但不當極意過求，必爲富貴利達之計耳。此等事自有酌中恰好處便是正理，世俗固爲不及，而必爲高論者似亦過之也。

正叔云：某家治喪，不用浮圖。在洛，亦有一二人家化之。浮圖，佛法也。洛，水名，在河南。以先生之化而止及一二家，俗之蔽也久矣。○或問：治喪不用浮圖，或親意欲用之，不知當何如處？朱子曰：且以委曲開釋爲先，如不可回，則又不可咈親意也。

今無宗子，故朝廷無世臣。若立宗子法，則人知尊祖重本；人既重本，則朝廷之勢自尊。葉氏曰：古者宗子襲其世禄，故有世臣。人知尊祖而重本，上下相維，自然固結而不涣散，故朝廷之勢自尊。古者子弟從父兄，今父兄從子弟，由不知本也。且如漢高祖欲下沛時，只是以帛書與沛父老，其父兄便能率子弟從之。又如相如使蜀，亦移書責父老，然後子弟皆聽其命而從之。只有一個尊卑上下之分，然後順從而不亂也。若無法以聯屬之，安可？使，直吏反。分，去聲。○葉氏曰：漢初去古未遠，猶有先王之遺俗。尊卑之分素定，所以上下順承而無違悖也。且立宗子法，亦是天理。譬如木，必有從根直上一榦，亦必有旁枝。又如水，雖遠必有正源，亦必有分派處，自然之勢也。葉氏曰：直榦、正源，猶大宗也。旁枝、分派，猶小宗也。然而又有旁枝達而爲榦者，故曰：古者天子建國，諸侯奪宗云。葉氏曰：天子爲天下主，故得封建侯國，賜之土而命之胙。諸侯爲一國之主，雖非宗子，亦得移宗於己，建宗廟爲祭主焉。

邢和叔叙明道先生事云：堯、舜、三代帝王之治，所以博大悠遠，上下與天地同流者，先生固已默而識之。博大，言其無外。悠遠，言其無窮。默而識之，得其理而能推其用也。至於興造禮樂，制度文爲，下至行師用兵、戰陣之法，無所不講，皆造其極。外之夷狄情狀，山川道路之險易，邊鄙防戍、城寨斥候、控帶之要，靡不究知。其吏事操決，又皆精密詳練。葉氏曰：壘土居民曰城，木栅處兵曰寨。斥，遠也；候，伺也，謂遠候敵人。控，制禦也；带，圍護也。操決，謂操持斷决也。愚謂精密者知之之明，詳練者處之之當。若先生，可謂通儒全才矣。附録。○體無不具，故用無不周，而僅以通儒全才稱之其識，末矣。

介甫言律是八分書，是他見得。外書。○介甫，姓王，名安石，宋宰相也。朱子曰：律所以明法禁，亦有助於教化，但於根本上稍有闕。八分是其所及處，二分乃其所闕，是他見得，蓋許之之詞。○薛氏曰：人之所爲，不犯條律即爲義，犯之即爲非義，則條律爲八分書可見。又曰：律之條目莫非防範人欲，扶翼天理，故謂之八分書。

横渠先生曰：兵謀師律，聖人不得已而用之。其術見三王方策、歷代簡書。惟志士仁人，爲能識其遠者大者，素求預備而不敢忽忘。文集，下同。○兵謀，用兵之謀；師律，出師之律。方策若詩書所載。簡書，若左傳、史記所録。遠者大者，則禁暴誅亂之義，講武治兵之方也。○朱子曰：先王之制，內有六卿、六遂、都鄙之兵，外有方伯、連帥之兵。內外相維，緩急相制。又曰：握機之法，中外有輕重之權，陰陽有剛柔之節，彼此有虛實之地，主客有先後之數。輕重之權、剛柔之節者，家計也。以實擊虛，以先奪後者，合變也。我易而敵常險，我簡而敵常繁。此謂致人而不致於人，此其機要也。

肉辟，於今世死刑中取之，亦足寬民之死，過此，當念其散之久。肉辟有五，刻額曰墨，截鼻曰劓，刖足曰剕，去勢、幽閉曰宫，死刑曰大辟。漢文帝始罷墨、劓、剕，隋文帝並去宫，而肉刑廢矣。於死刑之情輕者而用肉刑，亦足寬民之死而不至於濫殺，然過此當念民心涣散之久，當有以教養之，不但省刑以緩死也。朱子曰：徒流之法，既不足以止穿窬淫放之奸，而其過於重者，則又有不當死而死。如强暴贓滿之屬者，苟采陳群之議，而一以宫剕之辟當之，則雖殘其肢體而實全其軀命，且絶其爲亂之本，而使後無以肆焉，豈不仰合先王之意，而下合當世之宜哉？况君子得志而有爲，則養之之具、教之之術，必隨力之所至而汲汲焉，固不應因循苟且，直以不教不養爲當然，而熟視其争奪相殺於前也。

吕與叔撰横渠先生行狀云：先生慨然有意三代之治，論治人先務，未嘗不以經界爲急。嘗曰：「仁政，必自經界始。」貧富不均，教養無法，雖欲言治，皆苟而已。葉氏曰：經界不正，則富者有其所恃而易於爲惡，貧者失所養而不暇爲善，教養之法俱廢，其治苟且而已。世之病難行者，未始不以亟奪富人之田爲辭。然兹法之行，悦之者衆，苟處之有術，期以數年，不刑一人而可復，所病者特上之未行耳。處，上聲。○朱子曰：講學時，且恁講，若欲行之，須有機會。經大亂之後，天下無人，田盡歸官，方可給與民。如唐口分、世業，是從魏晉積亂之極，至元魏及北齊、後周，若平世則誠爲難行。乃言曰：既不能行之天下，猶可驗之一鄉。方與學者議古之法，共買田一方，畫爲數井，上不失公家之賦役，退以其私正經界、分宅里、立斂法、廣儲蓄、興學校、成禮俗，救菑恤患，敦本抑末，足以推先王之遺法，明當今之可行。此皆有志未就。

横渠先生爲雲巖令，大抵以敦本善俗爲先。葉氏曰：去浮華而務實，抑末作而尚本，皆敦本之事也。勉其孝弟，興於禮樂，皆善俗之事也。月吉，具酒食，召鄉人高年會縣庭，親爲勸酬，使人知養老事長之義。因問民疾苦，及告所以訓戒子弟之意。食，音嗣；長，上聲。○行狀。○月吉，月朔也。官長與父老相親，則下情得以上達，上意得以下宣矣。

横渠先生曰：古者「有東宫，有西宫，有南宫，有北宫，異宫而同財」，此禮亦可行。古人慮遠，目下雖似相疎，其實如此乃能久相親。蓋數十百口之家，自是飲食衣服難爲得一。葉氏曰：族大人衆，則服食器用固有不能齊者；同宫合處，則怨争之風或作矣。又異宫乃容子得伸其私，所以「避子之私也」。子不私其父，則不成爲子」。古之人曲盡人情，必也同宫，有叔父伯父，則爲子者何以獨厚於其父？爲父者又焉得而當之？焉，於虔反。○葉氏曰：雖同宗祖，然親疎有分。異宫者，亦使人子各得盡情於其親，不然則交相病矣。父子異宫，爲命士以上，愈貴則愈嚴，故異宫猶今世有逐位，非如異居也。爲，去聲。○樂説。

治天下不由井地，終無由得平。周道止是均平。語録，下同。○周道，謂成周之治道。均平，則各得其所矣。○胡氏曰：唐太宗口分授田，遂致貞觀之治。若聖王得人任職，隨高低長短闊狹畫成區數，每區以百畝爲率，每畝以百步爲率，分上中下三等。上等八口九口，中者七口六口，下者五口，未至五口或過乎九口，别行區處。或曰：田之數不可益，人之生無窮，只恐將來人多田少，養不給，如何？曰：天地間氣只生得天地間許多人，既生之必能養之，將海内之田區畫已定，籍記天下人口之數而加減之，只要均平，不拘多少。多則每區十人亦可，少則每區四五人亦可，當以田爲母而區畫已有定數，以人爲子而增減以授之。

井田卒歸於封建，乃定。葉氏曰：國有定君，官有定守，故民有定業。後世長吏更易不常，相仍苟且。縱復井田，不歸於封建，則其欺蔽紛争之患，庸可定乎？○或曰：爲今之計，必封建而後可以爲治耶？度其勢，亦可以必行而無弊耶？朱子曰：不必封建而後可爲治也。但論治體則必如是，然後能公天下以爲心，而達君臣之義於天下，使其恩禮足以相及，情意足以相通，且使有國家者各自愛惜其土地人民，謹守其祖先之業，以爲遺其子孫之計。而凡爲宗廟社稷之奉，什伍閭井之規，法制度數之守，亦皆得以久遠相承，而不至於朝成而暮毁也。若猶病其或自恣而廢法，或强大而難制，則雜建於郡縣之間，又使方伯連帥分而統之，察其敬上而恤下，與其違禮而越法者，以行慶讓之典，則曷爲而有弊耶！

校勘記

〔一〕則皆因天賦之秉彝而爲之品節開導而勸勉之　「爲之品節開導」，原作「爲之開導品節」，據晦庵集卷七八靜江府學記改。

〔二〕是以當是之時　「當是」，原作「當世」，據晦庵集卷七八靜江府學記改。

近思録集解卷十

凡六十四條

伊川先生上疏曰：夫鐘，怒而擊之則武，悲而擊之則哀，誠意之感而入也。告於人亦如是，古人所以齋戒而告君也。夫，音扶，後同。○葉氏曰：心誠則氣專，氣專則聲應，不誠而能感乎？臣前後兩得進講，未嘗不宿齋預戒，潛思存誠，覬感動於上心。若使營營於職事，紛紛其思慮，待至上前，然後善其辭説，徒以頰舌感人，不亦淺乎？文集，下同。○或問：伊川未進講以前，還有間斷否？朱子曰：尋常未嘗不誠，臨見君又加意爾，如孔子沐浴而告哀公是也。

伊川先生答人示奏稿書云：觀公之意，專以畏亂爲主。頤欲公以愛民爲先，力言百姓饑且死，丐朝廷哀憐，因懼將爲寇亂，可也。不惟告君之體當如是，事勢亦宜爾。葉氏曰：徒言民饑將亂爲可慮，而不言民饑將死爲可傷，則人主徒有憂懼忿疾之心，而無哀矜惻怛之意矣。告君之體，必辭順而理直可也。公方求財以活人，祈之以仁愛，則當輕財而重民；懼之以利害，則將恃財以自保。葉氏曰：哀矜之心生，則能輕財以救民之死；憂懼之心作，反將吝財以防民之變。古之時，得丘民則得天下，後世以兵制民，以財聚衆。聚財者能守，保民者爲迂。惟當以誠意感動，覬其有不忍之心而已。葉氏曰：後世以兵制民，謂民有所不足畏；以財聚衆，謂財有所不可闕。於是以聚財爲守國之道，以愛民爲迂緩之事。苟徒懼之以禍亂，則無惻隱愛民之心，愈增其聚財自守之慮矣。〇朱子上疏曰：臣將命浙東，奉行救恤，民情嗷嗷，日甚一日。竊謂有司之力誠有限量，而聖主天地父母，覆載生育之恩則無終窮。以有限之力言之，則救護之切，撥賜之多，誠若不可有加於今日。然以陛下無窮之心論之，則豈不欲使此邦更得數十萬之粟，以必救數十萬之命，其忍直以無可奈何處之而熟視其飢餓顛仆於前乎？

明道爲邑，及民之事，多衆人所謂「法所拘」者，然爲之未嘗大戾於法，衆亦不甚駭。謂之得伸其志則不可，求小補，則過今之爲政者遠矣。人雖異之，不至指爲狂也。至謂之狂，則大駭矣。葉氏曰：法令有未便於民者，衆人爲之未免拘礙。惟先生道德之盛，從容裁處，故不大戾當時之法而有補於民。人雖異之，而不至於駭者，亦其存心寬平而區處有方也。盡誠爲之，不容而後去，又何嫌乎？葉氏曰：此又可以見先生忠厚懇惻之心，豈悻悻然小丈夫之爲哉。

明道先生曰：一命之士，苟存心於愛物，於人必有所濟。陳氏曰：周禮「一命受職」，如今之第九品也。苟，誠也。物，即人也。一命猶然，況居大位者乎！〇薛氏曰：天下事莫非分所當爲，凡事苟可用力者無不盡心其間，則民之受惠者多矣。

伊川先生曰：君子觀天水違行之象，知人情有爭訟之道。故凡所作事，必謀其始，絶訟端於事之始，則訟無由生矣。謀始之義廣矣，若慎交結、明契券之類是也。易傳，下同。

〇釋訟大象之義。

師之九二，爲師之主。恃專，則失爲下之道；不專，則無成功之理，故得中爲吉。凡師之道，威和並至則吉也。葉氏曰：威而不和，則人心懼而離；和而少威，則人心玩而弛。九二剛中，故有威和相濟之象。

世儒有論魯祀周公以天子禮樂，以爲周公能爲人臣不能爲之功，則可用人臣不得用之禮樂，是不知人臣之道也。夫居周公之位，則爲周公之事，由其位而能爲者，皆所當爲也。周公乃盡其職爾。世儒，謂王介甫。魯用天子禮樂，成王之賜，伯禽之受，皆非也。世儒曲爲之說，故程子詆之。

大有之九三曰：「公用亨于天子，小人弗克。」傳曰：三當大有之時，居諸侯之位，有其富盛，必用亨通于天子，謂以其有爲天子之有也，乃人臣之常義也。若小人處之，則專其富有以爲私，不知公己奉上之道，故曰「小人弗克」也。處，上聲，後放此。〇朱子曰：「亨」、「享」二字，據説文本是一字，故易中多互用。字畫、音韻，經中淺事，故先儒得其大者，多不留意，然此等不理會，枉費無限辭説牽補，卒不得其本義，亦甚害事也。

人心所從，多所親愛者也。常人之情，愛之則見其是，惡之則見其非。故妻孥之言，雖失而多從：所憎之言，雖善爲惡也。苟以親愛而隨之，則是私情所與，豈合正理？故隨之初九，出門而交，則有功也。惡之之惡，去聲。

隨九五之象曰：「孚于嘉吉，位正中也。」傳曰：隨以得中爲善，隨之所防者過也。蓋心所説隨，則不知其過矣。

坎之六四曰：「樽酒、簋貳、用缶，納約自牖，終无咎。」傳曰：此言人臣以忠信善道結於君心，必自其所明處乃能入也。人心有所蔽，有所通。通者，明處也，當就其明處而告之，求信則易也，故云「納約自牖」。能如是，則雖艱險之時，終得无咎也。易，去聲。○樽、缶，至質之物，以象忠信善道也。牖，乃通明之處，以象人心之明也。且如君心蔽於荒樂，唯其蔽也，故爾雖力詆其荒樂之非，如其不省何？必於所不蔽之事，推而及之，則能悟其心矣。自古能諫其君者，未有不因其所明者也。故訐直强勁者，率多取忤，而温厚明辨者，其説多行。樂，音洛。○訐直則尚氣，强勁則違理，所以取忤也。温厚則氣和，明辨則理足，所以多行也。非惟告於君者如此，爲教者亦然。夫教必就人之所長，所長者，心之所明也。從其心之所明而入，然後推及其餘，孟子所謂「成德」、「達財」是也。財，當作「材」。○葉氏曰：成德者，因其有德而成就之；達材者，因其有材而通達之。皆謂就其所長開導之也。

恒之初六曰：「浚恒，貞凶。」象曰：「浚恒之凶，始求深也。」傳曰：初六居下，而四爲正應。四以剛居高，又爲二三所隔，應初之志，異乎常矣。而初乃求望之深，是知常而不知變也。世之責望故素而至悔吝者，皆浚恒者也。故素，故舊也。

遯之九三曰：「係遯，有疾厲；畜臣妾，吉。」傳曰：係戀之私恩，懷小人女子之道也，故以畜養臣妾則吉。然君子之待小人，亦不如是也。朱子曰：君子小人更不可相對，更不可相接。若臣妾是終日在自家脚手頭，無以係之，則望望然去矣。易中詳識物情，備極人事。

睽之象曰：「君子以同而異。」傳曰：聖賢之處世，在人理之常，莫不大同，於世俗所同者，則有時而獨異。不能大同者，亂常拂理之人也；不能獨異者，隨俗習非之人也。要在同而能異耳。朱子曰：如今之言地理者，必欲擇地之吉，是同也。不似術士專以求富貴爲事，則異矣。如士人之應科舉則同也，不曲學以阿世則異矣。事事推去，斯得其旨。

睽之初九，當睽之時，雖同德者相與，然小人乖異者至衆，若棄絶之，不幾盡天下以仇君子乎？如此，則失含弘之義，致凶咎之道也，又安能化不善而使之合乎？故必「見惡人，則无咎」也。古之聖王，所以能化奸凶爲善良，革仇敵爲臣民者，由弗絶也。朱子曰：不絶小人，此事自是正理當然，非權譎之私也。然亦須有廣大規模、和平氣象，而其誠心昭著，足以感人，然後有以盡其用耳。

睽之九二，當睽之時，君心未合，賢臣在下，竭力盡誠，期使之信合而已。至誠以感動之，盡力以扶持之。明義理以致其知，杜蔽惑以誠其意。如是宛轉以求其合也。「遇」非枉道逢迎也，「巷」非邪僻由徑也，故象曰：遇主於巷，未失道也。葉氏曰：內竭其誠以感動君心，外盡其力以扶持國政，此盡其在我者也。推明義理，使君之知無不至；杜塞蔽惑，使君之意無不誠，此啓其君者也。

損之九二曰：「弗損，益之。」傳曰：不自損其剛貞，則能益其上，乃益之也。若失其剛貞而用柔説，適足以損之而已。世之愚者，有雖無邪心，而惟知竭力順上爲忠者，蓋不知「弗損，益之」之義也。説，音悦。○葉氏曰：善而遇柔悦，善亦不進；惡而遇柔悦，必長其惡矣。故國有憸佞之臣，士有善柔之友，皆有損無益。

益之初九曰：「利用爲大作，元吉，无咎。」象曰：「元吉，无咎，下不厚事也。」傳曰：在下者，本不當處厚事。厚事，重大之事也。以爲在上所任，所以當大事，必能濟大事而致元吉，乃爲无咎。能致元吉，則在上者任之爲知人，己當之爲勝任。不然，則上下皆有咎也。勝，音升。

革而無甚益，猶可悔也，況反害乎？古人所以重改作也。

漸之九三曰：「利禦寇。」傳曰：君子之與小人比也，自守以正。豈惟君子自完其己而已乎？亦使小人得不陷於非義。是以順道相保，禦止其惡也。比，毗至反。○葉氏曰：君子以守正而不失其身，小人亦以近正而不敢爲惡。

旅之初六曰：「旅瑣瑣，斯其所取災。」傳曰：志卑之人，既處旅困，鄙猥瑣細，無所不至，乃其所以致悔辱、取災咎也。

在旅而過剛自高，致困災之道也。釋上九「焚喪」之義。

兑之上六曰：「引兑。」象曰：「未光也。」傳曰：説既極矣，又引而長之，雖説之之心不已，而事理已過，實無所説。事之盛，則有光輝，既極而强引之長，其無意味甚矣，豈有光也？説，音悦。强，上聲。

中孚之象曰：君子以議獄緩死。傳曰：君子之於議獄，盡其忠而已；於决死，極於惻而已。天下之事，無所不盡其忠，而議獄緩死，最其大者也。

事有時而當過，所以從宜，然豈可甚過也？如過恭、過哀、過儉，大過則不可。所以小過爲順乎宜也。能順乎宜，所以大吉。釋小過大象之義。葉氏曰：若過之甚，則恭爲足恭，哀爲毁瘠，儉爲鄙悋，又皆失其宜矣。

防小人之道，正己爲先。釋九三「勿過防之」之義。

周公至公不私，進退以道，無利欲之蔽。其處己也，夔夔然存恭畏之心；其存誠也，蕩蕩然無顧慮之意。所以雖在危疑之地，而不失其聖也。詩曰：「公孫碩膚，赤舄几几。」

孫，音遜。○經説，下同。○葉氏曰：夔夔，戒謹卑順之貌。存誠者，自信之篤也。蕩蕩，明白坦平之義。聖人雖當危疑之地，既不忿戾而改常，亦不疑懼而失守，是爲不失其聖也。詩狼跋篇。碩，大也。膚，美也。孫，避讓也。謂有大美而謙遜不居也。赤舄，冕服之舄也。几几，進退安重貌。蓋其恭順安舒之意如此。

采察求訪，使臣之大務。葉氏曰：采察民隱，求訪賢才，二者乃使職之大者也。明道先生與吳師禮談介甫之學錯處，謂師禮曰：爲我盡達諸介甫，我亦未敢自以爲是，如有説，願往復。此天下公理，無彼我。果能明辯，不有益於介甫，則必有益於我。爲我之爲，去聲。○遺書，下同。○葉氏曰：先生忠誠懇至，詞氣和平如此，豈若悻悻好勝自是者之爲哉？○朱子與陸氏門人書曰：講論義理，只是大家商量，尋個是處，初無彼此之間，不容更似世俗遮掩回護〔一〕，愛惜人情，纔有異同，便成嫌隙也。

天祺在司竹，常愛用一卒長，及將代，自見其人盜筍皮，遂治之，無少貸。罪已正，待之復如初，略不介意。其德量如此。長、少，並上聲。○司竹，官名。不以愛而掩其過，不以罪而遷其怒，非有德量者不能也。

因論「口將言而囁嚅」云：若合開口時，要他頭也須開口，本注：如荊軻於樊於期。○囁嚅，欲言而不敢發之貌。樊於期得罪於秦，奔燕。荊軻欲刺秦王，令其刎首以獻，使之不疑。○朱子曰：所謂合開口者，亦曰理之所當言耳，樊於期事非理之所得言者，蓋取其事之難言猶且言之，非以爲理之當言也。須是「聽其言也厲」。理定則辭確，非尚氣也。

須是就事上學。蠱「振民育德」，然有所知後，方能如此。「何必讀書，然後爲學？」振民育德，治己治人之事也，然必有所知而後能之，豈必專求之簡策哉？蓋無所知而不求之於書，則爲寘行，孔子所以惡子路之佞也。有所知而專求之於書，則無以履其事，程子所以取子路之言也。意各有在，學者審之。

伊川先生見一學者忙迫，問其故，曰：欲了幾處人事。曰：某非不欲周旋人事者，曷嘗似賢急迫？幾，上聲。○周旋者，從容而泛應之也。欲以忙迫了之，則所處之不中其節者必多矣。

安定之門人往往知稽古愛民矣，則於爲政也何有？陳氏曰：門人，如劉彝、錢藻、范純仁、錢公輔是也。稽古，經義齋之事。愛民，治事齋之事。何有，言不難也。

門人有曰：吾與人居，視其有過而不告，則於心有所不安；告之而人不受，則奈何？曰：與之處而不告其過，非忠也。要使誠意之交通，在於未言之前，則言出而人信矣。不告則非盡己之忠告，而徒恃乎言，亦無以致人之信，故貴乎平日之積誠也。又曰：責善之道，在乎誠有餘而言不足，則於人有益，而在我者，無自辱矣。誠意多於言語，則在彼有感悟之益，在我無煩瀆之辱。

職事不可以巧免。葉氏曰：職所當爲，而巧圖規避，是自私用智之人也。○朱子曰：當官者勿避事，亦勿侵事。

「居是邦，不非其大夫」，此理最好。所謂其默足以容也。陳氏曰：不非議其過惡，有忠敬意。此古語而程子稱之。

明道先生曰：克勤小物最難。朱子曰：學者常要親細務，莫令心麤。薛氏曰：克勤小物者，以善無不在爲學之切要。

欲當大任，須是篤實。朱子曰：今人大率以才自負，自待以英雄，以至恃氣傲物，不能謹嚴，以此臨事，卒至於敗而已。要做大功名，越要謹密，未聞粗疎闊略而能有成者也。

凡爲人言者，理勝則事明，氣勝則招怫。爲，去聲。○葉氏曰：理勝而氣平，則人易曉而聽亦順。或者理雖明而挾忿氣以勝之，則反致扞格矣。

居今之時，不安今之法令，非義也。若論爲治，不爲則已，如復爲之，須於今之法度内處得其當，方爲合義。若須更改而後爲，則何義之有？論、當，並去聲；更，平聲。○處得其宜，乃制事之術。若更改而後爲，則非「爲下不倍」之義矣。○朱子曰：此謂在下位者。

今之監司，多不與州縣一體。監司專欲伺察〔二〕，州縣專欲掩蔽。不若推誠心與之共治，有所不逮，可教者教之，可督者督之。至於不聽，擇其甚者去一二，使足以警衆可也。

監，平聲。去，上聲。○監司，安撫、轉運、提刑之官，所以監州縣者也。上伺察而下掩蔽，是以術相疑欺耳，豈若推誠共治之爲一體乎？然人材不齊，昏者教之以善，惰者督之以法，頑傲者然後不得已而去之，則勸懲並行矣。

伊川先生曰：人惡多事，或人憫之。世事雖多，盡是人事。人事不教人做，更責誰做？惡，去聲。葉氏曰：人事雖多，皆人所當爲者。苟有厭事之意，則厭之必不盡其理矣。

明道先生曰：感慨殺身者易，從容就義者難。易，去聲。從，七容反。○葉氏曰：一時感慨至於殺身而不顧，此匹夫匹婦猶或能之。若夫從容就義，死得其所，自非義精仁熟者莫之能也。○朱子曰：從容，謂徐徐。但義理不精，則思之再三，或迫於利害，却悔了，此所以爲難。

人或勸伊川先生以加禮貴近，先生曰：何不見責以盡禮，而責之以加禮？禮盡則已，豈有加也？盡禮者分之當然，加則過其則而取恥辱矣。

或問：簿，佐令者也。簿所欲爲，令或不從，奈何？曰：當以誠意動之。今令與簿不和，只是争私意。令是邑之長，若能以事父兄之道事之，過則歸己，善則唯恐不歸於令。積此誠意，豈有不動得人？長，上聲。○簿，主簿也。令，邑宰也。誠意者，忠君愛民之實心也。私意，則一己之偏見而已。責己而讓人則無争，豈有不足以動人者哉？

問：人於議論，多欲直己，無含容之氣，是氣不平否？曰：固是氣不平，亦是量狹。人量隨識長，亦有人識高而量不長者，是識實未至也。大凡人别事都强得，惟識量不可强。長、强，並上聲，下同。○量以所容言，識以所見言。所見者高，則所容者廣。其識高而量不長者，則以徒知其理而未能得之於心，是識實未至也。今人有斗筲之量，有釜斛之量，有鐘鼎之量，有江河之量。江河之量亦大矣，然有涯，有涯亦有時而滿，惟天地之量則無滿。故聖人者，天地之量也。聖人之量，道也；常人之有量者，天資也。天資有量須有限，大抵六尺之軀，力量只如此，雖欲不滿，不可得也。葉氏曰：十升爲斗。筲，竹器，容斗二升。釜容六斗四升。十斗爲斛，十斛爲鐘。聖人之心純乎道，道本無外，故其量亦無涯。天資者，氣禀也，氣禀則有涯。常人而能學以通乎道，極其至，則亦聖人之無涯也。薛氏曰：道大無窮盡、無方體。聖人體道無二，其量無所不容，又安有滿時耶？如鄧艾位三公，年七十，處得甚好，及因下蜀有功，便動了。謝安聞謝玄破苻堅，對客圍棋，報至不喜，及歸，折屐齒，强終不得也。鄧艾，魏大將；謝安，晉宰相，玄，其從子也。事見魏、晉史。更如人大醉後益恭謹者，只益恭便是動了[三]，雖與放肆者不同，其爲酒所動一也。又如貴公子，位益高，益卑謙，只卑謙便是動了，雖與驕傲者不同，其爲位所動一也。葉氏曰：居之如常而不爲異者，量足以勝之也。一有意於其間，雖驕肆謙恭之不同，要皆爲彼所動矣。然惟知道者，量自然宏大，不勉强而成。今人有所見卑下者，無他，亦是識量不足也。知道則至大者在我，萬物不得而動之矣。

人纔有意於爲公，便是私心。昔有人典選，其子弟係磨勘，皆不爲理，此乃是私意。選舉，朝廷之選舉也，進退之權實非己之所得，而有子弟該磨勘而不爲理，蓋避私嫌而不知如此，是以選舉爲己之私恩，乃是私意也，於此可以識大公之道矣。人多言古時用直，不避嫌得，後世用此不得。自是無人，豈是無時？本注：因言少師典舉，明道薦才事。○少師諱羽，程子高祖，太宗時嘗典貢舉，號稱得人。神宗嘗使明道推擇人才，而以父表弟張載、弟頤爲首，以下凡所薦者數十人。

君實嘗問先生云：欲除一人給事中，誰可爲者？先生曰：初若泛論人材却可，今既如此，頤雖有其人，何可言？君實曰：出於公口，入於光耳，又何害？先生終不言。給事中，官名，主諫諍者。葉氏曰：泛論人材，則無不可。若擇人任職，乃宰相之事，非在下位者所可與矣。此制義之方也。○或問：以公言之，何嫌之足避？豈先生於此亦未能自信耶？朱子曰：前賢語默之節，更宜詳味。吾輩只爲不理會此等處，故多悔吝耳。

先生曰：韓持國服義，最不可得。一日，頤與持國、范夷叟泛舟於潁昌西湖，須臾，客將云：「有一官員上書謁見大資〔四〕。」頤將爲有甚急切公事，乃是求知己。頤云：「大資居位，却不求人，乃使人倒來求己，是甚道理？」夷叟云：「只爲正叔太執，求薦章，常事也。」頤云：「不然。只爲曾有不求者不與，來求者與之，遂致人如此。」持國便服。客將之將、爲，並去聲。○韓維，字持國；范純禮，字夷叟。客將，傳命之官。大資，謂資政殿大學士。朱子曰：使當世王公大人不俟人之求己而汲汲於求人，則天下豈有遺才廢事乎！

先生因言：今日供職，只第一件便做他底不得。吏人押申轉運司狀，頤不曾簽。國子監自係臺省，臺省係朝廷官。外司有事，合行申狀，豈有臺省倒申外司之理？只爲從前人只計較利害，不計較事體，直得恁地。須看聖人欲正名處，見得道名不正時，便至禮樂不興，自然住不得。爲，去聲。○自下達上曰申。國子監雖卑，内官也；轉運司雖尊，外官也。豈有以内申外之理？名之不正，孰大於是！按：先生嘗勾管西京國子監，又權判西京國子監，而皆辭歸，不知此語在何時也。朱子曰：程子所論西監申狀，足以驗聖言於日用之間。

學者不可不通世務。天下事譬如一家，非我爲則彼爲，非甲爲則乙爲。朱子曰：今人之患在於徒末務而不究其本，然只去理會本，而不理會末亦不得。時變日新而無窮，安知他日之事非吾輩之責乎？若應變而不合義理，則平日許多工夫依舊都是錯了。

「人無遠慮，必有近憂」，思慮當在事外〔五〕。外書，下同。事外兼時與地而言，蓋思慮周於事外，則足以待事會之變矣。

聖人之責人也常緩，便見只欲事正，無顯人過惡之意。欲事正者，義之盡；不顯人過者，仁之至。

伊川先生云：今之守令，惟制民之産一事不得爲，其他在法度中甚有可爲者，患人不爲耳。朱子曰：作縣固非易事，然盡心力而爲之，必無不濟。今人多是自放懶了，所以一綱弛而衆目紊也。

明道先生作縣，凡坐處皆書「視民如傷」四字，嘗曰：顥常愧此四字。坐處皆書，欲其觸目而警心也。猶自言有愧，則其罪己恤民，不自滿足之意爲何如耶！○薛氏曰：余每欲責人，常念此意而不敢忽。又曰：大賢尚然，後之臨民者當如何哉！

伊川先生每見人論前輩之短，則曰：汝輩且取他長處。取其長而不言其短，則於我有益而於前輩不失其尊敬之意矣。○朱子曰：此意甚善。今人往往見二先生，自許之高，便都有下視前輩意思，此俗不可長也。潛室陳氏曰：後輩於前輩便有少長之分，此皆前輩風流所以助成仁也。

劉安禮云：王荆公執政，議法改令，言者攻之甚力。明道先生嘗被旨赴中堂議事，荆公方怒言者，厲色待之。先生徐曰：「天下之事非一家私議，願公平氣以聽。」荆公爲之媿屈。附録，下同。○劉立之，字安禮，程子門人。法令，謂青苗、手實等事。中堂，宰相議政之所。明道一言而荆公爲之媿屈，亦盛德之感孚也。

劉安禮問臨民，曰：使民各得輸其情。陳氏曰：輸，猶盡也。平易近民，使下情各得上達，則所以處之者，自無不各當矣。問御吏，曰：正己以格物。格，亦正也。葉氏曰：居上既正，則下有所感而正矣，非徒事乎刑罰之嚴也。

横渠先生曰：凡人爲上則易，爲下則難。然不能爲下，亦未能使下，不盡其情僞也。大抵使人，常在其前己嘗爲之，則能使人。易，去聲。○文集。○樂於使人而憚於事人，此人之常情也。然不能爲下，亦安能使爲下者循分稱職而不盡其情僞哉？「常在其前己嘗爲之」，則知事人之道，推此心以使人，必無不以其道者矣。

坎「維心亨」，故「行有尚」。外雖積險，苟處之心亨不疑，則雖難必濟，而「往有功也」。今水臨萬仞之山，要下即下，無復凝滯之在前，惟知有義理而已，則復何回避？所以心通。難，去聲。○易説，下同。○釋坎象之義，而因言其象也。

人所以不能行己者，於其所難者則惰，其異俗者雖易而羞縮。惟心弘，則不顧人之非笑，所趨義理耳，視天下莫能移其道。然爲之，人亦未必怪。正以在己者義理不勝，易，去聲。○不顧非笑則何羞縮之有？所趨義理則何惰之有？皆非心弘者不能也。況果能爲之，人亦未必怪，無所庸其羞縮，特患己之義理不勝，則終不免於惰耳！惰與羞縮之病，消則有長，不消則病常在。意思齷齪，無由作事。在古氣節之士，冒死以有爲，於義未必中，然非有志概者不能。況吾於義理已明，何爲不爲？長，上聲；中，去聲。○齷齪，心不弘者也。氣節之士尚不至惰與羞縮，況義理既明者，何憚而不肯爲乎？

姤初六：「羸豕孚蹢躅。」豕方羸時，力未能動，然至誠在於蹢躅，得伸則伸矣。葉氏曰：羸，弱也。蹢躅，跳躍也。豕性陰躁，雖當羸弱之時，其誠心未嘗不在於動也，得肆則肆矣。猶小人雖困，志在求逞，君子所當深察也。如李德裕處置閹宦，徒知其帖息威伏，而忽於志不忘逞，照察少不至，則失其幾也。葉氏曰：唐武宗時，德裕爲相，君臣契合，莫能間之。宦寺之徒貼息畏伏，誠若無能爲者，而不知其志在求逞也。繼嗣重事卒定於宦者之手，而德裕逐矣。幾微之間，所當深察。

人教小童，亦可取益。絆己不出入，一益也；授人數數，己亦了此文義，二益也；對之，必正衣冠，尊瞻視，三益也；常以因己而壞人之才爲憂，則不敢惰，四益也。數，入聲。○語録。○絆，牽係也；數數，猶煩屢也；了，猶曉徹也。出入絆，則其益在專；文義了，則其益在明；衣冠正、瞻視尊，則其益在敬；不敢惰，則其益在勤。何往而非學哉！○葉氏曰：此段疑當在十一卷之末。

校勘記

〔一〕不容更似世俗遮揜回護　「回護」，原作「回覆」，據晦庵集卷五四答諸葛誠之改。

〔二〕監司專欲伺察　「伺察」，原作「伺察州縣」，據程氏遺書第二上改。

〔三〕只益恭便是動了　「益恭」，原作「益恭敬」，據程氏遺書第十八改。

〔四〕有一官員上書謁見大資　「上書」二字原闕，據程氏遺書第十九補。

〔五〕思慮當在事外　「思慮」，原作「憂慮」，據程氏遺書第二改。

近思録集解卷十一

凡二十一條

濂溪先生曰：剛善爲義，爲直，爲斷，爲嚴毅，爲幹固；惡爲猛，爲隘，爲强梁。柔善爲慈，爲順，爲巽；惡爲懦弱，爲無斷，爲邪佞。惟中也者，和也，中節也，天下之達道也，聖人之事也。故聖人立教，俾人自易其惡，自至其中而止矣。解見通書。

伊川先生曰：古人生子，自能食能言而教之。大學之法，以豫爲先。人之幼也，知思未有所主，便當以格言至論日陳於前，雖未曉知，且當薰聒，使盈耳充腹，久自安習，若固有之，雖以他言惑之，不能入也。知思未有所主，其心方虛，以格言至論實之，則先入而爲主矣，故他言有不能惑也。若爲之不豫，及乎稍長，私意偏好生於内，衆口辯言鑠於外，欲其純完，不可得也。長，上聲。好，去聲。○文集。○私意偏好，己私之發也。衆口辯言，物欲之誘也。○朱子曰：古人自能食能言，教了一歲有一歲工夫，到二十時，聖人只治出些光彩。

觀之上九曰：「觀其生，君子无咎。」象曰：觀其生，志未平也。傳曰：君子雖不在位，然以人觀其德，用爲儀法，故當自慎省，觀其所生，常不失於君子，則人不失所望而化之矣。不可以不在於位，故安然放意，無所事也。觀之之觀，去聲。○易傳。○不在位而放意者，方外之士害義而傷教者也。

聖人之道如天然，與衆人之識甚殊邈也。門人弟子既親炙，而後益知其高遠。既若不可以及，則趨向之心怠矣。故聖人之教，常俯而就之。事上臨喪，不敢不勉，君子之常行。不困於酒，尤其近也。而以己處之者，不獨使夫資之下者勉思企及，而才之高者亦不敢易乎近矣。行、易，並去聲。處，上聲。夫，音扶，後同。○經説。○或問：聖人教人常俯就，若是掠下一著教人，是聖人有隱乎爾，何也？朱子曰：道有大小精粗，大者精者固道也，小者粗者亦道也。聖人教人，就其小者粗者，便是俯就，然所謂大者精者亦只在此，初無二致，要在學者下學上達，自見得耳，在我則初無所隱也。

明道先生曰：憂子弟之輕俊者，只教以經學念書，不得令作文字。子弟凡百玩好皆奪志，至於書札，於儒者事最近，然一向好著，亦自喪志。好、喪，並去聲，下同。著，直略反。○陳氏曰：憂者，憂其不能致遠也。蓋少年之輕浮俊逸者，惟教以經學讀書，則可以收其放心而於道知所向。若使作文字，則心愈放而離道遠矣。凡百玩好，如畫與琴棋之類。奪志，謂奪其求道之志。書習字劄小簡，固儒者之一藝，若專工乎此，則亦喪其求道之志也。如王、虞、顔、柳輩，誠爲好人則有之，曾見有善書者知道否？平生精力，一用於此，非惟徒費時日，於道便有妨處，足知喪志也。遺書，下同。○葉氏曰：王右軍羲之、虞永興世南、顔魯公真卿、柳河東公權，皆工書札，亦各有風節表見當世，然終不足以知道。蓋專工一藝，豈特徒費時日，妨於學問，而志局於此，已失其操存之本矣。

胡安定在湖州，置治道齋，學者有欲明治道者，講之於中，如治民、治兵、水利、算數之類。嘗言劉彝善治水利，後累爲政，皆興水利有功。累，上聲。○葉氏曰：治民如政教設施之方，治兵如戰陣步伍之法，水利如江河渠堰之利，算數如律曆九章之類。○朱子曰：胡氏開治道齋，亦非獨只理會這些，如所謂頭容直，手容恭，許多説話都是本原。

凡立言，欲涵蓄意思，不使知德者厭、無德者惑。葉氏曰：知德者玩其意而不厭，無德者守其説而不惑。

教人未見意趣，必不樂學，且教之歌舞。如古詩三百篇，皆古人作之，如關雎之類，正家之始，故用之鄉人，用之邦國，日使人聞之。此等詩，其言簡奥，今人未易曉。別欲作詩，略言教童子灑埽應對事長之節，令朝夕歌之，似當有助。樂，於教反。易，去聲。長，上聲。○陳氏曰：樂，喜好也。關雎，周南國風，詩之首篇。關雎等篇爲教於閨門之内，乃正家之始，故當時上下通用之。簡奥者，辭簡約而意深奥也。以灑埽等事編爲韻語，令朝夕詠歌之，庶見意趣而好學矣。○朱子曰：嘗疑曲禮「衣毋撥」、「足毋蹶」、「將上堂，聲必揚」、「將入户，視必下」等，皆是古人教小兒語。

子厚以禮教學者最善，使學者先有所據守。朱子曰：古人自幼入小學，便教以禮，及長，自然在規矩之中。横渠卻是以官法教人。禮也易學，今人乍見，往往以爲難。某嘗要取三禮編作一書，事多差過，若有朋友，只兩年工夫可成。

語學者以所見未到之理，不惟所聞不深徹，反將理低看了。知其淺而不知其深，故所聞不深徹。得其似而以爲真，則反將理低看之矣。

舞射便見人誠。古之教人，莫非使之成己。自灑埽應對上，便可到聖人事。舞中節、射中度，皆誠之所發也。誠者，所以成己也。灑埽應對，立誠之始，由之而安焉，即可至聖人之事矣。

自「幼子常視無誑」以上，便是教以聖人事。葉氏曰：視、示同。誑，欺妄也。小未有知，常示以正事，此即聖人「无妄」之道。

先傳後倦，君子教人有序：先傳以小者近者，而後教以大者遠者。非是先傳以近小，而後不教以遠大也。陳氏曰：小者、近者，謂灑埽應對進退之事。大者、遠者，謂明德新民之事。○朱子曰：灑埽應對，精義入神，事有大小，理無大小。事有大小，故其教有序而不可躐；理無大小，故隨其所處而皆不可不盡。

伊川先生曰：説書必非古意，轉使人薄。學者須是潛心積慮，優遊涵養，使之自得。

今一日說盡，只是教得薄。至如漢時說下帷講誦，猶未必說書。葉氏曰：理貴玩索，至於口耳之傳末矣。下帷講誦，如董仲舒之徒。○朱子與張敬夫書曰：士人所録問答，其間極有可疑處。又有泛然之間，略不曾經思，答之未竟，而遽已更端者，亦皆一一酬酢。此非惟於彼無益，而在我者亦不中語默之節矣。又隨問隨答，若與之争先較捷者，此其間能無牽强草略處？流傳謬誤，爲害不細，就令皆是，亦徒爲口耳之資。程子所謂「轉使人薄」者，蓋慮此耳。

古者八歲入小學，十五入大學，擇其才可教者聚之，不肖者復之農畝。蓋士農不易業，既入學則不治農，然後士農判。在學之養，若士大夫之子，則不慮無養；雖庶人之子，既入學則亦必有養。養，去聲。下同。○朱子曰：養士恐不然，古者教士，其比閭之學，則鄉老坐於門而察其出入。其來學也有時，既受學則退而習之於其家。及其升而上也，則亦有時，春夏耕耘，餘時肄業，未聞上之人復有以養之也。夫既給之以百畝之田矣，又給之以學糧，亦安得許多糧給之耶？古之士者，自十五入學，至四十方仕，中間自有二十五年學，又無利可趨，則所志可知，須去趨善，便自此成德。後之人，自童稚間已有汲汲趨利之意，何由得向善？故古人必使四十而仕，然後志定。只營衣食却無害，惟利禄之誘最害人。舊注：人有養，便方定志於學。○胡氏曰：見得道理明白，利禄便不敢苟取；養得此心純熟，利禄自不肯苟取。古人以禮義立身，以財養身，但當以義制利，不以利害義。故程子以只營衣食無害，惟利禄之誘最害心。然衣食亦要合義，不可苟也。

天下之英才不爲少矣，特以道學不明，故不得有所成就。夫古人之詩猶今之歌曲，雖閭巷童稚，皆習聞之而知其説，故能興起。今雖老師宿儒，尚不能曉其義，况學者乎？是不得「興於詩」也。古人自灑埽應對以至冠婚喪祭，莫不有禮，今皆廢壞，是以人倫不明，治家無法，是不得「立於禮」也。古人之樂，聲音所以養其耳，彩色所以養其目，歌詠所以養其性情，舞蹈所以養其血脈。今皆無之，是不得「成於樂」也。是以古之成材也易，今之成材也難。冠、易，並去聲。○從論語集注文。○真氏曰：自周衰禮樂崩壞，然禮書猶有存者，制度文爲尚可考尋，樂書則盡缺不存。後之爲禮者，既不合先王之制，而樂尤甚焉。今世所用，大抵鄭、衛之音，雜於邊裔之聲而已，適足以蕩人心、壞風俗，何能有補乎？然禮樂之制雖亡，而禮樂之理則在，學者誠能以莊敬治其身，和樂養其心，則於禮樂之本得之矣，亦足以立身而成德也。三百篇之詩，雖云難曉，今諸先生發明其義，了然可知。如能反復涵泳，真可以感發興起，則所謂「興於詩」亦未嘗不存也。

孔子教人「不憤不啓，不悱不發」，蓋不待憤、悱而發，則知之不固；待憤、悱而後發，則沛然矣。學者須是深思之，思而不得，然後爲他説便好。爲，去聲，下同。○思而不得，憤、悱之候也，然後説焉，啓發之機也。初學者須是且爲他説，不然，非獨他不曉，亦止人好問之心也。好，去聲。○初學而不以言指示之，則學不知所向，而問不知所疑，非所以誘進之也。

橫渠先生曰：「恭敬撙節退讓以明禮」，仁之至也，愛道之極也。己不勉明，則人無從倡，道無從弘，教無從成矣。解見正蒙。

學記曰：進而不顧其安，使人不由其誠，教人不盡其材。葉氏曰：其安、其誠、其才，皆謂受教者。人未安之，又進之；未喻之，又告之，徒使人生此節目。不盡材，不顧安，不由誠，皆是施之妄也。葉氏曰：此言「進而不顧其安」，「徒使人生此節目」，蓋三患實相因而然，皆凌節躐等，不當其可而施之也。教人至難，必盡人之材，乃不誤人。觀可及處，然後告之。聖人之明，直若庖丁之解牛，皆知其隙，刃投餘地，無全牛矣。葉氏曰：此言教人必盡其材，聖人隨才施教，各當其可，如庖丁解牛，洞見間隙，無全牛矣。事見莊子。人之才足以有爲，但以其不由於誠，則不盡其才。若曰勉率而爲之，則豈有由誠哉！禮記說。下同。○葉氏曰：此言使人不由其誠，勉强爲之而無誠意，雖材所可爲者，亦不能盡之矣。

古之小兒，便能敬事。長者與之提攜，則兩手奉長者之手；問之，掩口而對。蓋稍不敬事，便不忠信。故教小兒，且先安詳恭敬。奉，上聲。○釋曲禮之意。奉手，所以承意也；掩口，所以屏氣也。安詳則氣不暴，恭敬則心不放，而忠信可漸立矣。

孟子曰：「人不足與適也，政不足與間也，唯大人爲能格君心之非。」非惟君心，至於朋遊學者之際，彼雖議論異同，未欲深較，惟整理其心，使歸之正，豈小補哉！間，去聲；適，音謫。○孟子説。○朱子諭諸職事曰：學校之政不患法制之不立，而患理義之不足以悦其心。諸生蒙被教養之日久矣，而行誼不能有以信於人，豈專法制之不善哉，亦諸君子未嘗以理義教告之也。故今增修講問之法，諸君子其專心致思，務有以漸摩之，無牽於章句，無滯於舊聞，要使之知所以正心誠意於飲食起居之間，而由之以入於聖賢之域，不但爲舉子而已，豈不美哉！然法制之不可後者，亦既議起之矣。惟諸君子相與堅守而力持之，使義理有以博其心，規矩有以約其外。如是而學者猶有不率，風俗猶有不厚，則非有司之罪，惟諸君留意。

近思録集解卷十二

凡三十四條

濂溪先生曰：仲由喜聞過，令名無窮焉。今人有過，不喜人規，如護疾而忌醫，寧滅其身而無悟也。噫！解見通書。

伊川先生曰：德善日積，則福禄日臻。德逾於禄，則雖盛而非滿。自古隆盛，未有不失道而喪敗者也。喪，去聲。釋泰九三爻之義。

人之於豫樂，心説之，故遲遲，遂至於耽戀不能已也。豫之六二，以中正自守，其介如石，其去之速，不俟終日，故貞正而吉也。處豫不可安且久也，久則溺矣，如二可謂見幾而作者也。蓋中正，故其守堅，而能辨之早、去之速也。樂，音洛。説，音悦。處，上聲，下同。○釋豫六二爻義。

人君致危亡之道非一，而以豫爲多。聲色田遊無往，非豫六五之所以貞疾也。

聖人爲戒，必於方盛之時。方其盛而不知戒，故狃安富則驕侈生，樂舒肆則綱紀壞，忘禍亂則釁孽萌，是以浸淫不知亂之至也。亂伏於方盛之時，臨之所以「八月有凶」也。

復之六三，以陰躁處動之極，復之頻數而不能固者也。復貴安固，頻復頻失，不安於復也。復善而屢失，危之道也。聖人開遷善之門，與其復而危其屢失，故云「厲无咎」。不可以頻失而戒其復也，頻失則爲危，屢復何咎？過在失而不在復也。數，入聲。○厲，危也；无咎者，善補過者也。○本注：刘質夫曰：頻復不已，則至迷復。○葉氏曰：劉絢，字質夫，程子門人。頻復，頻失而不止，則沉溺而不能復，必至上九之迷復矣。

睽極則咈戾而難合，剛極則躁暴而不詳，明極則過察而多疑。睽之上九，有六三之正應，實不孤，而其才性如此，自睽孤也。如人雖有親黨，而多自疑猜，妄生乖離，雖處骨肉親黨之間，而常孤獨也。離，去聲。○「居離之終，是明之極也」，以上九之剛應六三之柔，故曰正應。葉氏曰：多自疑猜，過明之患也；妄生乖離，過剛好睽之致也。

解之六三曰：「負且乘，致寇至，貞吝。」傳曰：小人而竊盛位，雖勉爲正事，而氣質卑下，本非在上之物，終可吝也。若能大正，則如何？曰：大正，非陰柔所能也。若能之，則是化爲君子矣。負者，小人之象；乘者，竊盛位之象。

益之上九曰：「莫益之，或擊之。」傳曰：理者，天下之至公；利者，衆人所同欲。苟公其心，不失其正理，則與衆同利，無侵於人，人亦欲與之。若切於好利，蔽於自私，求自益以損於人，則人亦與之力争。故莫肯益之，而有擊奪之者矣。好，去聲。

艮之九三曰：「艮其限，列其夤，厲薰心。」傳曰：夫止道貴乎得宜，行止不能以時而定於一，其堅强如此，則處世乖戾，與物睽絶，其危甚矣。人之固止一隅，而舉世莫與宜者，則艱蹇忿畏焚撓其中，豈有安裕之理？「厲薰心」，謂不安之勢，薰爍其中也。夫，音扶。○葉氏曰：限界，分也。列，絶也。夤，膂肉也，亦一身上下之限也。三居内卦之上，實内外之分，故取象皆爲限止之義。

大率以説而動，安有不失正者。歸妹「内説外動」，是以説而動也。男女有尊卑之序，夫婦有倡隨之理，此常理也。若狥情肆欲，唯説是動，男牽欲而失其剛，婦狃説而忘其順，則凶而無所利矣。釋歸妹彖辭之義。

雖舜之聖，且畏巧言令色，説之惑人，易入而可懼也如此。易，去聲。巧，好也。令，善也。惑而入之，所謂「孚於剥」也。

治水，天下之大任也，非其至公之心，能捨己從人，盡天下之議，則不能成其功，豈「方命圮族」者所能乎？鯀雖九年而功弗成，然其所治，固非他人所及也。惟其功有叙，故其自任益强，咈戾圮類益甚，公議隔而人心離矣，是其惡益顯，而功卒不可成也。經説，下同。○方，閣也。命，上之令也。圮，敗也。族，類也。方命則公議隔，圮族則人心離。

君子敬以直内。微生高所枉雖小，而害則大。乞醯事之大小者也，以鄰之醯飾爲己有，則害直之大者也。

人有欲則無剛，剛則不屈於欲。剛者常伸，欲者自降。

人之過也，各於其類。君子常失於厚，小人常失於薄；君子過於愛，小人傷於忍。朱子曰：伊川只是舉一隅耳，若君子過於廉，小人過於貪，君子過於介，小人過於通之類皆是。

明道先生曰：富貴驕人固不善，學問驕人害亦不細。遺書，下同。○富貴驕人，挾其外物者也，固有危溢之咎，而非保身之道也。學問驕人，挾其内蘊者也，亦有矜肆之失，而非爲己之修矣。

人以料事爲明，便駸駸入逆詐億不信去也。不能明理而但以料事爲明，則必不以誠待人，漸至欺未至而逆之，疑未見而億之也。

人於外物奉身者，事事要好。只有自家一個身與心，却不要好。苟得外面物好時，却不知道自家身與心，却已先不好了也。陳氏曰：外物之奉身者，如飲食、衣服、宫室之類。身不好，謂身不檢；心不好，謂心不收。○葉氏曰：所謂以小害大、賤害貴者也。

人於天理昏者，只爲嗜欲亂著他。莊子言：「其嗜欲深者，其天機淺。」此言却最是。爲，去聲。著，七略反。○嗜欲，五官所嗜之欲也。天機，五性所發之機也。莊子，名周，固異端之學，而此言則是，所以節取之。○朱子曰：人只有個天理人欲，此勝則彼退，彼勝則此退，無中立不進退之理，凡人不進則退也。

伊川先生曰：閱機事之久，機心必生。蓋方其閱時，心必喜，既喜，則如種下種子。種子之種，上聲。○因是事而生是心，如播種於地，待時而發耳。

疑病者，未有事至時，先有疑端在心；周羅事者，先有周事之端在心，皆病也。葉氏曰：周羅，俚語，猶兜攬也。事未至而有好疑喜事之端，則事至之時，有不當疑而疑、不當攬而攬者矣，故治心者必去其端。

較事大小，其弊爲枉尺直尋之病。葉氏曰：事無大小，惟理是視。或者有苟成急就之意，謂道雖少屈而所伸者大，義雖微害而所利者博，則有冒而爲之者。原其初心，止於權大小，遂至枉尺直尋，其末流之弊乃有不可勝言者矣。

小人、小丈夫，不合小了，他本不是惡。葉氏曰：性無不善，而局於氣質、汩於利欲者自取之耳。或曰：「小人，硜硜者也；小丈夫，悻悻者也，豈若僉壬妾婦之比哉？」此説亦通。

雖公天下事，若用私意爲之，便是私。朱子曰：將天下正當道理去處置事便公，以自家私意去處之便私。

做官奪人志。問：仕宦奪人志，或言爲富貴所移也。愚意以爲不特言此，但才仕宦，則於滯礙處有隨時區處之意，浸浸遂入於狗俗之域，與初間立心各别。不知程子之意，果出於此否？又不知人未免此病，而仕宦又何以救之？朱子曰：奪志之説是也。若欲救此，但當隨事省察而審其輕重耳。然幾微之間，大須著精彩也。

驕是氣盈，吝是氣歉。朱子曰：驕吝雖有盈歉之殊，然其勢常相因。蓋驕者吝之枝葉，吝者驕之本根，故常驗之天下之人，未有驕而不吝、吝而不驕者也。人若吝時，於財上亦不足，於事上亦不足，凡百事皆不足，必有歉歉之色也。

未知道者如醉人，方其醉時，無所不至；及其醒也，莫不愧恥。人之未知學者，自視以爲無闕，及既知學，反思前日所爲，則駭且懼矣。駭，所以戒已往。懼，所以警將來。

邢恕云：一日三檢點。明道先生曰：可哀也哉！其餘時理會甚事？蓋仿三省之説錯了，可見不曾用功。又多逐人面上説一般語。明道責之，邢曰：無可説。明道曰：無可説，便不得不説。曾子以事言，邢恕乃以時言，明道所以責之也。○潛室陳氏曰：此學人言語，不知如見肺肝，一日三檢點，閒時何處去？此語與「三省」言語霄壤異。

横渠先生曰：學者捨禮義，則飽食終日，無所猷爲，與下民一致，所事不逾衣食之間、燕游之樂爾。解見正蒙。

鄭、衛之音悲哀，令人意思留連，又生怠惰之意，從而致驕淫之心。雖珍玩奇貨，其始感人也，亦不如是切，從而生無限嗜好。故孔子曰「必放之」，亦是聖人經歷過，但聖人能不爲物所移耳。思、好，並去聲。○禮樂説。○始於增悲，終於導欲，此聖人所以防之也。「經歷過」

者，窮理之功，不爲物所移者，心安於正之效。

孟子言反經特於鄉原之後者，以鄉原大者不先立，心中初無作，一作怍。惟是左右看，順人情，不欲違，一生如此。孟子說。○葉氏曰：經，常也，古今不易之常道也。是是非非，必有定理，而好善惡惡必有定見。今鄉原浮沉俯仰，無所可否。蓋其義理不立，中無所主，惟務悦人，以是終身乃亂常之尤者。君子反經復其常道，則是非昭然，而鄉原僞言僞行，不得以惑之矣。○朱子曰：讀書則實究其理，行己則實踐其跡。念念向前，不輕自恕，則在我者雖甚孤高，然與他人元無干預，亦何必私憂過計而陷於同流合污之地乎！

世學不講，男女從幼便驕惰壞了，到長益凶很。只爲未嘗爲子弟之事，則於其親已有物我，不肯屈下，病根常在。

近思録集解卷十三

凡一十四條

明道先生曰：楊、墨之害，甚於申、韓。佛、老之害，甚於楊、墨。楊名朱，爲爲我之學；墨名翟，爲兼愛之學；申名不害，韓名非，皆爲刑名法術之學。佛者西方設教之人也，爲寂滅之學；老者周柱史老聃也，爲虛無之學。是皆異端，而其害有淺深焉。○胡氏曰：聖賢待異端極嚴，真如待賊相似，蓋異端害道如莠之亂苗，其害大而深。功利害道，如衆草亂苗，其害小而淺。楊氏爲我，疑於仁一作義；墨氏兼愛，疑於義一作仁；申、韓則淺陋易見，故孟子只辟楊、墨，爲其惑世之甚也。爲、易，並去聲。爲我者，近似於潔身之義；兼愛者，近似於濟物之仁。若申、韓則止言功利，所以淺陋也。○或問：墨氏兼愛疑於仁，此易見，楊氏爲我，何以疑於義？朱子曰：楊朱看來不似義，他全是學老子，只是逍遥物外，僅足其身，不屑世務之人，只是他自愛其身，界限齊整，不相侵越，微似義耳。佛氏其言近理，又非楊、墨之比，此所以爲害尤甚。佛氏專言心性，故最近於理。然大亂乎真，所以爲害尤甚也。○朱子曰：今釋氏亦有兩般，禪學，楊、朱也，若行佈施〔一〕，墨翟也，道士則全是假，今無説可闢。楊、墨之害，亦經孟子闢之，所以廓如也。遺書，下同。○楊、墨之害，經孟子之闢而廓如。若佛氏則自列禦寇有西方聖人之稱，至漢明之世而傳其書，至神光之徒而傳其學，程子之闢之也，豈得已哉！朱子曰：莊、老絶滅未盡，至佛則人倫滅盡，至釋則義理滅盡，要其實一耳，蓋害未有不由淺而深者。胡氏曰：楊、墨無父無君，老、佛人倫物理滅盡，非楊、墨比也，老氏談道德，然以虚無玄妙爲道德，適以滅其道德。佛氏言心性，然以寂静空豁爲心性，適以滅其心性。老氏雖虚無，然亦終不奈這道理實有何，故滅不盡。禪家索性打空，只消一個空字，把天下道理滅迹殆盡。

伊川先生曰：儒者潛心正道，不容有差，其始甚微，其終則不可救。如「師也過，商也不及」。於聖人中道，師只是過於厚些，商只是不及些。然而厚則漸至於兼愛，不及則便至於爲我，其過不及，同出於儒者，其末遂至楊、墨。至如楊、墨〔二〕，亦未至於無父無君，孟子推之便至於此，蓋其差必至於是也。葉氏曰：師，子張名；商，子夏名。子張才高意廣，泛愛兼容，故常過乎中。子夏篤信謹守，規模狹隘，故常不及乎中。二子於道亦未遠也，然師之過，其流必至於墨氏之兼愛，商之不及，其後傳田子方，子方之後爲莊周，是楊氏爲我之學也。孟子推楊、墨之極致，則兼愛者至於無父，蓋愛其父亦同於路人，是無父也；爲我者至於無君，蓋自私其身而不知有上下，是無君也。○朱子與汪聖錫書曰：蘇學邪正之辨，終未能無疑於心。楊朱學爲義者也，而偏於爲我；墨翟學爲仁者也，而流於兼愛。本其設心，豈有邪哉？皆以善而爲之耳，特於本原之際微有毫釐之差。是以孟子推言其禍，以爲無父無君而陷於禽獸，誠以其賊天理害人心於幾微之間，使人陷溺而不自知，非若刑名徂詐之術，其禍淺而易見也。以此論之，今日之事，王氏僅足爲申、韓、儀、衍，而蘇氏學不正而言成文，又非楊、墨之比。愚恐孟子復生，則其取舍後先，必將有在矣。

明道先生曰：道之外無物，物之外無道，是天地之間無適而非道也。即父子而父子在所親，即君臣而君臣在所嚴，以至爲夫婦、爲長幼、爲朋友，無所爲而非道，此道所以不可須臾離也。然則毀人倫、去四大者，其分於道也遠矣〔三〕。長，上聲。離，去聲。○父子君臣，物也。爲親爲嚴，即道也。釋氏乃欲毀除人倫，出家獨善。四大，謂地、水、火、風，爲血肉神氣也。釋氏又欲除去四大，以求真性，皆戾道之遠者也。故「君子之於天下也，無適也，無莫也，義之與比」。若有適有莫，則於道爲有間，非天地之全也。彼釋氏之學，於「敬以直內」則有之矣，「義以方外」則未之有也。比、間，並去聲。○有可有不可，則非義，而況盡去倫物，以成其莫，專務寂滅，以成其適。雖近似於直內之敬，而何有方外之義乎？故固滯者入於枯槁，疏通者歸於恣肆，此佛之教所以爲隘也。吾道則不然，率性而已。斯理也，聖人易備言之。枯槁乃戒定之徒，恣肆乃狂禪之輩，然其胸中皆一毫不容，所以爲隘也。儒者之道，率性而已。易所謂「智周道濟」、「範圍曲成」者，豈不言之悉備乎？○本注又曰：佛有一個「覺」之理，可以「敬以直內」矣，然無「義以方外」，其直內者要之，其本亦不是。○葉氏曰：佛學禪者覺也，覺者心無倚著，靈覺不昧，所謂「常惺惺法」，若可「敬以直內」矣。然而無制事之義，則其所謂覺者，猶無寸之尺，無星之兩，其直內之本亦非矣。朱子曰：宇宙之間，一理而已〔四〕。天得之而爲天，地得之而爲地，而凡生於天地之間者，又各得之而爲性。其張之爲三綱，其紀之爲五常，蓋皆此理之流行，無所適而不在。若其消息盈虚，則自未始有物之前，以至人物消盡之後，終則有始，始則有終，又未嘗有頃刻之或停也。儒者於此既有以得乎心之本然矣，則其内外精粗，自不容有纖毫之或間〔五〕，而其所以脩己治人、垂世立教者，亦不容有纖毫造作輕重之私焉。是以因其自然之理，以成自然之功，則有以參天地，贊化育，而幽明鉅細無一物之或遺也。若夫釋氏則自其因地之初而與此理已背馳矣，乃欲其所見之不差，所行之不謬，則豈可得哉？蓋其所以爲學之本，正爲惡此理之充塞無間，而使己不得一席無理之地以自安，厭此理之流行不息，而使己不得一息無理之時以自肆也。是以叛君親、棄妻子，入山林、捐軀命，以求其所謂空無寂滅之地而逃焉，其量亦已隘，而其勢亦已逆矣。然以其立心之堅苦〔六〕、用力之精專，亦有以大過人者，故能卒如所欲而實有見焉。但以其言行求之，則所見雖自以爲至玄極妙，有不可以思慮言語到者，而於吾之所謂窮天地、亘古今不可易之實理，則反瞢然其一無所睹也。雖自以爲直指人心而實不識心，雖自以爲見性成佛而實不識性，是以殄滅彝倫，墮於禽獸之域而不自知其有罪。蓋其實見之差有以陷之〔七〕，非其心之不然而故欲爲是以惑世而罔人也。至其爲説之窮，然後乃有不舍一法之論，則似始有爲是遁辭以蓋前失之意〔八〕，然亦其秉彝之善有終不可得而泯滅者，是以剪伐之餘而猶有此之僅存；又牽於實見之差，是以有其意而無其理，能言之而卒不能有以踐其言也。凡釋氏之所以爲釋氏者，始終本末不過如此，蓋亦無足言矣。然以其有空寂之說，而不累於物欲也，則世之所謂賢者好之矣。以其有玄妙之說，而不累於形器也，則世之所謂智者好之矣。以其有死生輪回之說，而自謂可以不淪於罪苦也，則天下之傭奴爨婢黥髡盜賊，亦匍匐而歸之矣。此其爲說所以張皇輝赫，震耀千古也。

釋氏本怖死生爲利，豈是公道？葉氏曰：釋氏謂有生必有滅，故有輪回。今求不生不滅之理，可免輪回之苦，此本出於利己之私意。唯務上達而無下學，然則其上達處，豈有是也？元不相連屬，但有間斷，非道也。孟子曰：「盡其心者，知其性也。」彼所謂識心見性是也，若存心養性一段事則無矣。彼固曰出家獨善，便於道體自不足。間，去聲。○薛氏曰：道無有不到處，亦無有間斷處。釋氏出家脩行是有不到處，專務上達而無下學，是有間斷處，又得爲道乎？朱子曰：聖門之學，下學而上達，至於窮神知化，亦不過德盛仁熟而自至耳。若如釋氏理須頓悟，不假漸修之云，則是上達而下學也。然爲彼學者，自謂有見，而於四端五典、良知良能、天理人心之實然而不可易者，皆未嘗略見彷彿，甚者披根拔本，顛倒錯謬，無所不至，則夫所謂見者亦用心太過，意慮既絶，恍惚之間瞥見心性之影像耳。其與聖門真知實見、端的踐履、徹上徹下、一以貫之者，豈可同年而語哉？又曰：釋氏也說存心養性，只是差處便在這裏。吾儒所養者是仁義禮智，他所養者是視聽言動。

或曰：釋氏地獄之類，皆是爲下根之人設此怖，令爲善。先生曰：至誠貫天地，人尚有不化，豈有立僞教而人可化乎？爲下之爲，去聲。○以上明道語。○或問：世之爲惡者死，若無地獄治之，彼何所懲？朱子曰：堯舜三代之世，無浮屠氏，乃比屋可封，天下太平。及其後有浮屠，而爲惡者滿天下，若爲惡者必死然後治之，則生人立君又焉用？或問：孟子言「盡心知性」、「存心養性」，而釋氏之學，亦以識心見性爲本，其道豈不亦偶有同者耶？朱子曰：儒、佛之所以不同，正以是一言耳。曰：何也？曰：性也者，天之所以命乎人而具乎心者也；情也者，性之所以應乎物而出乎心者也；心也者，人之所以主乎身而以統性情者也。釋氏所指以爲心性者，實在精神魂魄之聚，而吾儒所謂形而下者耳。至其所以識心者〔九〕，則必別立一心以識此心，而其所謂見性者，又未嘗睹乎民之衷、物之則也。既不睹乎性之本然，則物之所接，情之所發，皆不得其道理。於是概以爲己累而盡絶之，雖至於反易天常、殄滅人理而不顧也。然則儒氏之所以異其本〔十〕，豈不在於此一言之間乎！曰：釋氏之不得爲見性，則聞命矣，至於心則吾曰盡之存之，而彼曰識之，何以不同而又何以見其别立一心耶？曰：心也者，人之所以主乎身而統性情者也，一而不二者也，爲主而不爲客者也，命物而不命於物者也。是以聖人之教，使人窮理以極其量之所包，勝私以去其體之所害，而未嘗曰反而識乎此心，存乎此心也。若釋氏之云識心則必收視反聽，以求識其體於恍惚之中，如人以目視目，以口齕口，雖無可得之理，其勢必不能不相汝爾於其間也。此非别立一心而何哉？曰：然則其徒蓋有實能恍然若有所睹而樂之不厭，至於遺外形骸而死生之變不足以動之者，抑又何耶？曰：是其心之用既不交於外矣，而其體之分於内者，乃自相同而不舍焉。其志專而切，其機危而迫，是以精神之極而一旦惘然若有失也。近世所謂看心之法，又其所以至此之捷徑，蓋皆原於莊周承蜩削鐻之論，而又加巧密焉爾。然昧於天理而特爲是以自私焉，則亦何足稱於君子之門哉？

學者於釋氏之説，直須如淫聲美色以遠之，不爾，則駸駸然入其中矣。遠，去聲，下同。○淫聲美色以快耳目之欲，異端之説以遂自私自利之情，其惑人心一也。顔淵問爲邦，孔子既告之以二帝、三王之事，而復戒以「放鄭聲，遠佞人」，曰「鄭聲淫，佞人殆」。彼佞人者，是他一邊佞耳，然而於己則危，只是能使人移，故危也。至於禹之言曰「何畏乎巧言令色」，巧言令色直消言畏，只是須著如此戒慎，猶恐不免。釋氏之學更不消言，常戒到自家自信後，便不能亂得。葉氏曰：初學立心未定，必屏遠異端之説。信道既篤，乃可考辨得失。

所以謂萬物一體者，皆有此理，只爲從那裏來。「生生之謂易」，生則一時生，皆完一作「具」此理。人則能推，物則氣昏推不得，不可道他物不與有也。人只爲自私，將自家軀殼上頭起意，故看得道理小了他底。放這身來，都在萬物中一例看，大小大快活。爲、與，並去聲。○有此生則有此理，人與物一也。能以此身與萬物同觀，全而生之，亦全而歸之，則樂莫大焉！釋氏以不知此，去他身上起意思，奈何那身不得，故却厭惡，要得去盡根塵，爲心源不定，故要得如枯木死灰。然没此理，要有此理，除是死也。思、惡，並去聲。去，上聲。○葉氏曰：釋氏惟不知萬物一體，順理而行，本無障礙，顧乃自生私見，爲吾身不能不交於物也，遂欲盡去根塵，空諸所有。佛書以耳、目、口、鼻、心、意爲六根，以色、聲、香、味、觸、法爲六塵。其説爲「幻塵滅故幻根亦滅，幻根滅故幻心亦滅」。然心本生道，有體則有用，豈容絶滅哉！釋氏其實是愛身，放不得，故説許多。譬如負版之蟲，已載不起，猶自更取物在身。又如抱石投河，以其重愈沉，終不道放下石頭，惟嫌重也。負版之蟲，介蟲之屬。葉氏曰：釋氏之初，本是愛己，妄生計較，欲脱離生死，而不知去私己之念，本無事也。

人有語導氣者，問先生曰：「君亦有術乎？」曰：「吾嘗夏葛而冬裘，飢食而渴飲，節嗜欲，定心氣，如斯而已矣。」葛裘食飲，安貧日用之常，所以養身也。節嗜欲而外去其誘，定心氣而内静其擾，所以養心也。豈若熊經鳥伸之術哉？

佛氏不識陰陽、晝夜、死生、古今，安得謂形而上者與聖人同乎？葉氏曰：形而上者，性命也。陰陽、晝夜、死生、古今，乃天命之流行，二氣之屈伸。釋氏指爲輪迴，爲幻妄，則其所談性命亦異乎聖人矣。○朱子曰：釋氏只於自己身上認得一個精神魂魄，有知有覺之物，便即目爲性，把持作弄，到死不肯放舍。若果如此，則是一個天地性中別有若干人物之性，每性各有界限，不相交雜，改名換姓，自生自死，更不由天地陰陽造化。而爲天地陰陽者，亦無所施其造化矣，是豈有此理乎？

釋氏之説，若欲窮其説而去取之，則其説未能窮，固已化而爲佛矣。只且於跡上考之，其設教如是，則其心果如何？固難爲取其心不取其跡，有是心則有是跡。王通言「心跡之判」，便是亂説。故不若且於跡上斷定不與聖人合。其言有合處，則吾道固已有；有不合者，固所不取。如是立定，却省易。易，去聲，下同。○朱子曰：佛氏之學，今不消窮究他，伊川所謂「只消就迹上斷便了」。他既逃了父母，雖説如何道理，也使不得」，如此則自足以斷之矣。胡氏曰：內外心迹終二他不得。空則內外俱空，實則內外俱實；有則內外俱有，無則內外俱無；是則內外皆是，非則內外皆非；正則心迹皆正，邪則心迹皆邪，固未嘗二也。○或問：我素不喜異端之書，然徒知其迹而未究其實，倘遇辯詰必窮矣，不知如此當何以處之？朱子曰：理有未窮，則胸中不能無疑礙，雖不陷溺亦偶然耳，況未必不陷溺耶！窮理工夫不可有所遺，然又當審其緩急之序也。

問：神仙之説有諸？曰：若説白日飛昇之類則無，若言居山林間保形煉氣，以延年益壽，則有之。譬如一爐火，置之風中則易過，置之密室則難過，有此理也。又問：揚子言「聖人不師仙，厥術異也」，聖人能爲此等事否？曰：此是天地間一賊，若非竊造化之機，安能延年？使聖人肯爲，周、孔爲之矣。竊造化之機，即陰符經所謂「五賊在心」、「三盜既宜」也。聖人事天，順受其正，豈肯爲之乎？○朱子曰：人言仙人不死，不是不死，但漸漸消縮不覺耳。蓋他能煉其形氣，使渣滓都消融，惟有那些清虛之氣，故能升騰變化，久後亦消散了。薛氏曰：萬物始終乃陰陽造化自然之理，神仙者必欲超出陰陽造化之理以常存，必無此理。又曰：仙者雖竊造化之機以延年，亦未有久而不散者。不然，自古以仙得名者多矣，何千百年不見一人在世耶？

謝顯道歷舉佛説與吾儒同處問伊川先生。先生曰：恁地同處雖多，只是本領不是，一齊差却。外書。〇朱子曰：釋氏棄了道心，取人心之危者而作用之，遺其精者、取其粗者以爲道。如以仁、義、禮、智爲非性，而以眼前作用爲性也，此是原頭處錯了。又曰：子静云「釋氏與吾儒所見亦同，只是義利公私之間不同」，此説不然。只被原頭處不同，吾儒萬理皆實，釋氏萬理皆空。

横渠先生曰：釋氏妄意天性，而不知範圍天一作之。用，反以六根之微因緣天地，明不能盡，則誣天地日月爲幻妄，蔽其用於一身之小，溺其志於虚空之大，此所以語大語小，流遁失中。其過於大也，塵芥六合；其蔽於小也，夢幻人世。謂之窮理可乎？不知窮理而謂之盡性可乎？謂之無不知可乎？塵芥六合，謂天地爲有窮也；夢幻人世，明不能究其所從也。解見正蒙，下同。

大易不言有無。言有無，諸子之陋也。

浮圖明鬼，謂有識之死，受生循環，遂厭苦求免，可謂知鬼乎？以人生爲妄見，可謂知人乎？天人一物，輒生取捨，可謂知天乎？孔孟所謂天，彼所謂道，惑者指「遊魂爲變」爲輪迴，未之思也。大學當先知天德，知天德則知聖人、知鬼神。今浮圖劇論要歸，必謂死生流轉，非得道不免，謂之悟道可乎？本注：悟則有義有命，均死生，一天人，推知晝夜，通陰陽，體之無二。自其説熾傳中國，儒者未容窺聖學門牆，已爲引取，淪胥其間，指爲大道。乃其俗達之天下，致善惡、知愚、男女、臧獲，人人著信。使英才間氣，生則溺耳目恬習之事，長則師世儒崇尚之言，遂冥然被驅，因謂聖人可不修而至，大道可不學而知。故未識聖人心，已謂不必求其跡；未見君子志，已謂不必事其文。此人倫所以不察，庶物所以不明，治所以忽，德所以亂。異言滿耳，上無禮以防其僞，下無學以稽其弊。自古詖、淫、邪、遁之辭，翕然並興，一出於佛氏之門者已五百年。向非獨立不懼，精一自信，有大過人之才，何以正立其間，與之較是非、計得失哉！

校勘記

〔一〕若行佈施　「若行」，原作「苦行」，據朱子語類卷一二六改。

〔二〕至如楊墨　「至如」，原作「至於」，據程氏遺書第十七改。

〔三〕其分於道也遠矣　「分」，原作「戾」，據程氏遺書第四改。

〔四〕宇宙之間一理而已　「一理」，原作「理一」，據晦庵集卷七〇讀大紀改。

〔五〕自不容有纖毫之或間　「自不容」，原作「必不容」，據晦庵集卷七〇讀大紀改。

〔六〕然以其立心之堅苦　「立心」，原作「立志」，據晦庵集卷七〇讀大紀改。

〔七〕蓋其實見之差有以陷之　「陷之」，原作「限之」，據晦庵集卷七〇讀大紀改。

〔八〕則似始有爲是遁辭以蓋前失之意　「則」，原作「有」，據晦庵集卷七〇讀大紀改。

〔九〕至其所以識心者　「所以」，原作「所謂」，據晦庵別集卷八釋氏論改。

〔十〕然則儒氏之所以異其本　「儒氏」，原作「佛氏」，據晦庵別集卷八釋氏論改。

近思録集解卷十四

凡二十六條

明道先生曰：堯與舜更無優劣，及至湯武便别。孟子言「性之」、「反之」，自古無人如此説，只孟子分别出來，便知得堯舜是生而知之，湯武是學而能之。文王之德則似堯舜，禹之德則似湯武。要之皆是聖人。遺書，下同。○葉氏曰：性之者，生而知之，安而行之，天性渾然，不假修習者也。反之者，學而知之，利而行之，修身體道，以復其性者也。文王「不識不知，順帝之則」，蓋亦生知之性也。禹「克勤克儉，不矜不伐」，蓋亦學能之事也。朱子曰：程子論堯、舜、禹、湯、文、武，非其學臻聖域，則孰能及此乎！

仲尼，元氣也；顔子，春生也；孟子，並秋殺盡見。元氣，太和之氣，周流四時也。春生，則微露其發育之機。並秋殺盡見，則悉著其斂肅之象。朱子曰：並秋殺盡見，以春生爲主而兼舉之也。仲尼無所不包，顔子示「不違如愚」之學於後世，有自然之和氣，不言而化者也，孟子則露其材，蓋亦時然而已。道全德備，故無所不包。和氣，即春生之氣。不言而化，謂推以及物，不待言而人自化之也。朱子曰：「時然而已」，恐是戰國風氣所致，或恐更有時既無人，不得不自任之意。或説秋殺氣象，不常如此，蓋有時而或見之也，未知孰是。仲尼，天地也；顔子，和風慶雲也；孟子，泰山巖巖之氣象也。觀其言，皆可見之矣。葉氏曰：天地者，高明而博厚也。和風慶雲者，協氣祥光也。泰山巖巖者，峻極不可逾越也。仲尼無迹，顔子微有迹，孟子其迹著。渾然天成，從容中道，是以無迹。博文約禮，稍示進脩之端，則微有迹矣。知言養氣，盡彰德業之盛，則其迹著矣。○朱子曰：孟子明則動矣，未變也。顔子動則變矣，未化也。孔子盡是明快人，顔子盡豈弟，孟子盡雄辯。豈弟，音愷悌。○不思而得，明之至也。不勉而中，快之至也。豈弟者，春生之仁之所形。雄辯者，秋殺之義之所發。○葉氏曰：此段反覆形容大聖大賢氣象，各臻其妙，古今之言聖賢未有若斯者也，學者其潛心焉。

曾子傳聖人學，其德後來不可測，安知其不至聖人？如言「吾得正而斃」，且休理會文字，只看他氣象極好，被他所見處大。後人雖有好言語，只被氣象卑，終不類道。曾子悟一貫之旨，示大學之方，是傳聖人之道也。易簀事，見禮記。朱子曰：易簀之事，季孫之賜，曾子之受，皆爲非禮〔一〕。或者因仍習俗，常有是事而未能正耳。但及其疾病不可以變之時，一聞人言而必舉扶以易之，則非大賢不能矣。

傳經爲難。如聖人之後才百年，傳之已差。聖人之學，若非子思、孟子，則幾乎息矣。道何嘗息？只是人不由之。「道非亡也，幽、厲不由也」。荀卿傳禮而以爲僞，左丘明傳春秋而失之誣。此其差之甚者也，非子思、孟子提綱挈領，闢邪輔正，以垂萬世，則聖人之學幾何而不息乎？道在天地，豈有息哉，特苟非其人，則不虛行耳。

荀卿一作子。才高，其過多。揚雄才短，其過少。葉氏曰：荀卿名况，字卿，爲楚蘭陵令。揚雄字子雲，爲漢光禄卿。荀卿才高，敢爲異論，如以人性爲惡，以子思、孟子爲非，其過多。揚雄才短，如作太玄以擬易，法言以擬論語，皆模仿前聖之遺言，其過少。

荀子極偏駁，只一句「性惡」，大本已失。揚子雖少過，然已自不識性，更説甚道？葉氏曰：率性之謂道。荀子言性惡，揚子言善惡混，均之不識本然之性，何以論道？〇朱子曰：程子説荀、揚等語，是就分金秤上説下來。

董仲舒曰：正其義，不謀其利；明其道，不計其功。此董子所以度越諸子。朱子曰：仲舒所立甚高。後人所以不如古人者，以道義功利關不透耳。胡氏曰：學者以此立心，便廣大高明，充之則純儒，推而行之即純王之政。

漢儒如毛萇、董仲舒，最得聖賢之意，然見道不甚分明。問：伊川於毛公不知何所主而取之？朱子曰：嘗考之詩傳，如關雎所謂「夫婦有别則父子親，父子親則君臣敬，君臣敬則朝廷正，朝廷正則王化成」，要之亦不多見，只是其氣象大概好。又曰：仲舒云「命者天之令，性者生之質，情者人之欲」、「命非聖人不行，性非教化不成，情非制度不節」，似不識性善。又云「明於天性，知自貴於物，然後知仁義。知仁義然後重禮節，重禮節然後安處善，安處善然後樂循理」，又似見得性善。終是説得騎牆，不分明端的。下此即至揚雄，規模又窄狹矣。朱子曰：揚雄是一個腐儒，他到極去只投黄老。

伊川先生曰：林希謂揚雄爲禄隱。揚雄，後人只爲見他著書，便須要做他是，怎生做得是？只爲之爲，去聲。○揚雄爲莽大夫，是失節也。而林希以爲浮沉下僚，依禄而隱，蓋以其著書而傅會之耳。胡氏曰：揚子雲之言沉晦，見道不明也；辭不屬，所守不確也。○朱子曰：法言議論不明快，不了決，太玄之類亦是拙底工夫。蓋天地間只有個奇偶，而揚子雲却添兩作三，謂之天地人，且又有氣而無朔，有日星而無月，恐不是道理。

孔明有王佐之心，道則未盡。王者如天地之無私心焉，行一不義而得天下不爲。孔明必求有成而取劉璋。聖人寧無成耳，此不可爲也。若劉表子琮，將爲曹公所並，取而興劉氏可也。諸葛亮，字孔明，蜀漢丞相也，其開誠佈公，鞠躬盡力，王佐之心也。但其學雜於申韓，故於道有未盡者。劉璋，亦漢宗，迎先主共守蜀，孔明乃任先主詐而取之。劉琮將以荆州降曹操，先主又懷舊恩而不忍取，所以進退失據也。○朱子曰：荆蜀視魏而不伐，自合當取，兼在是時舍此無以爲資。若能聲其罪而取之，却正。若似如此，寧可事不成。只爲後世事欲苟成，功欲苟就，便有許多事。孔明大綱却好，只爲如此，便有斑駁處。

諸葛武侯有儒者氣象。武侯，亮之謚武侯，出處以正，事君以忠，治國以公平，討賊以信義，皆儒者之氣象也。胡氏：處事不用智計，只循天理，便是儒者氣象。

孔明庶幾禮樂。葉氏曰：亮之治國，政刑修治而人心豫附，名正言順，禮樂其庶幾乎？朱子曰：孔明只是粗底禮樂。

文中子本是一隱君子，世人往往得其議論，附會成書。其間極有格言，荀、揚道不到處。文中子，私謚也。姓王名通，字仲淹，隋大儒。其弟凝、子福郊、福時輯其語爲中説。薛氏曰：法言澀而晦，中説暢而淺，中説勝法言。○朱子曰：道之在天下者未嘗亡，而其晦明通塞之不同，則如晝夜寒暑之相反，故二帝三王之治，詩、書六藝之文，後世莫能及之，蓋非功效言語之不類，乃其本心事實之不侔也。王仲淹生乎百世之下，讀古聖賢之書而粗識其用，則於道之未嘗亡者，蓋有意焉。而於「明德」、「新民」之學，亦不可謂無其志矣。然未嘗深探其本而盡力于其實，以求必得夫至善者而止之，顧乃不勝其好高欲速之心，汲汲乎日以著書立言爲己任，則其用心爲已外矣。及其無以自托，乃復捃拾兩漢以來文字言語之陋、功名事業之卑，而求其天資之偶合，與其竊取而近似者，依仿六經，次第采輯，因以牽挽其人，强而躋之二帝三王之列，則彼之贊易豈足以知先天後天之相爲體用，而高、文、武、宣之制，是豈有「精一」、「執中」之傳？曹、劉、沈、謝之詩，是豈有「物則」、「秉彝」之訓？叔孫通、公孫述、曹褒、荀勖之禮樂，又孰與伯夷、后夔、周公之懿？至於宋、魏以來，一南一北，校功度德，蓋未有以相君臣也，而欲攘臂其間，奪彼予此，以自列於孔子之春秋哉！蓋既不自知其學之不足以爲周孔，又不知兩漢之不足以爲三代，而徒欲以是區區者比而做之於形似影響之間，傲然自謂足以承千聖而紹百王矣，而不知其初不足以供兒童之一戲，又適以是而自納於吴、楚僭王之誅，使夫後世知道之君子，雖或有取於其言，而終不能無恨於此，其亦可悲也已。至於假卜筮、象論語，而强引唐初文武名臣以爲弟子，是乃福郊、福畤之所爲，而非仲淹之雅意。然推原本始，乃其平日好高自大之心有以啓之，則亦不得爲無罪矣。或曰：仲淹之學固不得爲孟子之倫矣，其視荀、揚、韓氏亦有可得而優劣者耶？曰：荀卿之學雜於申商，子雲之學本於黄老，而其著書之意，蓋亦姑托空文以自見耳，非如仲淹之學頗近於正而粗有可用之實也。至於退之原道諸篇，則於道之大原，若有非荀、揚、仲淹之所及者。然考其生平意嚮之所在，終不免於文士浮華放浪之習，時俗富貴利達之求，而其覽觀古今之變，將以措諸事業者，恐亦未若仲淹之致懇惻而有條理也。是以予於仲淹獨深惜之，而有所不暇於三子，是亦春秋責備賢者之遺意也，可勝歎哉！

明道先生曰：韓愈亦近世豪傑之士，如原道中言語雖有病，然自孟子而後，能將許大見識尋求者，才見此人。豪傑之士，可以造聖賢者也。原道辨老、佛之非，明帝王之跡，皆大見識也。朱子曰：仁者愛之理。事之合宜者爲義，曰「博愛」，曰「行而宜之」，則皆將用作體矣。又曰：原道中舉大學，却不説致知、格物。蘇子由古史舉中庸，却不説明善、誠身，都是無頭學問。至於斷曰：孟氏醇乎醇。又曰：荀與揚擇焉而不精，語焉而不詳。若不是他見得，豈千餘年後便能斷得如此分明？擇焉不精，不得其理之一也。語焉不詳，不知其分之殊也。○薛氏曰：性理之學，經周、程、張、朱諸君子發揮如此明白，當時親炙者尚失其意。而韓子生於道術壞爛之後，無所從游質正，乃能卓然有見，排斥異端，扶翼正道，遂有立於天下後世，真可謂豪傑之才矣。

學本是脩德，有德然後有言。退之却倒學了，因學文日求所未至，遂有所得。如曰「軻之死不得其傳」，似此言語，非是蹈襲前人，又非鑿空撰得出，必有所見。若無所見，不知言所傳者何事。朱子曰：孟子之所傳者何哉？曰仁義而已矣。所謂仁義者，又豈外乎此心哉？堯舜之所以爲堯舜，以其盡此心之體而已。禹、湯、文、武、周公、孔子傳之，以至於孟子，其間相望，有或數百年者，非得口傳耳授相付屬也。特此心之體隱乎百姓日用之間，賢者識其大，不賢者識其小，而體其全且盡者，則爲得其傳耳。朱子曰：古之聖賢，其文可謂盛矣，然初豈有意學爲如是之文哉！有是實於中，則必有是文於外，如天有是氣，則必有日月星辰之光耀；地有是形，則必有山川草木之行列。聖賢之心，既有是清明純粹之實以磅礴充塞乎其內，則其著見於外者，亦必自然條理分明，光輝發越而不可掩蓋，不必托於言語、著於簡策而後爲之文，但自一身接於萬物，凡其語默動静，人所得而見者無所適而非文也。故夫子之言「文王既没，文不在兹乎」，此其體之甚重，夫豈世俗所謂文者所能當哉！孟軻氏没，聖學失傳，天下之士，背本趨末，不知窮道養德以充其内，而汲汲乎徒以文章爲事業。東京以降，迄於隋唐，數百年間，愈下愈衰，則其去道益遠，而無實之文亦不足貴。韓愈氏出，始覺其陋，慨然號於一世，欲去陳言，以追詩、書六藝之作，而其敝精神、縻歲月，又有甚於前世諸人之爲者，然猶幸其稍知不根無實之不足恃，因是頗泝其源，而實有會焉。而其言曰「根之茂者其實遂，膏之沃者其光燁，仁義之人，其言藹如也」，其徒和之，亦曰「未有不深於道而能文者」，則其庶幾其賢者矣。然今讀其書，則其出於謟諛戲豫放浪無實者，自不爲少，若夫所原之道，則亦徒能言其大體，而未見其探討服行之效。使其言之爲文者，皆必由是以出，蓋未免裂道與文而二之，而於其輕重緩急、本末賓主之分，又未免於倒懸而逆置之也。自是以來，又復衰歇數十百年，而後歐陽子出，其文之妙，蓋已不愧於韓氏，然嘗考其終身之言，與其行事之實，則恐其亦未免於韓氏之失也。抑嘗以其徒之説考之，則誦其言者，既曰「吾老將休，付子斯文」矣，而又必曰「我所謂文，必與道俱」；其推尊之也，既曰「今之韓愈」矣，而又必引夫「文不在茲」者以張其説。由前之説，則道之與文，吾不知其爲一耶，爲二耶？由後之言，則文王、孔子之文，吾不知其與韓歐之文果若是其班乎否也。嗚呼，學之不講久矣，習俗之謬，其可勝言也哉。

周茂叔胸中灑落，如光風霽月。其爲政精密嚴恕，務盡道理。解見通書後。○朱子贊先生像曰：道喪千載，聖遠言湮。不有先覺，孰開我人。書不盡言，圖不盡意。風月無邊，庭草交翠。

伊川先生撰明道先生行狀曰：先生資稟既異，而充養有道；純粹如精金，温潤如良玉；寬而有制，和而不流；忠誠貫於金石，孝悌通於神明。行，去聲。○有制，言其有規矩也。

不流，言其有撙節也。貫於金石，言其無間也。通於神明，言其無方也。視其色，其接物也，如春陽之温；聽其言，其入人也，如時雨之潤。胸懷洞然，徹視無間。測其蘊，則浩乎若滄溟之無際；極其德，美言蓋不足以形容。間，去聲。○春陽之温，和樂而可親也。時雨之潤，游而中節也。徹視無間則易直，滄溟無際則宏深。葉氏曰：以上二節言資禀之粹，充養之厚也。先生行己，內主於敬，而行之以恕；見善若出諸己，不欲勿施於人。居廣居而行大道，言有物而行有常。行有之有，去聲。○敬以存心，恕以及物，見善若出諸己，視人猶己也；不欲勿施於人，推己及人也。居廣居者，體之立；行大道者，用之推。言必有實，故曰物；行必有度，故曰常。○葉氏曰：以上一節言行己之本末也。先生爲學，自十五六時，聞汝南周茂叔論道，遂厭科舉之業，慨然有求道之志。未知其要，汎濫於諸家，出入於老、釋者幾十年，返求諸六經而後得之。汝，水名，茂叔在□□□□□父珦使之從學〔三〕，得聞太極、易通之旨，其言固要，但必參驗於六經而後得之，故嘗曰：「吾學雖有所受，然天理二字卻是自家體貼出來。」夫圖書雖善言天理，然非有以體貼之，亦徒爲入耳出口之學而已。○或問：二程之於濂溪，亦猶横渠之於范文正公耳。朱子曰：先覺相傳之妙，非後學之所能測，誦其詩，讀其書，則周、范之造詣固殊，而程、張之契悟亦異。如曰仲尼、顔子所樂，吟風弄月以歸，皆當時口傳心授的當親切處。後來二先生舉似後學，亦不將作第二義看。然則行狀所謂「求之六經，然後得之」者，特語夫功用之大全耳。至其入處，則自濂溪不可誣也。若横渠之於文正，則異於是，蓋當時粗發其端而已，受學乃先生自言，豈自誣者耶！明於庶物，察於人倫，知盡性至命，必本於孝弟；窮神知化，由通於禮樂。辨異端似是之非，開百代未明之惑，秦、漢而下，未有臻斯理也。明者知其故，察者詳其用。孝弟之跡，即性命之藴。盡焉至焉而本之，則本末一貫。禮樂之著，即神化之微。窮焉知焉而通之，則體用一原。此所以高不墮於虛無，卑不囿於形器，而能辨似是之非，開未明之惑也。潛室陳氏曰：本孝悌而盡性至命，此行之極至；通禮樂而窮知化，此知之極至。升高必自下，陟遐必自邇，此聖門切實之學。胡氏曰：程子天資高，其於義理不甚用窮索，只優游涵泳以得之，雖曰返求諸六經，然亦不甚費力，自孔顔以下，造詣精深未有及之者。謂孟子没而聖學不傳，以興起斯文爲己任。其言曰：「道之不明，異端害之也。昔之害近而易知，今之害深而難辨。昔之惑人也，乘其迷暗；今之入人也，因其高明。陳氏曰：昔之害謂楊墨，今之害謂佛氏。葉氏曰：淺近，故迷暗者爲所惑；深遠，故高明者反陷其中。自謂之窮神知化，而不足以開物成務。言爲無不周遍，實則外於倫理。窮深極微，而不可以入堯舜之道。釋氏直指人心，自謂窮神知化矣，而不足以開未有之物、成將爲之務，是體用之二致也。言爲性周法界，無不周遍矣，而實則外於人之倫、物之理，是顯微之殊途也。雖則窮深極微，而豈可入堯舜大中至正之道乎？天下之學，非淺陋固滯，則必入於此。淺陋固滯，詞章訓詁之習也。自道之不明也，邪誕妖異之説競起，塗生民之耳目，溺天下於污濁。雖高才明智，膠於見聞，醉生夢死，不自覺也。是皆正路之蓁蕪，聖門之蔽塞，辟之而後可以入道。」塗，若以泥壅之也。溺，若陷入於水也。其生若醉，而不知修己治人之術、下學上達之方；其死若夢，而不知原始反終之説、存順没寧之旨，乃不自覺其醉夢，而以爲醒寤，其亦可憫也已。先生之辟之也，豈得已哉？先生進將覺斯人，退將明之書，不幸早世，皆未及也。其辨析精微，稍見於世者，學者之所傳耳。學者所傳，即李籲、劉絢、呂大臨、謝良佐、游酢、蘇昞等所録之語是也。葉氏曰：以上數節言學道之本末，與其闢異端、正人心之大略也。先生之門，學者多矣。先生之言，平易易知，賢愚皆獲其益，如群飲於河，各充其量。先生教人，自致知至於知止，誠意至於平天下，灑掃應對至於窮理盡性，循循有序。病世之學者捨近而趨遠，處下而窺高，所以輕自大而卒無得也。易，去聲。舍、處，並上聲。下同。○賢愚皆獲其益，因材而施之也。致知者知之始，知止者知之終，誠意者行之始，平天下者行之終。陳氏曰：灑掃應對，小學之教也。窮理即致知，至於知至之事；盡性即誠意，至於平天下之事，大學之教也。循循，有次序貌，謂先習之於小學，而後進之於大學，而大學之教，又自有其序也。趨，奔也。窺，猶瞰也。卒，終也。此學者之大病，程子教人循循有序，蓋病乎此矣。吴氏曰：行遠自邇，升高自下，學之序也。自大、小學之序言之，灑掃應對，近者下者也；窮理盡性，遠者高者也。以大學之序言之，格物致知、誠意正心修身，非近而下者乎？齊家治國平天下，非遠而高者乎？○葉氏曰：此一節言教人之道，本末備具而循序漸進，惟恐學者厭卑近而務高遠，輕自肆而無實得也。先生接物，辨而不問，感而能通。教人而人易從，怒人而人不怨，賢愚善惡，咸得其心。狡僞者獻其誠，暴慢者致其恭，聞風者誠服，覿德者心醉。雖小人以趨向之異，顧於利害，時見排斥，退而省其私，未有不以先生爲君子也。間，去聲。○間謂拒絶之。易從者，各當其可也。不怨者，各中其節也。待人盡誠，而人不忍欺之，故獻其誠；待人盡禮，而人不敢以非禮加之，故致其恭。誠服者，實行之被於遠；心醉者，盛德之孚於近。小人，謂王介甫之黨。葉氏曰：先生以議新法不合，遂遭排斥，然當時用事者亦曰伯淳忠信人也，則其言行之懿，有不可誣者。○葉氏曰：以上一節言接物之道。先生爲政，治惡以寬，處煩而裕。當法令繁密之際，未嘗從衆爲應文逃責之事。人皆病於拘礙，而先生處之綽然；衆憂以爲甚難，而先生爲之沛然。雖當倉卒，不動聲色。方監司競爲嚴急之時，其待先生率皆寬厚，設施之際，有所賴焉。治惡以寬，待其自新也。處煩而裕，得其要領也。法令嚴密，謂青苗、手實、方田、均輸等法，處之有道，故不見其礙，爲之有要，故不見其難，理素明而志素定，故不動聲色，誠足以感之，理足以服之，故待之寬厚，而設施有所賴焉。先生所爲綱條法度，人可效而爲也。至其道之而從，動之而和，不求物而物應，未施信而民信，則人不可及也。文集。○政可勉而爲也，化不可力而致也。使先生之得邦家，其效豈下於時雍風動者耶！胡氏曰：此聖人境界上事，聲色之於以化民末也。○葉氏曰：以上二節，言爲政之道。

明道先生曰：周茂叔窗前草不除去，問之，云「與自家意思一般」。本注：子厚觀驢鳴，亦謂如此。〇遺書，下同。〇解見後録。

張子厚聞生皇子，喜甚；見餓莩者，食便不美。葉氏云：此即西銘之意，亦其養德之厚，故隨所感遇，蹶然動於中而不可遏，初非擬議作意而爲之也。

伯淳嘗與子厚在興國寺講論終日，而曰：不知舊日曾有甚人於此處講此事？歎知道者之少也。

謝顯道曰：明道先生坐如泥塑人，接人則渾是一團和氣。外書，下同。〇葉氏曰：所謂「望之儼然，即之也温」。

侯師聖云：朱公掞見明道於汝，歸謂人曰：「光庭在春風中坐了一個月。」游、楊初見伊川，伊川瞑目而坐，二子侍立。既覺，顧謂曰：「賢輩尚在此乎？日既晚，且休矣。」及出門，門外之雪深一尺。葉氏曰：侯仲良，字師聖；朱光庭，字公掞，皆程子門人也。明道接人和粹，伊川師道尊嚴，皆盛德所形，但其氣質成就有不同耳。明道似顔子，伊川似孟子。〇朱子贊明道先生像曰：揚休山立，玉色金聲。元氣之會，渾然天成。瑞日祥雲，和風甘雨。龍德正中，厥施斯普。贊伊川先生像曰：規圓矩方，繩直准平。允矣君子，展也大成。布帛之文，菽粟之味。知德者希，孰識其貴。

劉安禮云：明道先生德性充完，粹和之氣，盎於面背，樂易多恕，終日怡悦。立之從先生三十年，未嘗見其忿厲之容。易，去聲。○附録。○葉氏曰：明道先生質之美，養之厚，德之全，故其粹然發見，從容豈弟如此。百世之下聞之者，鄙夫寬，薄夫敦，而况於親炙之者乎？

呂與叔撰明道先生哀詞云：先生負特立之才，知大學之要，博文强識，躬行力究，察倫明物，極其所止，涣然心釋，洞見道體。此言聞道之功。其造於約也，雖事變之感不一，知應以是心而不窮；雖天下之理至衆，知反之吾身而自足。此言得道之效。其致於一也，異端並立而不能移，聖人復起而不與易。易，去聲。○此言守道之力。其養之成也，和氣充浹，見於聲容，然望之崇深，不可慢也；遇事優爲，從容不迫，然誠心懇惻，弗之措也。從，七容反。○此言體道之用。其自任之重也，寧學聖人而未至，不欲以一善成名；寧以一物不被澤爲己病，不欲以一時之利爲己功。修己不安於小成，及物不急於近功，所以任道也。其自信之篤也，吾志可行，不苟潔其去就；吾義所安，雖小官有所不屑。行吾志而無慕於名，安吾義而無擇於位，元所以通道也。

呂與叔撰横渠先生行狀云：康定用兵時，先生年十八，慨然以功名自許，上書謁范文正公。公知其遠器，欲成就之，乃責之曰：「儒者自有名教，何事於兵！」因勸讀中庸。先生讀其書，雖愛之，猶以爲未足，於是又訪諸釋、老之書，累年盡究其説，知無所得，反而求之六經。嘉祐初，見程伯淳、正叔於京師，共語道學之要。先生涣然自信曰：「吾道自足，何事旁求！」於是盡棄異學，淳如也。累，上聲。○本注：尹彦明云：橫渠嘗在京師，坐虎皮，説周易，聽從甚衆。一夕，二程先生至，論易。次日，橫渠撤去虎皮，曰：吾平日爲諸公説者，皆亂道。有二程近到，深明易道，吾所不及，汝輩可師之。○康定、嘉祐，皆宋仁宗年號；范文正公，名仲淹，字希文，宋參政也。葉氏曰：此可以見橫渠先生勇於從善，無一毫繫吝之意。非大公至明，孰能如是？晚自崇文移疾，西歸橫渠，終日危坐一室，左右簡編，俯而讀，仰而思，有得則識之。或中夜起坐，取燭以書。其志道精思，未始須臾息，亦未嘗須臾忘也。識，音志。○崇文，爲校書崇文殿之官。朱子曰：理會道理，須是説得出，一字不穩，便無下落，所以橫渠中夜便筆之於紙。若論道理却未熟，然他地位却要如此，高明底則不必如此。學者有問，多告以知禮成性、變化氣質之道，學必如聖人而後已，聞者莫不動心有進。知，音智。○知崇以致知，禮卑以力行，則習與性成，而氣質不能囿之，聖人可學而至矣。嘗謂門人曰：「吾學既得於心，則脩其辭；命辭無差，然後斷事；斷事無失，吾乃沛然。精義入神者，豫而已矣。」葉氏曰：人於義理，其初得於心者，雖了然無疑，及宣之於口，筆之於牘，則或有差。故命辭無差，則所見已審。以是應酬事物，知明理精妙，用無方矣。是皆窮理致知之功素立，而非勉强擬議於應事之時也。先生氣質剛毅，德盛貌嚴，然與人居久而日親。其治家接物，大要正己以感人，人未之信，反躬自治，不以語人，雖有未諭，安行而無悔。故識與不識，聞風而畏。非其義也，不敢以一毫及之。葉氏曰：德貌嚴毅而中誠懇惻，故與人久而益親；躬自厚而薄責於人，故人心服而不敢加以非義。○朱子贊先生像曰：早悦孫吴，晚逃佛老。勇撤皋比，一變至道。精思力踐，妙契疾書。訂頑之訓，示我廣居。

横渠先生曰：二程從十四五時，便脱一作鋭。然欲學聖人。語録。○朱子曰：明道渾然天成，不犯人力。伊川工夫造極，可奪天巧。○朱子題像贊自警曰：從容乎禮法之場，沉潛乎仁義之府。是予蓋將有意焉，而力莫能與也。佩先師之格言，奉前烈之遺矩，惟闇然而自脩，或庶幾乎斯語。黄直卿狀其行曰：先生自少勵志聖賢之學，歸自同安，不遠數百里徒步往從延平，精思實體而學之，所造者益深矣。其爲學也，窮理以致其知，反躬以踐其實，居敬者，所以成始而成終也。終日儼然端坐一室，討論典則〔四〕，未嘗有輟。思慮未萌，而知覺不昧，事物既接，而品節不差。不安於偏見，不急於小成，而道之正統在是矣。其爲道也，太極而陰陽，陰陽而五行，天命人心、性情倫物，莫不析之，極其精而不亂，然後合之，盡其大而無餘，可謂建諸天地而不悖，質諸鬼神而無疑矣。故其得於己而爲德也，其存之也虚而静，其發之也果而確，其用之也應事接物而不窮，其守之也歷變履險而不易。至其養深積厚，矜持者純熟，嚴厲者和平，心不待操而存，義不待索而精，猶以爲義理無窮，歲月有限，常歉然有不足之意，蓋有日新又新，不能自已者，而非後學之所敢擬議也。其可見之行，則脩諸身者其色莊，其言厲，其行舒而泰，其坐端而直。威儀容止之則，自少至老，祁寒甚暑，造次顛沛，未嘗有須臾之離也。

行於家者奉親極其孝，撫下極其慈，閨庭之間，内外斬斬，恩義之篤，怡怡如也。其祭祀也，事無鉅細，必誠必敬，死喪之際，哀戚備至，飲食衰絰，各稱其情。賓客往來，無不延遇，稱家有無，嘗盡其歡。於親故雖疏遠必致其愛，於鄉黨雖微賤必致其恭，吉凶問弔，禮無所遺。周恤問遺，恩無所缺。其自奉則衣取蔽體，食取充腹，居止取足以蔽風雨，人不能堪，而處之裕如也。若其措諸事業，則州縣之設施，立朝之議論，經綸規畫，正大宏偉，亦可概見。雖達而行道，不能施之一時，然退而明道，足以傳之萬代。爲聖賢道統之傳散在方策，於是竭其精力以研窮之，於大學、中庸、語、孟、易、詩見諸傳注，於書、禮、春秋亦嘗討論本末。若歷代史記，則取司馬公編年之書，繩以春秋紀事之法，綱舉而不繁，目張而不紊，國家之理亂，君臣之得失，如指諸掌。太極、先天圖爲之解剥條畫，而後天地本原、聖賢藴奥，不至於泯没。南軒張公、東萊吕公，志同道合，至或識見小異，亦必講磨辨難，以一其歸。至若求道而過者，以爲不立文字，可以識心見性；不假脩爲，可以造道入德；立論愈下者，則又崇奬漢唐，比附三代，以便其計功謀利之私。先生力排之，俾不至亂吾道以惑天下。於是學者靡然向之，教人以大學、語、孟、中庸爲入道之序，而後及諸經。從游之士，迭誦所習，以質其疑意，有未喻則委曲告之而未嘗倦，問有未切，則反覆戒之而未嘗隱，務學篤則喜見於言，進道難則憂形於色，雖疾病支離，至諸生問難，則脱然沉疴之去體，一日不講學，則惕然常以爲憂。先生既没，學者傳其書、信其道者益衆，亦足以見義理之感於人者深矣。至若天文、地志、律曆、兵機，亦皆洞究淵微，文辭字畫，未嘗用意，而亦皆動中規繩，可爲世法，是非資禀之異、學行之篤，安能事事物物各當其理而造其極哉！道之正統，待人而傳，由孔子而後曾子、子思繼其微，至孟子而始著，由孟子而後，周、程、張子繼其絶，至先生而始著。先生平居惓惓，無一念不在於國，然一官之拜，必抗章而力辭；一言不合，必奉身而亟去。其事君也不貶道以求售，其愛民也不徇俗以苟安，故其與世動輒齟齬，仕於外者僅九考，立於朝者四十日，道之難行也如此。然紹道統，立人極，爲萬世宗師，則不以用舍爲加損也。

校勘記

〔一〕皆爲非禮　「禮」，原作「理」，據四庫全書本陳澔禮記集説卷二注引文改。

〔二〕而無實之文亦不足貴　「不足貴」，晦庵集卷七十讀唐志作「無足論」。

〔三〕茂叔在□□□□□父珦使之從學　按漫漶五字，疑作「南安二先生」。宋史卷四二七道學一周敦頤傳「掾南安時，程珦通判軍事，視其氣貌非常人，與語，知其爲學知道，因與爲友，使二子顥、頤往受業焉」句，可參看。

〔四〕討論典則　「典則」，四庫全書本勉齋集卷三六行狀作「典訓」。

附録

四庫全書總目卷九五子部儒家類存目一

［清］紀昀等

近思録集解十四卷湖南巡撫採進本

國朝李文炤撰。是編取朱子之説散見各書者附於近思録各條之下，其未備者則益以諸家之説，間亦自附己意。前有綱領數條，末附感應詩解一卷、訓子詩解一卷。感應詩見朱子大全集，訓子詩稱傳自黄榦而無可證據，其詩淺俗，决非朱子所爲也。

李恒齋先生行述

［清］李芳華

恒齋先生自甲寅沾疾，至今夏差劇，芳嘗過候之。厥後，疾少愈。間一月，倏而心動，命兒往省視，則急走反報，曰先生昨宵已去世矣。芳慟哭往與含殮事，即成服，嗣子泣請曰：「惟吾叔知先子最深，敢祈狀其行實，以丐銘誄於大人先生焉。」芳以居憂辭，嗣子述蟜固不脱齊衰見季武子事，請益力。誼不獲終辭，爰述平昔之所接聞習見者類次編之，以表其文行學業之萬一云。

先生姓李氏，諱文炤，字元朗，號恒齋。系出唐西平王晟之後。明初，其先祖徙居長沙郡城南之雷田村，爲善邑望族。其大父洪甫公有隱德，生子五，其三恪人公爲邑庠生，高才博學，邑侯郡伯咸器重之，即先生太翁也。太母姓周氏，孕先生十有六月不娠，舉家疑以爲血疾也。及生，呱聲如洪鐘，里人咸詫異之。未能言時，太翁掇蜻蜓與戲，忽吐紅涎數口，先生驚，投蜻蜓於地。太翁手摩之曰：「此兒將來必孝。」甫十歲，適郡城，太翁攜之往觀文廟，且告以群賢配享從祀之故，先生歎曰：「人能似此，不枉一生。」每歲蒙師撤館，先生常攜其舊業，求解於太翁。翁笑謂曰：「汝不聞古者易子而教乎？」先生答曰：「此謂不肖子耳。」太翁頷之。年十四，補博學弟子員，學使者姚公以「可也簡」命題，先生暗用漢唐故事，姚公評曰：「雄辯高談，幾於胸羅全史。」前輩一齋郭先生見而奇之，曰：「此神童也。」遂訂爲忘年交。庚午省試，與同里熊先生班若泛舟洞庭，歸又與邵陵車先生補旃同舟，二先生語以濂洛關閩之學，先生喟然曰：「道有正脈，何可泛騖爲？」癸酉省試，又獲交潙山張石攻、邵陽王醒齋兩先生，書疏往來，質疑剖異。太翁見而喜曰：「汝就正得人矣。」自後潛心理學，其於科舉業淡如也。然嘗語人曰：「作文不害事，須務闡發聖賢理藴，遇不遇，付之於命，抑亦不廢君臣之義矣。」癸巳恩科，以第三人舉於鄉，公車再上，不售，遂杜門著述，不願就吏職。既而改授湖北穀城學博，亦以疾辭。

先生天資穎敏而精力强毅，秉性質直而涵養温醇。祁寒酷暑，人事倥偬，手不釋卷，苦心探索，輒廢寢食。於書無所不讀，讀輒務究其藴奥。雖子、史、梵書，亦必批其根柢。嘗言：「不察二氏之所以非，安知吾儒之所以是？不觀諸子之有純有駁，安知吾儒之醇乎其醇？不審秦漢以下之成敗得失，安知三代以上帝德王猷之盡善盡美也？」其論文以義理爲主，而以氣脈輔之，故其文渾穆浩瀚，蒼勁沉鬱，其詩賦沖雅古健，寄託幽邈。所著有古文詩賦數十卷，經書制藝百餘篇，並行於世。

其制行也，率其性真，絶無矯飾。遇事剛果，見義必爲。然公聽並觀，聞諫輒受。其事二人，晨昏定省，出告反面，未嘗或違於禮。太母得乳巖疾，先生親吮之，越數百里覓醫療之，用參至四五斤。或勸之曰：「此疾不可起，須節費以爲後計。」先生泫然曰：「爲人子豈有知其難爲而即不下藥者乎？」太母抱患數載，先生日侍湯藥，衣不解帶。及卒，請命太翁，治喪不用浮屠，一遵家禮。苫塊蔬食，拊心泣血，未嘗見齒。暨小祥，太翁引儀禮「父在爲母期」之説諭慰之，始稍抑情。然服喪三年，未嘗逾禮也。太翁續娶楊孺人，先生事之一如所生，及卒，居喪盡禮亦如之。甲申，太翁卒，遺命綾帛祭文妄費傷財，宜遍告親友以紙書之，先生遵行，且詔其子侄曰：「汝等日後亦當以祖訓爲法。」是時，先生哀毁骨立，布乘攜僮，遍覓吉壤，越險逾岡，不遑自恤，蓋慎之也。既卜葬，復營置墓田各數十頃。始免喪，祠四代神主於正寢，愀然以未有宗祠爲憾，於是始卜雷田祖基，建祠致祭，四時罔懈。又設祭田，附嫡子承祀，永垂不朽。

家法不甚嚴峻，亦未嘗廢弛。其教嗣子，日督以講經義、親正人、行正事。至於問疑辨惑及商榷家政，則每和顔色以導迪之。待臧如兒女，然亦時加毖飭，不少假借。故家人内外，咸愛而敬之。賓朋聚談，歡飲盡醉，及閒居不御，曰：「此荒時廢事藥也。」尤惡博弈牌吊之屬，曰：「夫人破家蕩産，皆由於此。」家人有犯之者必痛懲之。親友或以之娱賓，聞先生至，輒屏藏之。其不嚴而肅蓋如此。待族黨姻戚，咸盡厚道。歲時問遺及一切吉凶事，相助相慶，靡不周到。從弟文炘入泮，贈田爲其膏火之資。文炎、文烱少孤，咸竭力匡扶教導之，俾克世其家業。族人有因貧質身者，爲召其債主，出貲償之，復給錢其人，以資生業。其他有因田土相訟者，理伸事直，旋復待之如初。姊丈黄敏公嘗售産於太翁，翁卒，姊氏來奔喪，即稱遺命，以契畀之。後敏公子病，復售産以供藥餌，先生又代贖還之。敏公卒，撫幼甥之韜等如己子，爲之平其家難，理其恒産，篤其教誨，故韜賴舅氏之力，不墜家聲。有族甥某以家難故鬻身供役，先生憐之，令其二子更姓別名。居恒重然諾，輕錢帛，與人一言之約，終身不忘。鄰里知交，有貧窘者輒解囊賙之。佃民醇謹者，至數世不易。旱潦則厚減其租，有故輒保恤之。戊子夏大疫，有周姓者舉家卧病，先生親賫湯藥往療之，復煮糜以飼之，積十餘日始獲痊愈，而先生家無恙，人咸以爲正氣勝之。新田令陳公來楫，其房師也，行取北上，委家口於郡城。先生爲之賃宅饋粟，經理歲餘，回籍復厚贐之。江右顧勛臣，醫工也，舊與相識，客死郡城，子幼，八年不得歸櫬。先生率同人葬之於佃莊，爲勒石以志之。其篤於鄉黨故舊，不以窮達死生易視類如此。

先生外剛内和，好面折人過。然人有一長，恒稱道不置。雅性恬静，不以外事攖心。與之談世故，默默似不解者。及朋友後輩問難就正，則亹亹百千言不倦，必俾之各得其解而去。邑里中人材爲其所成就者甚多。嘗爲嶽麓書院山長，四方聞而景從者不減百人，先生悉訓以聖經賢傳之旨、修己治人之方，故一時從遊者，悉親炙而各有所得焉。生平不惑神怪，不畏强御，惟理之所是而行之，一無所怯。長邑有游案邪神，俗稱其最靈，能療人病。同里張姓者妻病，迎神治之，其夫捧香僕地死。先生聞之，蹶然往責之，曰：「迎汝治將死者，而反傷生者乎？」命焚其像，衆咸畏其神，不敢前，先生促焚之，其神案遂廢。

郡邑中凡興利除弊事，勿計艱巨，或具本末詣上官論之，或倡同志陳辭共白之。如吁工中丞疏減開墾荒田之則，請魏中丞均分湖南、北省解額之數，其大者也。庚戌，詔修省志，制臺邁公聘之，往，分領長郡，多采節義潛德之行表章之。董其事者以簡編繁重，少加裁汰，先生争之不獲，遂攜其初稿歸，曰：「存此以備將來採録可也。」蓋先生雖未獲施其經濟，而其忠厚之意，直方之概，已隱著於日用因應中矣。

若夫其著述大指，則一以闡發聖賢藴奥爲主。謂易本爲卜筮而作，必先明夫象數而後其辭占可決。於是玩味繫辭諸傳之旨，參之瞿唐來氏、楓林朱氏之説，作本義拾遺。雖其取象指數若與朱子不相侔者，然其卦、變卦、互卦之則，本程子「反覆往來上下」之言與繫辭所謂「雜物撰德，非其中爻不備」之云而闡明之，以補本義之所未備者，非臆説也。又謂周禮本周公身致太平之書，六官爲百王不易之典，漢唐注疏及先儒諸説雖多所發明，然其井然分職之辨，與夫絲引珠聯之法，未經爬梳，終有遺憾。乃萃群言，衷以己意，輯爲集傳。又屬芳取桐城方先生之説，以足成之。其於儀禮，則取大宗伯所掌吉、凶、軍、賓、嘉五禮爲之綱，而以記傳分附之，爲增删經傳通解，雖與王朝、侯國之分差異，然其綱領似更精密，要亦未嘗或悖於考亭也。至於詩之正風、正雅及頌，則紬繹其辭，參之樂記、左氏傳與儒先之説，辨其燕饗祭祀之用，附於儀禮内，咸確有所據。又取朱子家禮，厘訂增益之，以成全書。春秋胡氏傳，朱子嘗謂「且存其本子與後人看」者，先生一日觸於出禮入律之言，遂取春秋書法，按之周禮而得其解。時芳館於宗祠，欣然出相謂曰：「春秋所譏者，即反乎周禮者也；所褒者，即合乎周禮者也。」於是纂輯群言，參以己見，成春秋集傳。太極、通書、西銘，朱子已著解矣，間有誦習，所得足以補解之未備者，亦附注於其後，以爲拾遺。正蒙、近思録未有解釋，學者茫無畔岸，乃著二書集解。嘗讀伊洛淵源録及明謝方石續録，歎曰：「古今道惟一脈，前乎此者洙泗其最盛矣，若漢唐大儒如董、賈、諸葛、昌黎諸公，非其支派者乎？後乎此者，若元明之金、許、薛、胡諸先正，非其傳薪者乎？」乃續淵源全録。又謂朱子語類乃其門人所記録，其間頗多重復，亦有少年未定之論，乃刪爲約編，而以其手札附之。又謂坊選古文繁蕪混雜，學者不便誦讀，乃選古文醇。又謂楚辭出於忠義所激，其旨遠，其辭奥，朱子集注亦間有未盡發明者，乃著楚辭拾遺。他如乾象之纏度，坤輿之脈絡，頗嘗究心，一切星卜家言、醫術方書，皆得其解。尤精於青囊術，嘗語人曰：「此亦仁術，學者所宜究心也。」乃著地理八書，歲甲寅始倩工鐫刻。易説、周禮、家禮適告成，而先生謝世。其未竟者，固嗣子之責也。

嗚呼，先生嗣是將有四書詳説之編，古今詩的之選，宋元綱目之參訂，方與芳商議綱領大旨，乃修明之志未竟而一疾不起，豈不惜哉，豈不慟哉！

先生生於康熙壬子年卯刻，卒於雍正乙卯歲九月十三日亥刻，享年六十有四。元配彭孺人，舉丈夫子一，即章達，太學生，娶同邑歲進士淩公諱之煓之次女。女子子二，長適寧邑歲進士余公諱鳴珂之第三子惕。次適長邑庠生柳公諱鳳止第六子煌，歲貢生。側室劉氏，舉丈夫子二，章封聘本邑庠生黄公諱玉虹之次女，一章逵幼，未聘。男孫二，經銓聘本邑廩膳生張公諱聖羽之女，經鉞聘本邑庠生柳公諱宗晟之女。女孫二，未字，俱達出。

將以十一月三十日暫附厝於本鄉田心祖墓飛鳳山之陽。芳以爲先生之文足以起衰而式靡，先生之行足以信今而傳後，先生之學業足以紹往而開來，倘所謂今日斯文領袖者非耶，昔畏壘之民，猶欲俎豆庚桑子，矧有功正學如先生者哉！但芳愚暗寡識，雖承教有年，殊未能仰窺其精微。又以重憂之下，心緒瞀亂，舉一漏十，姑述其大概如此，敢希大人先生錫之華衮，賁之泉壤，庶幾其文行學術足以表見於世，而後之欽其行而誦其書者，慨然感慕於其人，則於先生爲不朽矣。受教制愚弟芳華薰沐敬述。（録自清乾隆三年四爲堂本恒齋文集卷十二）

李恒齋先生墓誌銘

［清］周　正

先生既窆之次年，家君章達以余爲其尊人相知之深者，屬志其墓。余不敢辭，遂掇其大概而志之，其載在行述者不復紀也。

先生生而穎異，器識不凡。幼從蒙師，歸質疑義，驚出太翁意表。至邑城，謁文廟，詢從祀者，遂忻然慕之。弱冠，學使姚公器之，補弟子員。庚午鄉試，與邵陽車補旃前輩瀕行，論周、程、張、朱之學，乃知爲學之門。遂購二程遺書及朱子所輯著諸家并濂溪圖説、通書，沉潛反覆者數十年，莫不貫穿浹洽，挾其秘密，其所詣期豈出季通、北溪下哉！復取明代河東、餘干、楓林、整庵之遺緒而討論之，不遺餘力。尤邃與經學，易則溯羲文之源流，禮則訂三禮之同異，春秋則闡筆削之微旨，其見於著述，皆非苟然者。其於天文地理、諸子百家，靡不洞其所以然，誠可謂一代之通儒矣。先生賦質篤實，居父母喪必循三年禮，不飲酒，不食肉，不御内。即居繼母喪亦然，其於父子之仁可概見矣。恩科癸巳居第二，壬寅年過豫章，夜觀乾象，怪之，俄而仁皇帝崩，不以旅次廢禮，必制服哀臨，其於君臣之義亦可概見矣。再上公車，不第，遂絶意仕進，杜門掃軌，以著述爲務。即一二知己有勸之仕者，亦以義爲去就，綽綽然有餘裕者，儲其所學以待大用，而一旦賫志以没，人謂伯淳死而天下無福，爲可惜也。

先生姓李氏，諱文炤，字元朗，號恒齋。或傳係出唐西平王晟後。明初自豐城湖茫徙善化雷田。祖洪甫公生子五，其三字恪人者，邑庠生，即先生父也，母周太君，孕先生十有六月始生。先生正配孺人彭氏，側室劉氏。長子章達，彭出，太學生；次章封、三章逵，俱幼，皆劉出。長女適寧邑儒士張余惕，次女適長邑歲貢生柳煌，皆彭出。孫二，經銓、經鉞。孫女二，未字，皆達出。先生生於康熙十一年壬子六月初十日卯時，卒於雍正十三年乙卯九月十三日亥時。葬於本鄉飛鳳山之陽。先生行實別見於紀傳，某獨摭其大略以志其墓，而爲之銘曰：

先生之生，實鐘間氣。應運繼緒，明道爲貴。處非不足，出非有餘。萬古之宅，天作之居。眷同學弟周正頓首拜撰。（録自清乾隆三年四爲堂本恒齋文集卷十二）